칼빈과 개혁신앙

칼빈과 개혁신앙

김은수 지음

SFC

서문

> "너희 마음에 그리스도를 주로 삼아 거룩하게 하고
> 너희 속에 있는 소망에 관한 이유를 묻는 자에게는
> 대답할 것을 항상 준비하되
> 온유와 두려움으로 하고 선한 양심을 가지라"
>
> (벧전 3:15-16)

이 책은 그동안 다양한 기회를 통하여 연구 발표해 온 칼빈의 신학사상과 개혁주의 신앙에 대한 글들을 묶은 것이다. 제1부는 칼빈의 신학사상에 대하여 연구논문들을 모은 것이고, 제2부는 여러 가지 신학적 주제들에 대한 개혁주의 신앙의 입장을 피력한 글들을 모은 것이다. 아직 나의 공부가 일천하고 연구가 부족한 부분들이 있을 수도 있으나, 혹 해당주제와 관련하여 관심이 있는 분들에게 조금이라도 도움이 되길 바라마지 않는다. 이 책에 실린 글들의 내용을 간단히 설명 드리면 다음과 같다.

제1장 "칼빈신학의 특징과 개혁신학의 과제"는 「한국개혁신학」 제29권 (2011.2), 7-44에 발표된 글이다. 여기서는 개혁주의 신학

의 기초를 놓은 종교개혁자 존 칼빈(John Calvin)의 『기독교 강요』의 저작동기 및 그가 사용한 자료들에 나타난 그의 신학의 특징들과 그것이 가지는 의의에 대해 집중적으로 살펴보았다. 나아가 이러한 특징들을 통해 한국개혁신학이 감당해야할 신학적 과제들과 앞으로 나아가야 할 방향에 대해 생각해 보았다.

제2장 "칼빈신학에서 성경과 성령의 관계"는 「성경과 신학」 제45권 (2008.5), 72-111에 발표된 것을 부분적으로 수정 보완한 것이다. 이 글에서는 칼빈의 성경론을 보다 정확하게 이해하기 위하여 당대의 역사적 맥락 속에서 그의 관점을 이해하고자 시도했다. 칼빈에 의하면, 한편으로 성경의 확실성은 성령의 내적증거에 의하여 확증되지만, 또 다른 한편으로는 성령의 사역 또한 성경과의 일치에 의하여 확증된다. 이와 같은 성경과 성령의 불가분리적 상호관계성에 대한 이해가 칼빈의 성경론의 핵심이라 할 수 있으며, 이러한 성경과 성령의 통일성에 기초한 칼빈의 성경론 정립이야말로 기독교 신학에 대한 크나큰 기여라고 할 수 있다.

제3장 "칼빈의 인간론과 종말론"은 「칼빈연구」 제5집 (2008.1), 191-233에 발표된 논문이다. 이 논문에서는 칼빈의 영혼불멸 교리와 개인종말론(personal eschatology)에 대해 분석하고 있는데, 필자의 견해로는 이것이 성경적인 인간론과 종말론에 대한 칼빈의 견해를 이해함에 있어 중요한 초점을 제공한다고 본다. 이 연구의 목적은 칼빈의 영혼불멸 교리에 대한 이해는 물론 이것이 그의 인간론과 종말론 이해에 미친 영향 또는 그 상관관계를 분석하는 것이다.

제4장 "칼빈의 구원론"은 「한국기독교신학논총」 제67권

(2010.1), 169-93에 발표된 글이다. 여기서는 "그리스도와의 연합"(unio cum Christo)과 그 결과로서 동시적으로 우리에게 주어지는 "이중은혜"(duplex gratia), 곧 칭의와 성화를 중심으로 칼빈의 구원론 이해의 본질을 분석한다. 이러한 분석을 통하여 우리는 구원사건에 있어 칭의와 성화의 불가분리적 관계성과 동시성을 함께 이해함으로써 믿음과 행위, 칭의와 성화의 관계문제 뿐만 아니라 "구원의 서정"(ordo salutis)과 관련된 오랜 논쟁을 극복할 수 있는 신학적 단초를 찾을 수 있다.

제5장 "칼빈의 사회경제 윤리와 사상"은 「역사신학논총」 제13집 (2007.6), 8-49에 발표된 연구논문이다. 여기서 우리는 칼빈 자신의 저작에 대한 균형잡힌 연구 분석을 통하여 그가 제시하고 또 그의 평생의 삶과 목회활동을 통하여 구현하고자 노력했던 그리스도인의 개혁주의적 삶의 원리가 무엇이었는지, 그리고 그의 사회경제사상의 본질이 무엇이었는지를 이해할 수 있을 것이다.

제6장 "개혁주의 신앙의 기초"는 「교회와 교육」 통권189호 (여름호, 2010, 5), 43-56에 실린 글을 수정 보완한 것이다. 이글은 개혁주의 신앙고백서 가운데 가장 중요한 웨스트민스터 표준문서(신앙고백서, 대·소교리문답서)의 배경과 역사, 신학적 특징, 내용의 구조를 간략하게 분석하고 정리한 글이다. 마지막에는 웨스트민스터 표준문서에 대한 내용의 비교대조표가 실려 있으므로 전체적인 윤곽을 이해하는데 도움이 될 것이다.

제7장 "개혁주의 성경해석의 원리와 적용"은 2009년 가을 대전에 있는 KAIST 창조과학회 모임에서 특강한 내용이다. 특별히 당시 창세기의 창조기사에 나타난 "욤"(날)을 어떻게 해석할 것인가

하는 문제가 주요 이슈였는데, 이 문제와 더불어 보다 근원적인 문제인 신학과 과학의 관계 및 어떻게 성경을 올바르게 해석할 것인가에 대해서도 함께 간략하게 살펴보았다.

제8장 "개혁주의 신앙의 핵심"은 요한1서 5:5-12의 본문을 주석적으로 고찰함으로써 성경적인 개혁주의 신앙의 핵심은 "예수 그리스도를 참된 하나님의 아들로 믿는 것"임을 분명히 함은 물론 이것에 대한 확실한 증거를 본문을 중심하여 삼위일체론적으로 분석한다. 또한 성경은 이러한 참된 신앙을 가진 자들에게 영원한 생명을 축복으로 약속하고 있음을 보여준다.

제9장 "개혁주의 신학과 십계명 이해"는 「목회와 신학」의 자매지인 「그말씀」 제252권 (2010.6), 38-54에 실린 글이다. 이 글은 현대를 살아가는 그리스도인들이 구약의 율법, 그중에서도 특히 "율법중의 율법"이라고 불리는 십계명을 어떻게 이해해야 하는가 하는 문제를 개혁주의 입장에서 살펴본 것이다. 십계명은 초대교회로부터 언제나 교회의 신앙고백과 교육, 삶과 실천의 규범으로 인식되어 왔을 뿐만 아니라, 특별히 참된 개혁주의 영성의 기초이자 보고(寶庫)임을 밝히고 있다.

제10장 "개혁주의 디아코니아 이해"는 2010년 4월 한국장로교총연합회 목회연수원에서 특강한 내용이다. 이 글은 그리스도의 몸인 교회의 본질적 사명 가운데 하나인 "디아코니아"(Diakonia; 섬김)의 본질, 그리고 올바른 섬김의 방법에 대하여 로마서 12:1-13을 중심으로 분석한 것이다. 성경이 가르치는 섬김의 본질은 그 무엇보다 "타인을 위하여 나 자신을 내어주는 것"이다.

제11장 "개혁주의 선교개념의 새로운 이해"는 「성경과 신학」 제

50권 (2009.5), 249-95에 발표된 연구논문이다. 이 논문은 이사야 42:1-9의 "이방의 빛"에 대한 해석을 중심으로 개혁주의 입장에서 선교의 본질을 어떻게 이해해야 할 것인가 하는 문제를 집중적으로 살펴본 것이다. 급진적 에큐메니칼 운동과 종교다원주의가 맹위를 떨치고 있는 이 시대에 기독교 선교는 그 본질적 개념에서부터 도전을 받고 있는 심각한 상황에 노출되어 있다. 이 글을 통하여 우리는 기독교 선교의 기초와 목적, 그리고 그 방향에 대하여 다시 한 번 깊이 성찰할 수 있는 기회가 되면 좋을 것이다.

2011년 2월 3일
설날 아침 한강 변 寓居에서
저자 김 은수

차례

서문

제I부 칼빈의 신학사상

제1장 칼빈신학의 특징과 개혁신학의 과제

들어가는 말 16
『기독교 강요』의 저작동기와 목적 18
『기독교 강요』의 원천 자료들 36
나가는 말 51

제2장 칼빈신학에서 성경과 성령의 관계

들어가는 말 57
칼빈의 성경론에 대한 서설 61
성경으로서 하나님의 말씀의 본질 66
성경의 권위와 성령: 로마 가톨릭의 견해에 대한 칼빈의 비판 80
성경과 성령의 분별: 재세례파의 견해에 대한 칼빈의 비판 92
나가는 말 96

제3장 칼빈의 인간론과 종말론 이해: 영혼불멸론을 중심으로

들어가는 말 105
칼빈의 영혼불멸 교리 107
죽음 이후의 상태 129
육체의 부활 139
나가는 말 144

제4장 칼빈의 구원론 이해: 그리스도와의 연합과 이중은혜

들어가는 말 153
칼빈의 구원론의 중심: "그리스도와의 연합" 157
칼빈의 구원론의 본질: "이중은혜" 170
나가는 말 181

제5장 칼빈의 사회경제 윤리와 사상

들어가는 말: 칼빈의 사회경제 사상에 대한 해석들 186
칼빈에 있어 "그리스도인의 삶의 중심원리" 194
칼빈의 "현세적 삶"에 대한 이해 205
칼빈에게 있어 그리스도인의 삶과 사회공동체 경제윤리 214
나가는 말 224

제II부 개혁주의 신앙

제6장 개혁주의 신앙의 기초: 웨스트민스터 표준문서의 내용과 구조

〈웨스트민스터 신앙고백서〉의 배경과 역사 234
〈웨스트민스터 신앙고백서〉의 일반적인 특징 237
〈웨스트민스터 신앙고백서〉,〈대소교리문답서〉 내용과 구조 239

제7장 개혁주의 성경해석의 원리와 적용: 창조의 연대문제를 중심으로

신학, 과학, 그리고 해석학: 신학의 학제적 연구 가능성 246
성경해석: 올바른 성경해석을 위하여 고려되어야 할 것들 249
창조의 연대 문제: "욤"의 해석문제를 중심으로 252
결론 263

제8장 개혁주의 신앙의 핵심: 요한1서 5:5-12의 주석적 고찰

본문의 중심 주제 268
본문의 구조 분석 268
본문 주석과 해석 271

제9장 개혁주의 신학과 십계명 이해: 영성의 보고(寶庫)로서의 십계명

들어가는 말: 오늘날 십계명은 어떠한 의미를 가지는가? 286
십계명: 하나님의 언약백성들을 위한 삶의 규범 289
신약성경의 율법 이해 299
율법의 3가지 용법에 대한 칼빈의 이해 304
나가는 말 310

제10장 개혁주의 디아코니아론: 섬김의 본질, 원리, 그리고 방법

들어가는 말: 그리스도인은 왜 섬겨야 하는가? 312
참된 섬김의 본질은 무엇인가? 315
섬김의 주체: 누가 섬기는가? 324
섬김의 원리는 무엇인가? 337
섬김의 방법(Ⅰ) 339
섬김의 방법(Ⅱ) 347
섬김의 방법(Ⅲ) 355
나가는 말 360

제11장 개혁주의 선교개념의 재이해: 송영(Doxology)으로서의 선교

들어가는 말 364
첫 번째 "종의 노래"에 나타난 선교 개념: 이사야 42:1-9 371
선교의 궁극적인 기초와 목적 389
"이전의 일들"과 "새 일들" 398
나가는 말 405

제 I 부
칼빈의 신학사상

제1장
칼빈신학의
특징과
개혁신학의 과제

1. 들어가는 말

　기독교는 특별히 "책의 종교"(a religion of the Book)라고 불린다. 물론 이 때 책이란 영감된 하나님의 말씀인 "성경"(the Holy Bible)을 가리킨다. 에벨링(Gerhard Ebeling)이 말하듯이, 실로 "기독교 신학의 역사는 성경 해석의 역사"이다. 그러나 기독교 역사와 신학의 발전에 성경 외에도 수많은 책들이 기여해 왔음을 부인할 수 없다. 그 중에서도 특별히 개혁주의 신학(Reformed Theology) 혹은 개신교 장로교 신학(Protestant Presbyterian Theology)을 말함에 있어 존 칼빈(John Calvin, 1509-1564)의 『기독교 강요』(*The Institutes of the Christian Religion*)[1]를 언급

---

1) John Calvin, *Institutes of the Christian Religion* (1536 Edition), trans. Ford L. Battles (Grand Rapids: Eerdmans, 1989, reprinted); and *Institutes of the Christian Religion*, 2 vols. (1559 Edition), ed. John T. McNeill and trans. Ford L. Battles (Philadelphia: Westminster, 1960).

하지 않을 수 없다. 사실 칼빈의 『기독교 강요』 및 그의 신학사상이 16세기 종교개혁 이후의 서구 기독교 신학 및 역사뿐만 아니라 총체적인 측면에서 서구 역사와 문화 발전 전반에 미친 영향은 쉽게 가늠하기 어려울 정도이다.[2] 그러므로 존 맥닐(John T. McNeill)은 칼빈주의의 특징과 역사적 발전을 다룬 그의 책에서 "칼빈의 『기독교 강요』는 역사의 진행과정에 심대한 영향을 미친 몇 권의 책들 가운데 하나"라고 적절하게 평가했으며, 워필드(B. B. Warfield) 또한 "전체적인 개신교 신학 발전의 기초에는 『기독교 강요』가 놓여 있다"고 말했다.[3] 이것은 한국 장로교회의 역사와 신학의 발전 그리고 오늘날 한국 개혁신학의 과제와 교회의 새로운 갱신을 말함에 있어서도 동일하게 적용된다.

칼빈의 개혁 신학사상의 정수가 가장 체계적으로 정립되어 저술된 『기독교 강요』는, 비록 그 핵심은 크게 바뀌지 않았지만, 특이하게도 저자의 손 안에서 이미 의미있는 변화와 발전을 거듭했다.[4] 비록 이것이 그의 첫 번째 신학저작은 아니나,[5] 칼빈은 그의 신학적 생애 초기에 교회의 개혁에 대한 시대적 요구에 부응하기 위하여 비교적 단 기간에 이 저작을 집중적으로 저술하였다(1536년 초판 발행). 그 후 그의 생애 마지막 순간까지 23년간 여러 차례

---

2) Cf. W. Standford Reid, ed., *John Calvin: His Influence in the Western World* (Grand Rapids: Zondervan Publishing House, 1982); Martin E. Hirzel and Martin Sallman, eds., *John Calvin's Impact on Church and Society 1509-2009* (Grand Rapids: Eerdmans, 2009).
3) John T. McNeill, *The History and Character of Calvinism* (Oxford: Oxford University Press, 1967), 119. Benjamin B. Warfield, *Calvin and Augustine* (Philadelphia: P&R Publishing Co., 1956), 8.
4) Cf. Ford L. Battles, "Introduction," in *John Calvin, Institutes of the Christian Religion, 1536 Edition*, trans. Ford L. Battles (Grand Rapids: Eerdmans, 1986), x; 이양호, 『칼빈: 생애와 사상』(서울: 한국신학연구소, 2005, 개정증보판), 52-69. 여기에서 이양호는 칼빈의 『기독교 강요』의 초판과 개정판들을 비교하며, 그 변화와 사상발전을 몇 가지 사례를 들어 단편적으로나마 분석하고 있다.

에 걸쳐 이 저작을 개정·증보하였다(1539; 1543; 1550; 그리고 1559). 따라서 이 저작은 그의 신학사상 발전의 궤적을 통시적으로 그리고 단면적으로 보여줌과 동시에 그의 개혁 신학사상이 가장 종합적이며 체계적으로 압축되고 집대성된 대작(*Magnum Opus*)으로 평가되어 왔다. 또한 이것을 통하여 하나님의 말씀인 성경에 입각해 개혁주의 신학을 종합하고 정초하였기에 오고 오는 세대를 위한 불멸의 기독교 고전 가운데 하나가 되었다. 때문에 이 글에서는 이러한 『기독교 강요』의 저작동기와 거기에 사용된 주요 원천자료들에서 나타나는 칼빈신학의 몇 가지 중요한 특징들에 대하여 고찰함과 동시에 이것을 통하여 오늘날 한국 장로교회의 개혁주의 신학 발전을 위해 반드시 고려되어야 할 과제가 무엇인지 살펴보고자 한다.

2. 『기독교 강요』의 저작동기와 목적

칼빈의 『기독교 강요』는 진공 속에서 갑자기 나타난 것이 아니다. 그것은 아주 혼란스럽고 치열했던 종교개혁의 역사적 소용돌이 속에서 급박한 시대적 요구에 부응하기 위해 저술되었고, 또한 그럼으로써 중세 가톨릭으로부터 개혁된 교회를 하나님의 말씀 위에 든든하게 세우는데 크나큰 역할을 하였던 것이다. 즉, 종교개혁

---

5) 칼빈의 첫번째 신학적 저작은 『싸이코파니키아』(*Psychopannychia*)이다. 그는 재세례파의 영혼수면설을 논박하는 이 소논문의 초고를 1534년 오를레앙(Orleans)에서 썼지만, 1542년 스트라스부르그(Strasbourg)에서 출판 발표했다. 그러나 칼빈의 첫번째 학문적 저작은 『세네카의 관용론에 대한 주석』(*The Commentary on Seneca's "De Clementia"*, 1532)이다. 칼빈의 저작들에 대한 간략한 문헌사적 연구를 위해서는 Wulfert de Greef, *The Writings of John Calvin: An Introductory Guide*, trans. Lyle D. Bierma (Grand Rapids: Baker Books, 1993)을 보라.

2세대인 칼빈은 본인 스스로 종교적인 망명자의 신분으로서 격변하는 시대적 상황 가운데서 분명한 목적을 가지고 『기독교 강요』를 저술하였던 것이다. 이러한 칼빈의 저술동기와 목적은, 여러 칼빈 학자들에 의하면, 대체로 2가지("기독교 교리의 진술"과 "개혁신앙에 대한 변증"),[6] 혹은 3가지(앞의 2가지 동기에 더하여 "성경을 바르게 읽기 위한 신학적 안내서의 역할"을 포함)[7]로 정리된다.

그러나 본고에서는 그러한 칼빈의 저술동기가 저술초기 단계에서뿐 아니라 그의 개정판이 거듭됨에 따라 그 주된 목적들이 강조점의 변화와 함께 추가적으로 확대되고 있음에 주목하여, 그 주요 동기와 목적을 다음과 같이 4가지로 정리하고자 한다. 즉, 『기독교 강요』의 초판(1536)에서는 ① "기독교 기초교리의 진술"(confession)과 교육적 동기(catechism), ②"개혁신앙에 대한 변증"(apologie)이라는 2가지 저술동기가 뚜렷이 드러나며, 1539년 개정판에서는 ③ "신학도들을 위하여 성경을 올바르게 읽도록 하는 안내서의 역할"이라는 동기가 부각된다.[8] 마지막으로, 이러한 세 가지 저술동기와 더불어 한 가지 더 부가되어야 하는 것은 처음부터 칼빈은 그의 『기독교 강요』를 ④ "경건의 지침서"(*summa*

---

6) 칼빈의 『기독교 강요』를 분석하는 대부분의 칼빈 신학 연구자들은 공통적으로 이러한 "이중목적"(two-fold purpose)에 대하여 언급하거나, 혹은 이것을 포함하여 다른 것을 말한다. 그러한 두 가지 목적은 곧 "기초적인 기독교 교리의 진술"(confession)과 "개혁신앙에 대한 변증"(apologie)의 동기가 바로 그것이다. Cf. T. H. L. Parker, *John Calvin: A Biography* (Philadelphia: Westminster Press, 1975), 34-37; 김재성, "27세에 쓴 프로테스탄트의 대헌장:『기독교 강요』의 두 지평," 『칼빈과 개혁신학의 기초』(수원: 합동신학대학원 출판부, 1997), 85-117.

7) Cf. 이승구, "칼빈의 『기독교 강요』 저술 동기를 통해 본 신학의 과제," 『개혁신학 탐구』 (서울: 하나, 1999), 117-45. 이 논문에서 이승구는 『기독교 강요』의 저술 동기를 다음과 같이 3가지로 제시하고 있다. 즉, 기독교 신앙의 진술, 개혁신앙에 대한 변증, 성경에 대한 안내서로서의 역할이 바로 그것인데, 그는 이것을 각각 "교육적 / 신앙고백적(요리문답적) 동기"(pedagogical or catechetical motive), "변증적 동기"(apologetic motive), 그리고 "해석학적 동기"(hermeneutical motive)라고 한다.

pietatis)가 되게 하려는 뚜렷한 목적을 가지고 있었다는 것인데, 이것은 왜 그의 신학에 항상 경건에 대한 그토록 뜨거운 열정과 치열한 삶이 녹아들어 있는지를 잘 설명해준다.[9]

1) 개혁신앙에 대한 체계적인 진술

사실 칼빈이 언제 『기독교 강요』 초판을 저술하기 시작했는지는 정확하게 밝혀지지 않았다. 그러나 초판부터 최종판에 이르기까지 계속해서 수록된 프란시스 1세(Francis I, 1515-1547)에 대한 그의 헌사에 있는 날짜를 고려한다면, 적어도 1535년 8월 23일 이전에 출판을 위한 준비가 끝나 있었다고 보아야 할 것이다. 즉, 칼빈은 1533년 11월 1일 만성절(All Saints' Day)에 있었던 니꼴라스 콥(Nicolas Cop)의 파리대학 학장취임 연설문 대필사건에 연루되어 파리로부터 급박하게 피신했고,[10] 1533년 말이나 1534년 초부터 프랑스 남부 쌩똥저(Saintonge) 지방의 앙굴렘(Angouleme)에 있는 루이 뒤 띠예(Louis Du Tillet)의 집에 기거하면서 책으로 가득

---

8) 방델(Francois Wendel)이 이러한 입장을 취하는데, 그는 『기독교 강요』 초판에는 요리문답적 동기와 변증적 동기 2가지가 주된 목적이나, 1539년 『기독교 강요』에서는 "성경의 이해"를 위한 교리입문서로의 역할이라는 목적으로 바뀌었음을 말한다. Cf. Francois Wendel, *Calvin: Origins and Development of His Religious Thought*, trans. Philip Mairet (Grand Rapids: Baker Books, 1997), 144-49.

9) 칼빈의 『기독교 강요』의 저술배경과 발전에 대하여는 Wendel, *Calvin: Origins and Development of His Religious Thought*, 111-149; de Greef, *The Writings of John Calvin*, 195-202; McNeill, *The History and Character of Calvinism*, 119-128; 그리고 Richard A. Muller, *The Unaccommodated Calvin: Studies in the Foundation of a Theological Tradition* (Oxford: Oxford University Press, 2000), 특별히 "Part II - Text, Context, and Conversation: The Institutes in Calvin's Theological Program", 101-158을 참조하라.

10) 어떤 방식으로든 칼빈이 관련된 것이 확실한 이 사건에 사용된 연설문의 영역본이 배틀즈(Ford L. Battles)의 *Institutes of the Christian Religion* (1536년 초판본)에 부록으로 실려 있다. "Appendix III: The Academic Discourse Delivered by Nicolas Cop," in *Institutes of the Christian Religion* (1536), 363-72.

찬 그의 서재에서 이 초판을 위한 신학적인 기초연구 작업을 하였을 것으로 추정된다.[11] 그러나 1534년 10월 17일 밤사이에 발생한 "벽보사건"(affaire de placards)[12]으로 인해 개신교도들에 대한 박해가 극심해지자 칼빈은 뒤 띠에와 함께 그곳을 떠나 스트라스부르크(Strasbourg)를 거쳐 1535년 1월경에 스위스 바젤(Basel)에 도착하게 된다. 그리고 알렉산더 가녹지(Alexandre Ganoczy)에 따르면, 그 후 몇 달간 집중적인 저술 작업을 한 결과 그 해 11월 이전에 모든 원고가 준비되었지만, 출판사의 사정으로 연기되다 1536년 3월에 바젤의 출판업자 토마스 플래터(Thomas Platter)와 발타사르 라시우스(Balthasar Lasius)에 의하여 드디어 『기독교 강요』 초판의 역사적인 출판이 이루어졌다.[13] 이와 같은 여러 가지 역사적인 상황을 고려할 때, 다음과 같이 정리할 수 있겠다.

> 전통적으로 받아들여 온 [『기독교 강요』 초판의] 집필기간은, 초반부와 전체 구상은 프랑스 남부 앙굴렘에 있을 때 마쳤고, 프랑스 왕 프란시스 1세에 보내는 헌사와 책의 마지막 부분인 5, 6장은 바젤에 와서 끝냈을 것이라는 견해였다. 따라서 1535년에서 1536년 사이에 집필하였다는 것은 확실하다. 그러나 정확한 것은 아직 밝혀지지 않고 있다.[14]

『기독교 강요』에 대한 칼빈의 저술동기에는 이러한 역사적 상황

---

11) Cf. de Greef, *The Writings of John Calvin*, 23. Wendel, *Calvin: Origins and Development of His Religious Thought*, 42. 그러나 맥닐(McNeill)은 앙굴렘에서 『기독교 강요』의 초판이 저술되었다는 사실에 회의적이다. Idem, *The History and Character of Calvinism*, 113과 121 참조.

12) 이 때 사용된 팜플릿이 배틀즈(Ford L. Battles)에 의해 영역되어 그의 『기독교 강요』 초판 영역본에 수록되어 있다: "Appendix I: The Placards of 1534," in *Institutes of the Christian Religion* (1536), 339-42.

13) Cf. Alexandre Ganoczy, *The Young Calvin*, trans. David Foxgrover and Wade Provo (Philadelphia: Westminster Press, 1987), 94; de Greef, *The Writings of John Calvin*, 196.

이 긴밀하게 연관되어 반영되어 있는데, 이는 무엇보다 프란시스 1세에게 대한 그의 "헌사"(Epistle Dedicatory)에 비교적 분명하게 드러나 있다. 애초에 칼빈이 『기독교 강요』 초판을 기획하였을 때, 가장 우선적인 저술동기는 참된 구원의 교리와 경건한 신앙에 열망을 가진 프랑스의 개신교도를 위하여 기독교 신앙의 기초적인 교리 개요서를 제공하는데 있었다. 따라서 빌렘 스페이커르(W. van't Spijker)에 의하면, 칼빈의 이 저작은 "출간되었을 때, 그것은 사실 문답식이 아니라 논문식으로 작성된 교리문답서로서 수용되었다."[15] 이러한 칼빈의 저작목적은 다음의 인용문에 분명히 드러나 있다.

> 지극히 영광스런 왕이시여, 제가 처음 이 저술에 손을 댔을 때 폐하에게 바쳐질 어떤 것을 쓴다는 것은 꿈도 꾸지 않던 일이었습니다. **저의 목적은 단지 어떤 기초적인 사실들을 전달함으로 그것에 의해 종교에 열심을 가진 사람들이 참된 경건에 도달하게 하는 것이었습니다.** 그리고 저는 특별히 우리 프랑스 사람들을 위하여 이 일에 착수하였는데, 그들 중 상당수는 제가 보기에 그리스도에 굶주리고 목마른 사람들이었습니다. 그리스도에 대해 약간의 지식이라도 가지고 있는 자는 극소수에 불과했던 것입니다. **이 책 자체도 그것이 나의 의도였다는 것을 증거하는데 그 이유는 이 책이 단순하고도 초보적인 가르침(a simple and elementary form of teaching)의 형태로 기록되었기 때문입니다.**[16]

이와 같이 『기독교 강요』 초판의 저술동기와 관련하여 칼빈의

---

14) 김재성, 『칼빈과 개혁신학의 기초』, 99-100.
15) 빌렘 판 엇 스페이커르(W. van't Spijker), 『칼빈의 생애와 신학』, 박태현 역 (서울: 부흥과개혁사, 2009), 68. 그는 당시 바젤의 한 설교자의 말을 인용하기를, 1536년 3월 "어떤 프랑스인이 프랑스 왕에게 바치는 교리문답서가 출판되었다"고 언급하고 있다.

본래적이며 가장 중요한 의도는 "그리스도에 굶주리고 목마른" 프랑스의 개신교도들을 위한 요리문답적 성격의 기초적인 교리서를 저술함으로써 개혁신앙의 기초를 가르치고자 했던 교훈적이며 교육적 성격(pedagogical motive)이 강한 것이었다. 이러한 이유로 인해 무엇보다『기독교 강요』초판의 전반부 4개의 장들의 순서는 대체로 마틴 루터(Martin Luther)의『소요리문답서』(1529)[17]를 따르고 있는데, 곧 율법(십계명), 신앙(사도신경), 기도(주기도문), 그리고 성례 순으로 이루어져 있다.[18]

이러한 칼빈의『기독교 강요』의 저술동기는 오늘날 개혁신학의 과제 및 목적과 관련하여 한 가지 중요한 시사점을 제공한다. 즉, 가장 먼저 우리가 주목해야 할 사실은, 신학은 단순히 학문적 호기심이나 지적유희의 대상이 아니라 항상 그리스도의 몸된 교회의 자기 신앙고백이어야 하며, 기독교 신앙의 체계적 진술임과 동시에 교회의 본질적인 사명의 하나인 교육적 기능을 가지고 있어야 한다는 사실이다. 앞서 인용한 헌사에서 "저는 특별히 우리 프랑스 사람들을 위하여 이 일에 착수하였는데, 그들 중 상당수는 제가 보기에 그리스도에 굶주리고 목마른 사람들이었습니다"라고 스스로 밝히고 있듯이, 칼빈신학의 자리는 철저하게 구체적인 역사적 현실 속에서 고난과 핍박을 당하며 실존하는 교회였음을 알 수 있다.

---

16) 존 칼빈,『기독교 강요 [초판]』, 양낙홍 역 (고양: 크리스챤다이제스트, 2008), 45 (강조는 필자의 것임).
17) Cf. Martin Luther, *A Short Explanation of Dr. Marthin Luther's Small Catechism* (St. Louis: Concordia Publishing House, 1965).
18) Cf. T. H. L. Parker, *Calvin: An Introduction to His Thought* (Louisville: Westminster John Knox Press, 1995), 5; 리차드 멀러(Richard Muller)도 1536년의『기독교 강요』가 6장의 기본적인 요리문답 편람(a basic catechetical manual)으로 구성되었다고 한다. Idem, *The Unaccommodated Calvin*, 119.

칼빈은 바로 그러한 교회를 섬기기 위하여 신학을 하였던 것이다.[19] 따라서 오늘날 개혁신학의 자리 또한 상아탑 속에서 이루어지는 공허한 사변이 아니라 항상 신앙고백 공동체인 교회에 위치해야 한다는 사실을 분명히 해야 할 것이다. 즉, 개혁신학은 언제나 교회의 신학이어야 하며, 또한 교회를 위하여 섬기며 봉사하는 신학이어야 한다는 것이다.

참으로 교회의 구체적인 현실을 떠난 신학은 신학이 아니라 일종의 종교학으로 전락하고 말 것이다. 이러한 의미에서 한국 개혁신학은 이 시대의 한국교회를 위한 신앙고백적 신학의 체계적인 정초를 위해 부단히 노력해야 할 것이다. 이것은 또한 교회의 올바른 자기 신앙고백을 위한 교육적 사명을 잘 감당할 수 있는 신학이 되어야 함을 의미하는 것이기도 하다. 교회가 자신의 신앙을 올바로 고백하는 것과 그것을 다음세대들에게 가르치는 것에 잠시라도 소홀히 한다면, 어느새 신앙을 알지 못하는 세대들이 일어나 교회는 그 설 자리를 잃게 되고 말 것이다.

2) 개혁신앙에 대한 변증(Apology)

『기독교 강요』 초판의 저술동기에 대한 파커(T. H. L. Parker)의 분석에 의하면, 칼빈이 처음부터 개혁신앙에 대한 변승석 복석을

---

[19] 이러한 의미에서 이승구는 엘지 멕기(Elsie A. McKee)를 인용하며 다음과 같이 적절하게 말하고 있다: "『기독교 강요』는 불쌍한 민중을 위한 일종의 요리문답의 변형체인 신앙고백서(Confession fidei)라고 할 수 있다. … '그러므로 1536년판 『기독교 강요』는 어떤 면에서 독특한 교회의 책 – 평신도 교회, 새로운 신자들의 교회의 책이었다'." 이승구, 「개혁신학 탐구」, 125; Cf. Elsie Anne McKee, "The Institutes of 1536 - The Church's Book," in *Calvin Studies III, Presented at a Colloquium on Calvin Studies at Davidson College and Davidson College Presbyterian Church*, ed. John H. Leith (North Calolina: Davidson College, 1986), 34.

가지고 있었던 것은 아니고, 다만 이러한 목적이 저술의 후반기에 우발적으로 부가된 것이라고 한다.[20] 그렇다면 무엇이 이러한 상황의 변화를 가져왔는가? 배틀스(Ford L. Battles)가 그의 『기독교 강요』 초판 영역본에 대한 "서론"(Introduction)에서 말하는 다음과 같은 첫 문장은 당시의 역사적 상황에 대한 핵심을 정확하게 말해주고 있다: "『기독교 강요』의 저술과 1520년대와 1530년대에 있어 프랑스 개혁주의 신앙 발전을 그늘지게 한 배경에는 '지극히 위엄있고 가장 영명하며, 가장 기독교적인 프랑스의 군주'라는 타이틀과 함께 칼빈의 헌사에서 최고의 찬사로 불린 프란시스 1세라는 수수께끼 같은 인물이 서 있다."[21]

프란시스 1세는 그의 치세 동안 자신의 권력을 지키기 위하여 신앙문제에 있어 아주 우유부단한 모습을 보였다. 그러나 니꼴라스 콥의 연설문 사건으로 시작된 그의 종교개혁 세력에 대한 핍박은 앙부와즈 성의 왕의 침실 문에까지 나붙은 "벽보사건"(1534년 10월)으로 말미암아 최악의 상황으로 치닫게 되었다. 그는 프랑스에서의 종교개혁 운동을 정치질서의 전복을 꾀한 독일 뮌스터에서의 무정부적이며 급진적인 재세례파 운동과 동일시하여 가혹하게 핍박하였다. 이러한 역사적 상황의 급격한 변화와 개신교에 대한 가혹한 핍박으로 인해 막 태동하던 프랑스에서의 개혁신학과 교회의 정통성에 대한 변증이 긴급하게 필요하게 되었다.

이러한 상황에서 먼저 프란시스 1세가 개혁신앙에 대하여 급진적인 재세례파라는 누명을 씌운 채 가혹한 핍박을 가한데 대하여,

---

20) Parker, *Calvin: An Introduction to His Thought*, 5; Muller, *The Unaccommodated Calvin*, 26.
21) Battles, "Introduction," in *Institutes of the Christian Religion* (1536), xvii.

칼빈은 1534년 자신의 첫 번째 신학저작인 『싸이코파니키아』를 저술함으로써 "영혼수면설"을 주장하는 재세례파와 개혁신앙이 완전히 다르다는 사실을 교리적으로 변증하려고 시도했다. 그러나 칼빈은 스트라스부르크에 있던 카피토(Wolfgang Capito)의 만류로 인해 이 소논문의 출판을 보류하게 된다.[22] 이러한 상황에서 이미 기초적인 요리문답서로 기획된 『기독교 강요』 초판에 개혁신앙에 대한 포괄적인 탄원과 변증적 동기(apologetic motive)가 가미된 것이라고 볼 수 있다. 이는 그의 프란시스 1세에 대한 "헌사"와 마지막 5장(거짓 성례에 대한 논박)과 6장(그리스도인의 자유, 교회의 권위와 세상정치)에 구체적으로 나타났다.[23] 따라서 방델은 이 부분과 관련하여 말하기를, "이것은 1534년 그 유명한 벽보사건을 공적으로 정죄한 일에 대한 응답이요, 종교개혁에 대한 프랑스 왕정의 태도에 불복하는 저항이었다"고 적절하게 평가한다.[24] 칼빈의 "헌사"에 포함된 다음과 같은 진술은 칼빈의 변증적 저술 동기를 여실히 보여준다.

> 그러나 어떤 사악한 사람들의 격노가 폐하의 영토에 너무나 멀리 파급되었기 때문에 건전한 교리가 발붙일 장소가 없게 되었습니다. **결과적**

---

[22] 칼빈은 1534년 오를레앙에서 작성한 이 소논문을 1542년 스트라스부르그(Strasbourg)에서 출판했다. 이 저작은 첫번째 인쇄본(1542)에서는 *Vivere apud Christum non dormire animis santos, qui in fide Christi decedunt*라는 제목으로 출판되었으며, *Psychopannychia*라는 책제목은 재인쇄본(1545)에서 사용되었다. John Calvin, "Psychopannychia" in *Tracts and Treatises*, trans. by Henry Beveridge (Edinburgh: The Calvin Translation Society, 1849; Grand Rapids: Eerdmans, 1958, Reprinted) vol. 3, 413-90.

[23] 이러한 구체적 상황에 대하여는 Battles, "Introduction," *Institutes of the Christian Religion* (1536), xxxvi-xlv를 참고하라.

[24] 프랑수아 방델, 『칼빈: 그의 신학사상의 근원과 발전』, 김재성 역 (고양: 크리스챤다이제스트, 1999), 130.

으로 내가 가르치기에 착수한 자들에게 교훈을 주고 동시에 폐하 앞에 신앙을 고백할 수 있다면 그것은 가치 있는 일이 될 것으로 생각하였습니다. 이것으로부터 폐하는 오늘날 칼과 불로써 폐하의 영토를 교란시키는 저 미친 사람들이 불같은 성화로 반대하고 있는 교리의 속성을 알 수 있을 것입니다. 그리고 정말 저는 그들이 투옥, 추방, 재산 몰수, 그리고 화형에 처해야 하며 육지와 바다에서 박멸해야 한다고 부르짖는 바로 그 교리의 대부분을 신봉하고 있다는 것을 주저없이 고백하는 바입니다.[25]

나아가 칼빈은 1557년에 출간된 그의 시편주석의 서문에 나타난 자전적인 진술에서 이와 같은 『기독교 강요』의 저술동기에 대하여 보다 구체적으로 밝히고 있다: "만약 내가 내 모든 능력을 다하여 그들 [날조된 주장을 하는 자들]을 대적하지 않고 가만히 있는다면, 이러한 침묵은 비겁과 변절에 해당한다는 비난을 받게 될 때 대답할 말이 없겠다는 생각이 들었다. 바로 이런 생각이 나로 하여금 『기독교 강요』를 출판하도록 한 것이다."[26]

실로 초대교회로부터 교회는 시대마다 자신이 당면한 신앙에 대한 외부로부터의 도전과 위협 그리고 핍박에 대응하여, 자신의 참된 신앙을 고백할 뿐만 아니라 그것을 논리적이며 체계적으로 변증해왔다. 이것이 기독교 신학이 본질적으로 가지는 변증적 사

---

25) 칼빈, 『기독교 강요 [초판]』, 45 (강조 첨가). 7
26) John Calvin, *Commentary on the Book of Psalms*, trans. James Anderson, 3 vols. (Grand Rapids: Baker, 1979), 1: lxi-xlii. Cited in William S. Barker, "신학적 작품 『기독교 강요』의 역사적 배경," 『칼빈의 기독교 강요 신학』, David W. Hall and Peter A. Lillback, eds., 나용화 외 역 (서울: CLC, 2009), 39.

명이다. 따라서 칼빈은 그의 『기독교 강요』 초판부터 모든 개정판마다 계속해서 수록한 그의 "헌사"에서 열정적이면서도 강력하게 개혁신앙에 대하여 조목조목 변증하고 있다. 이것과 관련하여 빌렘 스페이커르는 "이 변증은 종교개혁이 산출한 가장 강력한 변호들 가운데 하나"라고 했으며,[27] 배틀즈 또한 이러한 측면에 대하며 다음과 같이 적절하게 평가하고 있다.

> 칼빈 역시 초대교회 시대의 변증가들처럼, 변증적 노력으로써 실제로 신앙을 새롭게 종합하였다. 자신의 체계화한 신앙을 [새로운 것]이라고 하는 소르본느 대학 신학자들의 악평에 대하여 그는 이것이 진정한 사도적 메시지이며, 그들의 신학이야말로 말기적 변종이라고 주장했다. 프랑스 복음주의자들은 군주정체를 전복하고자 획책한다고 하는 트집에 대해서는 복음주의의 정치적 충절을 확인시켜 주었다. 그러므로 프란시스 1세에게 보내는 서한은 유스티누스와 테르툴리아누스, 오리게네스, 그리고 유세비우스의 변증서들과 나란히 둘 수 있는 것이다.[28]

앞서 언급한 개혁신앙의 체계적인 진술과 이것에 대한 교육적 기능이 교회 자신을 위한 것이라면, 칼빈의 『기독교 강요』에 나타난 두 번째 저작 동기인 변증적 목적은 개혁신학이 교회 "바깥"을 향하여 감당해야할 중요한 사명에 대해 분명하게 보여준다. 그것은 교회를 다방면에서 더욱 교묘하고도 치열하게 공격해 오는 이 시대의 다양한 조류들(예를 들어, 무신론적이며 세속적인 자연과

---

27) 스페이커르, 『칼빈의 생애와 신학』, 68.
28) 칼빈, 『기독교 강요 [초판]』, 38.

학적 세계관, 종교다원주의, 포스트모더니즘 등)에 대하여 분명하고도 체계적인 자기신앙의 고백과 변증을 하는 것이다. 이러한 변증적 기능이야말로 그 자체로서 신학의 본래적인 사명이라 할 것이다. 한국 개혁신학도 이러한 성경적이고도 사도적 정통 신앙에 기초한 스스로의 신앙고백적 신학을 체계적으로 전개함으로써 여러 가지 위협적인 이 시대사조들의 격랑 앞에서 표류하는 교회를 위한 변증의 사명을 잘 감당해야 할 것이다.

3) 신학도들을 위한 성경에 대한 안내서

칼빈은 사역 초기에 스위스 제네바에서 급격한 개혁을 시도함으로써 시의회와 갈등을 겪고 1538년 추방되어 스트라스부르크에 있는 프랑스 난민들을 위한 목회사역을 하는 동안, 『기독교 강요』 초판의 개정작업에 착수했고, 이것을 1539년에 출판하게 된다. 그러나 이 1539년 개정판의 서문을 보면, 그의 저술의도가 상당히 발전적으로 변화된 것을 알 수 있다. 먼저 가장 눈에 뛰는 것은 신앙의 초보자들을 위한 요리문답적 성격을 가진 『기독교 강요』 초판의 목적이 이제는 보다 전문적인 "신학을 배우기 원하는 자"(신학도)들을 위한 "준비와 훈련", 즉 "성경을 올바르게 읽도록 하기 위한" 신학적 교과서(*loci communes*)의 역할로 발전했다는 것이다. 이러한 저술목적과 의도하는 독자층의 변화는 곧 전체적인 책의 구조와 내용에 있어서도 심대한 발전적 변화를 가져왔다.

이 책의 목적은 하나님의 말씀을 읽고 거기서 거룩한 신학을 배우기를 염원하는 분들에게 쉽게 신학에 접근하여 시행착오 없이 공부할 수 있

도록 준비와 훈련을 시키는 것이다. 이런 목적을 갖게 된 이유는 필자 자신이 깨닫고 체계적으로 소개해 놓은 신앙 지식의 모든 내용을 누구든지 올바로 받아들이면 성경에서 특히 무엇을 얻어야 할지, 그리고 성경의 모든 교훈을 어떤 목적에 사용해야 할지 판단하는 데 어려움을 겪지 않을 것이라고 생각했기 때문이다. 그러므로 나는 사실상 길을 닦아 놓은 셈입니다. 그리고 혹시 내가 장차 성경 주석을 펴낸다면 항상 압축성과 간결성을 유지할 것이다. 교리 논의를 장황하게 할 필요도 없고, "공통된 대목들"(loci communes)로 이탈할 필요도 없기 때문이다. 이렇게 하면 신앙이 있는 독자들이 미리 이 책의 지식으로 무장을 하고서 [주석들을] 대할 때 많은 수고와 지루함을 겪지 않아도 될 것이다.[29]

즉, 스트라스부르크에서 출판한 『기독교 강요』 제2판(1539)은 그 저술동기뿐만 아니라 "성경이 말하는" 기독교 신앙의 총체를 포괄적으로 진술하려는 칼빈의 변화된 목적으로 인해, 그 형식 또한 『기독교 강요』 초판의 요리문답(catechism) 형식을 벗어나 주제별 "로키 코뮤네스"(loci communes) 형식으로 바뀌었다. 이러한 논쟁적이며 교리적인 "주제"(loci)들의 배열은 대체로 로마서의 것을 따르는데, 실제로 칼빈은 『기독교 강요』의 개정판 출판과 더불어 스트라스부르크에서 그의 첫 번째 성경주석인 『로마서 주석』을 출간하였다(1540년 3월).[30] 리차드 멀러(Richard A. Muller)는 칼빈의 『기독교 강요』를 연구함에 있어 여러 판본들 가

---

29) *Calvini Opera*, 1, 255/6. Cited in T. H. L. 파커, 『칼빈신학 입문』, 박희석 역 (고양: 크리스챤다이제스트, 2001), 19-20(강조첨가). 이러한 1939년 개정판 실린 이러한 글은 "독자에게 드리는 글"의 형태로 1559년 최종판에 까지 그대로 수록되었다.

운데서도 특별히 "1539년 개정판"의 중요성을 강조한다. 그 이유인 즉, 이 개정판에서 정립된 성경의 주제들의 배열과 교리적 논제들의 질서가 성경으로부터 추출된 "가르침의 올바른 질서"(ordo recte docendi; right order of teaching)에 따른 신학적 논제(theological loci)들로 구성된 것으로, 이러한 중심적인 구조가 마지막 완성(1559)까지 거의 변하지 않고 남아 있기 때문이라는 것이다.[31] 앞서 인용한 서문에서 나타나듯이, 아마도 이 시기에 칼빈은 그의 전 생애에 걸쳐 수행될 전체적인 저술계획을 체계적으로 기획한 것 같다. 즉, 한편으로는 성경본문에 대한 "압축되고 간결한" 해석으로서 일련의 성경주석서들을 펴내는 것이며, 다른 한편으로는 그러한 주석의 결과들을 신학적 주제들로 종합, 정리함으로써 성경을 올바르게 읽을 수 있도록 하는 것이었다. 이것이 바로 개정된 『기독교 강요』(1539)가 의도한 것으로서, 이는 1559년 최종판에서 스스로 "만족할 만한 것"이 될 때까지 계속 수정, 증보되었다. 이에 대하여 회플(H. M. Hoepfl)은 다음과 같이 적절하게 말한다.

> 복음주의자들에게는 물론 오직 하나의 신학 대전(summa theologica), 즉 성경만이 있을 뿐이다. 『강요』는 그 어떤 의미에서도 성경 읽는 것을 대신하도록 의도된 것이 아니다. 오히려 그것은 성경의 중요한 주제들을 요약하거나 성경의 일반적인 것들을 간단히 설명

---

30) de Greef, *The Writings of John Calvin*, 94, 그리고 칼빈의 "로마서 주석"에 대한 자세한 서지학적 정보에 대하여는 동일 페이지 각주 13을 참조하라.
31) Cf. Muller, *The Unaccommodated Calvin*, 186, 더욱 상세하게는 "Chapter 7, Establishing the Ordo docendi: The Organization of Calvin's Institutes, 1536-1559" (pp. 118-139)를 참조하라.

(*loci communes*)함으로써 눈 있는 자들은 볼 수 있도록, 이를테면 성경을 어떻게 읽어야 하는지에 대한 일종의 "가르침"으로 사용되도록 하기 위한 것이다.[32]

이와 같이 칼빈은 『기독교 강요』를 통하여 무엇보다 그의 신학이 오직 성경(*sola scriptura*)의 가르침에 기초한 신학이길 원했고, 또한 하나님의 말씀인 성경을 올바르게 읽고 해석하기 위한 교리적 지침서의 역할을 수행하도록 의도했다. 신학은 하나님의 말씀을 떠나 이루어질 수 없는 것으로서 성경에 계시된 영원한 복음의 진리를 밝혀 드러내는 것이다. 따라서 한국 개혁신학 역시 단지 형이상학적 논쟁을 위한 신학이 아니라 오직 하나님의 말씀인 성경에 기초한 신학이어야 하며, 말씀을 올바르게 읽고 해석하며 실천하는데 헌신된 신학이 되어야 할 것이다. 나아가 칼빈신학이 의도하였던 것처럼, 개혁신학은 "해체주의"(deconstructionism)에 의해 하나님의 말씀인 성경의 "진정한 권위"(true authority)가 거부됨은 물론, 말씀에 대한 참된 해석의 원리를 잃고 해석학적 무정부 상태로 참된 신학적 권위가 부정당하는 포스트모던(post-modern) 시대에 한국교회를 위하여 더욱 올바른 성경 해석의 길잡이로서의 신학의 본래적인 사명을 수행해야 할 것이다.

---

[32] H. M. Hoepfl, *The Christian Polity of John Calvin* (Cambridge: Cambridge University Press, 1982), 22. 여기에서는 이승구, 『개혁신학 탐구』, 136에 번역되어 인용된 것을 재인용했음. 특별히 이승구는 이러한 『강요』의 세 번째 저술동기를 "해석학적 동기"(hermeneutical motive)라고 강조하며, 이것은 "성경을 읽는 사람들로 하여금 성경을 잘 이해하도록 하고 바르고, 좀 더 쉽게 읽도록 하기 위한 일종의 '이해의 틀'을 제공하려는 의도를 가진 것"이라고 한다.

4) 경건의 삶을 위한 지침서

본래 칼빈의 『기독교 강요』 초판은 당시의 관습에 따라 다음과 같이 긴 제목의 부제와 함께 출판되었다.

Christianae religionis institutio, totam fere pietatis summam et quidquid est in doctrina salutis cognitu necessarium compliectens, omnibus pietatis studiosis lectu dignissimum opus ac recens editum (기독교 강요, 경건에 관한 전체 개요 대강과 구원의 교리를 앎에 필요한 모든 것들, 경건에 힘쓰는 모든 사람들에게 가장 합당한 최근에 편집된 작품).[33]

이 책에 붙인 제목에 나타나듯이, 칼빈은 처음부터 그의 『기독교 강요』를 "경건의 대전"(*pietatis summam*)이라고 불렀으며, 경건에 힘쓰는 사람들을 위한 저술임을 분명하게 밝혔다. 이러한 점은 필립 홀트롭(Philip C. Holtrop)이 『기독교 강요』의 내용을 분석하는 가운데 칼빈신학의 가장 중요한 특징으로 "경건"을 들며, "칼빈의 신학은 '경건의 신학'(*theologia pietatis*)"이라고 부른데서 잘 나타났다. 그런데 홀트롭에 의하면, 칼빈에 있어 경건이란 "금욕적이고 개인적이고 피안적"인 것이 아니라 "모든 창조계와 문화에 적극 참여하는 것이며, 하나님이 사회적이고 책임있는 존재인 우리에게 주시는 모든 선한 삶에 적극 참여하는 것"이다.[34] 나아가

---

33) Ioannes Calvinus, 『라틴어 직역 기독교 강요 [1536년 라틴어 초판]』, 문병호 역 (서울: 생명의말씀사, 2009), "서론," xxx.
34) 필립 홀트롭(Pilip C. Holtrop), 『기독교 강요 연구 핸드북』, 박희석/이길상 역 (고양: 크리스챤다이제스트, 1995), 13.

홀트롭은 칼빈이 "『기독교 강요』의 여러 판들을 [재]구성하고 개정한 동기나 이유는 바로 경건이다"라고 올바르게 지적한다.[35]

배틀즈(F. L. Battles)도 칼빈신학의 핵심(the kernel of Calvin's theology)이 경건이라고 강조한다.[36] 그는 『기독교 강요』 최종판(1559)의 번역자 서문에서 말하기를, '[칼빈]은 자신의 책을 '신학의 대전'(*summa theologiae*)이 아니라 '경건의 대전'(*summa pietatis*)이라고 부른다. 칼빈의 정신적 에너지의 비밀은 경건에 있으며, 그것을 풍성하게 설명한 결과물이 바로 그의 신학"이라고 말했다.[37] 실제로 칼빈은 그의 『기독교 강요』 초판의 헌사에서 궁극적인 저술 목적을 다음과 같이 밝히고 있다: "저의 목적은 단지 어떤 기초적인 사실들을 전달함으로 그것에 의해 종교에 열심을 가진 사람들이 참된 경건(*vera pietas*)에 도달하게 하는 것이었습니다." 그는 1559년 『기독교 강요』 최종판의 서문에서는 이에 대하여 다음과 같이 거듭 강조하여 말했다.

> 하나님은 나의 마음이 정열로 차고 넘치게 하셔서 하나님의 나라를 확장하고 공익을 증진시키는 일을 하게 하셨다. 그리고 **내가 교회에서 교사의 직책을 맡은 이후 순수한 경건의 교리를 보존하여 교회를 유익되게 하는 것 외에 어떤 다른 의도도 없었다**는 사실에 대해서, 나는 양심적으로 떳떳할 뿐만 아니라 이에 대해 하나님과 또 천사도 증인이 되어주실 것이다.[38]

---

35) Ibid., 15.
36) Cf. Ford L. Battles, *The Piety of John Calvin* (Grand Rapids: Baker, 1978).
37) Battles, "Introduction," in *Institutes of the Christian Religion* (1559), li.

그러므로 윌리엄 바커(William S. Barker)는 『기독교 강요』의 신학적 특징을 분석하는 가운데 주장하기를, "우리는 『기독교 강요』의 용도가 하나님의 말씀을 공부하는 것과 이를 통해 경건함에 이르는 것이라고 요약할 수 있겠다. 이 경건성의 특징은 하나님을 향한 감사와 사랑, 그리고 말씀을 통해 계시된 그의 뜻을 순종함에 있다"고 했다.[39] 실제로 칼빈에게 있어 경건이란 여러 가지 신학적인 논의 주제 가운데 한 부분이 아니라 그의 신학 전체가 추구했던 궁극적인 관심이요 목적이었다. 그러므로 경건이란 주제는 칼빈신학의 어떤 한 부분에만 한정되어 논의되는 것이 아니라 『기독교 강요』 전체에 퍼져 있다고 할 수 있다. 또한 칼빈 자신의 삶속에서도 신학과 경건의 삶은 나누어질 수 없는 것으로 서로 통합되어 있다. 그러므로 요엘 비키(Joel R. Beeke)는 "칼빈에게 있어 신학적 이해와 실천적 경건, 진리, 그리고 유용성은 불가분리적이다. 신학은 무엇보다도 지식을 - 하나님과 우리 자신에 대한 지식 - 다루는 것이지만, 만일 거기에 참된 경건이 없다면 참된 지식도 없다"고 적절하게 지적한다.[40] 그러면서 그는 결론적으로 말하기를, "칼빈은 신학적으로, 교회적으로, 그리고 실천적으로 그 자신 스스로 경건의 삶을 살기를 추구했다"고 한다.[41] 이러한 이유로 인해 우리는 "경건의 삶을 위한 지침서"의 역할, 즉 "경건의 동기"(pietatis motive) 혹은 "영성적 동기"(spiritual motive)를 『기독교 강요』의

---

38) 존 칼빈, 『기독교 강요』(1559), 김종흡 외 3인 역 (서울: 생명의 말씀사, 1988), "독자에게 드리는 글" 중에서(p. 14, 강조 첨가).
39) Barker, "신학적 작품 『기독교 강요』의 역사적 배경," 41.
40) Joel R. Beeke, "Calvin on Piety," in *The Cambridge Companion to John Calvin*, ed. Donald K. McKim (Cambridge: Cambridge University Press, 2004), 125.
41) Ibid., 144.

또 다른 중요한 저술동기로 파악해야만 할 것이다. 그리고 그리할 때 우리는 비로소 이 기념비적 저서의 진면목을 올바로 파악할 수 있을 것이다.

오늘날 한국교회의 일각에 신학과 경건, 신앙과 삶이 일치하지 못하는 문제가 상존하고 있다. 이것은 신학과 경건이 서로 통합되지 못함과 동시에 소위 "값싼 은혜"가 난무함으로써 "성화 없는 칭의"(justification without sanctification) 그리고 "행함이 없는 믿음"이라는 기독인들의 이분법적인 삶의 문제를 유발시키는 중요한 하나의 원인이 된다고 할 수 있다. 이러한 상황은 곧바로 기독교에 대한 대중의 절제되지 않은 공격적이고도 악의적인 비판에 교회를 노출시키며, 결과적으로 한국교회의 대사회적인 영향력 저하와 전도/선교적 환경을 열악하게 만드는 악순환을 유발시킨다. 우리는 공허한 사변(empty speculation)이 아니라 참된 경건에 이르는 신학과 삶이야말로 칼빈신학의 궁극적인 관심과 목적이었음을 상기하고, 이와 마찬가지로 오늘날 한국 개혁신학 역시 신학과 경건, 그리고 신앙의 삶과 성경적인 영성이 통합된 참된 영성과 "경건의 신학"(theologia pietatis)의 추구가 신학함(doing theology)의 본래적인 중심에 다시 자리 잡도록 해야 할 것이다.

3. 『기독교 강요』의 원천 자료들

칼빈신학의 특징을 이해하는 또 다른 한 가지 방편은 칼빈의 신학 사상의 근원이 과연 어디에서 기원하였는가를 잘 살펴보는 것이다. 이 문제는 실로 칼빈신학 연구에 있어 가장 중요한 주제들 가운데 하나로서, 그동안 수많은 연구목록들로 채워져 왔다. 그러나 그러한 자료들을 모두 다 섭렵하고 분석할 지면의 여유가 없기 때문에, 여기서는 ① 성경, ② 초대교부들과 중세 스콜라 신학자들, ③ 동시대 종교개혁자들, 그리고 ④ 고대철학과 인문주의 등 4가지 주요 원천에 대하여 간단히 살펴보고, 나아가 그것에 나타난 칼빈신학의 특징과 의의에 대하여 간단히 언급하고자 한다.

1) 하나님의 말씀: 오직 성경(Sola Scriptura)

자신의 생애 마지막 순간에(1564년 4월 25일) 공증인에게 자신의 유서를 진술하면서 칼빈은 무엇보다 스스로를 "제네바 교회에서의 하나님의 말씀의 종"(a servant of the word of God in the Geneva church)으로 불리길 자처했다.[42] 이처럼 그는 실로 "오직 성경"(Sola Scriptura) 위에 자신의 모든 신학을 건축하려고 했던 충실한 성경의 해석자(an interpreter of the Bible)이자 성경의 신학자(a theologian of the Bible)였다. 따라서 칼빈의 『기독교 강요』의 원천을 언급함에 있어 가장 중요하고 우선적인 것은 무엇보다 하나님의 말씀인 성경(the Holy Scripture)이다. 그러나 『기독교 강요』의 신학적 원천으로서 성경을 말함에 있어 우리는 두 가지 측면을 인식해야 한다. 첫째는 『기독교 강요』의 내용을 이루는 "올바른 가르침"인 모든 "교리들의 원천적인 출처"가 바로 성경이라는 것이고, 둘째는 그렇게 추출되고 선택된 모든 신학적 주제들과

---

42) Cf. Wulfert de Greef, "Calvin's Understanding and Interpretation of the Bible," in *John Calvin's Impact on Church and Society 1509-2009*, eds., Martin E. Hirzel and Martin Sallman (Grand Rapids: Eerdmans, 2009), 67.

관련하여 논증하고 또 여러 신학적인 논쟁을 다룸에 있어 칼빈이 의존하는 최종적인 "권위의 원천"이 바로 성경이라는 것이다.

사실 1539년판 서문에서 칼빈이 스스로 밝히는 바와 같이, 그의 변화된 『기독교 강요』의 주된 목적은 바로 "성경을 올바르게 읽고 이해하도록 하기 위한 것"이며, 그와 더불어 그 자신의 성경 주석과 강해들에 대한 길잡이 역할을 위한 것이었다. 따라서 칼빈 자신이 "성경의 제자가 되지 않고는 아무도 참되고 건전한 교리를 극히 일부분이라도 얻을 수 없다는 사실을 깨달아야 한다"[43]고 말하듯이, 하나의 "신학 총론"(loci communes) 형식으로 저술된 1539년 이후 『기독교 강요』에서 다루어진 모든 "올바른 가르침의 주제들"은 모두 원칙적으로 성경으로부터 나온 것이었다. 그래서 『기독교 강요』의 모든 페이지에는 직, 간접적인 성경의 인용들로 가득 차있다.[44] 사실 칼빈이 일생동안 네 번의 개정/증보를 거치면서 『기독교 강요』를 계속해 확장한 이면에는 거의 모든 성경을 철저하게 연구하여 주석하고 강해한 그의 성경 주석의 역사와 성장의 궤를 같이 한다. 그러나 다음의 언급에서 알 수 있듯이, 칼빈은 그 모든 신학적 주제들에 대하여 스스로 논의를 진행함에 있어서도 항상 말씀의 한계 안에 자신을 제한시키고자 노력했다.

하나님의 거룩한 말씀 외에는 어떠한 곳에서도 하나님을 찾지 않을

---

43) 칼빈, 『기독교 강요』(1559), I. 6. 2.
44) 칼빈의 방대한 성경인용 색인 자료를 위해서는 John Calvin, *Institutes of the Christian Religion* (1559), vol. 2, 1553-92를 보라. 또한 『기독교 강요』를 구성하는 주요 주제들과 교리들의 원천으로서의 성경과의 관계 및 성경인용 문제와 관련해서는 특별히 리차드 멀러(Richard A. Muller)의 "Chapter 8, Fontes Argumentorum and Capita Doctrinae: Method and Argument in Calvin's Construction of loci and disputation," in *The Unaccommodated Calvin*, 140-158을 참고하라.

것, 하나님의 말씀에 부합되는 것 외에는 하나님에 대해서 어떠한 것도 생각하지 않을 것, 혹은 하나님의 말씀으로부터 나오지 않은 것은 어떠한 것도 말하지 않도록 우리는 힘써야 하겠다.[45]

성경은 성령의 학교이며, 여기서는 필요하고 유익한 지식은 하나도 빠뜨리지 않는 동시에, 유익한 지식이 아니면 아무것도 가르치지 않는다. … 하나님께서 신자에게 하시는 모든 말씀에 대해서 그리스도인이 마음과 귀를 열고 듣는 것을 우리는 허락해야 한다. 다만 제한 조건은, 주께서 입을 여시지 않을 때에는 신자도 즉시 모든 탐구의 길을 닫으라는 것이다. 우리가 지켜야 하는 침착한 태도의 한도는, 배울 때에 하나님의 인도를 따를 뿐만 아니라, 하나님께서 가르치시기를 그치실 때에는 우리도 더 알려고 하지 않는 것이다.[46]

우리가 만일 이 말씀에서 벗어나게 되면, 아무리 신속하게 달린다 하더라도, 그 진로에서 탈선했기 때문에 목적지에는 결코 도달하지 못할 것이다.[47]

뿐만 아니라, 칼빈은 모든 신학적 논쟁에 대한 결론을 도출함에 있어서도 그 궁극적인 권위를 성경에 두었다. 즉, 칼빈에게 있어 성경은 언제나 성령에 의해 영감되어 기록된 하나님의 말씀이었기 때문에 모든 신학의 원천과 삶의 규범은 오직 성경(Sola Scriptura)으로 귀결되었다. 이와 같이 칼빈이 그의 신학의 원천으로서 성경을 붙들었고, 또 그 시대의 문제 해결을 위해서도 항상 성경으로 돌아갔듯이(ad fontes), 오늘날 한국 개혁신학의 원천도 언제나 성경이

---

45) 칼빈,『기독교 강요』(1559), I. 13. 21.
46) 칼빈,『기독교 강요』(1559), III. 21. 3.
47) 칼빈,『기독교 강요』(1559), I. 6. 3.

어야 하며, 이 시대의 문제 해결을 위해서도 우리는 항상 성경으로 돌아가야 할 것이다. 즉, 개혁신학은 신학과 교회 실존의 구체적인 자리로서 컨텍스트(context)에 대하여 마땅히 지극한 관심을 가져야 하지만, 그렇다고 그곳에 함몰된 채 "컨텍스트 중심의 신학"(a context-centered theology)이 되어서는 안 된다. 개혁신학은 언제나 하나님의 말씀인 텍스트(text)로서 컨텍스트(context)를 변혁하는 "텍스트 중심의 신학"(a text-centered theology), 성경의 신학(a theology of the Bible)이 되어야 할 것이다. 이를 위해 오직 정확무오한 하나님의 말씀인 성경의 최종적인 권위를 인정하고 순종해야 할 것이며, 하나님의 말씀 앞에 무릎 꿇고 경험하며 기도하는 자세를 가져야 할 것이다.

2) 초대교회 교부들과 중세 스콜라 신학자들[48]

칼빈신학의 원천을 논함에 있어 성경 다음으로 언급되어야 할 것은 초대교회 교부들(the Ancient Church Fathers)이다. 칼빈의 교부인용과 사용은 『기독교 강요』 초판에서부터 매우 의도적이었다. 프란시스 1세에 대한 "헌사"에서 나타난 것처럼, 칼빈은 교황주의자들 및 그의 대적자들과의 논쟁 시에 성경뿐만 아니라 초대교회 교부들을 적극 인용했다. 이는 교부들이 오히려 자신과 개혁신학을 적극 옹호하고 있음을 보임으로써 종교개혁의 정당성을 변증하기 위함이었다. 다음의 인용은 이러한 측면을 잘 보여준다.

---

48) 이 주제와 관련해서는 Anthony N. S. Lane, "Calvin's Use of the Fathers and the Medievals," *Calvin Theological Journal* 16 (1981), 149-205; idem, *John Calvin: Student of the Church Fathers* (Edinburgh: T & T Clark, 1999); 그리고 한성진, "칼빈과 교부," 『John Calvin: 칼빈, 그 후 500년』 한국칼빈학회 편집 (서울: 두란노, 2009), 227-45 등을 참조하라.

더욱이 그들은 우리가 교부들, 즉 초대교회의 보다 순수하던 시대의 저술가들을 반대한다고 비방하고 있습니다. 이는 마치 교부들이 자신들의 불경건을 지지하였다는 말과 다름이 없는 말입니다. 만일 논쟁이 교부들의 권위에 의해서 결정된다고 하면, 가장 겸손히 말한다 해도 승리는 우리의 것입니다.[49]

여기서 우리가 기억해야 할 것은 칼빈이 교부들에 대하여 대단히 해박한 지식을 가지고 있었을 뿐만 아니라, 신학적인 논증과 변증을 위해 그들을 사용할 때 결코 맹종적인 자세로 그들을 추종한 것은 아니라는 점이다. 그에게 있어 교부들의 권위는 절대적인 권위인 성경에 비해 항상 상대적인 것이었다. 때문에 그는 교부들의 견해들을 비판적으로 취사선택하면서 자신이 해석한 성경의 가르침에서 벗어나는 교부들의 견해는 과감히 배격하는 모습을 보인다: "이 교부들의 저작에는 박인방증하며 탁월한 것이 많이 있지만, 역시 어떤 점에 있어서는 인간이 공통적으로 범하게 되는 과오가 저들에게도 있습니다."[50] 따라서 교부들의 가르침에 대한 칼빈의 연구와 인용은 대단히 독창적이면서도 취사선택적인데, 이러한 경우에 있어 비판적 기준은 언제나 성경적인 표준이었다.

『기독교 강요』의 개정판이 계속해서 그 부피와 내용에 있어 놀랄만큼 방대하게 늘어난 이유 가운데 하나는 칼빈의 계속된 교부들에 대한 심도있는 연구와 그에 따른 변증적인 인용이 매우 많아졌기 때문이다.[51] 안토니 래인(A. N. S. Lane)은 『기독교 강요』에

---

49) 칼빈, 『기독교 강요』(1559), "헌사", 53-54.
50) 칼빈, 『기독교 강요』, 54.

있어 교부 사용에 대한 깊이 있는 연구를 통하여 아주 유용한 자료를 우리에게 제공한다. 이것은 1559년 『기독교 강요』에 인용된 교부 저작들의 명칭과 인용회수에 대한 면밀한 통계자료로서 칼빈의 교부학 연구의 깊이와 신학적 원천으로서의 중요성을 웅변적으로 잘 말해준다.[52] 최근의 한 자료에는 라틴교부들과 헬라교부들을 총 망라하여 39명에 이르는 교부들에 대한 인용자료가 포함되어 있는데,[53] 그 중 총인용 회수가 50회 이상인 교부들만 나열해도, 요세푸스(Josephus, 72), 이레니우스(Irenaeus, 84), 터툴리안(Tertullian, 122), 키프리안(Cyprian, 121), 오리겐(Origen, 52), 유세비우스(Eusebius of Caesarea, 52), 키릴(Cyril of Alexandria, 52), 크리소스톰(Chrysostom, 259), 레오 1세(Leo I, 53), 힐러리(Hilary of Poitiers, 54), 암브로스(Ambrose, 133), 제롬(Jerome, 332), 어거스틴(Augustine, 1708) 등이 있다.

여기서 주목해야 할 것은 칼빈의 교부 연구와 인용에는 서방교회 뿐만 아니라 동방교회의 주요 교부들도 거의 다 포함되어 있다는 것이다. 그리고 특별히 어거스틴에 대한 칼빈의 인용회수는 교부 전체 인용회수 3402회 가운데 거의 절반인 1708회(참고로

---

51) Spijker, 『칼빈의 생애와 신학』, 196.
52) Cf. A. N. S. Lane, *John Calvin: Student of the Church Fathers*, 55-61. 또한 교부들을 포함하여 칼빈이 인용하고 있는 구체적인 문헌 자료들에 대한 훌륭한 색인이 맥닐(John T. McNeill) 편집하고 배틀즈(Ford L. Battles)가 번역한 영역 *Institutes of the Christian Religion* (1559), vol. 2, 1592-1634에 수록되어 있다.
53) 한성진은 최근 그의 한 논문에서 각 시기별로 칼빈의 교부인용 통계자료를 잘 정리하여 도표로 제공하고 있다. 그는 다섯 시기로 구분하여 칼빈의 교부 인용회수에 대한 자료를 제공하는데, 그 총인용 회수는 다음과 같다: (1) 초기저작 시기 (144회); (2) 제네바 1기 (254회); (3) 스트라스부르그 (351회); (4) 1550년 이전 (945회); (5) 1550년 이후 (1706회). 한성진, "칼빈과 교부," 230-31. 그리고 칼빈의 동방교부들에 대한 이해와 인용에 대하여는 A. N. S. Lane, "Calvin's Knowledge of the Greek Fathers," in *John Calvin: Student of the Church Fathers*, 67-86을 참조하라.

Lane의 통계자료에 의하면, 인용된 어거스틴의 저작문헌 수는 약 50가지로 나타남)에 이르는데, 이는 칼빈신학에 대한 어거스틴의 영향과 중요성을 짐작하게 해주는 부분이다.

칼빈은 중세 스콜라 신학자들과 그들의 신학 또한 무조건 배척하지만은 않았다. 이미 중세 신학자들이 칼빈에게 미친 영향에 대한 연구도 상당히 많이 이루어져 있다.[54] 예를 들어, 최근 리차드 멀러(Richard A. Mulller)는 칼빈과 중세 스콜라주의(Scholasticism)의 관계에 대하여 구체적인 자료를 가지고 조심스럽게 분석하면서, 스콜라주의에 대한 칼빈의 명목적인 심한 반대와 비난에도 불구하고 실제적으로는 많은 측면에서 적극적인 연속성과 관계성이 존재함을 잘 보여준다.[55] 칼빈에게 어느 정도나마 영향을 미친 대표적인 중세 신학자들에는 안셀무스(Anselmus), 피터 롬바르드(Peter Lombard), 아퀴나스(Thomas Aquinas), 보나벤츄라(Bonaventura), 둔스 스코투스(Duns Scotus), 윌리암 오캄(William of Occam), 버나드(Bernard of Clairvaux) 등이 거론되고 있다.[56]

---

54) Richard C. Gamble이 편집한 *Articles on Calvin and Calvinism*, vol. 4, *Influence upon Calvin and Discussion of the 1599 Institutes*, ed. Richard C. Gamble (New York: Garland Publishing, Inc., 1992)에 포함된 S. Mark Heim, "The Powers of God: Calvin and Late Medieval Thought," 2-13; Alister E. McGrath, "John Calvin and Late Medieval Thought," 14-34; W. Stanford Reid, "Bernard of Clairvaux in the Thought of John Calvin," 35-53; A. N. S. Lane, "Calvin's Use of Bernard of Clairvaux," in his *John Calvin: Student of the Church Fathers*, 87-150; Dennis E. Tamburello, *Union with Christ: John Calvin and the Mysticism of St. Bernard* (Louisville: Westminster John Knox Press, 1994) 등의 자료들을 참고하라.

55) Cf. Richard A. Muller, "Scholasticism in Calvin: A Question of Relation and Disjunction," in *The Unaccommodated Calvin*, 39-61. 멀러는 1560년 불어판 『기독교 강요』에 근거하여 칼빈이 부정적으로 사용된 "스콜라주의자"라는 비난이 많은 경우에 그와 대적관계에 있던 당대의 "소르본느 신학자들"(theologies sorboniques)을 의미한다고 함으로서, "일반적으로 칼빈 신학은 중세 스콜라주의에 대하여 훨씬 덜 적대적인 것으로 드러난다"고 한다 (p. 52).

오늘날 한국교회에서 초대교회 교부학과 특히 중세신학에 대한 연구는 그 질과 양에 있어 거의 가톨릭 신학자들의 전유물이 되다시피 하고 있다. 이러한 경향은 한국 개신교 전체나 개혁신학에 있어 전혀 바람직한 일이 아니다. 비록 칼빈이 철저하게 성경 중심의 신학을 전개하긴 했지만, 그렇다고 초대교회 교부들이나 심지어 중세 신학자들의 훌륭한 신학적 유산과 보고들을 등한시 한 것은 결코 아니었다. 오히려 칼빈은 당대의 가장 유명한 교부학자 가운데 한 사람으로 각인될 정도로 교부들과 중세 신학자들에 대한 연구에 천착하였고, 또한 그러한 연구 결과들을 그의 개혁신학을 정초하고 변증하는데 적극 활용하였다. 이러한 사실들은 칼빈이 자신의 신학을 하나의 분파적 신학이 아니라 성경과 교부들을 통한 사도적 정통신앙을 잇는 참된 "공교회적 신학"(a true catholic theology)으로 회복하고 정초하려고 시도하였음을 잘 알게 해준다. 따라서 한국 개혁신학은 칼빈의 신학 및 16세기 종교개혁 이후의 17-18세기 정통주의 신학과 신학자들에 대한 깊이 있는 연구도 중요하게 다루어야 하겠지만, 칼빈이 보여준 공교회적 신학 정신을 살려 교부학 및 중세신학을 포함하여 전(全)교회사적으로 보다 확대된 통시적인 신학 연구에도 더욱 큰 관심을 가져야 할 것이다. 물론 이러한 연구가 지속적으로 가능할 수 있도록 교육과정과 제도적인 뒷받침도 체계적으로 마련되어야 할 것이다.[57]

---

56) 칼빈이 인용하고 있는 중세 신학자들에 대한 보다 자세한 목록은 Lane, *John Calvin: Student of the Church Fathers*, 61-66을 참조하라.
57) 이러한 관점에서 "개혁주의 교부학"의 가능성과 필요성을 주장하는 다음의 글은 우리가 주의해서 들어야할 일고의 가치가 있다. 한성진, "칼빈과 초대교부들: 개혁주의 교부학의 가능성," 「칼빈연구」 제4집 (2007): 277-300.

3) 동시대 종교개혁자들

칼빈은 결코 인격적으로나 사상적으로 배타적이거나 고립된 채 신학 작업을 하지 않았다. 이는 그의 열정적인 신학과 목회 사역뿐만 아니라 광범위한 인물들과 주고받았던 그의 엄청난 서신들의 분량에서 극명하게 나타난다. 칼빈은 종교개혁 제2세대에 속하는 신학자로서 그보다 앞선 개혁자들뿐만 아니라 동시대 신학자들과 끊임없이 신학적인 대화를 계속했으며, 자신의 신학 작업 속에서 그것들을 독창적으로 조직하고 종합해 냄으로써 걸출한 개혁신학의 기초를 놓았던 것이다. 칼빈의 초창기 무렵의 신학을 분석하면서, 가녹지(A. Ganoczy)는 『기독교 강요』 초판에 나타난 동시대의 종교개혁자들 가운데 대표적인 인물로, 루터(Martin Luther), 멜랑히톤(Philip Melanchthon), 쯔빙글리(Ulrich Zwingli), 그리고 부처(Martin Bucer)를 들고 있다.[58]

먼저 루터의 영향은 『기독교 강요』 초판의 앞부분 4장의 순서에 곧바로 나타나는데, 그것은 루터의 『소요리문답』(Small Catechism)의 순서(율법, 신앙, 기도, 성례)를 그대로 이어받은 것이다. 뿐만 아니라 루터의 『교회의 바벨론 유수』(The Babylonian Captivity of the Church), 『그리스도인의 자유』(The Freedom of the Christian Man)와 더불어 여러 가지 설교들에 대한 인용도 찾아볼 수 있다. 비록 1536년 이후 성찬 문제로 인하여 루터와 대립하게 되지만, 1536년 『기독교 강요』 초판에 나타난 루터의 영향은 단순히 자료의 인용과 같은 외형적인 것에 그치는 것이 아니라, 이

---

58) 자세한 내용은 Ganoczy, *The Young Calvin*, 137-168과 또한 Wendel, *Calvin: Origins and Development of His Religious Thought*, 131-144를 참고하라.

신칭의 교리와 전적타락, 죄론과 기독론, 그리고 성령의 구원사역 등에 이르기까지 여러 가지 핵심적인 신학적인 입장에서 지대했음을 알 수 있다.

칼빈은 1536년 이후 멜랑히톤과도 특별한 유대관계를 맺게 된다. 그는 멜랑히톤의 조직신학 저서인 『신학총론』(Loci Communes)을 읽었고, 아마도 이것이 1539년판 『기독교 강요』가 소요리문답 형식을 벗어나 주제별(loci) 형식으로 바뀌는데 많은 영향을 미쳤던 것으로 보인다. 물론 그것은 형식적인 면에서만이 아니라 실질적인 면에서도 영향을 미쳤다. 방델에 따르면, 칼빈은 1546년 제네바에서 프랑스어 번역판 『신학총론』(Loci Communes)의 서문을 썼을 뿐만 아니라 멜랑히톤의 신학사상이 집약된 "아우구스부르그 신앙고백서"(Augusburg Confession of Faith)에도 서명하였다. 심지어 그는 "아우구스부르그 신앙고백서에서 우리의 가르침과 동일하지 않는 것이란 아무것도 없다"고 언명하기까지 했다.[59]

쯔빙글리의 경우에는 비록 그의 『참된 종교와 거짓종교에 대한 주석』(Commentary on True and False Religion)에 대한 인용이 『기독교 강요』에 나타나나, 칼빈에 대한 그의 영향에 대해서는 평가가 많이 엇갈린다.[60] 이에 반해 부처의 영향에 대해서는 대부분의 학자들이 인정하고 있다. 칼빈은 부처의 『복음서 주석』(Enarrationes, 1530)와 성경 주석서들을 계속해서 읽었으며, 이것들을 그의 저작에 적극 인용했다. 특히 스트라스부르크에서 머

---

59) Wendel, *Calvin: Origins and Development of His Religious Thought*, 135.
60) 예를 들어, 칼빈과 쯔빙글리의 관계에 대한 가녹지(pp. 151-58)와 방델(pp. 135-37)의 평가를 비교하여 살펴보라.

무는 동안 그곳에서 개혁활동을 하던 부처와 동역하는 가운데서 이루어 졌던 신학적 대화와 그의 저작들에 의한 영향은 1539년 『기독교 강요』 개정판과 그의 첫 번째 성경주석인 『로마서 주석』에 반영되었다.[61] 신학적인 견해에 있어서 예정론과 율법의 영구적인 정당성, 신·구약의 동질성, 그리고 무엇보다 교회론의 정립에 있어 가시적 교회를 강조한 것, 나아가 교회일치에 대한 불타는 열정 등은 부처의 영향이라 볼 수 있을 것이다. 이외에도 칼빈은 파렐(William Farel), 하인리히 불링거(Heinrich Bullinger), 폴 비레(Paul Viret), 존 낙스(John Knox), 베자(Theodore Beza) 등 그의 생애를 통해 수많은 동시대 신학자들과 끊임없이 교류하면서 서로 영향을 주고받으며, 그것을 자신의 신학 작업 속에서 창조적으로 통합시켰다.[62]

이와 같이 칼빈은 그의 신학과 삶을 통하여 동시대 신학자들과 적극적으로 대화하고 교류하면서 자신의 신학 작업을 수행하였다. 여러 가지 사안에 따라 때로는 격렬하게 논쟁하고, 때로는 상호간에 조정하기도 하며, 또 필요할 때는 전폭적인 지지와 함께 아낌없는 협력으로 동역하기도 하였다. 이것은 칼빈에게 있어 모든 신학 작업은 결코 혼자만의 고고한 지적유희가 아니라, 말씀의 진리 위에 주의 몸된 교회를 바로 세우기 위하여 함께 고군분투하며 살아 생동하는 사역의 현장에서 이루어지는 공동체적 작업으로 인식되었음을 보여준다. 심지어 칼빈은 때때로 자신을 극도로 고통스럽

---

61) Cf. Wendel, *Calvin: Origins and Development of His Religious Thought*, 114, 140.
62) Cf. Machiel A. van den Berg, *Friends of Calvin*, trans. Reinder Bruinsma (Grand Rapids: Eerdmans, 2009).

게까지 한 많은 대적자들과의 혹독한 논쟁들까지도 자신의 신학적 작업 속에 통합해 냄으로써 스스로의 신학적, 영적 성장과 성숙의 기회로 만들었다. 이러한 칼빈신학의 특징이야말로 그가 일개 분파주의자가 아니라 진정으로 성경적 진리 안에서 참된 교회의 연합과 일치, 그리고 "거룩한 공교회"(the holy catholic church)를 세우기 위하여 끝까지 헌신적으로 노력했던 신학자였음을 보여준다. 이와 같은 그의 노력의 또 다른 결실이 바로 오랫동안 계획하여 설립한 제네바 아카데미(Geneva Academy, 1559년 6월 5일 개교함)라 할 수 있다. 이 아카데미는 이후 참으로 개혁신학을 위한 신학공동체의 요람이 되었다. 이런 측면에서 오늘날 한국개혁신학도 무엇보다 신학의 공동체성을 회복하고, 그러한 동역과 협력의 공동체적인 신학 작업을 통해 분열된 교회를 다시 하나로 세우는 데 헌신해야 할 것이다.

4) 고대철학과 인문주의의 영향

칼빈에게 있어 르네상스 인문주의(Renaissance Humanism)의 영향은 최근 들어 활발한 연구들을 통하여 비교적 잘 알려져 있다. 예를 들어, 부스마(William J. Bouwsma)에 따르면, "칼빈의 인문주의는 일반적으로 생각되어 온 것처럼 그의 공헌에 있어서 주변적이거나 보조적인 것에 불과한 것이 결코 아니었다. 인문주의는 칼빈의 사상에 있어서 핵심적인 것이었다."[63] 실제로 칼빈은 그의 첫 번째 학문적인 저작으로 로마의 스토아 철학자 『세네카의 관용

---

63) W. J. 부스마, 『칼빈』, 이양호/박종숙 역 (서울: 나단, 1993), 263.

론에 대한 주석』(The Commentary on the De Clementia of Seneca, 1532)을 출판함으로써 영향력 있는 인문주의 학자가 되려고 꿈꾸었을 만큼 많은 인문학적 고전과 고대 철학에 상당한 식견을 가지고 있었다. 예를 들어, 『기독교 강요』 초판에서 인간 영혼의 능력의 문제와 관련해 논하면서 칼빈은 고대 교부들뿐만 아니라 고대 철학자들 특히 플라톤(Plato), 아리스토텔레스(Aristotle), 테미스티우스(Temistius), 키케로(Cicero)에 이르기까지 광범위하게 인용하고 있다.[64] 이러한 고대 철학자들에 대한 적절한 인용은 물론 그들의 정치한 논리와 이미 잘 알려져 있는 명증한 철학적 개념들을 자신의 신학적 논의와 논쟁들에 있어 적재적소에서 적극 활용하는 신학적 작업들은 1559년 『기독교 강요』 최종판에서도 계속되고 있다.[65]

칼빈은 1528년경 오를레앙에서 법학 공부를 하면서 당대의 새로운 시대 사조였던 르네상스 인문주의(Humanism)와 본격적으로 조우하게 된다. 르네상스 인문주의의 주요 원리 가운데 하나가 바로 "*ad fontes*"(원천으로 돌아가라; back to the sources)라는 것인데, 이러한 원리 때문에 히브리어, 헬라어, 라틴어와 같은 고전어 교육이 왕성했었고, 고대 문헌들의 원문에 대한 직접적인 본문비평 방법론과 수사학에 대한 연구가 고도로 발전하였다. 볼마르(Melchior Wolmar), 데타플(Jacque Lefevre d' Etaple), 앙드레 알시아티(Andreas Alciati), 기욤 뷔데(Guillaume Bude)와 같은 인

---

64) Wendel, *Calvin: Origins and Development of His Religious Thought*, 124.
65) 특별히 이 주제와 관련해서는 Charles Partee, *Calvin and Classical Philosophy* (Louisville: Westminster John Knox Press, 2005)를 참조하라.

물들을 통한 인문주의의 영향으로 칼빈은 고전과 원어, 그리고 수사학에 대한 학습을 체계적으로 진행했다. 결과적으로 이러한 모든 인문주의의 훈련들이 칼빈신학에 있어 그의 신학적 원리와 방법론을 형성하는데 많은 영향을 주었다고 볼 수 있다. 말하자면, 신학, 즉 참된 신지식의 원천으로서 성경과 교부들에게로 돌아간 것이나 그 나름의 독창적인 성경해석 방법론으로서 평생을 성경주석 작업에 천착한 것, 그리고 수사학적인 방법으로 탁월한 논증과 변증적 작업을 수행한 것은 모두 이러한 인문주의의 적극적인 영향일 것이다.[66] 예를 들어, 칼빈은 성경 주석 작업에 르네상스 인문주의의 본문비평 방법인 역사적-문법적 비평, 즉 발라(Lorenzo Valla)와 에라스무스(Erasmus)의 비평과 논증법을 사용한다.[67] 그리고 이미 살펴보았듯이, 고대 교부들에 대한 깊이 있는 연구 작업도 이러한 인문주의적 학습과 훈련의 결과물 가운데 하나라고 해야 할 것이다.

이와 같이 칼빈은 그의 신학 작업에 있어 동시대의 신학뿐만 아니라 그 시대의 문화 조류 및 지적상황과 긴밀히 상호작용하면서도 그것에 함몰되지 아니하고, 오히려 당대에 습득 가능한 최상의 지적도구들을 창조적으로 활용하여 자신의 신학 작업에 통합시킴으로써 그 시대를 위해 쓰임받는 신학을 정초하였던 것이다. 이와 같은 현장성과 적응성이야말로 칼빈신학을 역동적으로 만든 또 다른 큰 특징이라 하겠다.

---

66) 칼빈에게 있어 르네상스 인문주의의 중요성을 강조하는 다음의 분석들을 참고하라: William J. Bouwsma, *John Calvin: A Sixteenth Century Portrait* (Oxford: Oxford University Press, 1988); Serene Jones, *Calvin and the Rhetoric of Piety* (Louisville: Westminster John Knox Press, 1995).
67) Wendel, *Calvin: Origins and Development of His Religious Thought*, 130.

교회는 각 시대마다 각기 다른 문화적, 지적 상황에 직면하고 또한 그것에 의해 끊임없이 도전 받아왔다. 그러나 개혁신학은 역사적으로 그와 같은 문화적, 지적 조류들에 대해 단순히 배타적인 태도로 일관한 것이 아니라, 오히려 적극적으로 끊임없이 상호작용하는 동시에 또한 그러한 도전들에 대하여 적극적으로 응전함으로써 더욱 다양하고도 풍성하게 발전해 왔음을 알 수 있다. 한국 개혁신학도 우리 시대의 문화적, 지적 상황과 적극적으로 상호교류하면서도 그것에 함몰되는 것이 아니라 오히려 우리 시대에 가능한 최상의 지적도구들을 적극 활용함으로써 시대적 도전들에 대하여 적절하게 대응하는 창조적인 능력을 배양하고 적용해야 할 것이다. 그럼으로써 개혁신학은 이 시대의 다양한 문화적 형식들을 성경적인 원리 안에서 창조적으로 변혁해가는 현장 적응적인 신학이 되어야 할 것이며, 나아가 다음 세대들이 딛고 이어갈 개혁신앙과 신학의 유산을 체계적으로 정초해 나가야 할 것이다.

4. 나가는 말

지금까지 우리는 개혁신학의 기초를 놓은 칼빈의 대표작(*Magnum Opus*)인, 『기독교 강요』의 저작 동기와 그가 사용한 원천적인 자료들에 나타난 칼빈신학의 특징들과 그것이 가지는 의의에 대하여 간단하게 살펴보았다. 먼저, 『기독교 강요』의 저작 목적과 관련하여 4가지의 저작동기가 있음을 말하였다. 일반적으로 알려진 1536년 초판에서 두드러지는 "이중목적"(twofold purpose), 즉 ① "기독교 기초교리의 진술"과 ② "변증적 목적"도 분명하지만, 1539년 개정판부터 드러나는 ③ "성경을 올바르게 읽게 하기 위한 신학 교과서의 역할"에 더하여, 마지막으로 ④ 그리스도인들로 하여금 하나님 앞에 바로 세우고자 하는(*Coram Deo*) 참된 "경건의 지침서"로서의 역할도 중요한 저작동기와 목적 가운데 하나로 인식되어야 할 것이다. 우리는 이것을 각각 ① 신앙고백적 동기(confessional motive), ② 변증적 동기(apologetic motive), ③ 신학적 동기(theological motive), 그리고 ④ 영성적 동기(spiritual motive)라고도 부를 수 있을 것이다.

뿐만 아니라, 실로 그 어떤 것도 진공상태에서 나오지 않는다는 것은 칼빈의 『기독교 강요』에도 그대로 적용될 수 있다. 칼빈의 『기독교 강요』에 녹아들어 있는 원천적인 자료들에 대하여 그동안 수많은 연구들이 이루어졌지만, 나는 그 가운데서도 가장 중요한 원천적 자료들로서 ① 하나님의 말씀인 성경, ② 고대 교부들과 중세 신학자들, ③ 동시대 종교개혁자들, 그리고 ④ 고대 철학자들과 르네상스 인문주의의 영향을 말하였다.

『기독교 강요』의 저작동기와 원천자료들에서 나타나는 칼빈신학의 특징들과 그것이 가지는 의의에 대하여는 이미 각각의 항목에서 지적한 바와 같으며, 그러한 칼빈신학의 특징들은 하나 같이 우리 시대의 한국개혁신학의 발전을 위하여 반드시 제고되어야 할 중요한 신학적 원리와 과제들을 제시해 주고 있다고 하겠다. 몇 가지만 간단하게 다시 요약하자면,

① 개혁신학은 신앙고백 공동체로서의 교회의 신학이어야 하며, 교회를 섬기기 위한 신학이어야 한다.

② 개혁신학은 언제나 성경의 진리와 사도적 정통신앙을 우리

시대의 언어와 형식으로 다시 고백해야 할 뿐만 아니라, 이를 계속하여 변증해야할 사명이 있다.

③ 개혁신학은 오직 하나님의 말씀인 성경에 기초해야 함과 동시에 그 권위에 순종하며, 말씀을 청종하는 "텍스트 중심의 신학"(text-centered theology)이어야 한다.

④ 개혁신학은 신학(*theologia*)과 경건(*pietas*, 혹은 영성)이 통합된 신학이어야 한다.

⑤ 개혁신학은 항상 공교회적 신학(a catholic theology)을 지향해야 한다.

⑥ 개혁신학은 신학 작업의 공동체성을 추구해야 하고, 또 그렇게 함으로써 성경적 진리 안에서 분열된 교회의 연합과 일치를 위하여 지속적으로 최상의 노력을 경주해야 한다.

⑦ 개혁신학은 현장 적응적이어야 하며, 또한 총제적인 사회/문화 변혁적인 신학이어야 한다.

참고문헌(Bibliography)

김재성. 『칼빈과 개혁신학의 기초』. 수원: 합동신학대학원 출판부, 1997.

이승구. 『개혁신학 탐구』. 서울: 하나, 1999.

이양호. 『칼빈: 생애와 사상』(개정증보판). 서울: 한국신학연구소, 2005.

한성진. "칼빈과 초대교부들: 개혁주의 교부학의 가능성." 「칼빈연구」제4집 (2007): 277-300.

_____. "칼빈과 교부." In 『John Calvin: 칼빈, 그 후 500년』, 한국칼빈학회 편집 (서울: 두란노, 2009): 227-245.

방델, 프랑수아. 『칼빈: 그의 신학사상의 근원과 발전』. 김재성 역. 고양: 크리스챤다이제스트, 1999.

부스마, W. J. 『칼빈』. 이양호/박종숙 역. 서울: 나단, 1993.

칼빈, 존. 『기독교 강요 [초판]』. 양낙홍 역. 고양: 크리스챤다이제스트, 2008.

_____. 『라틴어 직역 기독교 강요 [1536년 라틴어 초판]』. 문병호 역. 서울: 생명의말씀사, 2009.

_____. 『기독교 강요』(1559). 김종흡 외 3인 역. 서울: 생명의 말씀사, 1988.

파커, T. H. L. 『칼빈신학 입문』. 박희석 역. 고양: 크리스챤다이제스트, 2001.

판 엇 스페이커르, 빌렘. 『칼빈의 생애와 신학』. 박태현 역. 서울: 부흥과개혁사, 2009.

홀, 데이비드 W., 피터 A. 릴백 편집. 『칼빈의 기독교 강요 신학』. 나용화 외 역. 서울: CLC, 2009.

홀트롭, 필립. 『기독교 강요 연구 핸드북』. 박희석/이길상 역. 고양: 크리스챤다이제스트, 1995.

Beeke, Joel R. "Calvin on Piety." In *The Cambridge Companion to John*

Calvin, ed. Donald K. McKim (Cambridge: Cambridge University Press, 2004): 125-52.

Bouwsma, William J. *John Calvin: A Sixteenth Century Portrait*. Oxford: Oxford University Press, 1988.

Calvin, John. *Institutes of the Christian Religion* (1536 Edition). Trans. Ford L. Battles. Grand Rapids: Eerdmans, 1989, Reprinted.

_____. *Institutes of the Christian Religion*, 2 vols. (1559 Edition). Ed. John T. McNeill and trans. Ford L. Battles. Philadelphia: Westminster, 1960.

De Greef, Wulfert. *The Writings of John Calvin: An Introductory Guide*. Trans. Lyle D. Bierma. Grand Rapids: Baker Books, 1993.

_____. "Calvin's Understanding and Interpretation of the Bible." In *John Calvin's Impact on Church and Society 1509-2009*, eds., Martin E. Hirzel and Martin Sallman (Grand Rapids: Eerdmans, 2009): 67-89.

Ganoczy, Alexandre. *The Young Calvin*. Trans. David Foxgrover and Wade Provo. Philadelphia: Westminster Press, 1987.

Hall, David W. and Peter A. Lillback, ed. *Theological Guide to Calvin's Institutes*. Phillipsburg, N.J.: P & R Publishing, 2008.

Hoepfl, H. M. *The Christian Polity of John Calvin*. Cambridge: Cambridge University Press, 1982.

Jones, Serene. *Calvin and the Rhetoric of Piety*. Louisville: Westminster John Knox Press, 1995.

Lane, Anthony N. S. "Calvin's Use of the Fathers and the Medievals." *Calvin Theological Journal* 16 (1981): 149-205.

———. *John Calvin: Student of the Church Fathers*. Edinburgh: T & T Clark, 1999.

McKim, Donald K., ed. *The Cambridge Companion to John Calvin*. Cambridge: Cambridge University Press, 2004.

McNeill, John T. *The History and Character of Calvinism*. Oxford: Oxford University Press, 1967.

Muller, Richard A. *The Unaccommodated Calvin: Studies in the Foundation of a Theological Tradition*. Oxford: Oxford University Press, 2000.

Parker, T. H. L. *John Calvin: A Biography*. Philadelphia: Westminster Press, 1975.

———. *Calvin: An Introduction to His Thought*. Louisville: Westminster John Knox Press, 1995.

Partee, Charles. *Calvin and Classical Philosophy*. Louisville: Westminster John Knox Press, 2005.

Reid, W. Standford, ed. *John Calvin: His Influence in the Western World*. Grand Rapids: Zondervan Publishing House, 1982.

van den Berg, Machiel A. *Friends of Calvin*. Trans. Reinder Bruinsma. Grand Rapids: Eerdmans, 2009.

Warfield, Benjamin B. *Calvin and Augustine*. Philadelphia: P&R Publishing Co., 1956.

Wendel, Francois. *Calvin: Origins and Development of His Religious Thought*. Trans. Philip Mairet. Grand Rapids: Baker Books, 1997.

제2장
칼빈신학에서 성경과 성령의 관계

1. 들어가는 말

그동안 칼빈의 신학은 아주 다양한 관점에서 여러 가지 주제로 풍성하고 치밀하게 연구되어 왔다. 그 가운데서 가장 많은 논란이 제기된 문제들 중 하나는 그의 성경론(the Doctrine of the Scripture)과 관련된 것이라 하겠다. 그러나 칼빈의 성경론에 대한 학자들의 다양한 해석과 비평들을 이처럼 작은 글에서 완벽하게 분석하고 정리한다는 것은 불가능한 일이다. 이러한 상황에 대해 패커(J. I. Packer)는 다음과 같이 적절하게 표현했다. "칼빈의 성경론에 대한 논문을 준비하는 사람이라면 누구라도 직면하게 되는 가장 큰 문제는 단순히 자료가 너무 막대하다(embarras de richesse)는 사실이다."[1] 특별히 현대 성경론 논쟁과 관련하여, 칼빈의 성경론 해석에 있어서 논란이 되는 주요 논쟁점들은 다음과

같은 것들이다: 첫째, 칼빈이 과연 축자영감설과 성경무오설(inerrancy)을 주장했는가 아닌가? 둘째, 성경의 절대적인 권위와 관련하여 성경의 자증과 성령의 내적증거(inner testimony)의 관계 문제, 그리고 다시 그것이 과연 성경의 무오성을 지지하는가 하는 것이다. 이러한 이슈들 - 칼빈의 성경론에 있어 성경의 영감과 권위 문제 - 은 오늘날 우리들의 문제 - 특히 20세기 후반 복음주의자들 사이에 벌어진 성경 무오성(inerrancy) 대 불오성(infallibility) 사이의 논쟁 - 와 밀접하게 관련되어 있다.[2]

이러한 현대 복음주의 진영 내에서의 성경관 논쟁에 있어 학자들이 전통적 지지를 확보하기 위해 불가피하게 자기주장의 전거들을 주로 종교개혁자들, 특히 칼빈에게서 끌어오기 때문에, 이 주제와 관련하여 칼빈 해석이 매우 중요하다. 그러나 무엇보다 먼저 우리가 기억해야만 할 것은 오늘날 우리가 당면하는 문제들과 칼빈

---

1) James I. Packer, "Calvin's View of Scripture," in *God's Inerrant Word*, ed. John W. Montgomery (Minneapolis: Bethany Fellowship, 1973), 95.
2) 예를 들어, 해롤드 린젤(Harold Lindsell)은 그의 논쟁적인 저서, *The Battle for the Bible* (Grand Rapids: Zondervan, 1976)의 서문에서 "성경의 무오성"(biblical inerrancy) 문제는 "이 시대의 가장 중요한 신학적 주제가 되었으며, 복음주의자들이라고 불리는 사람들 사이에 그것에 대한 거대한 전투가 거세게 몰아치고 있다"고 말한다. 이 논쟁은 특별히 1970년대 후반 미국 복음주의자들 사이에 일어난 성경관 문제, 곧 무오성(inerrancy) vs. 불오성(infallibility) 논쟁을 의미한다. 사실 위에 인용한 해롤드 린젤의 도전적인 저서가 이 격렬한 논쟁의 도화선이 되었다. 즉, 성경의 무오성 논쟁은 자유주의자들과 보수주의자들 간의 논쟁이 아니라 보수적인 복음주 진영 내에서의 논쟁이다. 대략적인 각각의 입장은 다음과 같다. 먼저, 성경의 무오성 개념에 따르면, 성경은 그 원본에 있어서는 구원에 대한 교리나 윤리적 문제뿐만 아니라 역사적 사실이나 과학적인 문제 등에 있어서도 전혀 오류가 없는 하나님의 말씀이라는 견해이며, 그 대표자들은 R. C. Sproul, Harold Lindsell, Jame Boice, Norman Geisler, Carl Henry 등이다. 이와는 반대로, 성경의 불오성 개념은 보다 완화된 견해로서 비록 성경은 구원에 대한 교리나 윤리적인 문제에 있어서는 전적으로 오류가 없으나 역사적 사실이나 과학적인 문제에 있어서는 인간적인 오류를 포함한다는 입장이며, 그 대표자들에는 Clark Pinnock, Jack Rogers, Daniel Fuller, James Daane 등이다. Cf., Donald G. Bloesch, *The Future of Evangelical Christianity: A Call for Unity Amid Diversity* (Garden City, N.Y.: Doubleday, 1983), 60.

이 당면한 문제들이 서로 다르다는 것이다.[3] 그런데도 우리는 많은 경우 우리 시대의 문제들을 논함에 있어 칼빈이나 또 다른 누구에게 우리의 주장을 덧씌우는 시대착오적인 오류를 종종 범하곤 한다. 따라서 이 논문의 주된 목적은 그러한 시대착오적인 문제제기와 해석을 피하기 위해 먼저 칼빈의 성경론을 그 자신의 역사적 맥락 속에서 보다 정확하게 이해한 후, 그 다음 그러한 이해가 우리시대의 문제를 해결함에 있어 어떻게 도움이 될 수 있을지 살펴보는 것이다.

그러면 이글의 주제와 관련하여 칼빈이 직면했던 당대의 상황은 무엇이었을까? 제2세대 종교개혁가들 중 한 사람인 칼빈은 성경론 문제와 관련하여 두 종류의 대적자들을 상대해야만 했다. 하나는 로마 가톨릭 교회였고, 또 다른 하나는 소위 "영성파"(혹은 재세례파; the Spiritualists, i.e., the Anabaptists)라 불리는 그룹이었다. 전자는 성경에 대하여 전통과 교회의 권위의 우위를 주장하였고, 후자는 객관적인 기록된 말씀보다 신자 개개인에게 주어지는 성령의 사적인 계시의 우위를 주장하였다. 따라서 당시의 역사적 맥락에서 볼 때, 본질적인 이슈는 "성경과 성령의 관계"에 대한 문제였다고 할 수 있다.[4] 리차드 갬블(Richard C. Gamble)에 따르면,

---

3) J. I. Packer, "Calvin's View of Scripture,", 97을 참조하라. 그는 "우리가 직면하고 있는 성경에 대한 모든 문제들이 칼빈이 직면해야만 했던 것은 아니다"고 적절하게 지적하고 있다.
4) J. I. Packer, "Calvin's View of Scripture," 98. 여기에서 패커는 이 문제에 대하여 다음과 같이 그 핵심을 잘 요약하고 있다. 즉, 칼빈은 한편으로는 말씀(the Word)의 인증자와 해석자로서 본래 성령(the Spirit)에 속한 자리에 자신을 위치시킨 로마교회, 그리고 다른 한편으로는 그의 백성들의 삶을 지배하는 하나님의 통치의 수단으로서 본래 성경(the Scriptures)에 속한 자리에 사적인 계시(private revelation)를 가정하는 "내적 말씀"(internal word)을 위치시킨 재세례파(the Anabaptists)와 논쟁해야만 했다.

영성파(the Spiritualists)들은 성경으로부터 성령의 사역을 분리하는 신학적 오류를 범하고 그들의 권위의 원천으로서 성경에 의지하지 않았다. 로마 가톨릭 또한 성경으로부터 성령을 분리하는 신학적 오류를 범함으로써 교회를 가르침에 있어 성경보다는 교회의 권위와 전통에 의지하거나, 혹은 성령보다는 다른 수단에 의해 성경의 권위를 확립하는 오류를 범했다.[5]

요약하자면, 로마 가톨릭과 재세례파 양자 모두 기록된 말씀인 성경과 성령의 통일성을 해치는 오류를 범했다는 것이다.[6] 칼빈은 "사도레토에 대한 응답"(Reply to Sadoleto)이라는 편지에서 스스로 말하기를, "우리는 … 교황과 재세례파라는 … 두 분파들로부터 공격당하고 있다. 우리를 공격하는 그들 모두의 주된 무기는 동일하다. 그들이 지나치게 과장하여 성령을 말함으로써, 분명해지는 것은 하나님의 말씀을 수장시키고 땅에다 묻어버리는 것이다."[7] 여기서 칼빈이 그들을 강하게 비판하면서 강조하는 것은 다름이 아니라 성경과 성령의 통일성과 불가분리성이라 할 수 있다.[8]

따라서 이 연구에서는 칼빈의 성경론 전체를 다루기보다는 그의 성경론에 있어 핵심이라고 할 수 있는 성경(the Holy Scripture)

---

5) Richard C. Gamble, "Word and Spirit in Calvin," in *Calvin and the Holy Spirit*, ed., Peter de Klerk (Grand Rapids: Calvin Studies Society, 1989), 85.
6) L. Floor, "The Hermeneutics of Calvin," in *Articles on Calvin and Calvinism: Calvin and Hermeneutics*, vol. 6, ed., Richard C. Gamble (New York: Garland Publishing Inc., 1992), 166 참조.
7) John Calvin, "Calvin's Reply to Sadoleto," in *A Reformation Debate: John Calvin and Jacopo Sadoleto*, ed., John C. Olin (Grand Rapids: Baker, 1993), 61.
8) R. Gamble, "Word and Spirit in Calvin," 84-85; L. Floor, "The Hermeneutics in Calvin," 166을 참조하라. T. F. 토렌스(T. F. Torrance)는 "말씀과 성령의 통일성과 불가분리성은 칼빈의 특징적인 교리가운데 하나"라고 특별히 강조한다. Idem, *Kingdom and Church: A Study in the Theology of the Reformation* (Edinburgh: Oliver and Boyd, 1965), 97-100.

과 성령(the Holy Spirit)의 관계의 문제를 다루고자 한다. 비록 성령은 아주 다양한 측면에서 성경과 관계하지만,[9] 이점과 관련하여 우리의 논의를 다음과 같은 논점에 집중하기로 한다. ① "하나님의 말씀으로서 성경"의 본질은 무엇인가? 이것은 성경의 무오성 논쟁과 관련하여 성경 영감의 본질문제를 짚어보는 것이다. 다음으로 ② 우리는 어떻게 성경을 하나님의 말씀으로서 확신할 수 있는가? 이 질문과 관련하여 성경의 권위 문제에 있어서 성경의 자증과 성령의 내적증거의 관계의 문제를 다룰 것이다. 특히 이것은 성경에 우선하는 교회의 권위를 말하는 로마 가톨릭의 입장에 대한 반박이다. ③ 마지막으로 성경과 성령 사이의 적절한 관계는 무엇인가 하는 문제를 다룰 것인데, 이것은 소위 영성파(the Spiritualists)의 "내적계시" 혹은 "사적계시"와 관련된 문제이다.

2. 칼빈의 성경론에 대한 서설

1) 신지식론(the Doctrine of the Knowledge of God)

칼빈의 성경론을 이해하기 위해서는 무엇보다 먼저 그의 신지식론을 알아야만 하는데, 왜냐하면 그것은 칼빈이 후자의 틀 속에서 전자를 논하고 있기 때문이다. 사실 칼빈의 신지식론은 그의 성경론의 직접적인 배경이라 할 수 있다. 칼빈은 『기독교 강요』를 다

---

[9] 성령과 성경의 관계에 대하여는 특별히 John M. Frame, "The Spirit and the Scripture," in *Hermeneutics, Authority and Canon*, ed., D. A. Carson and John D. Woodbridge (Grand Rapids: Baker Books, 1995), 217-35를 참조하라. 프레임에 의하면, 성령은 하나님의 말씀을 유효하게 하는데, "그것을 계획하시고, 소통을 위한 수단을 창조하시며, 보증하시고, 기록하시고, 인간의 마음에 그것을 새기심"으로 그렇게 한다(p. 217).

음과 같은 문장으로 시작한다: "우리가 가지고 있는 거의 모든 지혜, 곧 진리와 견고한 지혜는 두 부분으로 구성되는데, 그것은 하나님에 대한 지식과 우리 자신에 대한 것이다."[10] 즉, 우리 자신에 대한 지식은 우리로 하여금 하나님을 찾도록 일깨울 뿐만 아니라 그를 발견하도록 손으로 우리를 이끈다.[11] 다른 한편으로, 사람은 먼저 하나님의 얼굴을 올려다보지 않는 한 그 자신에 대한 분명한 지식을 얻을 수 없다. 하나님을 응시한 다음 거기서부터 내려와 자기 자신에 대하여 세밀히 관찰해야 한다는 것이다.[12] 그러므로 칼빈에게 있어서 신지식과 우리 자신에 대한 지식은 서로 불가결한 관계에 있으며, 사실 이러한 하나님과 인간에 대한 이중지식이 칼빈의 신학 전체를 지배하는 구조라 할 수 있다.[13]

칼빈에 따르면, 복된 삶의 최종적인 목표는 하나님을 아는데 있다(cf. 요 17:3). 그러나 어떻게 우리는 하나님을 알 수 있는가? 만일 아담이 범죄하지 않고 고결한 상태로 머물러 있었다면, 다음과 같은 세 가지 방법으로 하나님에 대하여 충분히 알 수 있었을 것이다. 곧, 사람의 정신 속에 있는 자연적 본성, 하나님의 창조, 그리고 그의 섭리적 역사이다. 벤자민 워필드(B. B. Warfield)는 이것을 다시 "본성적 신지식론"과 자연과 역사 속에 있는 하나님의 "일반계시론"으로 대별했다.[14] 먼저, 우리는 인간의 마음속에 있는

---

10) John Calvin, *Institutes of the Christian Religion*, 2 Vols., trans., F. L. Battles (Philadelphia: Westminster Press, 1968), I. 1. 1. (이후 『강요』로 인용함).
11) 『강요』, I. 1. 1.
12) 『강요』, I. 1. 2.
13) Richard C. Gamble, "Calvin as Theologian and Exegete: Is There Anything New?," *Calvin Theological Journal* 23 (1988), 180.
14) Benjamin B. Warfield, "Calvin's Doctrine of the Knowledge of God," in *Calvin and Augustine* (Philadelphia: P & R, 1956), 33.

"자연적 본성"에 의해서 하나님을 알 수 있는데, 우리는 이것을 "내적 자연계시"라고 부를 수 있다. 칼빈은 신지식은 자연적으로 사람들의 마음속에 심겨져 있다고 말한다.[15] 그에 따르면, 그것은 사람 속에 "종교의 씨"로 남아있으며, 모든 종교의 기원이 된다.[16] 다음으로, 하나님은 자신을 자연과 역사 속에 계시하신다. 우리는 이것을 "외적 자연계시"라고 부를 수 있다. 이것과 관련하여, 칼빈은 "그 지식은 우주의 장엄함으로부터 비춰지며 계속하여 그것을 지배한다"고 쓰고 있다.[17] 이와 같이 하나님은 "신적 지혜"와 자신의 "주권"을 창조 안에서 계시하신다.[18] 하나님은 모든 피조물들 위에 자신의 영광을 "확실한 표시"로 새겨 넣으셨기 때문에, 사람들은 하나님을 보지 않고서는 그들의 눈을 열 수 없다.[19] 여기에 더하여, 하나님은 그의 섭리를 통하여 인간의 역사 속에 자신을 계시하신다. 즉, 자연의 정상적 과정 바깥에 존재하는 이 두 번째 종류의 일들 속에서, 그의 권능의 증거들이 아주 분명하게 드러난다.[20] 이 모든 것들 속에서, 하나님의 계시는 너무나 분명하고 확실하기 때문에 아무도 하나님의 존재를 부인할 수 없다.

2) 성경의 필요성과 충분성

자연계시의 명료성에도 불구하고 칼빈은 또한 다음과 같이 말한다: "아담의 타락과 반역에 의해서 모든 인류는 저주에로 옮겨

---

15) 『강요』, I. 3. (제목).
16) 『강요』, I. 3. 1과 I. 3. 2. 참조.
17) 『강요』, I. 5. (제목).
18) 『강요』, I. 5. 2와 I. 5. 6 참조.
19) 『강요』, I. 5. 1.
20) 『강요』, I. 5. 7.

졌고 그 본래 상황에서 변질되었다."[21] 즉, 인간의 본성에 내재되어 있던 하나님의 계시는 죄로 말미암아 소멸되었고, 이것은 외부 자연세계에 담겨진 하나님의 징조와 표지를 통해 오던 계시의 경우도 마찬가지이다. 따라서 하나님에 대한 지식은 부분적으로는 무지로 인하여, 또 부분적으로는 악의에 의하여 질식되거나 오염되었다.[22] 결과적으로, 비록 하나님이 자기 자신과 그의 영원한 나라를 너무나 분명하게 자신의 사역의 거울 안에 드러내셨지만, 우리의 어리석음이 그렇게 분명한 증거들을 점점 어둡게 함으로써 우리를 유익하게 하는 것으로부터 멀어지게 만든다.[23] 그러나 칼빈에 따르면, 인간에게 내재된 이해의 빛은 전적으로 소멸된 것이 아니다. 인간 마음의 깊은 어두움 가운데서 아직도 빛나는 밝음의 불꽃이 희미하게나마 남아있다.[24] 또한 이러한 타락한 본성 가운데 아직 남아있는 빛은 대체로 두 부분으로 구성되는데, 첫째는 모든 사람들에게 본성적으로 주어진 "종교의 씨앗"(seed of religion)이며, 두 번째는 선과 악을 구별하는 "양심"이다.[25] 그러나 자연이성은 결코 사람으로 하여금 구원을 향한 참된 신지식에로 이끌지 못한다. 그러므로 우리가 보아온 것처럼, 비록 하나님의 창조의 장엄함과 아름다움 속에, 그리고 그의 섭리 속에 참된 신지식이 계시되어졌지만, 인간은 이 계시를 받아들일 수 없을 만큼 원죄에 의하여

---

21) 『강요』, II. 1. (제목).
22) 『강요』, I. 4. (제목).
23) 『강요』, I. 5. 11.
24) John Calvin, *Commentary on the Holy Scripture of Jesus Christ according to John*, trans., William Pringle (Grand Rapids: Baker Book House, 1993 reprinted), 1:5 (이후 칼빈의 주석은 *Com.* on John 1:5의 형식으로 인용한다).
25) *Com.* on John 1:5.

본성적으로 오염되었다.[26]

그리하여 인간의 구원을 위해서는 우주의 진정한 창조자를 우리에게 가르쳐 주는 보다 좋은 도움이 더해져야 하는데, 칼빈에 의하면, 그것이 바로 성경이다.[27] 칼빈은 창조자이신 하나님께로 나오기를 원하는 모든 자들을 위한 안내자와 선생으로서 성경이 필요하다고 말한다.[28] 즉, 하나님은 자신의 교회를 위하여 처음부터 이런 계획을 가지셨고, 자연계시 등 일반적 증거들에 더하여 그를 인식할 수 있도록 하기 위해 보다 직접적이고 분명한 그의 말씀을 주셨다는 것이다. 따라서 성경은 우리를 위하여 하나님께서 스스로 준비하신 것이라 할 수 있다. 하나님은 구원에 이르게 하는 자신에 대한 실제적이고 참된 지식을 오직 성경을 통해서만 가능하도록 하셨기 때문에, 우리는 그 밖의 다른 곳에서는 참된 신지식을 얻을 수 없다. 칼빈의 이해에 따르면, 성경은 우리에게 있어 마치 "안경"과 같은 역할을 한다.

그러므로 성경은 우리의 마음에 혼동된 신지식과 흩어져 있는 우리의 우매함을 함께 모아서 참된 하나님을 보게 한다.[29] 나아가 우리는 오직 성경을 통해서만 스스로를 창조자일 뿐 아니라 구속자로서 충분하고 완전하게 계시하신 하나님을 알 수 있다. 그러므로 비록 신지식이 우주 전체와 모든 피조물 가운데 분명하게 새겨져 있긴 하지만, 그럼에도 그의 말씀 속에 더욱 즉각적이고 생생하

---

26) John T. McNeill, "The Significance of the Word of God for Calvin," *Church History* 28 (1959), 138을 참조하라.
27) 『강요』, I. 6. 1.
28) 『강요』, I. 6. (제목).
29) 『강요』, I. 6. 1 참조.

게 계시되어 있기 때문에 성경은 인간이 필요로 하는 모든 것을 포함하고 있다고 하겠다. 성경은 우리의 신앙과 삶을 위한 필요충분조건이다. 그러므로 칼빈은 말하기를 "이것은 하나님의 자녀들을 위한 바로 그 학교"라고 했다.[30] 이러한 의미에서 칼빈은 요한복음 20:9에 대한 주석에서 확증적으로 말하기를, "우리는 성경이 모든 관점에서 충분하고 완전하다는 교리를 믿어야만 하고, 또한 우리의 신앙에 있어 흠결이 있다면 그것은 성경을 무시함에 기인하는 것이다"라고 했다.[31] 마지막으로 칼빈은 "이제 매일의 계시가 하늘로부터 오지 않는데, 그 이유는 하나님께서 그의 진리를 오직 성경 속에서 영원토록 기억되도록 하시기를 기뻐하셨기 때문"이라고 말한다.[32]

3. 성경으로서 하나님의 말씀의 본질[33]

칼빈의 신지식론에서 확인할 수 있는 바와 같이, 칼빈에게 있어 성경은 하나님께서 그 자신에 대한 참된 지식을 전달하기 위한 도구이다. 즉, 성경은 하나님의 특별계시이며, 죄인된 인간에게 그 자신을 소통하시기 위한 하나님의 방편이다. 성경을 기록함에 있어 하나님은 성령의 인도와 영향력 아래에서 그의 필기자들 – 인간저자들 – 을 사용하셨다(벧후 1:21; 딤후 3:16 참조). 이것이 곧 성경에 대한 성령의 영감 사역이다. 그러므로 칼빈에게 있어, 성경은 성

---

30) 『강요』, I. 6. 1.
31) *Com.* on John 20:9.
32) 『강요』, I. 7. 1.

령으로 영감된 하나님의 말씀이다. 비록 칼빈이 현대적 의미에서와 같이 성경의 영감교리를 철저하고도 체계적으로 다루지는 않지만, 그의 저작들 가운데서 이와 관련된 진술들을 많이 찾아볼 수 있다.[34] 그 중 학자들의 논쟁과 관련하여 우리는 칼빈의 성경 영감론과 관련된 진술들을 주의 깊게 다음과 같은 두 가지 측면으로 나누

---

33) John Calvin, *Institutes of the Christian Religion*, 2 Vols., trans. F. L. Battles (Philadelphia: Westminster Press, 1968), I. 6. 2. (이후 『강요』로 인용함). 여기에서 우리는 "성경으로서의 하나님의 말씀"(the Word of God as the Holy Scripture)이라는 표현에 주의를 기울려야 할 필요가 있는데(cf. 이것은 칼빈의 라틴어판에는 없지만, J. T. McNeill이 영역본에 붙인 표제어이다), 왜냐하면 칼빈의 저작에 있어 "하나님의 말씀"(the Word of God)이란 표현은 단순히 기록된 말씀으로서의 성경만을 의미하는 것이 아니기 때문이다. 주의 깊은 독법에 의하면, 칼빈에 있어 "하나님의 말씀"은 삼중적인 의미를 가진다: ① 삼위일체 하나님 가운데 제2의 위격으로서의 말씀 (the Word as the Second Person of the Trinity, God the Son); ② 기록된 말씀, 즉 성경으로서의 말씀(the written word); 그리고 ③ 설교로 선포된 말씀(the preached word)이 곧 그것들이다. 무엇보다 먼저, 칼빈에 있어 하나님의 말씀은 삼위일체 가운데 제2의 위격이신 하나님의 아들, 곧 예수 그리스도를 가리킨다. 그는 말하기를, "'말씀(the Word)은 하나님과 함께 계시는 영원한 지혜(the everlasting Wisdom)를 의미하는 것이며 … 지혜가 만세 전에 성부로부터 나와서 만물을 창조하고 하나님의 모든 사역을 통할하였다. … 우리는 마땅히 이 본체적인 말씀을 모든 말씀 계시의 원천으로서 가장 높은 위치에 두는 것이 합당할 것이다. 이 말씀은 불변하시며 하나님과 영원히 동일하시고 바로 하나님 자신이시다"(『강요』, I.13.7.). 그러므로 칼빈에 따르면, 성경에 기록된 "모든 말씀과 예언들"은 그 영원한 지혜로부터 나온 것이며, "사도들과 … 고대의 예언자들도 그리스도의 영(the Spirit of Christ)으로 말하였기 때문"이고, 또한 "예언자들에게 영감을 준 영이 말씀의 영이었다"(『강요』, I.13.7.). 이러한 의미에서, 맥닐의 표현에 의하면, "그리스도는 인격의 말씀이고, 성경은 기록된 형태로 그 말씀을 표현한다." John T. McNeill, "The Significance of the Word of God for Calvin," *Church History* 28 (1959), 139. 마지막으로, 칼빈에게 있어서, "설교된 말씀 또한 마땅히 하나님의 말씀으로 고려되어야 한다." R. Gamble, "Word and Spirit in Calvin," 76. 이렇게 "하나님의 말씀"에 대한 칼빈의 삼중적인 의미를 제대로 이해하자면, 신정통주의 신학자인 칼 바르트의 독특한 "하나님의 말씀의 삼중교리"(the Word of God in its Threefold Form)는 실상 칼빈으로부터 유래한 것임을 알 수 있다. 참고로, 칼빈에 있어 암시적이었던 것을 칼 바르트는 하나님의 말씀을 다음 같은 삼중형식으로써 더욱 분명하게 제시하고 있다: "계시된 하나님의 말씀"(the Word of God Revealed); "기록된 하나님의 말씀"(the Word of God Written); 그리고 "선포된 하나님의 말씀"(the Word of God Preached). Karl Barth, *Church Dogmatics*, I.1, *The Doctrine of the Word of God*, 2nd ed., trans., G. W. Bromiley (London and New York: T & T Clark, 1975): 88-124를 참조하라.

34) 이러한 이유로 해서 교리사학자 제베르그는 평가하기를 "그러므로 칼빈은 소위 옛 교의학자들의 영감교리의 저자이다"라고 했다. Reinhold Seeberg, *Text Book of the History of Doctrines*, trans. Charles E. Hay (Grand Rapids: Baker, 1952), 396.

어 볼 수 있다. 즉, 한편으로 성경은 참으로 성령에 의해 구술된 (dictated) 하나님의 말씀임과 동시에, 또 다른 한편으로 성경은 인간에게 적응된(accommodated) 하나님의 말씀이라는 것이다. 이것은 칼빈의 성경 영감론에 있어 본질적인 두 가지 측면, 곧 신적인 측면(Divinity)과 인간적인 측면(Humanity)이라 할 수 있다.[35]

1) 성령에 의해 "구술"된(Dictated) 말씀

무엇보다 먼저 우리는 칼빈의 성경론의 본질을 정확하게 이해하는데 핵심적인 것으로 『기독교 강요』뿐만 아니라 주석서들에서 빈번하게 사용되는 "구술"(dictation)이라는 낱말의 의미를 살펴보아야 한다.

> 예언자들이 성령의 말씀을 **받아 기록한** 역사를 말씀에 첨가하였다 (『기독교 강요』 IV. 8. 6.).
> 사도들은 성령의 말씀을 틀림없이 **받아 썼고**, 따라서 그들의 글은 하나님의 말씀으로 인정해야 한다(『기독교 강요』 IV. 8. 9.).
> 기도의 이러한 형식들은 성령에 의하여 **구술되었음을** … 우리는 기억하도록 하자(『시편 주석』 시 26·9)
> 성경의 유익을 얻은 자들은 누구든지 가장 먼저 확고하게 다음의 사실을 붙들어야 하는데, 그것은 율법과 선지자들의 가르침이 인간의 의지

---

[35] 우리는 성령으로 말미암아 성자이신 영원한 말씀(the Word)이 육신이 되신 성육신(Incarnation)교리와 동일한 성령에 의해 하나님의 말씀(the word)이 인간의 언어로 기록된 성경영감(Inspiration) 교리를 유비적 관계 속에서 이해할 수 있으며, 따라서 기독론(Christology)이해에 있어 칼케돈적 양성론(vere Deus vere Homo, true divinity and true humanity)의 이해의 틀을 영감된 성경의 본질적인 두 측면을 이해하는데 원용할 수 있을 것이다.

로 우리에게 온 것이 아니라 성령의 **구술로** 그렇게 되었다는 것이다 (『디모데후서 주석』 딤후 3:16).

… 성령께서 선지자들과 사도들에게 **구술하심으로** 성경의 기록을 철저히 통제하셨다(『히브리서 주석』 히 13:22).

이러한 칼빈의 진술들에서 볼 수 있는 "구술"이라는 용어의 의미는 과연 무엇인가? 이 문제와 관련하여, 오토 리츨(O. Ritschl)은 칼빈이 그것을 "문자적"인 의미로 사용했다고 해석하는 반면,[36] 워필드는 이 용어가 "비유적"인 용법으로 사용되었다고 주장한다.[37] 만일 우리가 이 단어를 문자적인 의미로 취한다면, 칼빈이 어떤 기계적 영감론을 주장한 것으로 해석될 수 있다.[38] 그러나 대부분의 칼빈 학자들은 그러한 입장을 받아들이지 않는다. 워필드의 해석에 따르면, 칼빈이 마음속에 품고 있는 생각은 영감의 형식이 "구술"이라고 주장하는 것이 아니라, 영감의 결과가 마치 "구술"된

---

36) Otto Ritschl, *Dogmengeschichte des Protestantismus*, vol. I (1908), 59; B. B. Warfield, "Calvin's Doctrine of the Knowledge of God," in *his Calvin and Augustine* (Philadelphia: P & R, 1956), 64를 참조하라.
37) B. B. Warfield, "Calvin's Doctrine of the Knowledge of God," 63.
38) 우리는 기계적 영감론(mechanical inspiration)과 축자 영감론(verbal inspiration)을 주의 깊게 구분해야한다. 개혁주의 조직신학자 루이스 벌코프에 의하면, "이 두 용어는 분명히 동의어가 아니며 영감 사역의 다른 두 측면을 가리키는데, 하나는 영감의 범위를, 다른 하나는 영감의 성격을 가리킨다. 또 기계적 영감은 필연적으로 축자적인 것이 사실인 반면, 축자 영감이 반드시 기계적이라는 것은 아니다. … 기계적인 영감관에 따르면, 제이차적 저자들(인간)이 기록한 것은 하나님께서 구술하신 것으로, 그들은 거저 서기였고, 성령의 말씀이 흘러간 통로일 뿐이었다고 한다. 이 말에 내포되어 있는 뜻은, 그들의 정신 상태가 정지되어 있어서 자기들의 기록의 내용이나 형식에 그 어떤 방법으로도 기여하지 못했다는 것과 성경의 스타일까지도 성령의 스타일이라는 것이다.… 이 관점은 우리의 벨기에 신앙고백(Confessio Belgica)에서는 찾아볼 수 없으며 오늘날 개혁 신학이 받아들인 교리도 분명히 아니다. 오늘날 개혁주의 신학자들은 일반적으로 유기적 영감관(organic inspiration)을 가지고 있다." 루이스 벌코프, 『조직신학 (상)』, 권수경, 이상원 역 (서울: 크리스챤다이제스트, 1996), 162-63.

것과 같다는 것이다. 그러므로 "구술"이라는 용어는 의심할 바 없이, 표현된 당시의 용법에 따르면, 어떤 영감의 형식이라기보다는 그 효과를 말하는 것이다.[39]

달리 말하자면, "구술"이라는 말이 뜻하는 것은 단순히 하나님 자신이 성경의 원저자(auctor primarius)라는 의미로 사용된 것이라 볼 수 있다.[40] 마이켈슨(J. K. Mickelsen)은 다음과 같이 말함으로써 워필드와 동일한 입장을 견지한다: "여기서 구술의 일반적 개념은 유보된다. 따라서 그 개념은 인간 저자들 안에서 활동하신 성령에 의한 방법의 정확한 묘사로 취해져서는 안 된다. 칼빈의 『기독교 강요』나 주석에서 지적하는 바는, 성경은 인간저자들이 있음에도 불구하고 하나의 신적 기록으로서 받아들여야 한다는 것이다."[41] 칼빈의 설명에 따르면, 선지자들은 자신의 생각을 제시한 것이 아니라 성령의 도구로서 단지 선포하라고 하나님으로부터 위임된 것을 말했다.[42] 그러므로 이러한 사실들을 종합하여 보면,

---

39) B. B. Warfield, "Calvin's Doctrine of the Knowledge of God," 63-64.

40) 크래머(J. Cramer)는 다음과 같이 해석하고 있다: "칼빈이 성령에 의한 구술(dictare)이라는 표현을 통해 무엇을 생각했는지는 말하기 어렵다. 그는 그러한 표현을 당시의 교회적 용법으로부터 빌려 왔는데, 그것은 전통에서처럼 성경의 원저자(auctor primarius)라는 의미이다." Idem, *Nieuwe Bijdragen op het gebied van Godgeleerdheid en Wijsbegeerte*, III., 114. 여기서는 Warfield, "Calvin's Doctrine of the Knowledge of God," 64에서 재인용함.

41) John K. Mickelsen, "The Relationship between the Commentaries of John Calvin and his Institutes of the Religion, and the bearing of that Relationship on the Study of Calvin's Doctrine of Scripture," *Gordon Review* 5 (1959), 162. 마이켈슨은 이러한 칼빈 해석에 대하여 다음과 같이 부언하고 있다: "성령께서 인간저자들에게 그것을 구술하신 만큼이나 성경 말씀은 하나님의 말씀이다. 그러나 칼빈이 성령께서 그 필기자들에게 구술하셨다고 언급하는 것을 성경이 만들어진 실제적인 방법으로서 해석되어서는 안된다는 것은 분명하다. 왜냐하면 개혁자는 사도들 속에서 성령의 사역은 그리스도께서 그들에게 가르치신 것을 마음에 생각나게 하시는 것을 말하고 있다. 따라서 칼빈은 이러한 '구술'을 그 방법이 아니라 결과들에 대한 묘사로 자신의 견해를 제한하고 있다." Ibid., 160-61.

42) *Calvin's Com.* on II Tim. 3:16 참조.

"구술"이라는 표현을 통하여 칼빈이 말하고자 한 것은 "하나님께서 성경의 참된 저자이시다"라는 것이라고 볼 수 있다.[43] 이것을 칼빈은 『기독교 강요』에서 다음과 같이 다양한 표현으로 말하고 있다: "성경은 마치 하나님의 입술로부터 나오는 그의 목소리를 듣는 것과 같은 완전한 권위를 신자들에 대하여 가져야 한다." (I.7.1). 성경은 "하나님 자신의 목소리"(I.7.1)이며, "성령에 의하여 구술된 것"(IV.8.6)으로서, "성령의 권위있는 속기사"(IV.8.9)들이 이를 기록한 것이다. 그러므로 성경은 "성령의 학교"이며 (III.21.3), "하나님의 학교"(Schola Dei)이다.[44]

2) 인간의 한계에 "적응"된(Accommodated) 말씀

칼빈의 성경론을 이해함에 있어 우리가 주의를 기울여야 하는 또 다른 측면은 성경의 말씀을 기록함에 있어 하나님께서 자기 자신을 인간에게 적응시키셨다(accommodated)는 사실이다. 즉, 계시의 내용과 방법에 있어 인간의 유한한 이성에 의해 이해될 수 있도록 하셨다는 것이다. 이를 위하여 칼빈은 그의 저작들에서 특별히 "적응"(accommodation)이라는 용어를 사용하고 있는데 그 몇 가지 용례들은 다음과 같다.

하나님께서는 그러한 묘사를 우리가 그것을 이해할 수 있게 하기 위하여

---

43) 칼빈은 말하기를, "하나님께서는 동일한 성령의 계시에 의하여 그것의 저자이심이 알려지도록 하셨다.… 그러므로 우리는 하나님께 대한 경외심과 동일한 것으로 성경을 대하여야 하는데, 그것은 성경이 오직 하나님 한 분으로부터 나온 것이며, 인간에 속한 것은 그 어떤 것도 섞이지 않았기 때문이다." *Com.* on II Tim. 3:16.
44) J. K. S. Reid, *The Authority of Scripture: A Study of the Reformation and Post-Reformation Understand of the Bible* (London: Methuen & Co., 1957), 35를 참조하라.

우리의 이해능력에 **적응시켜서** 주셔야만 했다(『기독교 강요』 II. 17. 13).
성령께서는 의도적으로 우리의 이해에 **적응하고 계신다**(『시편 주석』
시 13:3).
그러한 묘사는 사람들의 어리석음에 **적응하시기 위하여** 사용된 것이
다(『시편 주석』 시 78:65).
하나님께서는 그 자신을 우리의 무지에 **적응시키신다**. 그러므로 주님
께서는 우리에게 종종 어린아이처럼 더듬거리며 말씀하시며, 또한 당
신의 위엄에 대하여 말씀하실 때에도 우리의 무지와 제한된 마음이 당
신의 위대하심과 뛰어나심에 대하여 더 잘 이해하도록 하시기 위하여
우리에게 친숙한 그러한 것들과 비교하심으로 그렇게 하신다(『이사야
주석』 사 40:13(12)).
우리는 우리의 무지함 때문에 어떻게 하나님께서 우리의 일상적인 어
법에 자신을 **적응시켰는지를** 알기 때문에 때때로 나는 심지어 (하나
님께서) 더듬거리신다고 표현하기도 한다(『요한복음 주석』 요 20:25).

그러므로 칼빈의 성경론의 본질을 이해하기 위해서는 "적응"이
라는 용어의 의미를 정확하게 이해하는 것이 중요하다.[45] 먼저 칼
빈의 진술에서 보듯이, "적응"이라는 말은 하나님의 말씀 계시가
우리가 이해할 수 있는 형태로 주어졌음을 의미한다. 프루덴(E. H.
Pruden)은 칼빈의 성경론에 있어 가장 특징적인 요소 가운데 하나

---

45) 예를 들어, 배틀즈(Ford L. Battles)는 이러한 측면을 강조하여 말하기를, "칼빈에게 있어서, 하나님께서 인간의 한계와 필요조건들에 대하여 적응하셨음에 대한 이해는 그의 성경론 뿐만 아니라 그의 신학 전체에 대한 하나의 핵심요소"라고 했다. Idem, "God was Accommodating Himself to Human Capacity," in *Reading's in Calvin's Theology*, ed., Donald K. McKim (Grand Rapids: Baker, 1984), 21.

가 바로 그의 "적응설"이라고 했다. 그러므로 하나님은 그의 말씀을 우리에게 주실 때 우리의 무지와 연약함에 맞추어 성경을 통해 말씀하신다.[46] 부스마(W. J. Bouwsma)는 이러한 적응설에서 칼빈 사상의 휴머니즘이 분명히 드러난다고 강조한다.[47] 갬블(R. C. Gamble) 역시 다음과 같이 "적응"의 개념을 잘 설명한다.

> 하나님은 히브리어와 헬라어 그리고 아람어로 말씀하신다. 그는 어떤 특정한 문화적 콘텍스트에서 말씀하신다. 그러나 그는 어떤 문화적 콘텍스트나 특정한 언어에 얽매이시지는 않는다. 그는 하나님이시기 때문에 모든 피조된 실재들을 초월하실 수 있고 또 그렇게 하신다. 하나님은 마치 옥스퍼드 대학교 영문학 교수가 그의 두 살배기 아이에게 말하는 것처럼 그의 청중들에게 자신을 "적응"시키신다.[48]

칼빈은 스스로 이것을 다음과 같이 설명한다: "만일 하나님이 그의 언어로 말씀하시기를 원하셨다면, 유한한 피조물들이 그것을 감당할 수 있었을까? 천만에, 그럴 수는 없다. 그렇다면 그는 성경

---

46) Edward H. Pruden, *Calvin's Doctrine of Holy Scripture* (Edinburgh: The University of Edinburgh, 1930, Ph. D dissertation), 95 참조.
47) William J. Bouwsma, *John Calvin: A Sixteenth-Century Portrait* (New York : Oxford University Press, 1988), 114.
48) Richard C. Gamble, "Calvin as Theologian and Exegete: Is there Anything New?," *Calvin Theological Journal* 23 (1988), 182. 그는 또한 말하기를, "하나님의 계시의 '적응' 적 본질에도 불구하고 우리는 결코 하나님의 모든 신비들을 이해할 수 없다. 이것이 우리가 어떤 권위있는 신지식을 가질 수 없다는 것을 의미하지는 않는다. 사실은 정반대이다. 예수 그리스도께서는 성부를 계시하셨다. 칼빈은 우리가 하나님의 법 아래에서 우리가 정상적인 삶을 누리기에 필요한 모든 지식을 가지며 (『강요』 2.8), 그의 명령에 따라서 올바로 예배하며 (『강요』 4), 그리고 그 아들에 대한 신앙을 통하여 영생으로 나아감을 (『강요』 3.2ff) 지적하고 있다. 이것이 전부가 아니다. 우리는 심지어 그가 어떻게 창조하셨으며 또한 그의 백성들을 위하여 어떻게 구원을 계획하셨는가 하는 것을 알며, 나아가 하나님의 본성 그 자체의 어떤 부분까지도 이해한다." Ibid., 182f.

에서 우리들에게 어떻게 말씀하시는가? 하나님께서는 말을 더듬으신다(stammered, bagaye). 그는 마치 간호사가 아이에게 말할 때 성인에게 하는 것과는 달리 아이의 능력을 고려하여 하는 것과 동일한 방식으로 자신을 표현하신다. 하나님께서는 우리가 그에게로 올라가는 것처럼 우리에게로 내려오신다."[49]

이러한 적응원리와 관련하여, 보다 더 중요한 핵심적인 논쟁점은 그것으로 말미암아 필연적으로 성경이 어떤 오류를 포함하는가 아니면 그럼에도 불구하고 여전히 전적인 무오성을 유지하는가에 대한 것이다. 이점에 있어 학자들의 해석은 분분하다. 예를 들어, 로저스(Jack B. Rogers)와 맥킴(Donald K. McKim)은 바로 그런 이유 때문에 성경은 필연적으로 인간적인 실수들을 포함할 수밖에 없다고 말한다. 칼빈에 대한 그들의 해석에 의하면, 성경에는 기술적인 실수들이 있는데, 그것은 인간의 기억과 지식의 한계는 물론이거니와 정상적인 인간의 의사소통 수단들에 의해 원래의 텍스트들이 다른 목적으로 사용되는 것에 기인하는 것이다.[50] 그러나 젤레마(Dirk W. Jellema)의 연구에 따르면, 적응원리에 있어 칼빈의 강조점은 성경이 문자적으로 정확하지 않은 언어를 사용하는 것이 곧 성경에 오류가 있음을 증거하는 것은 아니다. 오히려 그것은 하

---

49) W. J. Bouwsma, *John Calvin: A Sixteenth-Century Portrait*, 125. 또한 칼빈의 *Serm*. No. 42 on Deut., 387; *Serm*. No. 16 on II Sam., 134-35; *Serm*. No. 16 on II Sam., 135-36; 그리고 『강요』, I.13.1을 참조하라.
50) Jack B. Rogers & Donald K. McKim, *The Authority and Interpretation of the Bible: An Historical Approach* (New York: Haper & Row, 1979), 110-111. 그러나 그들은 칼빈은 결코 성경 저자들이 고의로 거짓이나 허위를 말하거나, 어떤 윤리와 도덕적인 영역에 있어 실수가 있음을 허락하지 않는다고 말한다. 성경에 인간적인 오류가 있다는 주장에 대한 존 우드브리지(John D. Woodbridge)의 날카로운 비판에 대하여는 다음을 보라: Idem, "Biblical Authority: Towards an Evaluation of the Rogers and McKim Proposal," *Trinity Journal* 1 (Ns. No. 2, 1980), 165-236.

나님께서 그의 말씀을 인간의 제한된 이해에 적응시키고자 하시는 그의 의도를 강조하는 것이다.[51] 그러므로 우리는 "적응의 원리" (the principle of accommodation)가 필연적으로 성경의 오류를 배태한다고 생각할 수는 없다. 그 이유는 이 원리가 의미하는 바가 단순히 "하나님의 계시가 인간에게 주어질 때 그것은 각 시대의 인간의 지적발전의 정도에 따라 이해될 수 있는 형태로 주어졌다"는 사실을 말하기 때문이다. 그러므로 우리가 성경이 기록된 그 시대를 기준하여 볼 때, 성경은 전혀 무오하다고 할 수 있다.

이러한 사실에 더하여, 하나님의 계시는 역사적 진행 과정을 통해 점진적(progressive)으로 주어졌다는 사실을 기억해야만 한다.[52] 따라서 성경계시 역사에 있어서 서로 다른 시대와 청중들에 대한 하나님의 계시의 적응 형식은 분명 다르다. 이러한 이유로 인해 만일 우리가 현대과학이나 역사학의 기준과 잣대로 성경이 무오한가 아닌가를 판단하는 것은 시대착오적인 발상이라 할 수 있다. 뿐만 아니라 그 본질적인 의도에 있어 성경은 과학이나 역사적 사실에 대한 엄밀한 정보를 우리에게 제시하기 위한 것이 아니라 (다시 말해, 성경은 자연과학이나 역사학을 위한 텍스트가 아니다) 그리스도로 말미암아 인간이 구원을 얻게 되는 진리를 계시하는 것이기 때문에, 현대의 과학적 기준으로 성경의 오류 유무를 판단하는 것은 성경의 그 본래적 의도를 무시하는 처사이다. 더군다나 우리가 잊지 않아야 할 것은 엄밀한 과학이론들조차도 한 시대의

---

51) Dirk W. Jellema, "God's 'baby talk' : Calvin and the 'Errors' in the Bible," *Reformed Journal* 30 (1980), 25.
52) 성경계시의 점진적인 성격에 대한 칼빈의 진술에 대하여는 『강요』, IV. 8. 6을 참조하라.

산물에 지나지 않는다는 것이다. 때로는 기존의 정립된 과학체계를 뒤엎고 혁명적인 발전을 이루기도 한다. 따라서 어떠한 과학적 진리체계도 궁극적인 진리라기보다 언제든 새로운 이론체계로 바뀔 수 있는 하나의 가설에 불과하다.[53]

3) 학자들의 해석에 대한 비판적 고찰

칼빈의 성경관에 대한 학자들의 해석은 대체로 두 가지 상반된 주장으로 나뉜다.[54] 여기에 있어 핵심 논쟁점은 칼빈이 과연 축자영감설과 무오설을 주장했는가 아닌가 하는 것이다. 어떤 학자들은 칼빈이 성경을 축자적으로 영감되고, 권위적이며, 무오한 하나님의 말씀으로 보았다고 주장한다. 예를 들어, 워필드는 주장하기

---

53) 자연과학의 혁명적 발전 개념에 대하여는 Thomas S. Kuhn, *The Structure of Scientific Revolutions*, 2d ed. (Chicago: University of Chicago Press, 1970)을 보라.

54) 참고로 로져 니콜(Roger Nicole)은 칼빈의 성경관에 대한 서로 다른 관점을 가진 해석자들을 다음과 같이 두 대조적인 그룹으로 분류하고 있다. ① 칼빈이 분명하게 성경의 축자영감설과 무오성(Biblical inerrancy)에 대한 견해를 주장했다고 보는 학자들 – L. Bost (1883), C. D. Moore (1893), R. Seeberg (1905; 1920), O. Ritschl (1908), P. Lobstein (1909), J. Orr (1909), B. B. Warfield (1909), P. Wernle (1919), A. M. Hunter (1920), Herman Bauke (1922), D. J. de Groot (1931), C. Edwards (1931), T. C. Johnson (1932), A. Christie (1940), J. M. Nicole (1943), R. Davies (1946), K. Kantzer (1950; 1957), E. Dowey (1952), B. A. Gerrish (1957), R. C. Johnson (1959), J. K. Mickelsen (1959),A. D. R. Polman (1959), L. Praamsma (1959), J. Murray (1960), P. Hughes (1961), H. J. Forstman (1962), J. I. Packer (1974; 1984), J. Gerstner (1978), R. A. Muller (1979), L. J. Mitchell (1981), J. Woodbridge (1982). ② 칼빈이 성경의 축자영감설과 무오성을 주장하지 않았다고 보는 학자들 – H. Heppe (1861), P. Menthonnex (1873), J. Cramer (1881), C. A. Briggs (1883; 1890; 1892), E. Rabaud (1883), A. Benezech (1890), J. Pannier (1893; 1906), E. Gauteron (1902), J. Chapuis (1909), E. Doumergue (1910), J. A. Cramer (1926), H. Clavier (1936), W. Niesel (1938), P. Lehmann (1946), F. Wendel (1950), T. H. L. Parker (1952), H. Noltensmeier (1953), R. S. Wallace (1953), W. Kreck (1957), J. K. S. Reid (1957), J. T. McNeill (1959), L. de Koster (1959; 1964), R. C. Prust (1967), F. L. Battles (1977), R. Stauffer (1978), J. Rogers and D. McKim (1979), D. W. Jellema (1980). Idem, "John Calvin and Inerrancy," *Journal of the Evangelical Theological Society* 25 (1982), 427. 여기에 열거한 칼빈 학자들의 보다 상세한 문헌목록을 위해서는 니콜이 그의 연구논문 후미에 첨부한 "Bibliographical Appendix," 431-42를 참고하라.

를, "칼빈이 '축자영감설'과 '성경무오성' 교리를 견지했다는 사실보다 더 확실한 것은 없다"고 했다.[55] 마찬가지로 다위(E. A. Dowey) 역시 칼빈이 문법이나 역사적 사실들에 있어 오류를 인정할 때, 그는 예외없이 그것을 필사자의 탓으로 돌릴 뿐 결코 영감된 성경저자들에게로 돌리지 않는다고 말했다. 칼빈의 저작들 가운데 그 어디에도 원본(the original text)에 결점이 있다는 어떠한 암시도 없다. 칼빈에 따르면, 우리가 인식해야할 중요한 사실은 성경은 그것이 "문자적" 구술이든 "비유적" 구술이든 간에 그 원래적 형태에 있어서는 전적으로 무오한 문서들로 주어졌다는 것이다.[56] 이와 같은 워필드와 다위의 해석은 대체로 현대 성경관 논쟁에 있어 "성경무오설"(inerrancy)의 입장을 대변한다. 그러나 이러한 해석들과는 달리, 다른 몇몇 학자들은 칼빈이 축자영감설과 같은 것을 주장했다는 사실을 아예 부인하기도 한다.[57] 예를 들어, 방델(F. Wendel) 같은 학자는 칼빈 자신은 결코 문자적 영감설을 받아들이지 않았다고 주장한다. 즉, 성경 자체는 "하나님께서 성도들에게 성령의 조명을 시여하는 하나의 도구일 뿐"이지, 결코 하나님 자신과 동일시 될 수 없다는 것이라고 한다. 따라서 그 내용을 감싸고 있는 형식은 신적인 것이 아니다. 물론 성경의 저자들은 성령의 영감 아래서 기록하였다. 그럼에도 불구하고 그것은 세부적인 부분들에 있어서 인간의 오류들을 허용하였다. 하지만 교리적인 가르침에는 전혀 영향을 미치지 않았다.[58] 이러한 방델의 칼빈 해석은

---

55) B. B. Warfield, "Calvin's Doctrine of the Knowledge of God," 61, footnote n. 36.
56) Edward A. Dowey, Jr., *The Knowledge of God in Calvin's Theology* (Grand Rapids: Eerdmans, 1994), 100-102.
57) Roger Nicole, "John Calvin and Inerrancy," 427.

전형적인 "성경불오설"(infallibility)의 입장을 대변한다.

상황이 이러하므로, 칼빈이 과연 축자영감론과 성경무오설을 주장했는지의 여부를 판단하는 것은 참으로 쉽지 않은 문제이다.[59] 그러므로 패커(T. H. L. Packer)는 이 "두 가지 해석은 모두 다 옳으며, 그리고 두 견해 모두 칼빈 저작들로부터의 직접적인 인용에 의해 쉽게 지지받을 수 있다"고 말하기까지 한다.[60] 이러한 상황을 고려할 때, 우리는 여기서 다음과 같은 몇 가지 점들을 짚어볼 필요가 있다. 먼저, 칼빈은 그의 성경 영감론을 조직적으로 전개하지 않았다는 것이다. 심지어 칼빈의 조직신학적 저술이라 일컫는 『기독교 강요』에서조차 그는 자신의 성경론을 신지식론에서 암시적으로 제시할 뿐이다. 두 번째로 우리가 기억해야 할 것은 성경의 영감문제는 그 시대에 있어 칼빈이 씨름해야 했던 본질적인 문제가 아니었다는 것이다.[61] 따라서 마이켈슨(Mickelsen)이 지적하는 바와 같이, "칼빈은 이 문제를 직접적으로가 아니라 비교적 간략하

---

58) F. Wendel, *Calvin: The Origins and Development of his Religious Thought*, trans. Philip Mairet (New York: Haper & Row, 1963), 159-160.
59) Cf., J. K. S. Reid, *The Authority of Scripture*, 36. 여기에서 라이드(Reid)는 말하기를, "만일 칼빈이 축자영감을 주장한 것으로 대표된다면, 그의 저작들에서 발견되는 명백하게 다른 진술들 때문에 엄청난 어려움에 직면하게 될 것이다. 그는 우연적인 독립된 진술들뿐만 아니라 종종 반복되는 진술들로부터 스스로를 자유롭게 한다. 우리가 성경에서 가지는 것은 하나님의 말씀이지만, 그것은 아주 배타적인 의미에서 그러한 것이 아니라 동시에 그것은 또한 사람의 말이기도 하다"고 한다.
60) Cf., T. H. L. Packer, *Calvin's New Testament Commentaries* (London: SCM, 1971), 57. As cited in J. I. Packer, "Calvin's View of Scripture," 97.
61) Cf., J. I. Packer, "Calvin's View of Scripture," 97-98. 패커는 이점을 분명하게 지적하여 말하기를, "칼빈은 우리가 직면한 성경에 관한 모든 문제들에 직면한 것은 아니다. 그는 신지식이 어떻게 가능하며 또 어떻게 진리를 가르칠 수 있는가하는 인식론적 문제들, 성경의 이야기들에 대한 역사적인 문제들, 자연과학으로 이 세계를 설명함으로써 야기되는 문제들, 영감의 효력이 사용된 각각의 단어의 수준에까지 미치는가 아닌가 하는 신학적인 문제들, 칸트 이후에 명시적이건 암시적이건 기본적으로 전제되고 있는 이원론뿐만 아니라 이러한 리스트에 언급되지 않은 모든 다른 종류의 문제들로부터 자유롭다"고 했다 (Ibid).

게 간접적으로만 다루었다."⁶²⁾ 달리 말해, "그는 로마 가톨릭이나 재세례파에 반대하여 성경의 영감론이나 무오설을 주장하지 않았다. 왜냐하면 그들도 성경이 하나님으로부터 왔음을 부인하지 않았기 때문이다."⁶³⁾

그러므로 폴만(A. D. R. Polman)의 다음과 같은 진술 또한 귀담아 들을만하다: "모든 시대의 사도적 교회와 함께 칼빈은 성경의 신적 영감을 고백하였다. 그는 그것을 논란의 여지가 없는 보편적 진리로 간주하였다. 칼빈은 그의 기독교강요나 주석서나 또 다른 신학적 저술들에서 이 교리에 대하여 결코 어떤 이론적인 설명을 제시하지 않았다. … 그는 이 주제를 가지고 논하지 않았고, 그것을 (당연한 것으로) 전제하고 있다."⁶⁴⁾ 사실 성경의 무오성이나 그 기초가 되는 축자영감설의 문제는 19세기 말에 와서야 비로소 신학적 논쟁에 있어 중요한 핵심 논쟁거리로 떠올랐는데, 그것은 성경에 대한 역사적 고등비평과 근대과학의 발전 때문이었다.

세 번째로, 이미 우리가 살펴본 바와 같이, 칼빈은 성경이 부분적으로는 "구술"(dictated)되고, 부분적으로는 "적응"

---

61) Cf., J. I. Packer, "Calvin's View of Scripture," 97-98. 패커는 이점을 분명하게 지적하여 말하기를, "칼빈은 우리가 직면한 성경에 관한 모든 문제들에 직면한 것은 아니다. 그는 신지식이 어떻게 가능하며 또 어떻게 진리를 가르칠 수 있는가하는 인식론적 문제들, 성경의 이야기들에 대한 역사적인 문제들, 자연과학으로 이 세계를 설명함으로써 야기되는 문제들, 영감의 효력이 사용된 각각의 단어의 수준에까지 미치는가 아닌가 하는 신학적인 문제들, 칸트 이후에 명시적이건 암시적이건 기본적으로 전제되고 있는 이원론뿐만 아니라 이러한 리스트에 언급되지 않은 모든 다른 종류의 문제들로부터 자유롭다"고 했다 (Ibid).
62) J. K. Mickelsen, "The Relationship between the Commentaries of John Calvin and his Institutes of the Religion," 159.
63) J. I. Packer, "Calvin's View of Scripture," 98.
64) A. D. R. Polman, "Calvin on the Interpretation of Scripture," in *John Calvin: Contemporary Prophet*, ed. J. T. Hoogstra (Grand Rapids: Baker Book House, 1959), 97와 102. As cited in J. I. Packer, "Calvin's View of Scripture," 98.

(accommodated)된 말씀이라고 생각하지 않는다.[65] 따라서 우리는 이 두 가지 개념을 분리할 수 없을 뿐 아니라 분리해서도 안 된다. 전체 성경은 우리의 제한된 이해와 연약함과 무지함에 "적응"된 하나님의 말씀인 동시에 성령에 의하여 "구술"(영감)된 말씀이다. 성경의 참된 저자는 오직 하나님이시다.[66] 결론적으로, 과연 칼빈이 축자영감설과 무오설을 주장했는지 안했는지를 결정하는 것이 쉽지 않다 하더라도, 분명한 것은 칼빈에게 있어 "전체 성경"(tota Scriptura)은 모두가 참으로 "하나님의 말씀"(the word of God)이요, "진정한 하나님의 숨결"(God's very breath)로 인식되었다는 것이다.

4. 성경의 권위와 성령: 로마 가톨릭의 견해에 대한 칼빈의 비판

1) 성경의 자증적 권위와 성령의 내적증거의 관계성

살펴보았듯이, 칼빈에게 있어서 성경은 참으로 정확무오한 "하나님의 말씀"이었다. 그렇다면, 그 다음 제기되는 질문은 "성경이 하나님의 말씀임을 우리가 어떻게 확신할 수 있는가?" 하는 것이다. 이에 대해 칼빈 스스로 다음과 같이 질문을 던진다: "누가 이 기록물들이 하나님으로부터 왔다는 것을 확신시킬 수 있겠는가?"[67]

---

65) Cf., F. L. Battles, "God was Accommodating Himself to Human Capacity," 22-24. "칼빈은 이 [적응의] 원리를 성경뿐만 아니라 하나님과 인간 사이의 관계를 다루는 모든 곳에서 일련의 항구적인 기초로 적용하고 있다(p. 22) … 칼빈에 의하면, 신적 적응의 모든 행위에 있어 삼위 하나님 – Father, Son, and Holy Spirit – 모두 사역하신다(p. 24)."
66) Cf., John H. Leith, "John Calvin - Theologian of the Bible," *Interpretation* 25 (1971), 338. "하나님께서 성경의 저자이심을 믿으므로, 성경에 있는 차이들은 단지 서로 다른 시대에 속한 인간들의 필요에 대한 하나님의 적응에 기인할 따름이다."

그러면서 그는 먼저 그것이 "교회의 승인"에 의존한다는 로마 가톨릭의 주장을 강하게 비판한다.[68] 칼빈은 성경의 권위는 하나님으로부터 온 것이지 교회로부터 온 것이 아니요, 오히려 교회 그 자체가 성경에 근거한다고 올바르게 주장한다.[69]

> 만일 선지자들과 사도들의 가르침이 교회의 토대라면, 그것은 교회가 존재하기 이전에 이미 권위를 가져야만 한다. ··· 왜냐하면 만일 기독교회가 그 시작으로부터 선지자들의 저작들과 사도들의 설교 위에 세워졌다면, 이 교리가 발견되고 수납되는 어디에서나 틀림없이 교회에 선행해야만 한다. 그렇지 않고서는 교회 자체가 결코 존재할 수 없다. 그러므로 성경을 판단하는 권세가 교회에 있고, 또한 성경의 확실성이 교회의 동의에 의존한다는 것은 참으로 거짓된 주장이라 하겠다.[70]

이러한 의미에 있어서 왈라스(Ronald S. Wallace)의 다음과 같은 평가는 적절하다: "칼빈에게 있어 성경은 교회의 선포를 위한 유일한 근원일 뿐만 아니라 교회의 삶을 지배하는 유일한 권위이다."[71]

칼빈에 따르면, 성경의 권위에 대한 부인할 수 없는 증거에는 두 가지가 있는데, 성경의 자증(the self-authentication of the Scripture)과 성령의 증거(the witness of the Holy Spirit)가 그것이다.[72] 그러나 이 두 가지 증거들은 서로 어떠한 관계에 있는가?

---

67) 『강요』, I. 7. 1.
68) 『강요』, I. 7. 1.
69) 『강요』, I. 7. 1과 2의 제목 참조.
70) 『강요』, I. 7. 2.
71) Ronald S. Wallace, *Calvin's Doctrine of the Word and Sacrament* (Grand Rapids: Eerdmans, 1957), 99.

또는 어느 것이 더 본질적인 것인가? 이 문제는 칼빈의 성경론에 대한 논쟁에서 또 하나의 핵심적인 주제이다. 이와 관련하여 칼빈 학자들의 견해는 다음과 같이 세 가지로 대별된다: 첫째로, 각각을 서로서로 나란히 병렬하는 것으로 보는 견해; 둘째로, 성경의 자증을 보다 본질적인 것으로 보는 견해; 셋째로, 성경의 내적 증거를 더 본질적인 것으로 강조하는 견해이다. 첫 번째 그룹에는 제베르그(Reinhold Seeberg)가 대표적인데, 그는 칼빈이 성경의 권위를 부분적으로는 그것의 신적구술에, 부분적으로는 그것에 대한 성령의 증거 사역에 근거시킨다고 한다.[73]

반면 머레이(John Murray)에 따르면, 성경에 권위를 부여하는 요소는 신적 영감으로서, 이것 때문에 성경은 모든 경의로 수납되어야만 한다. 또 이 때문에 성경이 권위적이라는 명제를 지지하기 위해 칼빈이 영감에 의지한다는 것에는 의문의 여지가 없다. 권위는 그것의 저작성 자체에 있는 것이지, 신적 저작성에 대한 확증에 있는 것이 아니다.[74] 마지막으로 다위(Edward A. Dowey)는 성경이 충분한 내적 정당성을 가지고 있다고 주장했다. 그러나 이것은 그것의 권위를 구성하기는커녕 그 권위의 한 가지 근거도 되지 못한다. 성경의 권위는 오직 내적 정당성이나 거룩한 말씀의 본래적 진리가 인식되고 확증되는 하나님 자신의 내적 증거로부터 온다.[75]

---

72) Cf., 『강요』, I. 7. 5. "그러므로 이점을 분명히 하도록 하자: 즉 성령으로 내적인 가르침을 받은 자들은 참으로 성경에 머무르며, 그리고 성경은 진정으로 자증한다. 그러므로 성경을 증거나 이성에 종속시키는 것은 옳지 못하다."
73) R. Seeberg, *Text Book of the History of Doctrines*, 395.
74) John Murray, *Calvin on Scripture and Divine Sovereignty* (London: Evangelical Press, 1979), 51.
75) Edward A. Dowey, *The Knowledge of God in Calvin's Theology* (Grand Rapids: Eerdmans, 1994), 108.

사실 이러한 여러 가지 해석적 논란이 야기되는 것은 칼빈 자신에게 일말의 책임이 있기도 한데, 그것은 이 문제에 대한 그의 진술들이 다소 애매하기 때문이다. 즉, 1539년판 『기독교 강요』에서 칼빈은 "성경의 권위는 성령의 내적 증거에서 찾아야 한다"고 주장했다.[76] 그러나 또 다른 곳에서는 성경의 자증에 대하여 다음과 같이 말한다: "참으로 성경은 그 자체의 진리의 분명한 증거를 충분하게 드러내는데, 마치 그 색깔에 있어 흰 것과 검은 것이 서로 다르듯이, 또는 맛에 있어 단것과 쓴 것이 서로 다른 것과 같다."[77]

그렇다면, 우리는 이 문제를 어떻게 풀어야 하는가? 사실 이 문제를 푸는 방식에 칼빈신학의 특징과 개혁주의 신학에 대한 칼빈의 놀라운 공헌이 자리하고 있다. 이미 살펴본 것과 같이, 성경의 권위 문제와 관련하여 로마 가톨릭의 견해는 "성령과 교회"(the Spirit plus the Church)의 관점을 취하며, 그럼으로써 그들은 성경 밖에다 교회의 우선적인 권위를 덧붙여 놓는다.[78] 이러한 로마교회의 입장에 반대하여, 칼빈은 분명하게 "성경은 성령의 증거에 의하여 확증되어야만 한다. 그럼으로써 성경의 권위는 명확하게 확립된다. 그리고 성경의 확실성이 교회의 판단에 의존한다는 것은 사악한 거

---

76) J. Murray, *Calvin on Scripture and Divine Sovereignty*, 44. 또한 『강요』 (1539 ed.), I. 24를 보라.
77) 『강요』, I. 7. 2.
78) Cf., 『강요』, IV. 8. 13. 로마 가톨릭 교회의 입장과 관련하여 칼빈은 다음과 같이 말하고 있다: "교회는 오류를 범할 수 없다는 그들의 발언이 이 점에 관련되어 있고, 그들은 그 말을 다음과 같이 설명한다. 즉 교회는 하나님의 영의 지배를 받으므로 말씀이 없어도 안전하게 전진할 수 있고 어디를 가더라도 교회는 진리만을 생각하며 말할 수 있으므로 교회가 하나님의 말씀을 넘어서 또는 그 말씀과 별도로 무슨 일을 제정하더라도 이것은 곧 하나님의 말씀이라고 인정해야 한다는 것이다. … 따라서 그들과 우리의 차이는 다음과 같다. 우리의 논적들은 교회의 권위를 하나님의 말씀 밖에 둔다. 그러나 우리는 교회의 권위는 말씀에 부속되어야 한다고 주장하며, 말씀에서 분리되는 것을 허락하지 않는다."

짓"이라고 주장한다.[79]

그러므로 칼빈은 "성경과 성령"(the Scripture *plus* the Spirit)의 권위를 교회 위에다 놓는다.[80] 이렇게 함으로써 칼빈은 로마 가톨릭의 "성령과 교회"(the Spirit/the church)의 구조를 "성경과 성령"(the Word/the Spirit)의 구조로 대체시켰다.[81] 즉, 칼빈에게 있어 성경과 성령 사이에는 분리할 수 없는 통일성이 존재한다. 칼빈의 진술에 따르면, "말씀과 성령은 불가분리적으로 서로 묶여있다. … 우리의 대적자들은 하나님의 말씀 바깥에 교회의 권위를 놓는다. 그러나 우리는 그것이 말씀에 덧붙여져야만 하며 말씀으로부터 분리되는 것은 허락하지 않는다. … 성령은 끊을 수 없는 유대로 하나님의 말씀에 결합되기를 원하시며, 그리스도께서도 그의 교회에 성령을 약속하실 때에 이것과 관련하여 확언하셨다."[82] 이와 같이 성경에 대한 "교회의 증거"(*testimonium ecclesiae*)를 말하는 로마 가톨릭에 반대하여, 칼빈은 교회 위에 있는 "성경과 성령"(the Scripture/the Spirit)의 권위, 즉 "성경의 자증"과 "성령의 내적증거"(*testimonium spiritus sancti internum*) 사이의 상호 불가분리의 유기적 관계성을 주장한다.

---

79) 『강요』, I. 7. (제목). 계속하여 그는 다음과 같이 통렬하게 비판한다: "그러나 교회의 승인을 얻을 때에만, 비로소 성경은 그 중요성을 가지게 된다고 하는 가장 유해한 오류가 현재 널리 유행하고 있다. 이것은 마치 하나님의 영원하시며 침범할 수 없는 진리가 인간의 결정에 의해 좌우된다는 말과 같은 것이 아닌가!" (I. 7. 1.).
80) Cf., *Reply to Sadoleto*, 60에서 칼빈은 지적하기를, "말씀에 근거하지 않고 성령을 자랑하는 것이 얼마나 위험한지를 알기 때문에 주님께서는 참으로 교회는 성령에 의하여 다스림을 받아야한다고 선언하셨고, 또한 그 통치가 공허하고 불안정하게 되지 않게 하기 위하여 그는 그것을 말씀에다 근거지우셨다." 또한 B. A. Gerrish, "Biblical Authority and the Continental Reformation," *Scottish Journal of Theology* 10 (1957), 359를 보라.
81) Cf., R. Gamble, "Word and Spirit in Calvin," 82-84.
82) 『강요』, IV. 8. 13.

여기에 덧붙여, 이러한 칼빈의 입장은 성경의 내재적인 권위 및 성령의 내적증거에 대한 현대적 논쟁을 해결하는데도 도움이 된다. 이를테면, 칼빈에게 있어서 이 두 개념은 주의 깊게 구별되지만, 서로 분리될 수는 없는 것이다.[83] 즉, 하나는 다른 하나를 배제하지 않으며, 서로 함께 일어서고 넘어지는 상보적인 개념인 것이다. 또한 그것은 제베르그의 경우에서처럼, 성경의 권위가 부분적으로는 내적 말씀에 또 부분적으로는 외적 말씀에 의존함을 말하는 것도 아니다. 두 가지 개념 모두가 전체적으로 완전한 의미를 가지며 불가결한 연관성을 가진다.[84]

그러므로 우리는 성경이 "자증적"이면서 동시에 "성령으로 말미암아 인쳐진" 것이라고 말할 수 있는데, 왜냐하면 이는 성령이 성경 외적인 것이 아니기 때문이다.[85] 달리 말해, 성경의 권위의 기초는 하나님 자신이 성경을 통하여 그리고 성경으로부터 우리에게 말씀하시는 분이시라는 사실에 있는 것이다.[86] 바로 이러한 의미에서 리처드 멀러(R. A. Muller)는 "칼빈은 성경의 권위를 형식적인 영감교리로부터 유도해 내지 않고, 구원의 신지식을 성경 안에서(in) 그리고 그것을 통하여(through) 중재하시는 성령의 사역의 두 가지 측면, 곧 영감(inspiration)과 내적증거(inner-testimony)의 개념들을 서로 상관적으로 파악하고 있다"고 바르게 평가한다.[87]

---

83) Cf., R. Gamble, "Word and Spirit in Calvin," 79. 갬블은 지적하기를 칼빈에 있어 "하나님의 말씀인 성경과 하나님의 영인 성령 사이에는 상호적인 관계성이 있으며, 그들은 분리할 수도 없고 또한 분리해서도 안된다"고 한다.
84) Cf., Richard A. Muller, "The Foundation of Calvin's Theology: Scripture as Revealing God's Word," *Duke Divinity School Review* 44 (1979), 17.
85) R. Muller, "The Foundation of Calvin's Theology," 18.
86) L. Floor, "The Hermeneutics of Calvin," 166.

2) 성령의 내적증거(Inner Testimony)의 의미

칼빈은 "성경은 정말로 자증한다. 그러므로 성경을 증거나 이성에 종속시키는 것은 옳지 않다"고 분명하게 말한다.[88] 우리는 이에 대해 보다 명백한 설명을 디모데후서 3:16에 대한 그의 주석에서 찾아볼 수 있다. 그의 설명에 따르면, 먼저 바울은 성경의 권위 때문에, 그리고 성경으로부터 솟아 나오는 유용성 때문에 성경을 권한다. 칼빈은 성경의 권위를 지지하기 위하여 성경이 신적으로 영감되었다고 천명하는데, 왜냐하면 만일 그러하다면, 성경은 모든 논쟁을 초월하며, 따라서 사람들은 성경을 경외함으로 받아들여야 하기 때문이다.[89] 이것에 덧붙여, 칼빈은 『기독교 강요』 제1권 8장에서 성경의 자증적 권위에 대한 여러 가지 일반적 혹은 특별한 증거들(*indicia*)을 제시한다. 이를테면, 신적 지혜의 경륜, 교리의 신적인 완전한 특징들, 모든 부분들이 서로 들어맞는 아름다운 조화, 주제의 고결성, 그리고 그것의 고전성, 이적들, 예언과 그것의 성취, 하나님의 섭리적인 간섭, 복음서들의 조화와 단순성, 교회의 불변적인 증거, 그리고 순교자들의 증거 등 의심할 수 없는 수많은 증거들이 그것이다.[90]

그러나 이와 같은 성경의 자증에 대한 충분한 정당성에도 불구하고, 칼빈은 성경 그 자체가 사람의 마음속에 참된 신앙이나 확신을 줄 수 있다고 생각하지는 않았다.[91] 칼빈에 의하면, 우리는 인간의 과학적이고도 합리적인 판단이나 혹은 이성적인 논의들보다 더

---

87) R. Muller, "The Foundation of Calvin's Theology," 19.
88) 『강요』, I. 7. 5.
89) *Com.* II Timothy 3:16.
90) 『강요』, I. 8. 1-13.

높고 강한 확실성을 필요로 하는데, 그것이 바로 "성령의 내적증거"(testimonium spiritus sancti internum)이다.[92] 그렇다면, 왜 우리는 성경의 자증적 권위에도 불구하고, 그것에 더하여 성령의 내적증거를 필요로 하는가? 왜 성경의 내재적인 권위 그 자체만으로는 불충분한가? 칼빈의 견해에 의하면, 그것은 바로 인간의 타락과 죄 때문이다. 여기에서 우리는 칼빈의 신지식론에 대한 일반적인 이해를 필요로 한다. 우리가 살펴본 바와 같이 칼빈에 따르면, 인간의 타락과 전적인 부패는 이중적인 하나님의 초월적인 역사를 필요로 하게끔 만들었다. 그 가운데 하나가 특별계시, 곧 성령에 의해 영감된 성경이며, 또 다른 하나는 성령의 초월적인 내적조명의 사역이다.[93] 그러므로 칼빈은 말하기를, "성경이 구원하는 신지식으로서 궁극적으로 충분하기 위해서는 오직 성령의 내적인 설득 위에 그것의 확실성이 기초될 때이다"라고 한다.[94]

그러나 우리는 여기서 다시 성령의 내적증거(inner testimony)와 성령의 조명(illumination)을 주의 깊게 구별하여야 한다. 왜냐하면 칼빈이 성경의 인증과 관련하여 성령의 증거라고 부르는 것

---

91) Cf., 『강요』, I. 7. 4. 칼빈은 말하기를, "하나님이 교리의 저자라는 사실을 의심치 않고 확신하기 전에는, 교리에 대한 신앙이 수립되지 않는다는 것을 기억해야 한다. 따라서 성경에 대한 최고의 증거는 일반적으로 하나님이 인격적으로 성경 안에서 말씀하시는 사실에서 얻게 된다." 또한 B. B. Warfield, "Calvin's Doctrine of the Knowledge of God," 74를 보라. 한편, 메레이는 이 구분에 대하여 다음과 같이 말하고 있다: "우리가 성경의 권위를 말할 때, 성경 그 자체에 주어진 권위와 그것이 권위적이라고 믿는 설득과 확신 사이에 구분이 있어야만 한다. 이것은 성경에 부여된 권위와 그것이 권위적이라는 우리의 확신의 근원에 대한 구분, 또는 성경에 내재된 권위와 그것으로 나아가는 우리의 확신에 대한 구분이다. 또한 그것은 이 질문에 부속하여 따라오는 것으로서 객관성과 주관성 사이의 구분이다." J. Murray, Calvin on Scripture and Divine Sovereignty, 44.
92) 『강요』, I. 8. 1.
93) Cf., B. B. Warfield, "Calvin's Doctrine of the Knowledge of God," 47.
94) 『강요』, I. 8. 13.

은 그것의 계시적 내용을 이해시키는 사역이 아니기 때문이다.[95] 특별히 이 문제와 관련하여, 우리는 성령께서 성경에 관계하는 여러 가지 다양한 방식들을 면밀하게 구분할 필요가 있는데, 곧 성령의 영감(inspiration), 조명(illumination), 적용(application), 확신(conviction), 그리고 증거(testimonium)의 사역 등이다. 각각에 대하여 간단히 언급하자면, "영감"은 성경계시를 기록하는 과정에 대한 사역이라면, "조명"은 성경말씀의 내용을 독자들에게 분명하게 이해하도록 돕는 사역이고, "적용"은 성경의 내용을 성도들의 삶의 실천에 적용하는 사역을 가리키며, "확신"은 특별히 말씀을 통하여 각 개인의 양심에 죄를 깨닫게 하고 회개를 통하여 확신에 이르게 하는 사역을 말하며, 마지막으로 "내적증거"(*testimonium internum*)는 우리 마음속에 성경이 하나님의 말씀이라는 사실에 대한 신뢰성(reliability), 즉 성경의 확실성(certainty)에 대하여 인치시며 확증하시는 성령의 사역을 말한다.[96]

따라서 칼빈은 어떠한 합리적이고 이성적인 논쟁을 통해서 성경에 대한 견고한 신앙을 세워보려는 행동을 어리석은 것이라 본다.[97] 이러한 논의에서 보면, 칼빈에게 있어 고고학, 고대 근동학, 역사학이나 사본학, 혹은 언어철학 등 인간의 합리적인 논의들은

---

95) B. B. Warfield, "Calvin's Doctrine of the Knowledge of God," 70-71. 또 다른 곳에서 워필드는 말하기를, "칼빈은 우리에게 말하기를 내적증거는 영혼에 대한 하나의 '은밀한'(I.vii.4), '내적인'(I.vii.4; viii. 13), '안으로의'(I.vii.5) 성령의 사역이며, 그것으로 인해 영혼은 조명되어(illuminated, I.vii.3, 4, 5), 성경을 하나의 신성한 책으로 그 참된 본질을 받아들이게 된다"고 한다(pp. 77-78). 특별히 칼빈의 성령의 증거 교리에 대한 워필드의 심도있는 분석을 위해서는 pp. 70-130을 보라.
96) 이 문제와 관련해서는 R. C. Sproul, "The Internal Testimony of the Holy Spirit," in *Inerrancy*, ed., Norman L. Geisler (Grand Rapids: Zondervan, 1980): 336-354를 참조하라 (특별히 칼빈과 관련하여 pp. 337-344를 보라). 스프롤은 성령의 내적증거에 대한 원리를 가장 분명한 형태로 발전시켜 제시한 이가 바로 칼빈이라고 말한다(p. 338).

모두 필요한 것이기는 하나, 그것만으로는 성경의 권위에 대한 확실한 믿음을 우리에게 부여하지 못한다. 그보다 우리는 인간의 이성이나 판단 그리고 억측에서가 아니라 이보다 훨씬 더 높은 근원, 곧 성령의 은밀한 증거에서 우리의 확신을 찾아야만 한다.[98] 때문에 칼빈은 성경의 신적 권위를 변호함에 있어 핵심적인 것으로 성령의 내적증거를 주장하는 것이다.[99]

칼빈은 이것을 다음과 같이 진술한다: "성령의 증거는 모든 이성보다 더욱 우월하다. 왜냐하면 하나님 자신만이 그의 말씀의 합당한 증인이 되시는 것처럼, 그 말씀도 성령의 내적증거에 의하여 확증되기 전에는 사람의 마음에 수용될 수 없기 때문이다."[100] 따라서 성경의 저자들을 영감시켰던 바로 그 성령께서 동일하게 우리의 마음에도 성경이 참으로 하나님의 말씀이라는 사실을 확신시키실 필요가 있는 것이다.

여기에서 우리가 주의해야 할 것은, 칼빈이 성령의 내적증거를 말할 때, 이것은 성경의 내용에 대한 어떤 사실적인 증거에 대하여

---

97) Cf., 『강요』, I. 7. 4. 이러한 점에서 볼 때, 소위 복음서의 본래적 형태로서의 Q문서를 찾으려는 성경학자들의 노력은 가상하기는 하나 그 가능성과 신학적 유의미성을 고려할 때 공허한 노력으로 마감될 수도 있다.
98) 『강요』, I. 7. 4.
99) Cf., R. Gamble, "Word and Spirit in Calvin," 79.
100) 『강요』, I. 7. 4. 이러한 성령의 내적증거에 대한 칼빈의 가르침은 개혁주의 신학과 신앙의 지침서라고 할 수 있는 웨스트민스터 신앙고백서에 그대로 담겨져 있다: "성경자체가 가지고 있는 내용의 신령함, 교훈의 효험, 문체의 웅장함, 모든 부분의 내용상의 일치성, 내용 전체의 목표 (하나님께 모든 영광을 돌려 드리는 것), 인간의 구원을 위한 유일한 길을 밝혀주는 충분한 내용의 전개, 이 외에도 많은 비교할 수 없이 좋은 점들 그리고 성경의 전체적인 완전성 등은 성경이 하나님의 말씀이라는 것을 충분하게 입증해 주는 논증들이다. 그렇지만, 그럼에도 불구하고, 성경이 무오한 진리요, 신적 권위를 가지고 있다는 것을 우리가 충분하게 납득하고 확신하게 되는 것은, 우리의 심령 속에서 말씀에 의하여 말씀을 가지고 증거하시는 성령의 내적 사역에 의해서이다"(『웨스트민스터 신앙고백서』 제1장 5절).

증명하는 것(to prove)이거나 혹은 성령이 성경의 영감된 사실에 대한 증거(evidence)임을 말하는 것이 아니라는 것이다. 그것은 오히려 인간의 마음에 대한 성령의 내적인 작용으로서 성경에 대한 인간의 적대적인 태도(자세)를 순종으로 변화시켜 하나님의 말씀을 수납하게 하는, 즉 "인을 치시는" 사역을 말하는 것이다. 따라서 칼빈은 이러한 성령의 내적증거 사역에 대하여 "설득"(persuasion) 또는 "확신"(conviction)과 같은 용어들을 사용한다. 이것을 설명하기 위하여 칼빈이 자주 사용하는 용어는 "따르다"(acquiesce)라는 용어인데, 이것은 성령께서 신자들의 마음을 성경의 자증적인 "증거들"(indicia)을 수납하고 순종하게 한다는 의미이다. 즉, 우리의 마음으로 하여금 확신하고 성경의 권위에 따르게 한다는 의미이다.

그러므로 칼빈의 견해에 따르면, 우리는 오직 성령의 사역, 곧 내적증거에 의해서만 하나님이 성경의 참된 저자시라는 사실을 확신하게 되는 것이다. 그러므로 이것은 내적인 "믿음"의 문제라고 하겠다.[101] 워필드도 칼빈이 성령의 내적증거 교리를 주장함에 있어 염두에 두었던 것은, 성령의 내적증거가 "참된 믿음"(true faith)을 가능하게 하는 것이었다고 말한다.[102]

다음의 인용문은 성경의 권위 문제에 있어 칼빈의 견해를 가장 잘 요약해주는 진술이라 할 수 있다.

---

101) 이러한 칼빈의 입장을 그랜트(Robert M. Grant)는 "성경 해석에 있어서 신앙의 우위성을 받아들임으로써 칼빈은 주관주의를 배제하려고 노력하면서도 주관주의의 길을 열어 놓았다"고 평가하지만, 이러한 주장에는 논란이 있을 수 있다. Idem, *A Short History of Interpretation of the Bible* (New York: Macmillan, 1984), 134.
102) Cf., B. B. Warfield, "Calvin's Doctrine of the Knowledge of God," 74.

성령으로 말미암아 내적으로 가르침을 받은 사람들은 참으로 성경을 신뢰하며, 그리고 성경은 진정으로 자증한다는 사실을 분명히 하자. 그러므로 성경을 증거나 이성에 종속시키는 것은 옳지 않다. 그리고 성경이 마땅히 지녀야 할 확실성은 성령의 증거에 의해서 얻게 된다. 그러나 성경이 그 자체의 위엄 때문에 존경을 받는다 하더라도, 그것이 성령으로 말미암아 우리 마음속에서 확증되기 전에는 진정으로 우리를 감동시키지 못하기 때문에, 성경이 하나님으로부터 왔다는 것을 우리 자신이나 다른 사람의 판단에 따라 믿는 것은 아니다. 그러나 우리는 인간적인 판단을 초월하여, 성경이 하나님의 입으로부터 인간의 사역을 통하여 흘러나왔다는 사실을, 마치 우리가 하나님 자신의 위엄을 응시하는 것처럼 아주 확실하게 단정한다.[103]

결론적으로, 칼빈에게 있어 성경(the Holy Scripture)과 성령(the Holy Spirit)은 서로 불가분리의 상호 유대관계에 있다는 것이 분명해졌다. 그러므로 성경의 궁극적인 권위 역시 "성경과 성령"(the Scripture plus the Spirit)의 통일성과 밀접한 상호관계성에서 찾아야 할 것이다. 이처럼 성경과 성령의 불가분리적 상호관계성에 대한 분명한 인식을 통하여 개혁주의 성경론을 바르게 정립한 것은 기독교 신학에 대한 칼빈신학의 크나큰 업적 가운데 하나라고 할 것이다.[104]

---

103) 「강요」, I. 7. 5.
104) Cf., B. A. Gerrish, "Biblical Authority and the Continental Reformation," 359.

5. 성경과 성령의 분별: 재세례파의 견해에 대한 칼빈의 비판

지금까지 우리는 로마 가톨릭 교회의 입장인 "교회/성령"에 반대하여 "성경/성령"의 통일성, 즉 성경의 자증과 성령의 내적증거에 의해 성경의 권위를 확증하는 칼빈의 주장에 대해 살펴보았다. 따라서 여기서는 칼빈의 또 다른 대적자였던 "영성주의자"(재세례파)에 대한 칼빈의 비판적 견해를 간단하게 살펴보기로 하자. 먼저 칼빈은 영성주의자들에 대하여 다음과 같이 비판한다.

> 더욱이 성경을 떠나서도 하나님께로 갈 수 있는 길이 달리 있다고 생각하는 사람들이 있는데, 이들은 오도되었다기보다는 오히려 광란에 사로잡혀 있는 것으로 생각되어야 한다. 왜냐하면 최근에 경솔한 사람들이 더러 생겨서, 아주 거만하게 마치 성령의 가르침을 직접 받는 것처럼 자랑하면서 성경 읽는 것을 전적으로 멸시하는 한편, 그들의 표현대로 죽은 그리고 죽이는 문자를 아직도 따르는 사람들의 그 단순성을 비웃고 있기 때문이다.[105]

요약하자면, "영성주의자들"은 기록된 성경 외에 성령의 새롭고도 사적인 내적계시를 강조하는 자들이다. 그럼으로써 그들이 범하는 결정적인 잘못은 기록된 말씀과 성령을 분리시키는 것이다.[106] 따라서 칼빈은 "이 패역한 자들은 극악한 신성모독을 행하는 자들로서 선지자들이 신성불가침의 결합으로 함께 묶어놓은 것

---

105) 『강요』, I. 9. 1.
106) R. Gamble, "Word and Spirit in Calvin," 79-80.

을 찢어 발긴다"고 격렬하게 비난한다.[107] 바로 이러한 의미에서 칼빈은 그들을 "성경을 떠나 직접계시로 비약하는 광신자들"이라고 부른다.[108] 그러면서 칼빈은, 현재 우리는 매일같이 하늘로부터 직접 하나님의 말씀을 받는 것이 아닌데, 그것은 하나님께서 성경 안에서만 그의 진리를 영원히 기억할 수 있도록 신선하게 보존하시기를 원하셨기 때문이라고 주장한다(요 5:39 참조). 그러므로 마치 하나님의 살아 있는 말씀을 하늘로부터 직접 듣는 것처럼, 성경의 기원이 하늘로부터 유래되었다고 생각할 때에만 비로소 성경은 신자들로부터 완전한 권위를 얻게 되는 것이라고 한다.[109]

그렇다면 성경(말씀)과 성령의 관계성에 대한 가장 적절한 이해는 무엇인가? 이미 살펴본 바와 같이, 칼빈에게 있어서 성경의 확실성은 성령의 내적 확신위에서만 가능하고, 그리할 때 비로소 성경은 하나님의 구원하는 지식을 궁극적으로 일으킬 수 있게 된다.[110] 또 다른 곳에서 칼빈은 말하기를, "성경은 반드시 성령의 증거로 확증되어야만 한다. 그러면 그 권위는 확실한 것으로 확립될 수 있다"고 했다.[111] 그러므로 성령은 성경의 "인"이요 "보증"이시다.[112] 그러나 또 다른 한편으로, 칼빈에 따르면, 성령 또한 반드시 성경에 의해 확증되어야만 한다.[113] 이것은 곧 (성령의) 계시가 항상 성경에 의해 검증되어야 한다는 의미이다.[114] 그런데 도대체 왜

---

107) 『강요』, I. 9. 1.
108) 『강요』, I. 9. (제목).
109) 『강요』, I. 7. 1.
110) 『강요』, I. 8. 13.
111) 『강요』, I. 7. (제목).
112) 『강요』, I. 7. 4.
113) 『강요』, I. 9. 2. "성령은 성경과의 일치에 의해 인정된다(The Holy Spirit is recognized in his agreement with Scripture)."

그러해야만 하는가? 칼빈에 따르면, 고린도후서 11:14에서처럼, "사탄도 자기를 광명의 천사로 가장하기 때문에" 가장 확실한 기록된 말씀에 의해 식별되어야만 비로소 성령께서 우리 가운데서 권위를 행사하실 수 있는 것이다.[115] 칼빈은 이에 대해 보다 구체적으로 설명하기를, "사탄의 영이 성령의 이름으로 침투하지 않도록 성령께서는 성경에 기록된 형상대로 인식되기를 원하신다. 성령은 성경의 저자이시다. 그는 변하실 수도, 자신과 다를 수도 없으신 분이다. 그러므로 그는 성경 안에서 일단 자신을 나타내 보이신 그대로 영원히 존속하실 것이다"라고 했다.[116]

그러므로 칼빈에 의하면, 성령은 수납된 복음의 교리로부터 우리를 떠나게 하는 어떤 새로운 계시를 창조하거나 새로운 교리를 만들어 내거나 하지 않고, 오히려 성경에 의해 명령된 교리들만을 우리의 마음에 인치는 역할을 하신다.[117] 성령께서는 성경 "안에"(in) 머무시며 성경과 "함께"(with) 그리고 성경을 "통하여"(through) 일하시기 때문에, 성경은 잠정적이거나 일시적인 계시가 아니며, 더 더욱 "죽이는 문자"(the killing letter)는 결코 아니다. 말씀과 성령은 처음부터 끝까지 "상호적인 결합"에 의하여 결속되어 있기 때문에, 말씀이 성령에 의하여 확증되는 만큼 또한 성령 역시 말씀이 합당한 존경과 위엄으로 받아들여질 때에만 비로소 그의 권능을 발휘하신다.[118] 또 다른 곳에서 칼빈은 이러한 성경

---

114) Willem Balke, *Calvin and the Anabaptist Radicals* (Grand Rapids: Eerdmans, 1981), 98.
115) 『강요』, I. 9. 2. Cf., J. K. Mickelsen, "The Relationship between the Commentaries of John Calvin and his Institutes of the Religion," 160.
116) 『강요』, I. 9. 2.
117) Cf., 『강요』, I. 9. 1.
118) 『강요』, I. 9. 3.

과 성령의 상호적인 관계에 대해 다음과 같이 설명한다: "성경은 성령의 학교이기 때문에 여기서는 꼭 필요하고 또 유용한 지식은 그 어느 것도 빠뜨리지 않으며, 또한 알아야 할 적절한 것 외에는 결코 가르치지 않는다."[119] 때문에 칼빈은 말씀과 성령은 상호간에 불가분의 관계로 서로 결속되어 있다고 주장한다.[120] 다음의 인용문은 말씀과 성령의 관계성에 대한 칼빈의 명료한 입장을 분명하게 보여주다.

> 주님께서는 일종의 상호결속 관계를 통하여 말씀의 확실성과 성령의 확실성을 결합시키셨으므로, 우리들로 하여금 하나님의 얼굴을 바라보게 하시는 성령께서 빛을 비추어 주실 때에 우리의 마음에 말씀에 대한 완전한 신앙이 머물 수 있으며, 또한 우리가 그의 형상을 따라, 곧 말씀을 따라 그를 인식할 때에 우리는 속는다는 두려움 없이 성령을 마음에 모실 수 있기 때문이다. 실로 이것은 사실이다. 하나님께서는 성령이 임하시면 즉시 말씀을 폐기할 생각으로 일시적인 전시를 위해 자신의 말씀을 인류에게 보이신 것이 아니었다. 오히려 하나님께서 동일한 성령을 보내셔서 그 권능으로 말씀을 나누어 주신 것은, 그 말씀에 대한 효과적인 확증으로 자신의 일을 완성하시기 위함이었다.[121]

결론적으로, 칼빈은 부당하게 성경을 무시하고 성령을 일방적으로 강조함으로써 양자를 분리시키는 영성주의자들의 오류를 반박하면서 성경과 성령의 통일성을 강력하게 주장하였다. 방델의

---

119) 『강요』, III. 21. 3.
120) 『강요』, I. 9. 3.
121) 『강요』, I. 9. 3.

평가에 의하면, 성령이 하는 일은 성경에 있는 말씀을 확증하는 것에 다름 아니다. 성령의 증거는 성경에 아무것도 더하지 않는다. 성령은 성경에 대한 것이나 그것에 이미 포함된 것이 아니면 아무것도 말하지 않는다. 다시 말해, 성령의 증거는 성경의 본문에 더하여서 어떤 새로운 계시를 노출하는 것이 아니라는 것이다.[122] 따라서 성령은 항상 말씀 "안에서", 말씀과 "함께" 그리고 말씀을 "통하여" 일하신다는 사실을 정당화하는 것을 넘어 과도하게 성령을 강조할 때, 영성주의자들의 함정에 빠질 수 있는 위험이 존재하는 것이다.[123] 그러므로 우리는 이 연구를 통해 칼빈이 성경에 대하여 "교회와 성령"(the Church/the Spirit)의 우월적 권위를 강조하는 로마 가톨릭의 입장뿐만 아니라 "개개인 신자들과 성령"(the individual person/the Spirit)의 "사적인 계시"의 우월적 권위를 주장하는 영성주의자들에 반대하여 "말씀과 성령"(the Word/the Spirit)의 통일성을 주장함으로써 성경과 성령의 불가분리의 유기적인 관계성을 올바르게 정립하였고, 또한 그럼으로써 하나님의 말씀으로서 본래적인 성경의 정당한 권위를 구축하였다는 사실을 분명하게 확인할 수 있다.[124]

6. 나가는 말

우리는 지금까지 칼빈의 성경론에 대한 일단의 연구를 통해, 칼빈 당대의 역사적 맥락에서 볼 때 로마 가톨릭 교회와 영성주의자

---

122) F. Wendel, *Calvin: The Origins and Development of his Religious Thought*, 157.
123) Cf., A. Baars, "Word and Spirit," *The Messenger* 34 (1987), 3.
124) Cf., R. Gamble, "Word and Spirit in Calvin," 84.

들과의 논쟁에 있어 주된 초점은 성경과 성령의 관계 정립의 문제였음을 확인하였다. 이러한 차원에서 칼빈의 성경관에 대한 핵심적인 논점 몇 가지를 다음과 같이 정리함으로써 결론에 대신하고자 한다.

첫째로, 성경은 창조자이시며 구원자이신 하나님께 나아오려는 자들을 위한 안내와 교사로서 반드시 필요하다. 인간의 타락으로 말미암은 전적인 부패로 인하여 그 누구도 구원에 이르는 하나님에 대한 참된 지식에 이르지 못하게 되었으므로, 하나님께서는 이러한 인간의 무지와 필요 때문에 성경을 준비하셨다. 성경은 모든 점에 있어 충분하고 완전하기 때문에 창조자이시며 구원자이신 하나님에 대하여 우리에게 구원에 필요한 참신 신지식을 분명하게 보여주고 알게 한다. 그러므로 성경은 하나님의 모든 자녀들을 위한 학교이자 신앙과 실천, 그리고 신학의 기초이자 궁극적인 권위이다.

둘째로, "성경으로서의 하나님의 말씀", 달리 말하여 하나님의 말씀으로서 성경의 본질과 관련하여 우리는 다음과 같은 두 가지 측면을 항상 고려해야만 한다: ① 성경은 성령에 의해 "구술"(dictated)되었을 뿐만 아니라 ② 우리의 연약함이나 어리석음, 무지와 같은 한계적인 능력에 "적응"(accommodated)된 말씀이다. 성경 영감의 본질과 관련해서 우리는 이 두 가지 측면을 서로 분리시켜 어느 한쪽만 강조하거나 간과해서는 안 된다. 또한 우리 시대의 성경관 논쟁, 예를 들어 성경불오설(infallibility) \ 성경무오설(inerrancy)의 논쟁과 관련하여 반드시 기억해야할 것은, 칼빈의 성경관으로부터 축자영감설이나 성경무오설과 같은 교리를 이끌어 내려고 시도하는 것은 (물론 가능하기는 하지만) 시대착오적인 결론을 도출할 수 있다는 것이다. 왜냐하면 그러한 문제는 칼빈 자신이 당면했던 문제가 아니었기 때문이다.

셋째로, 칼빈에게 있어 성경의 권위는 다음 두 가지 사실, 즉 성경 자체의 자증과 성령의 내적증거에 의하여 확증된다. 이것과 관련하여 우리가 기억해야 할 것은, (비록 학자들의 해석이 분분하긴 하지만) 칼빈은 성경 위에 있는 "교회와 성령"(the church/the Spirit)의 권위, 그리고 성경에 대한 "교회의 증거"(*testimonium ecclesiae*)를 주장하는 로마 가톨릭 교회의 입장에 반대하여, 교회 위에 있는 "성경과 성령"(the Scripture/the Spirit)의 권위, 즉 성경의 자증과 "성령의 내적증거"(*testimonium spiritus sancti internum*)에 의한 성경과 성령의 통일성을 강하게 주장하였다는 것이다. 따라서 칼빈에 따르면, 성경의 권위를 확립함에 있어 "성경의 자증"과 "성령의 증거"를 분리할 수 없으며, 어느 한쪽을 일방적으로 강조하는 것은 오류를 범하는 것이 된다.

넷째로, 처음부터 끝까지 성경과 성령은 불가분의 관계로 서로 결합되어 있다. 칼빈에게 있어 이 주장은 다음의 두 가지 사실을 내포한다: ① 성경은 성령의 증거에 의하여 확증되어야 한다는 것, ② 성령은 성경과의 일치에 의하여 비로소 인정된다는 것이다. 그럼으로써 성경과 성령을 부당하게 분리시킨 영성주의자들에 반대하여, 칼빈은 성경과 성령의 불가분리적인 통일성을 강하게 주장하였던 것이다. 따라서 칼빈에게는 성령 없이 성경(말씀)이 있을 수 없으며, 또한 성경(말씀) 없이 성령이 일하실 수 없다. 참으로 이와 같은 "성경과 성령의 통일성"이야말로 칼빈의 성경론에 있어서 핵심이며, 이점을 분명히 한 것은 개혁신학을 정초한 칼빈의 혁

혁한 기여 가운데 하나라고 할 수 있다. 따라서 기독교 신앙과 신학은 다시금 칼빈이 주장한 것처럼, "성경(말씀)과 성령"의 통일성을 재강조함으로써 균형잡힌 자리로 돌아가야 할 것이다. 성경과 성령의 적절한 관계성에 대한 칼빈의 입장을 안토니 레인(Anthony N. S. Lane)은 다음과 같이 재치 있게 요약한다: "말씀이 없는 성령은 위험하며(the Spirit without the Word - dangerous), 성령이 없는 말씀은 죽은 것이지만(the Word without the Spirit - deadly), 그러나 성령과 함께하는 말씀은 역동적인 것이다(the Word with the Spirit - dynamite)." 이를 다른 표현으로 말하면, "너무 지나치게 많은 말씀은 메마르고(too much Word - dry up), 너무 지나친 성령은 부풀어 터져버릴 것이며(too much Spirit - blow up), 말씀과 성령이 함께할 때 성장한다(Word and Spirit - grow up)." [125]

마지막으로, 이 연구를 통하여 우리가 다시 한 번 확인할 수 있는 것은 칼빈의 신학 방법론으로서, 곧 중용의 방법론(the method of *via media*)이다. 이는 어느 한 극단으로 과도하게 치우친 로마 가톨릭 교회와 영성주의자들에 반대하여, 말씀과 성령의 통일성에 대해 강하게 주장한 것은 칼빈의 신학 방법론에 있어 가장 주요한 특징 중 하나인 "via media" 방법론에 대한 아주 좋은 예를 보여준다. [126]

---

125) Anthony N. S. Lane, "John Calvin: The Witness of the Holy Spirit," in *Faith and Ferment* (London: The Westminster Conference, 1982), 6.
126) Cf. R. Gamble, "Word and Spirit in Calvin," 85. See also Idem, "Calvin's Theological Method: Word and Spirit, A Case Study," in *Calviniana: Ideas and Influence of Jean Calvin*, ed., Robert V. Schnucker (Kirksville: Sixteenth Century Essay and Studies, 1988), 63-75.

참고문헌 (Bibliography)

Baars, A. "Word and Spirit." *The Messenger* 34 (1987, Apr.): 3-5.

Balke, Willem. *Calvin and the Anabaptist Radicals*. Trans. William J. Heynen. Grand Rapids: Eerdmans, 1981.

Barth, Karl. *Church Dogmatics*, I. 1, *The Doctrine of the Word of God*, 2nd ed. Trans. G. W. Bromiley. London and New York: T & T Clark, 1975.

Battles, Ford L. "God was Accommodating Himself to Human Capacity." In *Readings in Calvin's Theology*, ed., Donald K. McKim (Grand Rapids: Baker, 1984): 21-42.

Bloesch, Donald G. *The Future of Evangelical Christianity: A Call for Unity Amid Diversity*. Garden City, N.Y.: Doubleday, 1983.

Bouwsma, William J. *John Calvin: A Sixteenth-Century Portrait*. New York: Oxford University Press, 1988.

Calvin, John. *Institutes of the Christian Religion*. Trans. F. L. Battles. Philadelphia: Westminster Press, 1960.

_____. *Commentary* (22 Vols) Grand Rapids. Baker, 1993 reprinted.

_____. *Treatises against the Anabaptists and against the Libertines*. Ed. and trans. Benjamin W. Farley. Grand Rapids: Baker, 1982.

Dowey, Edward A. *The Knowledge of God in Calvin's Theology*. Grand Rapids: Eerdmans, 1994.

Edwards, Charles E. "Calvin on Inerrant Inspiration: Excerpts from Authorities." *Bibliotheca Sacra* 88 (1931): 465-475.

Floor, L. "The Hermeneutics of Calvin." In *Articles on Calvin and Calvinism: Calvin and Hermeneutics*, Vol. 6, ed., Richard C. Gamble (New York: Garland Publishing, Inc., 1992): 163-173.

Forstman, H. Jackson. *Word and Spirit: Calvin's Doctrine of Biblical Authority*. Stanford: Stanford University Press, 1962.

Frame, John M. "The Spirit and the Scriptures." In *Hermeneutics, Authority, and Cannon*, ed., D. A. Carson & John D. Woodbridge (Grand Rapids: Baker, 1995): 5-48.

Gamble, Richard C. "Word and Spirit in Calvin." In *Calvin and the Holy Spirit*, ed., Peter De Klerk (Grand Rapids: Calvin Studies Society, 1989): 75-98.

_____. "Calvin's Theological Method: Word and Spirit, A Case Study." In *Calviniana: Ideas and Influence of Jean Calvin*, ed., Robert V. Schnucker (Kirksville: Sixteenth Century Essay and Studies, 1988): 63-75.

_____. ""Calvin as Theologian and Exegete: Is there anything New?" *Calvin Theological Journal* 23 (1988): 178-194.

Gerrish, B. A. "Biblical Authority and the Continental Reformation." *Scottish Journal of Theology* 10 (1957): 337-360.

Gerstner, John H. "The View of the Bible Held by the Church: Calvin and the Westminster Divines." In *Inerrancy*, ed., Norman L. Geisler (Grand Rapids: Zondervan, 1980): 385-410.

Grant, Robert M. *A Short History of Interpretation of the Bible*. New York: Macmillan, 1984.

Jellema, Dirk W. "God's 'Baby-Talk' : Calvin and the 'Errors' in the Bible." *Reformed Journal* 30 (No. 4, 1980): 25-27.

Johnson, Thos. C. "John Calvin and the Bible." *Evangelical Quarterly* 4 (1932): 257-266.

Kantzer, Kenneth S. "Calvin and the Holy Scriptures." In *Inspiration and Interpretation*, ed., John F. Walvoord (Grand Rapids: Eerdmans, 1957): 115-155.

Lane, Anthony N. S. "John Calvin: The Witness of the Holy Spirit." In *Faith and Ferment* (London: The Westminster Conference, 1982): 1-17.

Leith, John H. "John Calvin - Theologian of the Bible." *Interpretation* 25 (1971): 329-344.

Lindsell, Harold. *The Battle for the Bible.* Grand Rapids: Zondervan, 1976.

McKim, Donald K. "Calvin's View of Scripture." In *Readings in Calvin's Theology*, ed., D. K. McKim (Grand Rapids: Baker, 1984): 43-68.

McNeill, John T. "The Significance of the Word of God for Calvin." *Church History* 28 (1959): 131-146.

Mickelsen, John K. "The Relationship between the Commentaries of John Calvin and His Institutes of the Christian Religion, and the Bearing of that Relationship on the Study of Calvin's Doctrine of Scripture." *Gordon Review* 5 (1959): 155-168.

Moore, Dunlop. "Calvin's Doctrine of Holy Scripture." *Presbyterian and Reformed Review* 4 (1983): 49-70.

Muller, Richard A. "The Foundation of Calvin's Theology: Scripture as

Revealing God's Word." *Duke Divinity School Review* 44 (1979): 14-23.

Murray, John. *Calvin on Scripture and Divine Sovereignty*. Hertfordshire: Evangelical Press, 1979.

Nicole, Roger. "John Calvin and Inerrancy." *Journal of the Evangelical Theological Society* 25 (1982): 425-442.

Packer, J. I. "Calvin's View of Scripture." In *God's Inerrant Word*, ed., John W. Montgomery (Minneapolis: Bethany Fellowship, 1973): 95-114.

_____. "John Calvin and the Inerrancy of Holy Scripture." In *Inerrancy and the Church*, ed., John D. Hannah (Chicago: Moody Press, 1984): 143-188.

Parker, T. H. L. *Calvin's New Testament Commentaries*. London: SCM, 1971.

Palmer, Ian S. "The Authority and Doctrine of Scripture in the thought of John Calvin." *Evangelical Quarterly* 49 (1977): 30-39.

Parratt, J. K. "The Witness of the Holy Spirit: Calvin, the Puritans and St. Paul." *Evangelical Quarterly* 41 (1969): 161-168.

Pruden, Edward H. *Calvin's Doctrine of Holy Scripture*. Ph. D dissertation. Edinburgh: The University of Edinburgh, 1930.

Prust, Richard C. "Was Calvin a Biblical Literalist?" *Scottish Journal of Theology* 20 (1967): 312-328.

Reid, J. K. S. *The Authority of Scripture: A Study of the Reformation and Post-Reformation Understand of the Bible*. London: Methuen & Co., 1957.

Rogers, Jack B. & Donald K. McKim, *The Authority and Interpretation of the Bible: An Historical Approach.* New York: Haper & Row, 1979.

Schepers, Maurice B. "The Interior Testimony of the Holy Spirit." *Thomist* 29 (1965): Pt. I:140-176, Pt. II: 295-321, Pt. III: 420-454.

Seeberg, Reinhold. *Text Book of the History of Doctrines.* Trans. Charles E. Hay. Grand Rapids: Baker, 1952.

Sproul, R. C. "The Internal Testimony of the Holy Spirit." In *Inerrancy,* ed., Norman L. Geisler (Grand Rapids: Zondervan, 1980): 336-354.

Torrance, T. F. *Kingdom and Church: A Study in the Theology of the Reformation.* Edinburgh: Oliver and Boyd, 1965.

Wallace, Ronald S. *Calvin's Doctrine of the Word and Sacrament.* Grand Rapids: Eerdmans, 1957.

Warfield, Benjamin B. "Calvin's Doctrine of the Knowledge of God." In *Calvin and Augustine* (Philadelphia: P & R, 1956): 29-130.

Wendel, Francois. *Calvin: The Origins and Development of His Religious Thought.* Trans. Philip Mairet. New York: Harper & Row, 1963.

Woodbridge, John D. "Biblical Authority: Towards an Evaluation of the Rogers and McKim Proposal." *Trinity Journal* 1 (Ns. No. 2, 1980): 165-236.

제3장
칼빈의 인간론과 종말론 이해
: 영혼 불멸론을 중심으로

1. 들어가는 말

아마도 칼빈신학의 연구자들에 있어 그 동안 가장 간과된 영역들 중의 하나는 칼빈의 인간론과 종말론에 대한 연구일 것이다.[1] 하지만 정작 칼빈의 첫 번째 신학적 저작은 『싸이코파니키아』(*Psychopannychia*)인데, 그는 여기서 인간의 "영혼불멸성"(the Immortality of the Soul)에 대해 다룬다. 더군다나 그의 불멸의 저작인 『기독교 강요』(*The Institutes of the Christian Religion*) 역시 다음과 같은 문장으로 시작한다: "우리 자신에 대한 앎[또는 지식 (knowledge)] 없이 하나님에 대한 앎이 있을 수 없다. 우리가 가지고 있는 거의 모든 지혜, 곧 참되고 견고한 지혜는 두 부분으로

---
1) Marry P. Engel, *John Calvin's Perspectival Anthropology* (Atlanta: Scholars Press, 1988), ix, 그리고 David E. Holwerda, "Eschatology and History," in *Readings in Calvin's Theology*, ed. Donald K. McKim(Grand Rapids: Baker Book, 1984), 311을 참조하라.

이루어지는데, 그것은 하나님에 대한 지식과 우리 자신에 대한 지식이다."[2] 그러므로 칼빈에게 있어서 하나님에 대한 지식과 우리 자신에 대한 지식은 서로 불가분리의 관계에 있다.[3]

이러한 의미에서 칼빈의 인간론을 간과하는 것은 그의 신학 전반에 걸쳐 전제되고 녹아 들어있는 본질적인 한 부분을 이해하는데 실패하는 것이다.[4] 그렇다고 여기서 칼빈의 인간론과 종말론을 모두 다룬다는 것은 불가능한 일이다. 따라서 여기서는 영혼불멸 교리와 개인종말론(personal eschatology)에 대한 칼빈의 이해만을 다루기로 하겠다. 왜냐하면 이것이 성경적인 인간론과 종말론에 대한 칼빈의 견해를 이해함에 있어서 중요한 초점(key point)을 제공하기 때문이다.[5] 따라서 이 연구의 목적은 칼빈의 영혼불멸 교리와 이것이 그의 개인 종말론 이해에 미친 영향 또는 그 상관관계를 분석하는 것이다.

---

2) John Calvin, *Institutes of the Christian Religion* (이후 *Inst.*로 인용함), trans. F. L. Battles (Philadelphia: Westminster, 1988), I. 1. 1.
3) 그의 『기독교 강요』에서 칼빈은 말하기를, "자신에 대한 지식 없이 하나님에 대한 지식이 있을 수 없으며"(I. 1. 1), 또한 역으로 "하나님에 대한 지식 없이 자신에 대한 지식이 있을 수 없다"(I. 1. 2)고 했다.
4) Engel의 다음과 같은 지적은 이점과 관련하여 특히 유용하다. "그러므로 [칼빈의] 사상에 있어 인간론은 어떤 후기나 부차적인 교리가 아니라 하나의 항구적인 그리고 일차적인 초점이다." Engel, *John Calvin's Perspectival Anthropology*, ix. 그러나 또한 Miles에 의하면, 칼빈의 인간론에 대한 가르침을 정확하게 이해하려면, 우리는 다음과 같은 사실 또한 분명히 기억해야 한다. 즉, 칼빈은 그의 모든 신학적 저작을 강하게 통합하는 하나의 중심되는 관심을 가지고 있는데, 그것은 온 우주와 모든 인간사에 있어 하나님의 편재하는 의지와 사역의 철저성과 최종성으로서의 '하나님의 영광' 을 주장하고, 유지하며, 강조하는 것이다. Margaret R. Miles, "Theology, Anthropology, and the Human Body in Calvin's Institutes of the Christian Theology," *Harvard Theological Review*, vol. 74 (1981): 303.
5) 이점과 관련해서 다음을 참조하라. Kevin H. Chubb, *A Critique of John Calvin's Anthropological Paradigm: The Immortality of the Soul and the Resurrection of the Body* (Ann Arbour: UMI, 1990), 7.

2. 칼빈의 영혼불멸 교리

1) 논의의 역사적 배경

칼빈의 첫 번째 신학적 저작인 『싸이코파니키아』(Psychopannychia)는 본 연구를 위해 아주 중요하다.[6] 그는 이 소논문을 1534년 오를레앙에서 썼지만, 1542년 스트라스부르크에서 출판 발표했다.[7] "싸이코파니키아"라는 말은 문자적으로 "영혼의 잠듦이 아니라 영혼의 깨어있음"(to be awake whole night, 온 밤을 깨어있다)을 의미하지만,[8] 아이니컬하게도 이것은 역사적으로 영혼수면설(죽음 이후 심판 때까지 영혼이 잠잔다는 견해)을 지칭하는데 쓰였다.[9] 이 소논문에서 칼빈은 재세례파(Anabaptist)의 영혼수면설에 반대하여 영혼불멸 교리를 주장한다.[10]

즉, 이 소논문에서 칼빈의 목적은 인간의 영혼은 "하나의 실체(substance)로서, 육체의 죽음 이후에도 참으로 살아있고, 감각과

---

6) John Calvin, "Psychopannychia" in *Tracts and Treatises*, trans. by Henry Beveridge (Edinburgh: The Calvin Translation Society) vol. 3, 413-490 (이후 *Psych.*로 인용함). 그러나 칼빈의 첫번째 학문적 저작은 *Commentary on Seneca's "De Clementia"* (1532)이다. 칼빈의 저작들에 대한 간략한 문헌사적 연구를 위해서는 W. de Greef, *The Writings of John Calvin: An Introductory Guide*, trans. by Lyle D. Bierma (Grand Rapids: Baker Books, 1993)을 보라.
7) W. de Greef, *The Writings of John Calvin*, 166을 참조하라. 첫번째 인쇄본(1542)에서, *Vivere apud Christum non dormire animis santos, qui in fide Christi decedunt*라는 제목으로 출판되었으며, *Psychopannychia*라는 제목은 재인쇄본(1545)에서 사용되었다.
8) Heinrich Quistorp, *Calvin's Doctrine of the Last Things*, trans. by H. Knight (London: Lutterworth Press, 1955), 56.
9) W. de Greef, *The Writings of John Calvin*, 166.
10) 이 소논문에서 칼빈은 인간의 영혼에 대한 다음과 같은 두 가지 잘못된 견해들에 대하여 강하게 반대한다. "어떤 이들은 그 실제 존재를 인정하지만 죽음의 순간으로부터 마지막 심판의 순간 깨어날 때 까지 무감각한 상태에서 잠을 잔다고 상상한다. 또한 반면에, 다른 이들은 그 실재성보다는 그것은 폐의 활동과 피의 순환으로 말미암은 단순한 생명력(a vital power)이며, 육체 없이 존재할 수 없고, 따라서 육체와 함께 소멸되어 전인(the whole man)으로서 부활할 때까지 사라진다고 본다." *Psych.*, 419.

이해의 능력을 가진다"는 것을 성경적인 진리로 증명하려는 것이었다.[11] 우리는 이 논문의 내용을 그 긴 전체 제목에서 쉽게 감지할 수 있다: "*Psychopannichia or a refutation of the error entertained by some unskillful person who ignorantly imagine that in the interval between death and the judgment the soul sleeps, together with an explanation of the condition and life of the soul after this present life*"(싸이코파니키아, 죽음과 심판 사이에 영혼이 잠잔다고 무지하게 상상하는 몇몇 서투른 사람들에 의해 생각되는 실수에 대한 논박과 현세의 삶 이후의 영혼의 상태와 삶에 대한 설명).[12]

역사적으로, 육체의 죽음과 최후의 심판 사이의 기간 동안 영혼 불멸의 교리는 대부분의 고대 및 중세 교회에서 일반적으로 정설로 받아들여졌다.[13] 반면, 영혼수면설은[14] "제5차 라테란 공의회" (the Fifth Lateran Council, 1513)에서 공식적으로 정죄되었다. 하지만 계속해서 이에 대한 지지자들이 일부분 있어왔다.[15] 칼빈의

---

11) Ibid., 419-20.
12) Ibid., 413. 완전한 라틴어 제목은 다음과 같다: "*Psychopannychia qua refellitur quorundam imperitorum error qui animas post mortem usque ad ultimum iudicium dormire putant. Libellus ante septem annos compositus nunc tamen primum in lucem aeditus.*" W. de Greef, *The Writings of John Calvin*, 166.
13) Quistorp, *Calvin's Doctrine of the Last Things*, 55.
14) Boettner에 의하면, 영혼수면 교리는 영혼이 죽음의 순간에 무의식 상태로 되며, 이 상태가 부활의 순간까지 지속된다고 주장한다. 이 교리에 따르면 죽은 자들의 영혼들은 무덤, 곧 어떠한 지식이나 의식, 혹은 행위도 없는 침묵의 세계에서 잠을 잔다고 한다. Loraine Boettner, *Immortality* (Philadelphia: P & R, 1975), 108.
15) W. de Greef, *The Writings of John Calvin*, 166을 참조하라. 그리고 Boettner에 따르면, 역사적으로 이 교리는 단지 아주 적은 소종파들에 의해서만 추종되었고, 기독교 교회의 주류는 계속해서 반대해 왔다. 현재 이 교리는 여호와의 증인과 제7일 안식일 예수 재림교의 독특한 교리들 중의 하나이다. L. Boettner, *Immortality*, 109.

당시 정황설명에 따르면, "그것은 지금 처음으로 나타난 것은 아니다. '영혼은 육체와 함께 죽으며 심판의 날 양자는 다시 함께 일어난다'고 하는 생각은 몇몇 아랍인들에 의해 촉발되었고, 그 후에 로마의 주교 요한(John)이 제창했지만, 파리의 신학 교수회에 의해서 철회하도록 압력이 가해졌다."[16] 그리고 종교개혁기에 이 교리는 다시 몇몇 재세례파들에 의해 주장되었다.[17]

이러한 재세례파의 영혼수면 교리에 반대하여 칼빈은 영혼불멸 교리를 강하게 주장했는데, 그것은 후자가 올바른 성경의 가르침일 뿐만 아니라 교회의 참된 신앙이라고 확신했기 때문이다. 칼빈은 죽음과 마지막 부활 사이의 기간, 즉 중간상태(the intermediate state)에서 불멸하는 영혼의 존재에 대한 거부는 곧바로 영생의 진리(the truth of eternal life)에 대해 심각한 의문을 야기시킨다고 인식했다. 이러한 의미에서 영혼불멸의 교리는 칼빈의 인간론과 개인 종말론에서 특별한 중요성을 가지게 된다. 반면, 로마 가톨릭은 연옥교리(the doctrine of purgatory)를 주장하는데, 칼빈은 이것 역시 강력하게 반대한다. 그러므로 칼빈의 입장을 올바르게 이해하기 위해서는 로마 가톨릭과 재세례파 양자에 대한 논쟁의 역사적 맥락에서 그의 견해를 연구해야만 한다.

그러나 여기서 우리는 한 가지 의문을 가질 수 있는데, 그것은 이미 지적한 바와 같이 『싸이코파니키아』(Psychopannychia)가 칼

---

16) *Psych.*, 415.
17) 그러나 여기에서 칼빈이 정확하게 어떤 사람들을 말하는지는 분명하지 않다. 왜냐하면 재세례파는 여러 그룹으로 이루어졌기 때문이다. John Calvin, *Treatises against the Anabaptists and against the Libertines*, trans. and ed. by Benjamin W. Farley (Grand Rapids: Baker Book, 1982), 19-24를 참조하라.

빈의 가장 초기 저작이라면, 이런 견해가 그의 후기 저작들, 특히
『기독교 강요』(Institutes)에 나타난 그의 입장과 일관되는가 하는
문제이다. 이것과 관련해서 엥겔(Engel)이 관찰한 바에 의하면, 칼
빈의 『싸이코파니키아』와 그의 후기 저작들 사이에 유사성이나 혹
은 차이점들이 있다고 지적하는 칼빈 연구자들은 양쪽 모두 전체
적으로 옳은 것은 아니다. 비록 전자가 더 옳기는 하나, 차이점도
분명히 있다. 하지만 그런 차이점은 서로 대립적인 것이라기보다
는 명확성의 문제일 뿐이다.[18] 퀴스트롭(Quistorp) 역시 지적하기
를, 우리는 그러한 논의들이 『기독교 강요』의 여러 부분들에서, 특
히 최종판의 종말론 장에서 재론되고 있음을 찾아볼 수 있으며, 때
때로 그 진술들이 『싸이코파니키아』에서의 그것과 동일한 것임을
알 수 있다고 한다.[19]

여기에 덧붙여서, 우리는 칼빈이 이 소논문을 『기독교 강요』 초
판과 몇몇 『성경주석서』들이 출판된 이후에야 비로소 발표했다
(1542)는 사실을 기억해야할 필요가 있다. 즉, 만일 킬빈이 스스로
이 전후기 저작들 사이에 어떠한 신학적 모순점이 있다고 인식하
였다면, 그는 이 소논문을 결코 출판하지 않았을 것이다. 따라서
이 연구에서 나는 영혼불멸의 교리에 대한 칼빈의 생각들을 별다
른 차이를 두지 않고 다음과 같은 그의 여러 저작들로부터 취할 것
이다: 『기독교 강요』(Institutes, 1559), 『싸이코파니키아』
(Psychopannychia), 관련 성경 『주석서』(Commentaries)들, "죽음
이후의 영혼의 상태에 대하여"(On the State of Souls after

---

18) Engel, *John Calvin's Perspectival Anthropology*, 215.
19) Quistorp, *Calvin's Doctrine of the Last Things*, 55-56.

Death),[20] 그리고 "자유주의자들의 부활에 대한 견해에 대하여" (On the Libertines' View of the Resurrection), 등.[21]

2) 칼빈의 인간 영혼에 대한 신학적 이해

칼빈의 영혼불멸의 교리를 정확하게 파악하기 위해서는, 먼저 그의 영혼에 대한 이해를 알아야 한다. 칼빈 스스로가 말하는 대로, 이러한 이유로 인해 만일 우리가 재세례파를 완벽하게 논박하려면, 먼저 영혼이 고유한 실체를 가진다는 것, 그 다음 죽음 이후에도 영혼들이 그들의 조건과 상태를 느끼고 인식한다는 것에 대해 논증해야만 한다.[22] 따라서 먼저 영혼에 대한 칼빈의 성경적 인간론 이해에 대해 살펴보기로 하자.

(1) 영혼에 관한 성경 용어들에 대한 칼빈의 이해

다른 주제와 마찬가지로, 성경의 인간론을 연구함에 있어 가장 어려운 문제들 중 한 가지는 이와 관계된 성경의 용어들을 다루는 데 있다. 왜냐하면 성경에서 같은 용어라 하더라도 많은 경우 그것이 사용된 문맥에 따라 서로 다른 뉘앙스와 의미를 가지기 때문이다.[23] 예를 들어, 구약에서 "네페쉬"(nephesh)는 문맥에 따라 다양

---

20) John Calvin, "On the State of Souls after Death" (이후 SSAD로 인용함) in *John Calvin: Treatises against the Anabaptists and against the Libertines*, trans., Benjamin W. Farley (Grand Rapids: Baker, 1982), 119-158.
21) John Calvin, "On the Libertines' View of the Resurrection"(이후 *Libertines*로 인용함) in *John Calvin: Treatises against the Anabaptists and against the Libertines*, trans., Benjamin W. Farley (Grand Rapids: Baker Book, 1982), 292-298.
22) SSAD, 120.
23) 이 문제와 관련해서 Chubb, *A Critique of John Calvin's Anthropological Paradigm*, 48-49를 참조하라.

한 의미들로 사용되는데, 이를테면, "생명"(life), "생령"(a living man), "전인"(the whole man), "의지"(will), "욕구"(desire), "지성"(intellect), "숨 혹은 바람"(breath or wind), "활발한 운동 혹은 느낌"(a vital motion or senses), "영의 효과"(the affections of the spirit), 그리고 "불멸의 존재"(an immortal essence) 등이다.[24] 칼빈 역시 이러한 문제점을 잘 인식하고 있다. 그래서 그는 말하기를, "우리는 '영혼'(soul) 이라는 단어가 성경에서 서로 다른 의미로 쓰이고 있다는 사실을 알아야 한다"고 올바로 이 문제에 대하여 지적한다.[25]

따라서 칼빈은 그의 성경 주석적 문맥에서 이 용어의 정의와 사용에 있어 유연성을 견지한다. 그러나 좀 더 깊이 들여다보면, 신학적 사고에 있어 그는 이 단어를 주로 "불멸의 존재"(immortal essence)라는 개념으로 사용함을 알 수 있다.[26] 또 한 가지 특기할 만한 것은 칼빈이 "영"(spirit)과 "혼"(soul)이라는 단어들을 분리하여 사용할 때는 서로 동일한 의미로 사용한다는 사실이다.[27] 때문에 칼빈은 "육과 몸"(flesh with body) 그리고 "영과 혼"(spirit with soul)을 서로 일치시키거나 상호 교환적으로 사용하곤 한다.[28]

---

24) *Psych.*, 420-22; *SSAD*, 120; 그리고 Engel, *John Calvin's Perspectival Anthropology*, 153을 참조하라.
25) *SSAD*, 120.
26) Engel, *John Calvin's Perspectival Anthropology*, 153를 참조하라. 그리고 Chubb은 지적하기를, 칼빈은 육체의 죽음 이후에 그 지속되는 존재성을 위협하는 것으로서의 "혼"(soul)에 대한 어떠한 해석도 허락하지 않는다고 한다. Chubb, *A Critique of John Calvin's Anthropological Paradigm*, 54.
27) *Inst.*, I. 15. 2. 따라서 특별한 구별의 필요가 없을 경우 본 글에서도 soul을 영혼으로, 육체와 몸을 상호 교환적으로 표기 하기로 한다.
28) *Psych.*, 443-44, 그리고 그의 *Com.* on 2 Cor. 7:1을 보라.

(2) 칼빈의 인간론에 있어서 영혼의 탁월성

칼빈에게 있어 인간은 하나님에 의해 몸(육체)과 영혼으로 창조되었다. 이것은 다음과 같은 그의 언명에서 분명히 나타난다: "사람이 하나의 영혼과 하나의 몸으로 이루어졌다는 것은 논쟁의 여지가 없다."[29] 그러므로 우리는 칼빈을 이분설자(dichotomist)로 분류할 수 있다.[30] 칼빈은 영혼과 육체 모두가 하나님으로 말미암았다고 확신한다.[31] 그러나 그 중에서도 영혼이 더 중요하다. 즉, 칼빈은 영혼을 창조되긴 했지만 하나의 불멸의 실재로서, 인간의 더 고귀한 부분이라고 생각한다.[32] 따라서 영혼이 인간의 더 우월하고 고귀한 부분이며, 육체는 비열한 거주지, 썩어질 용기일 뿐이다.[33] 즉, 칼빈은 이 땅의 몸을 불안정하고 불완전하며, 부패하고 없어질, 쇠퇴하고 썩어질 장막으로 본다.[34] 그러므로 그는 혼(soul)이 우월한 것이며 몸(body)은 열등한 것이요, 영(spirit)이 육(flesh)에 대하여 우월하다고 생각한다.[35]

우리는 칼빈이 사용하는 다양한 용어들을 살펴볼 때, 영혼의 탁월성에 대한 그의 분명한 입장을 알 수 있다. 먼저 육체에 대한 묘사에서 그는 다음과 같은 단어들을 사용한다: "흙," "먼지," "땅의

---

29) *Inst.*, I. 15. 2. 또한 살전 5:23에 대한 그의 주석에서, "한 인간은 단순하게 육체(body)와 영혼(soul)으로 구성되며, 이때 혼(soul)은 불멸의 영을 말하며, 하나의 집(거주지)으로서 육체 안에 거한다"라고 쓰고 있다. *Com.* on I Thess. 5:23.
30) 전통적으로 인간의 구성요소와 관련하여 서로 다른 두 가지 견해가 양립해 왔다: 이분설(dichotomy - 육체와 영혼)과 삼분설(trichotomy - 육체, 혼, 그리고 영). L. Berkhof, *Systematic Theology* (Grand Rapids: Eerdmans, 1988 reprinted), 191.
31) *Inst.*, III. 25. 7을 참조하라.
32) *Inst.*, I. 15. 2.
33) *Inst.*, I. 15. 1.
34) *Inst.*, III. 9. 5.
35) *Com.* on Rom. 7:22.

용기"[36]; "진흙 몸," "진흙 집," "진흙 용기,"[37] "육신의 장막," "썩어질 것," "몸의 감옥,"[38]; "집,"[39] "오두막," "장막," "땅의 집,"[40] 등. 이에 반해 인간의 영혼에 대해서는 다음과 같은 용어들로 표현한다: "고귀한 부분," "실재," "본질적인 어떤 것," "주요한 부분,"[41] "좋은 부분,"[42] "불멸하는 실체"[43] 등. 더군다나 칼빈에 따르면, 육체와 영혼은 그 기원부터 서로 다르다. 즉, 사람은 두 부분으로 나뉘는데, 육체는 흙으로부터 취해졌고, 영혼은 하나님의 형상(the image of God)으로부터 왔다.[44] 영혼의 기원 문제와 관련해서 칼빈은 분명히 창조설(Creationism)의 입장을 견지한다.[45] 칼빈에게 있어서 육체는 아래로부터, 영혼은 위로부터 온다. 즉, 육체는 땅의 진흙으로 형성된 반면, 영혼은 하나님의 살아있는 숨결에 의해 생명으로 솟아난다. 그의 말을 빌리자면, "인간의 영혼은 땅의 것이 아니다. 그것은 주님의 입에 의해서, 말하자면 그의 비밀스러운

---

36) *Inst.*, I. 15. 1.
37) *Psych.*, 425.
38) *Inst.*, I. 15. 2.
39) *Inst.*, I. 15. 6.
40) *Inst.*, III. 25. 6.
41) *Inst.*, I. 15. 1.
42) *Psych.*, 425.
43) *Inst.*, I. 15. 6.
44) *Psych.*, 424. 유사하게, *SSAD*에서 말하기를, "그것의 기원이 다르기 때문에 영혼의 탁월성이 다르다." (p. 121)
45) 전통적으로 영혼의 기원과 관련해서 다음 세가지 설이 경합하고 있다: 선재설(Pre-Existentanism), 유전설(Traducianism), 그리고 창조설(Creationism). 먼저, 선재설은 인간의 영혼이 일종의 전 상태로 존재하는데, 어떤 사태에 의하여 지금과 같은 상태로 되어진다는 견해이며(Origen, Scotus Erigena, Julius Mueller), 두 번째로 유전설은 인간의 영혼이 몸을 통하여 혈통을 통하여 이전되는데, 즉 부모로부터 자식에게 유전된다고 보는 견해이고(Tertullian, Rufinus, Apollonaius, Gregory of Nyssa, Luther, Shedd, A. H. Strong), 마지막으로 창조설은 각 개인의 영혼은 하나님의 직접적인 사역에 의한 순순한 창조물이며 부패한 육체와 연합한다는 견해이다(Jerome, Hilary of Pictavium, Augustine, Peter the Lombard, Thomas Aquinas). L. Berkhof, *Systematic Theology*, 196-201을 참조하라.

힘에 의해서 만들어졌다."[46]

칼빈의 사상에 있어 영혼의 탁월성은 그것이 "인간의 도움" 없이 하나님의 형상에 따라 무로부터(ex nihilo) 창조되었다는 사실에 기초한다.[47] 즉, 하나님의 형상의 좌소는 인간의 영혼에 있다.[48] 이것이 칼빈의 영혼불멸론의 토대이다. 다른 곳에서 칼빈은 "하나님께서 그 어머니의 몸 안에서 인간을 창조하실 때, 그것은 아직 영혼을 가지고 있지 않다. 반면에 우리가 알고 있는 것은 인간이 물질적인 몸으로 형성되고 있을 때 하나님께서 영혼을 불어 넣으신다. 이것이 현존하게 되는 생명의 씨앗이라는 것은 분명하다."[49] 영혼의 실체를 부정하는 자유주의자들(Libertines)에 반대하여,[50] 칼빈은 인간의 영(spirit) 혹은 혼(soul)은 육체와는 구별되는 하나의 실체(substance)라고 선언한다.[51] 그러므로 칼빈은 영혼을 육체와는 구별되는 것으로서 그 자신의 생명과 존재(essentia)를 가지는 하나의 실체로 간주한다.[52] 이러한 의미에서 영혼이야말로 진짜 사람(the real man)이다. 칼빈은 "[여러 성경 귀절들은] 분명하게 육체로부터 영혼을 구별할 뿐만 아니라 '사람'(man)이라는 명칭까지 그 영혼에 부여함으로써 그것이 주요한 부분이 되게 하셨음을 알게 하셨다"[53]고 말한다.

---

46) *Psych.*, 423.
47) *Com.* on Heb. 12:9, 그리고 *Inst.*, I. 15. 3을 참조하라.
48) *Inst.*, I. 15. 6.
49) Quistorp, *Calvin's Doctrine of the Last Things*, 62로부터 재인용함. 원문은 칼빈의 *Sermon* on Job 3:16을 보라.
50) *Libertines.*, 232.
51) *Psych.*, 427.
52) 욥 4:19과 관련해서 칼빈은 말하기를, "그는 사람을 진흙의 용기라고 부르지 않고, 사람이 진흙의 용기 안에 거한다고 말하며, 사람의 고귀한 부분이 (그것은 영혼인데) 땅의 거주지에 거하게 되었다"라고 한다. *Psych.*, 425.

(3) 영혼의 기능들

칼빈에 따르면, 인간 존재의 모든 "살아있는 기능들"은 그의 영혼으로 말미암는다.[54] 즉, 영혼은 육체에 자리잡고 거주지로서 그 안에 머문다. 그리하여 육체의 모든 부분들을 살아 생동하게 하고 그 기관들을 그 기능에 적절하고 유용하게 할 뿐만 아니라, 인간의 생명을 이룸에 있어 첫 번째 자리를 차지하며, 육의 삶뿐만 아니라 동시에 하나님을 영화롭게 하도록 일깨운다.[55] 나아가 하나 이상의 영혼이 있다는 가설(cf. 플라톤의 이중영혼의 개념 – 감각적 영혼과 이성적 영혼)에 반대하여, 칼빈은 한 사람은 각각 하나의 영혼만을 가진다고 주장한다.[56] 그리고 이 인간의 영혼은 두 가지 주요한 기능을 가지는데, 그것은 "오성"(understanding)과 "의지"(will)이다.[57] 이 오성과 의지는 인간이 삶을 영위함에 있어 의사결정 능력의 핵심적인 역할을 한다. 말하자면, 오성이 하는 일은 대상들을 식별하여 시인하거나 거부하는 역할을 하며 반면에 의지가 하는 일은 오성이 옳은 것이라고 이해한 것을 선택하고 추구하거나 또는 거부한 것을 거절하고 피하는 것이다.[58] 또한 오성은 영혼의 인도자요 지배자이지만, 의지는 항상 오성의 권위를 따른다. 그러나 이러한 영혼의 기능들은 인간의 죄로 말미암은 타락으로 인해 변질되

---

53) *Inst.*, I. 15. 2.
54) 그의 고후 3:17의 주석에서 말하기를, "영혼으로 하여금 육체와 연결되게 하라, 그리하면 그때 모든 활동적인 기능에 적합한 지성과 지각을 가진 살아있는 한 인간이 있을 것이다. 영혼을 그 육체로부터 제거하라, 그리하면 전혀 감각이 없는 아무 쓸모없는 하나의 송장밖에 남지 않을 것이다"라고 한다. *Com.* on 2 Cor. 3:17.
55) *Inst.*, I. 15. 6.
56) Ibid.
57) *Inst.*, I. 15. 7.
58) Ibid.

었기 때문에, 인간의 초자연적인 은사들은 소멸되었고 자연적 은사들 역시 오염되었다.[59] 그러나 칼빈에 의하면, 그러한 기능들은 원래가 인간 본성의 불가분리적 자질들이다.[60] 그러므로 타락한 이후에도 인간의 지적인 능력, 이성과 판단의 능력들은 완전히 말소되지 아니하고, 부분적으로 약화되고 부패된 기형적인 폐허상태로 남아있을 뿐이다.[61] 의지의 고결함 역시 마찬가지로 타락했다.

(4) 칼빈의 인간론에 있어서 영혼과 육체의 관계

지금까지 우리가 살펴본 바와 같이, 칼빈은 영혼과 육체를 명확히 구분하면서 동시에 영혼의 우월성에 대하여 강조한다. 이점과 관련해서, 일부 칼빈 연구자들은 그의 이원론적인(dualistic) 인간 이해가 플라톤 철학(Platonism)이나 신플라톤 철학(Neo-Platonism)에 의해 크게 영향을 받은 것으로 보고, 따라서 그의 신학적 인간론의 견해가 성경적이라기보다는 철학적으로 더욱 경도되어 있다고 주장하는 경향이 있다.[62] 그러나 칼빈의 견해에 있어서 우리는 그의 영혼과 육체의 일체성(unity) 개념을 잊지 않아야 한다. 그 본래적 상태에서 인간의 육체 또한 하나님의 선한 창조를 잘 반영한다. 칼빈은 다음과 같이 말한다: "인체의 구조와 관

---

59) *Inst.*, II. 2. 12.
60) Ibid.
61) Ibid.
62) 예를 들어, Charles Partee는 그의 저작, *Calvin and Classical Philosophy: A Study in the Doctrine of Providence* (Princeton: Princeton Theological Seminary, 1971)에서 주장하기를, "플라톤이 가르친 바와 같이, 영혼과 육체의 분리는 기독교 신학에 심대한 영향을 끼쳐왔으며, 최근에 와서야 이러한 영혼과 육체의 분리가 비성경적이라는 의문을 가지게 되었다"고 한다(p. 61). 이점과 관련해서, 또한 Oscar Cullmann, *Immortality of the Soul or Resurrection of the Dead* (London: Epworth Press, 1958)을 보라.

련해서 … 그것의 관절의 연합, 대칭성, 아름다움, 그리고 효용을 가늠하기 위해서는 우리에게 탁월한 영민함이 있어야 한다. 따라서 우리 모두가 알고 있듯이, 인간 육체의 정교한 결합 그 자체가 보여주는 바는 창조주가 놀라운 솜씨가로 판단되어야 한다는 사실이다."[63]

그러므로 칼빈에 의하면, 하나님은 영혼뿐만 아니라 육체의 아버지시기도 하다.[64] 칼빈이 가장 즐겨 사용하는 육체에 대한 은유(metaphor)들 가운데 하나는 바로 "장막"(tabernacle)이라는 표현이다.[65] 영혼은 장막에 거하는데, 육체가 바로 "영혼이 거하는 장소"이다.[66] 그러므로 우리는 지상의 삶에 있어 몸이 없는 영혼을 생각할 수 없다. 우리의 몸은 우리 영혼의 장막일 뿐만 아니라 또한 "성령의 전"이다(고전 6:19). 이에 덧붙여서, 몸과 영혼의 일체에 대한 보다 분명한 설명은 예수 그리스도의 신인 양성론에 대한 좋은 예시로서 칼빈이 "몸과 영혼의 유비"를 사용한데서 잘 드러난다. 칼빈에게 있어, 그리스도의 두 본성 간의 관계에 대한 가장 적절한 유비는 인간의 몸과 영혼의 관계이다.[67]

> "말씀이 육신이 되셨다"는 말씀은 … 본성들의 혼합이 아니라, 위격의 통일을 말하는 것이다. 우리가 주장하는 바는 하나님의 아들의 신성이

---

63) *Inst.*, I.5.2.
64) *Com.* on Hebrews 12:9.
65) *Inst.*, I. 15. 2. 또한 Miles, "Theology, Anthropology, and the Human Body in Calvin's Institutes of the Christian Theology," 311을 참조하라.
66) *Psych.*, 425, *Com.* on Psalm 146:3 그리고 I Thess. 5:23. 또한 Chubb, *A Critique of John Calvin's Anthropological Paradigm*, 84를 참조하라.
67) Chubb, *A Critique of John Calvin's Anthropological Paradigm*, 84를 참조하라.

그의 인성과 결합, 통일됨으로써 두 본성은 그 각각의 특성들이 손상받지 아니하고 서로 결합되어 한 그리스도를 이루었다는 것이다. 만일 이와 같은 위대한 불가사의를 인간사에서 찾는다면, 가장 적절한 것은 두 가지 본성으로 이루어진 인간의 그것이다. 이때 하나는 그 자체의 특이성을 유지하지 못할 만큼 다른 것과 섞인 것은 아니다. 즉, 영혼이 육체가 아닌 것과 같이 육체는 영혼이 아니다. 영혼에 대하여 배타적으로 적용되는 것들을 육체에 적용하는 것은 현명한 일이 아니며, 마찬가지로 육체에 대해 그러한 것들이 영혼에 대해서는 적절하지 않은 것들이 있다. 또한 전인에 대한 것들을 영혼이나 육체, 각각에 나누어서 대응시킬 수는 없다. 마지막으로, 정신의 특성들이 때때로 육체에 전가되고, 육체의 그것들이 영혼에 전가되기도 한다. 그러나 그러한 부분들로 이루어진 그는 한 사람이지, 여럿이 아니다. 그러한 표현들은 다음 두 가지 사실들, 즉 두 요소들이 서로 결합된 한 인격이 있으며, 또한 이 [하나의] 인격을 만드는 두 가지 서로 다른 본성이 있다는 것을 의미할 뿐이다.[68]

더불어 칼빈이 육체의 부활과 육체와 영혼의 재결합을 강조한 것은 육체와 영혼의 일체성에 대한 또 다른 강력한 증거가 된다. 이점과 관련하여, 칼빈의 인간론 이해에서 육체와 영혼 사이의 관계성에 대해 올바르게 이해하기 위해서는 다음과 같은 엥겔(Engel)의 분석을 인용할 만한 가치가 있다.

영혼과 육체의 관계에 대한 칼빈의 견해는 그의 신학적 관점의 전이라

---

68) *Inst.*, II. 14. 1.

는 입장에서 더욱 적절하게 이해될 수 있다. 창조자이신 하나님의 관점에서, 육체와 영혼은 창조와 섭리에 있어 하나님의 은혜의 수혜자라는 유사성과 일체성으로 함께 나타난다. 심판자와 구속자이신 하나님의 관점에서, 육체와 영혼은 하나님의 심판과 중생의 수혜자라는 유사성과 일체성으로 또한 함께 나타난다. 이 동일한 관점에서 영혼과 육체는 제유(synecdoches, 일부로서 전체를 또한 특수로서 일반을 나타내는 표현법)로서 각각에 대하여 은혜와 죄라는 절대적인 대립으로 나타난다. 마지막으로 인간의 관점에서 볼 때, 영혼은 육체보다 더 상위 레벨에 있는 것, 하나님의 형상의 좌소로서 하나님께서 더 기뻐하시는 것으로 나타난다. 이러한 각각의 견해들은 여러 대적자들에 대응하기 위해 칼빈이 발전시킨 것으로서 그의 인간론에 본질적인 것이다.[69]

3) 칼빈의 영혼불멸론의 기초

(1) 창조의 관점: 하나님의 형상(The Image of God)

칼빈의 영혼 불멸성은 먼저 그것이 하나님의 형상(*imago Dei*)에 따라 창조되었다는 사실에 기초한다.[70] 칼빈에 따르면, 하나님의 형상으로의 창조가 영혼의 불멸성과 그 실재를 증명한다. 물론, 하나님의 영광은 다른 피조물과 달리 인간의 외부적 형태(몸)에서도 동일하게 현시되지만, 특별히 하나님의 형상은 영혼에 해당한다.[71] 그래서 칼빈은 신성한 역사는 우리에게 인간의 창조 이전에 하나님께서 인간을 "그 자신의 형상과 모양대로" 창조하시겠다고

---

69) Engel, *John Calvin's Perspectival Anthropology*, 175.
70) *Inst.*, II. 1. 1. "태초에 하나님께서는 그의 형상에 따라 우리를 지으시고 (창 1:27), 우리의 마음에 선에 대한 열정과 영생에 대한 명상이 일어나게 하셨다." 또한 그는 *SSAD*에서 "인간은 하나님의 형상으로 창조 되었다는 것에서 알 수 있듯이 불멸적이다"라고 쓰고 있다 (p. 121).

하신 목적에 대하여 말해준다고 한다(창 1:26). 이러한 표현은 그의 몸에 대한 것으로는 이해될 수 없다고 한다.[72]

이와 더불어 영혼은 하나님께로부터 와서 하나님께로 돌아가지만 육체는 남겨진다는 것은, 육체가 신적인 실체의 일부분이 아님을 의미한다(전 12:7).[73] 칼빈은 창세기 주석에서, 인간의 창조에 대하여 다음과 같이 말한다: "참으로 인간의 창조에 있어 세 가지 점진적 단계가 있음을 알아야 한다. 즉, 그의 죽을(mortal) 몸이 먼저 땅의 티끌로부터 만들어 지고, 다음으로 한 영혼이 부여됨으로써 활동력을 가지게 되고, 마지막으로 불멸성(immortality)이 부가된 이 영혼에 하나님께서 그의 형상을 새겨 넣으셨다."[74] 따라서 오시안더(Osiander)가 하나님의 형상이 인간의 영혼과 육체 모두에 있다고 무분별하게 주장한 것은 전혀 무익한 것이다.[75] 하나님은 "영"(Spirit)이시기 때문에 하나님의 형상이 육체적 모양으로 표현될 수는 없다.[76] 따라서 하나님의 형상은 인간의 영혼에 위치하며, 그것이 인간에 있어 참된 하나님의 형상인 것이다.[77]

비록 칼빈의 사상에 있어 영혼의 불멸성이 중요한 이슈이기는 하나, 그것의 피조성 또한 동일하게 강조되어야 한다. 구드로(Goodloe)가 적절하게 지적하듯이, 그것의 피조성에 대한 언급 없

---

71) *Inst.*, I. 15. 3.; *Psych.*, 424-250, 그리고 *Com.* on Gen. 2:7을 참조하라. 칼빈은 "형상"(image)과 "모양"(likeness)이 평행(반복)으로 사용된 같은 의미로 파악한다.
72) *Psych.*, 424.
73) Quistorp, *Calvin's Doctrine of the Last Things*, 69.
74) *Com.* on Gen. 2:7.
75) *Inst.*, I. 15. 3.
76) *Psych.*, 423. 그는 다른 곳에서 확언하기를, "하나님의 형상은 확실하게 인간의 육체에 있는 것은 아니다"라고 한다. *SSAD*, 121.
77) *Inst.*, I. 15. 3.

이는, "영혼의 불멸성"이란 표현이 자칫 하나님과 동일한 영원성 또는 그 자체적으로 존재의 지속에 대한 어떠한 능력을 보유한 것으로 이해되기 때문이다.[78] 그러므로 칼빈은 영혼이 불멸적이기는 하나 동시에 창조된 것임을 강조하여 말한다.[79] 여기에서 우리는 "창조된"이란 말에 특별히 주의를 기울여야 하는데, 그것은 이것이 인간 영혼 불멸성의 또 다른 본질적인 요소이기 때문이다. 따라서 칼빈은 세르베투스(Serbvetus)와 마니교도(Manichaean)들이 주장하는 바, 영혼이 신적인 존재로부터 흘러나온 것이라 보는 유출설을 강하게 반대한다.

칼빈은 비록 하나님의 형상이 그 위에 새겨져 있지만, 영혼들은 천사들과 마찬가지로 창조된 것으로 받아들여야 하며, 창조는 유입된 것이 아니라 무(無)로부터의 존재의 시작이라고 한다. 참으로, 영혼은 하나님에 의해서 주어졌고 육체를 떠나 그에게로 다시 돌아간다(전 12:7)는 사실이, 즉각적으로 영혼은 하나님의 존재로부터 끌어낸 것이라고 말하는 것이 아니다.[80] 칼빈은 인간의 영혼이 창조된 것이라고 말함으로써 그 불멸성을 제한하며, 바로 이 지점에서 그는 플라톤이나 신플라토니즘에서부터 자신을 구별한다.[81] 즉, 영혼이 창조되었다고 말하는 것은 그것이 시간 안에서 시작이 있다는 것과 또한 잠재적으로 시간 안에서 그 끝이 있다는

---

78) James C. Goodloe IV, "The Body in Calvin's Theology," *Calvin Studies* vol. 5 (Davidson: Davidson College, 1990), 104.
79) *Inst.*, I. 15. 2.
80) *Inst.*, I. 15. 5.
81) Quistorp, *Calvin's Doctrine of the Last Things*, 69를 참조하라. 칼빈은 말하기를, "바울이 하나님의 형상의 회복에 대하여 말할 때, 이것은 본체의 유입에 의해서가 아니라 성령의 은혜와 능력에 의하여 지음을 받았다는 것이며,… 주의 영은 확실하게 우리 속에서 일하시지만, 이것이 우리를 하나님과 동일한 본질로 만드는 것은 아니다." *Inst.*, I. 15. 5.

것, 그리하여 그것은 매 순간마다 하나님의 순전한 은혜로 말미암아 존재한다는 것을 의미한다.[82] 이 점과 관련해서 홀베르다(Holwerda)는 칼빈이 창조교리에 의해서 플라토니즘을 성경적으로 올바로 교정했다고 지적한다. 영혼은 결코 본래적으로 혹은 그 자체로 불멸적인 것은 아니다. 영혼의 불멸성은 하나님의 선물이며, 영혼의 삶은 계속해서 하나님의 은혜와 의지에 종속한다. 만일 하나님께서 그 은혜를 거두어들이신다면, 영혼은 한낱 사라지는 호흡(a passing breath)에 다름 아니다.[83]

칼빈에게서 오직 하나님만이 영생의 원천으로서 불멸성을 가진다는 것은 명확하다.[84] 하나님만이 존재적으로 불멸하며, 오직 그만이 영원하시다. 인간의 영혼은 창조된 천상의 존재들인 천사들과 마찬가지로 본래적으로 불멸적인 것은 아니다. 따라서 칼빈이 인간의 영혼이 불멸적이라고 말할 때, 이는 그것이 하나님의 능력과는 상관없이 본래적으로 그러하다는 의미가 결코 아니다.[85] 그러므로 칼빈에게 있어서 인간의 영혼은 불멸적이기는 하나, 이것이 플라토니즘에서처럼 본래적으로 영원하다거나 자연적인 특성으로 그러하다는 것이 결코 아니다.[86] 따라서 칼빈은 인간 영혼의 자연

---

82) Goodloe, "The Body in Calvin's Theology," 104. 또한 칼빈의 *Sermon* on I Tim. 6:15와 Quistorp, *Calvin's Doctrine of the Last Things*, 70를 참조하라.
83) Holwerda, "Eschatology and History: A Look at Calvin's Eschatological Vision," 315.
84) 딤전 6:16의 주석에서, 칼빈은 "하나님만이 오직 그 자신과 그 자신의 존재로부터 불멸적일 뿐만 아니라, 그 능력 안에서 불멸성을 가진다. 따라서 하나님께서 그의 능력과 생명력을 그들에게 부여하시는 경우를 제외하고서는 불멸성이란 피조물에게 속하지 않는다. 만일 당신이 인간의 영혼에 소통하시는 하나님의 능력을 제거하는 순간, 불멸성은 즉각적으로 사라질 것이며, 이것은 천사들에게도 동일하다. 그러므로 엄격하게 말해서, 불멸성이란 영혼이나 천사들의 본질에 내재된 것이 아니라 다른 원천, 곧 하나님의 비밀스러운 영감으로부터 온 것이다"라고 말한다. *Com.* on 1 Tim. 6:16.
85) *Psych.*, 478.

적인 불멸성을 강하게 부인하는데, 그것은 오직 하나님의 불멸성만이 참되고 영원하기 때문이다.[87] 칼빈에 따르면, 만일 사람들에게 주어진 이 하나님의 창조적 능력이 제거된다면, 그들의 불멸성은 한순간에 사라질 것이며, 이것은 천사들에게도 마찬가지라 할 수 있다.[88]

(2) 구속의 관점: 그리스도와의 연합 (The Communion with Christ)

칼빈의 영혼불멸의 교리는 보다 중요하게 그리스도로 말미암은 구속에 뿌리박고 있다. 이미 살펴보았듯이, 우리는 칼빈의 사상에 있어 영혼의 불멸성은 그것이 하나님의 형상에 따라 창조되었다는 사실에 근거함을 알았다. 그러나 인간의 타락은 이러한 그의 운명을 역전시켜 버렸다. 따라서 칼빈은 영혼의 불멸성에 대한 두 번째 반대에 직면하게 되었는데, 그것은 비록 인간의 영혼이 불멸성을 부여받긴 했지만, 죄로 인한 타락으로 말미암아 그것의 불멸성 또한 파괴되었다는 주장이다.[89] 달리 말해, 아담이 하나님께 철저하게 순종하며 살았다면, 그는 영적으로 불멸의 존재로 계속해서 살았겠지만, 인간이 하나님으로부터 멀어짐(타락)으로써 영혼의 죽음이 야기되었다는 것이다.[90]

그러나 칼빈에게 있어서 영혼의 죽음은 육체의 죽음과는 다른

---

86) Ibid.
87) SSAD, 151, 그리고 Chubb, *A Critique of John Calvin's Anthropological Paradigm*, 124를 참조하라.
88) *Com.* on I Tim. 6:16.
89) *Psych.*, 453.
90) 요 11:25의 주석에서, 칼빈은 "그러므로 죽음이 모든 것을 지배하며, 영혼의 죽음은 하나님으로부터 돌아서며 멀어진 것에 다름 아니다"라고 말한다. *Com.* on John 11:25. 또한 *Inst.*, II. 1. 5를 참조하라.

것으로, 영적인 죽음이란 하나님의 심판과 그의 진노에 대한 의식의 경험을 말한다.[91] 즉, "영혼의 죽음"이란 어떤 형이상학적인 실체 또는 존재의 상실(결여, 없어짐)이 아니라 영혼의 영적인 생명으로서 하나님과의 교제(the communion with God)의 상실을 말하는 것이다.[92] 칼빈은 다음과 같이 쓰고있다: "당신은 영혼의 죽음에 대하여 무엇을 아는가? 그것은 하나님 없는 존재 - 하나님에 의해 버림 받은 자, 그 자체로 남겨진 자 - 를 말한다. 하나님은 그것의 생명이기 때문에 하나님의 현존을 잃어버릴 때 그것은 생명을 상실한다."[93] 아담이 창조자에게 연합된 것이 영적인 생명이었던 것과 같이 그로부터의 소외는 곧 영혼의 죽음을 뜻한다.[94]

그런데 칼빈에 따르면, 비록 하나님의 형상이 타락에 의해 파괴되고 육으로 변질되긴 했지만, 그렇다고 그것이 완전히 지워진 것은 아니며, 비록 죄인에게도 희미하나마 그 윤곽은 남아있다.[95] 달리 말해, 원죄에도 불구하고 영혼은 하나님의 영광의 "최소한의 불꽃"을 가진다는 것이다. 하지만 이 조금의 본래적 고결성으로는 영혼이 "하나님을 알게 하는데" 충분하지 않다.[96] 인간의 영혼은 하나님과 연합될 때에만 오직 참된 생명으로 존재할 수 있다. 그러므로 그리스도 없이는 인간은 모두 죄로 인하여 죽은 자일 뿐이다.[97] 하

---

91) *Psych.*, 454.
92) 엡 2:1의 주석에서, 칼빈은 "영적인 죽음은 하나님으로부터 영혼의 소외에 다름 아니기 때문에 그리스도의 삶에 함께한 자들이 되기까지는 우리 모두는 죽은 자들로 태어나며, 죽은 자들로 살아간다"고 한다. *Com. on Ephe.* 2:1. 또한 그는 "전인으로서 사람이 죽을 존재로 불릴지라도 그렇다고 해서 영혼이 죽음에 종속된 것은 아니다"라고 한다. *Inst.*, I. 15. 3.
93) *Psych.*, 454.
94) *Inst.*, II. 1. 5.
95) *Com.* on Gen. 1:26 그리고 6:3을 참조하라.
96) Chubb, *A Critique of John Calvin's Anthropological Paradigm*, 80. 또한 *Inst.*, II. 2. 19를 보라.

지만 이 영혼의 죽음을 위하여 한 구속자가 있으니, 그는 곧 십자가에서 죽기까지 우리를 위하여 고통당하신 예수 그리스도이시다.

바로 이점과 관련해서 칼빈은 영혼의 불멸성은 예수 그리스도를 통한 구속에 기초한다고 선언하는데, 왜냐하면 영혼의 죽음이 암시하는 것들을 그리스도께서 우리를 위해 극복하시었기 때문이다.[98] 우리의 주 예수 그리스도께서는 우리를 위하여 십자가에서 승리하심으로 사탄과, 죄, 죽음에 대하여 승리를 거두셨다.[99] 그러므로 구원은 오직 그리스도 안에만 있으니, 그것은 그리스도께서 죽으심으로 우리를 영원히 아버지와 화목케 하셨으며, 또한 부활하심으로 우리를 위해 영생을 사셨기 때문이다.[100] 그러나 그리스도의 영적인 고통과 죽음은 인간의 구속보다 더욱 "위대하고 고귀한 대가"인데,[101] 이는 예수 그리스도의 회복하시는 능력이 아담의 파괴하는 능력보다 더욱 위대하시기 때문이다.[102]

그러므로 칼빈은 말하기를, "사도가 말한 바와 같이 죄는 죽음으로 지배하고 은혜는 영생으로 지배하며 죄를 극복한 채 죽음을 위해 그 어떤 자리도 남겨두지 아니한다. 아담으로 말미암아 죽음이 지배한 것과 같이 이제 예수 그리스도로 말미암아 생명이 지배한다."[103] 그리스도께서는 우리에게 불멸성(immortality)을 주시기 위하여 우리의 죽을 생명(mortality)을 취하셨다.[104] 따라서 칼빈에

---

97) *Com.* on Ephe. 2:1을 참조하라.
98) Quistorp, *Calvin's Doctrine of the Last Things*, 76.
99) *Com.* on John 13:31.
100) *Com.* on Acts 4:12.
101) *Inst.*, II. 16. 10을 참조하라.
102) *SSAD*, 144.
103) *Psych.*, 456-57.

게 있어 영혼 불멸성의 토대는 파괴될 수 없는 그리스도와의 연합 (the communion with Christ)으로 말미암는 구속에 있다.[105] 더군다나 그리스도는 두 번째 아담으로서 가장 완전한 하나님의 형상이시기 때문에, 우리의 타락한 본성을 원래의 것보다 더욱 찬란한 것으로 회복시키신다.[106] 따라서 칼빈에게서 인간의 중생은 우리 안에 하나님의 형상을 다시 새롭게 하심에 다름 아니다.[107] 인간의 존재는 그리스도 안에서의 재창조에로 향해 있다.

이와 같이 그리스도와의 연합 안에서 우리 영혼의 중생은 성령께서 우리에게 "새 생명"을 수여하시는 것이기 때문에 첫 부활의 시작이며, 두 번째이자 마지막 부활은 마지막 날 육체가 부활하는 것이다.[108] 따라서 그리스도 안에 있는 믿음은 영혼의 영적인 부활을 의미한다.[109] 범죄한 영혼에 생명을 주시는 이 영적인 부활은 그리스도의 형상으로의 일치를 향한 종말론적인 과정의 시작이다. 이 첫 번째 부활에서, 그리스도께서는 천국으로부터 성령으로 혹은 그의 신비한 능력으로 신실한 자들에게 자신의 생명을 불어 넣어 주신다.[110] 그러므로 칼빈은 "우리의 부활의 모든 부분들이 이미

---

104) 칼빈은 이것을 다음과 같이 설명한다: "이것은 그리스도의 측량할 수 없는 인애로 말미암은 놀라운 교환이다. 그가 우리와 함께 하심으로 이것을 이루셨는데, 즉, 우리와 함께 사람의 아들이 되심으로 우리를 그와 함께 하나님의 아들들이 되게 하셨고, 그가 땅으로 내려오심으로 우리가 하늘로 올라갈 길을 예비하셨으며, 우리의 죽을 생명을 취하심으로 그의 불멸성을 주시었고, 우리의 연약함을 취하심으로 그의 능력으로 우리를 강하게 하시었고, 우리의 궁핍함을 자신의 것으로 취하심으로 그의 풍성함을 우리에게 넘겨주셨고, 우리를 억압하던 죄의 짐을 스스로 지심으로 그의 의를 덧입게 하시었다." Inst., IV. 17. 2.
105) Quistorp, Calvin's Doctrine of the Last Things, 81을 참조하라.
106) 창 2:7의 주석에서 칼빈은 다음과 같이 말하고 있다: "아담 안에서 아직 완벽한 상태는 도달되지 못했다. 따라서 그리스도의 사역에 의해서 우리는 다시 천국의 생명으로 태어난 반면에, 아담은 심지어 타락 이전에도 땅의 그리고 썩어질 생명이었다." Com. on Gen. 2:7.
107) Com. on Ephe. 4:24 그리고 Inst., I. 15. 4를 참조하라.
108) Chubb, A Critique of John Calvin's Anthropological Paradigm, 95-96을 참조하라.
109) Com. on John 11:25.

완성되었다는 것은 정말로 참된 사실이다. … [따라서] 우리를 힘들게 하는 어려움이 무엇이든 간에, 이 '구속'이 그 완성을 이루기까지 견디도록 하자"고 말한다.[111] 즉, 이러한 상태에서 우리가 해야 할 일은 근신과 의로움과 경건함으로 이 세상을 살아가며, 복된 소망과 위대하신 하나님, 그리고 우리 구주 예수 그리스도의 영광의 오심을 기다리는 것이다(딛 2:12-13).[112]

성령께서 우리의 영혼을 소성케 하심의 결과는 우리를 영적으로 새롭게 하심이다. 한 번 성령의 소성케 하심을 받은 자들에게 있어 영적으로 새롭게 하심은 영원토록 진행된다. 우리의 영혼을 소성케 하심은 곧 "성화"(Sanctification)를 말함인데, 이는 하나의 지속적이고 점진적인 과정이다. 비록 왕국의 목표는 축복된 불멸성이지만, 하나님의 나라는 믿는 자들의 현세의 삶을 통하여 점진적으로 높아져 가는 것이다.[113] 그러나 몸, 곧 육체는 이 첫 번째 부활의 삶과 아무런 관련이 없다. 육체는 그것이 영적인 삶을 받기 이전에 마지막 부활을 기다려야만 한다. 그러므로 춥(Chubb)에 따르면, 칼빈은 "지금 있는 생명의 약속과 도래할 그것"에 대한 기술로서, "이미"(already) 그러나 "아직"(not yet)의 성경적 종말론을 요약하고 있다.[114]

---

110) *Com.* on Rome 6:9을 참조하라.
111) *Inst.*, III. 25. 2.
112) *Inst.*, III. 25. 1.
113) 행 1:3의 주석에서 칼빈은 "중생은 이 왕국의 시작이며, 그리고 그 마지막은 복된 불멸성이다"라고 쓰고 있다. *Com.* on Acts. 1:3.
114) Chubb, *A Critique of John Calvin's Anthropological Paradigm*, 102. 또한 칼빈의 *Com.* on Ephe. 1:3을 보라.

3. 죽음 이후의 상태

1) 칼빈에 있어 죽음의 의미

(1) 영혼과 육체의 분리로서의 죽음

칼빈은 영혼과 육체의 분리를 곧 죽음이라고 표현한다: "죽음은 영혼과 육체의 분리이다. 그러나 영혼은 결코 그 생명을 잃지 아니한다."[115] 죽음은 하나님의 본래적인 계획의 일부가 아니라 죄의 즉각적인 결과였다.[116] 따라서 만일 죄가 없었더라면, 영혼과 육체의 분리는 일어나지 않았을 것이다. 죄가 세상에 들어옴으로써 인간의 현세 삶은 물리적이고 영원한 죽음으로 가득 차게 되었다. 그러나 칼빈은 육체적 죽음이 영혼의 불멸성까지 파괴할 수는 없었고, 단지 육체로부터 영혼의 분리를 야기했을 뿐이라고 강조한다.[117] 이것이 성경의 가르침이다. 성경은 육체를 오두막에 비유하면서, 우리가 죽을 때 이것을 떠난다고 말한다. 바로 이 점에서 우리는 짐승과 다르다. 그래서 베드로는 임종을 가르켜 "장막"을 "벗을" 때가 다가온 것이라 했다(벧후 1:14).[118]

영육간의 분리는 우리가 죽을 때 영혼이 완전히 소멸하는 것이 아님을 의미한다. 죽음은 단지 육체로부터 영혼의 분리일 뿐이다. 이처럼 죽음을 육체로부터 영혼이 떠나는 것으로 정의하는 것은 영혼의 불멸성에 대한 증거를 내포한다.[119] 여기에서 우리가 주의

---

115) *Psych.*, 437.
116) *Com.* on Rome 5:12를 참조하라.
117) *Com.* on I Thess. 4:16를 참조하라.
118) *Inst.*, III. 25. 6.
119) *Com.* on II Tim. 4:6.

해야 하는 것은 육체와 영혼의 분리는 인간의 타락의 결과이며, 바로 이러한 맥락에서 칼빈은 인간의 이중성(duality)을 강조한다는 것이다. 따라서 칼빈에 있어 구속의 최종 목표는 육체의 부활이요, 더욱 정확하게는 육체와 영혼의 재결합이다.[120]

(2) 영혼과 육체 사이의 갈등의 종말, 그리고 성화의 완성으로서의 죽음

칼빈은 또한 죽음을 우리의 중생과 성화의 과정에 있어 영혼과 육체의 갈등의 종말로 파악한다.[121] 따라서 칼빈은 바울이 "영"과 "육"으로 대비시키는 것을 영혼과 육체의 그것으로 대비 시킨다.[122] 그는 우리가 육체의 짐을 벗어버릴 때, 영혼과 육체의 싸움이 그친다고 한다.[123] 이런 의미에서 죽음은 최종적인 육체의 죽임이며, 영혼이 충만하게 소성케 되는 것이다. 그러므로 죽음은 믿는 자들에게는 영혼과 육체 사이의 투쟁의 종말에 다름 아니다. 왜냐하면 그들이 육체로부터 자유롭게 될 때, 그들은 더 이상 육체의 욕망들과 싸울 필요가 없으며, 마치 전투의 장면들을 바깥에서 구경하듯이 서 있을 것이기 때문이다.[124] 이런 점에서 칼빈은 죽음을 죄의 속박으로부터의 구속이요 천국에로의 이전이라고 한다.[125] 육

---

120) 이 점과 관련해서 칼빈은 "하나님은 우리의 영혼들을 지키시며, 그들이 그들의 육체와 재결합될 때까지 그들을 보존하신다"고 말한다. *Libertines.*, 293.
121) 이점과 관련해서, 칼빈은 롬 7:22의 주석에서 말하기를, 경건한 영혼에게는 "영과 육 사이의 투쟁" 혹은 "기독인의 투쟁(the Christian struggle, luctam Christianam)"이 있는데, 그것은 "영이 하나님의 법에 순종하도록 그를 이끄는 것과 육이 그 반대되는 것에로 그를 돌아가게끔 하는 것" 사이의 싸움이다. *Com.* on Rom. 7:22.
122) Quistorp, *Calvin's Doctrine of the Last Things*, 74를 보라.
123) *Psych.*, 443. 칼빈은 다른 곳에서 이와 유사하게 다음과 같이 말하기도 한다. "우리가 이 죽을 육체 안에서 사는 동안은 마치 전쟁의 시간과도 같다. 우리가 우리의 육체를 벗어 버리는 순간, 이 전투는 멈추고 끝날 것이며, 우리는 승리를 쟁취할 것이다." *SSAD*, 138.
124) *Com.* on Phil. 1:6.
125) *Com.* on Phil. 1:23

체적 죽음의 순간에 하나님께서는 신실한 자들로부터 모든 죄를 제거하시고, 영적 전쟁을 종결시키신다.[126)]

또한 죽음은 육체의 감옥으로부터 해방이요 자유함이다. 칼빈은 "만일 육체로부터 놓여남이 완전한 자유에로의 풀려남이라면, 육체는 감옥이 아니고 무엇이겠는가?"[127)] 그리고 "만일 육체가 영혼의 감옥이라면, 그리고 이 땅에 거함이 어떤 종류의 족쇄라면, 영혼이 이 감옥으로부터 자유로워진 상태가 무엇이며, 이 족쇄로부터 놓여나는 것은 언제인가?"라고 반문한다.[128)] 그러므로 인간은 죽음에 의해서 비로소 이 죽을 육체로부터 자유로워지는 것이다. 심지어 칼빈은 다음과 같이 역설적으로 말하기도 한다: "죽음 그 자체는 바로 죽음의 속박으로부터의 해방이다."[129)] 뿐만 아니라 칼빈에게 있어서 죽음, 곧 영혼과 육체의 갈등의 종결은 동시에 성화의 완성이기도 하다. 죽음에 의해서 성도들은 성화의 종결을 맞이하는데, 그것은 죽음의 순간이 그들이 육체로부터 자유하고 완전히 그리스도에게 연합하는 순간이기 때문이다.[130)] 그러므로 참으로 역설적이지만, 어떤 의미에서는 성도에게 있어서 죽음이야말로 삶의 "목표이며 종결"이다.[131)]

---

126) *Com.* on Matt. 12:32과 Phil. 1:6를 참조하라.
127) *Inst.*, III. 9. 4.
128) *Psych.*, 443.
129) *Com.* on John 11:26.
130) *Com.* on I Thess. 4:14. 그리고 다른 곳에서 이를 다음과 같이 표현하기도 한다. "죽음을 맞이한 다음에야 비로소 모든 싸움이 끝나고 우리의 적들이 더 이상 우리를 공격하지 않기 때문에, 우리는 최상의 확실성과 함께 그것을 얻는다." *SSAD*, 137.
131) *Com.* on II Tim. 4:7.

(3) 축복된 삶의 시작으로서의 죽음

마지막으로, 칼빈에게 있어서 죽음은 시간과 영원, 그리고 현세의 삶과 미래의 삶을 예리하게 구분하는 날카로운 선이다. 따라서 성도들에게 있어 죽음은 바로 생명으로 들어가는 입구가 된다. 즉, 비록 우리는 죽지만, 그 죽음에 의해서 비로소 (참된 영원한) 생명으로 들어가는 것이다.[132] 이러한 의미에서 죽음이야말로 핵심적인 종말론적 사건이 된다. 왜냐하면 죽음을 통하여 불멸의 영혼이 미래 왕국의 완전함으로 들어가기 때문이다.[133] 그러므로 칼빈에게는 죽음이 영원한 생명에 들어가기 위해 또는 완전한 자유를 얻기 위해 이 세상을 떠나는 것에 다름 아니다.[134] 죽음의 순간에 주님께서는 그의 신실한 백성들을 그의 왕국으로 받아들이시며, "그들의 눈에서 모든 눈물을 씻기실 것이며"(계 7:17; 사 25:8), 그들을 "영광과 기쁨의 예복으로 입히시고"(집회서 6:31), 그의 희락의 말할 수 없는 달콤한 맛으로 먹이실 것이며, 그와의 장엄한 친교에 들이시며, 마지막으로 그의 (지순한) 행복에 참여하게 하실 것이다.[135]

2) 중간상태 (The Intermediate State)

죽음 이후 영혼의 상태에 대한 가르침은 칼빈의 종말론에 있어 본질적인 문제이다.[136] 칼빈은 다음과 같은 "두 가지의 미혹"에 대한 반대로서 그의 입장을 설정한다. 즉, 어떤 이들은 마치 전인(全

---

132) *Inst.*, II. 10. 14 그리고 *Com.* on I Cor. 15:25.
133) Holwerda, "Eschatology and History: A Look at Calvin's Eschatological Vision," 315를 참조하라.
134) *Inst.*, III. 9. 4를 보라.
134) *Inst.*, III. 9. 6.
136) Quistorp, *Calvin's Doctrine of the Last Things*, 95를 보라.

人)이 죽는 것과 같이 영혼도 몸과 함께 부활한다고 생각하였고, 또 다른 이들은 영혼의 불멸은 인정하지만, 새 몸을 입게 될 것이라고 생각함으로써 육의 부활을 부인했다.[137] 죽음 이후에 대한 교리에 대해서는 주로 다음 세 가지의 견해들이 경쟁한다: ① 중간상태와 부활, ② 즉각적인 부활, ③ 소멸과 재창조.[138]

지금까지 살펴본 바와 같이, 칼빈은 영혼의 불멸과 함께 육체의 부활을 주장했기 때문에 위의 세 가지 견해 중 "중간상태와 부활"의 입장을 견지한다고 볼 수 있다.[139] 여하튼 칼빈에게 있어 죽음 이후에 영혼의 불멸성은 명확한 것인데, 이는 다음과 같은 그의 진술에서 분명해진다. "만일 그들의 육체를 벗은 영혼들이 그들의 본질을 유지하지 않고 또 복된 영광을 받을 자격이 없다면, 그리스도께서 도적에게 '오늘 네가 나와 함께 낙원에 있으리라'(눅 23:46)고 말씀하시지는 않았을 것이다."[140] 따라서 칼빈에 따르면, 중간상태란 죽음과 육체의 부활 사이 동안 몸이 없이 영혼만 존재하는 기간을 말한다. 즉, 그것은 인격(person)의 중간상태가 아니라 영혼의 중간상태인 것이다. 왜냐하면 그것은 몸으로부터 분리된 불멸하는 영혼만의 시간이기 때문이다.[141]

그러므로 칼빈은, 그 본질에 있어 불멸적인 사람의 영혼은 죽음

---

137) *Inst.*, III. 25. 6.
138) John W. Cooper, *Body, Soul, and Life Everlasting: Biblical Anthropology and the Monism-Dualism Debate* (Grand Rapids: Eerdmans, 1989), 119.
139) Holwerda는 칼빈의 종말론과 관련하여 말하기를, "칼빈의 종말론은 유명한 것이 아니다. 그는 종말론적 주제에 대하여 '전통적인 입장'을 수용하였으며, 그것은 '중간상태, 부활, 그리스도의 재림, 심판, 그리고 하나님의 나라의 미래'로 이루어진다." Holwerda, "Eschatology and History: A Look at Calvin's Eschatological Vision," 110.
140) *Inst.*, III. 25. 6. 칼빈은 죽음 이후의 영혼의 활동성과 의식이 있음을 증명하기 위해 특별히 나사로의 이야기와 도적에게 한 그리스도의 약속에 호소한다. SSAD, 123-30를 참조하라.
141) Chubb, *A Critique of John Calvin's Anthropological Paradigm*, 138를 참조하라.

으로 인해 소멸되거나 잠드는 것이 아니라 오히려 그리스도 안에서 다시 태어나는 육체의 부활을 기대하면서 이미 천상의 평안을 즐기고 있으며, 마침내 (몸이 부활할 때) 축복의 완성에 이르게 될 것이라고 생각했다. 그러나 이에 반해 불의한 자들의 영혼들은 그들에 대한 최종적인 저주에 대한 처참한 기대와 함께 갇히게 된다.[142] 따라서 중간상태의 특징들 중 하나는 그것의 잠정성(provisionality)에 있다고 하겠다.[143]

(1) 잠정적인 축복 (Provisional Blessedness)

죽음 이후에, 택함 받은 자들의 영혼들은 즉각적으로 아브라함의 품에서 그리스도와 함께 이 땅에서의 삶과는 비교할 수 없는 영원한 평안의 안식(쉼)에 들어간다. 하나님께서는 믿는 자들을 그들의 죽음 이후에 즉각적으로 받아들이신다.[144] 다시 말해, 죽음과 중간상태의 삶 사이에 시간의 지체란 없다.[145] 따라서 칼빈은 중간상태에서 영혼이 잠잔다는 몇몇 재세례파들의 영혼수면설 뿐만 아니라 로마 가톨릭의 연옥설을 강하게 거부한다. 칼빈에게 있어 중간상태란 구속 받은 자들을 위한 일종의 쉼(안식), 기쁨, 그리고 위로의 시간이다.[146] 칼빈에 의하면, "우리는 여기에서 하나님의 약속의 신실하심에 근거하여 육체로부터 자유롭게 되었을 때, 영혼의 쉼에

---

142) Quistorp, *Calvin's Doctrine of the Last Things*, 81.
143) 마 22:23의 주석에서 칼빈은 말하기를, "참으로 성경의 가르침을 적절하게 고려한다면, 부활의 소망을 떠난 영혼의 삶은 단지 하나의 꿈일 뿐일 것이다. 왜냐하면 하나님께서 육체의 죽음 이후에 즉각적으로 - 마치 그들의 영광과 행복이 이미 완벽하게 즐기게 되어진 것으로 - 영혼들이 살도록 선언하시지 아니하시기 때문에, 그들은 기대는 마지막 (심판)날까지 연기되어 진다"라고 한다. *Com.* on Matt. 22:23.
144) Quistorp, *Calvin's Doctrine of the Last Things*, 82를 참조하라.
145) Chubb, *A Critique of John Calvin's Anthropological Paradigm*, 134-35.

대한 어떤 것을 말하고자 한다. 성경은 '아브라함의 품'이라는 말로써 이러한 안식(쉼, 휴식)을 의미한다."[147] 칼빈에게는 하나님 안에서의 안식과 '아브라함의 품'이 의미하는 바가 동일한 것이다.

그러므로 구속함을 받은 자들의 영혼들은 그들이 죽을 때에 근본적으로 영원한 축복으로 들어간다. 그러나 그들은 아직 그것의 완성, 즉 육체의 부활의 날까지 기다려야 한다.[148] 하지만 어쨌든 구속함을 받은 영혼들이 아브라함의 품에서 택함 받은 다른 모든 영혼들과 함께 그리스도와의 천상의 연합을 이미 누린다는 점에 대해서는 의심할 여지가 없다. 그것은 우리가 죽음의 순간에 삶의 여정에 있어 최종 목표에 거의 근접하게 된다는 것이다. 물론 칼빈은 육체의 마지막 부활이야말로 궁극적인 목표, 참된 완성이라 생각한다. 이는 다음과 같은 그의 진술에서 분명하다: "신실한 영혼들은 죽음 이후에 즉각적으로 그들에게 약속된 기업에 대한 약간의 즐거움을 경험하지만, 그러나 그들의 왕이신 예수 그리스도의 영광이 아직 나타나지 않는 한, 그리고 하나님의 나라가 아직 충만하게 세워지지 않는 한, 그들은 그 날이 도래할 때까지 기다려야만 한다."[149]

(2) 잠정적인 저주 (Provisional Damnation)

죽음의 순간에 택함 받은 자들의 영혼이 아브라함의 품속에서

---

146) *Libertines.*, 293 그리고 *Inst.*, III. 25. 6을 참조하라.
147) *Psych.*, 432.
148) *Libertines.*, 294. "그러므로 우리는 하나님께서 우리에게 약속하신 바, 그 모든 것에 대하여 확신한다. 그러나 우리는 아직 기다려야 한다." 그리고 그는 또한 말하기를, "죽음 이후의 신실한 영혼들의 상태에 대하여, 우리는 그들이 안식하고 있다고 말할 수 있지만, 그것은 그들이 축복과 영광의 완전한 상태에 있기 때문이 아니라, 마지막 구속의 날을 기다리는 동안 하나님께서 그들에게 주시는 기쁨 그리고 위로와 함께 만족하기 때문이다." *SSAD*, 137-38.

축복 혹은 낙원에 들어감으로 영원한 구원의 첫 열매들을 즐기는 동안, 버림받은 자들의 영혼들은 육체로부터 이탈되어 죽을 수도 없는 상태로 영원한 저주의 고통을 두려움 속에 기다리게 된다. 칼빈은 유다서를 인용하여 다음과 같이 말한다: "버림받은 수많은 자들의 운명은 의심할 바 없이 유다서에서 마귀들에게 주어진 것과 동일하다. 즉, 그들을 위해 정해진 처벌에 처해질 때까지 결박되어 있을 것이다(유 1:6)."[150] 그러므로 그들은 지옥의 불을 맛보는 고통을 당한다.

여기에서도 역시 "영혼이 잠잔다"는 주장에 대해 칼빈이 강력히 반대하는 것을 볼 수 있다. 왜냐하면 죽음이 불경건한 자들에게 쉼(휴식)을 주는 것이 아님이 분명하기 때문이다. 불의한 자들의 영혼들은 마지막 심판에 대한 처절한 공포에 계속해 떨고 있을 것이다.[151] 그들은 사악한 부자(눅 16:23)와 마찬가지로 게헨나의 고통 속에서 곧 임할 하나님의 거대한 진노의 계시를 기다리며 하나님의 내치심을 경험하고 있을 것이다.[152] 그러므로 버림받은 자들은 죄로 인한 영적인 죽음은 물론 하나님으로부터 소외됨 가운데 남아 있게 된다. 그들이 깨닫는 것이라곤 이제 너무 늦었다는 사실뿐이며, 죽음 안에서 안식을 누린다는 것이 그들에게는 허락되지

---

149) *SSAD*, 138-39. 다른 곳에서 칼빈은 다음과 같이 쓰고있다. "성경은 모든 곳에서 그리스도의 오심을 대망하는 가운데 기다리라고 명령하며, 영광의 면류관을 그때까지 연기한다. 그러므로 우리는 우리를 위하여 신성하게 정하신 한계 이를테면, 그들의 싸움의 수고를 마친 경건한 자들의 영혼들이 축복된 안식에 들어가며 또한 약속된 영광의 즐거움을 기쁨과 함께 기대하는 가운데, 구속자이신 그리스도께서 나타나실 때까지 모든 일들이 보류된다는 사실에 만족하도록 하자." *Inst.*, III. 25. 6.
150) *Inst.*, III. 25. 6.
151) *SSAD*, 136.
152) *Ibid.*, 137.

않았고, 또한 죽음이 단순히 어떤 부드러운 잠과는 너무나 다른 것이라는 것을 깨닫게 되는 비참한 의식이 있을 뿐이다.[153]

3) 연옥설(Purgatory)에 대한 칼빈의 비판

춥(Chubb)의 관찰에 따르면, 죽음의 문제는 중세기 동안 특별한 이슈로서, 중세 사회는 육체적 죽음뿐만 아니라 영적인 죽음에 대해서도 과도한 공포에 사로잡혀 있었다.[154] 역사적으로 볼 때, 바로 이러한 죽음의 공포에 사로잡혀 질식할 만큼 암울했던 사회적 분위기가 중세 로마 가톨릭 교회의 연옥교리와 면죄부가 가능하게 된 종교사회학적 기초라고 할 수 있다. 비록 칼빈이 로마 가톨릭과 같이 육체가 없는 영혼만의 존재라는 중간상태에 대한 이해를 공유하긴 하지만, 이 중간적 존재의 본질과 목적을 이해함에 있어서는 그들과 완전히 견해를 달리한다.

왜냐하면 로마 가톨릭의 연옥교리에는 죽음 이후에 형벌적 고통만 있는 것이 아니라 그것과 연결해서 죽은 자들을 위한 기도를 통해 그들의 정화를 가능하게 할 수 있었기 때문이다.[155] 그러나 칼빈은 죽음 이후의 중간상태에서 그들의 영원한 운명을 바꾸는 어떠한 결정도, 또는 기도와 같은 이 현세로부터의 영향들로 말미암는 어떠한 수정도 불가능하다는 것이 일관된 성경의 가르침이라고 생각했다. 따라서 칼빈은 로마 가톨릭의 입장을 다음과 같이 격렬하게 비판한다: "연옥은 사탄의 치명적인 허구로서 그리스도의 십자가

---

153) Quistorp, *Calvin's Doctrine of the Last Things*, 93.
154) Chubb, *A Critique of John Calvin's Anthropological Paradigm*, 104.
155) Quistorp, *Calvin's Doctrine of the Last Things*, 102.

를 무가치한 것으로 만들며, 하나님의 자비에 참을 수 없는 모욕을 가하며, 우리의 신앙을 뒤집으며 파괴한다."[156] "연옥은 많은 신성모독으로 구축된 것이며, 매일 새로운 것들로 지탱되며, 여러 가지 파멸적인 죄악을 선동하고 있으므로 도저히 묵과할 수 없다."[157]

사실, 우리가 우리 자신의 죄에 대하여 보속(satisfaction)이 될 수 있다는 것은 불가능하다. 오직 그리스도의 보혈만이 믿는 자들에게 있어 죄에 대한 유일한 보속이 되며, 유일한 속죄와 정화가 된다.[158] 그러므로 연옥설을 주장하는 것은 그리스도에 대한 무서운 신성모독이요 불경건의 원천이다. 때문에 칼빈은 연옥뿐만 아니라 떠난 자들의 영혼들을 위한 기도, 즉 그들이 연옥으로부터 풀려나게 하는 기도들에 대해서도 반대하며, 그것이 비성경적이라고 강력하게 비난한다.[159] 칼빈에게 있어서 죽음은 영원한 축복이나 영원한 저주로 열린 결정적인 문이다. 한번 이 문을 지나게 되면, 다시는 이 판결을 바꿀 수 없다.

칼빈은 로마 가톨릭 교회가 연옥교리를 위해서 초대 교부들에 호소하는 것에 대해 전혀 무의미하다고 말하며 다음과 같이 주장한다: "어거스틴은 가르치기를, 육체의 부활과 영원한 영광이 모든 사람들을 기다리고 있으며, 만일 그들이 그러한 자격이 있다면, 모두가 죽은 후에 평안을 누릴 것이다. 그러므로 모든 신실한 자들은 선지자들이나 사도들, 그리고 순교자들과 마찬가지로 죽음 이후에 즉각적으로 복된 안식을 누린다고 증거한다. 만일 그들의 상

---

156) *Inst.*, III. 5. 6.
157) Ibid.
158) Ibid.
159) Quistorp, *Calvin's Doctrine of the Last Things*, 105.

태가 그러하다면, 우리의 기도가 과연 그들을 위해서 무엇을 줄 수 있겠는가 하고 묻고자 한다."[160]

4. 육체의 부활

1) 육체의 부활에 대한 소망

칼빈에게 있어서 육체의 부활은 아주 분명한 사실이다. 그는 다음과 같이 말했다: "만일 부활이 없다면 다른 모든 사람들보다 우리는 더욱 비참하다. 비록 우리가 부활 이전에도 행복하지만, 만일 부활이 없다면 결코 행복하지 않다. 즉, 그들이 스스로 할 수 없는 복된 부활을 소망하며 안식가운데 있는 성도들의 영혼들은 행복하지만, [육체의 부활이 없다면] 결국 이 축복의 모든 것이 소멸되기 때문이다."[161] 만일 부활이 없다면, 우리의 신앙 또한 헛되고 거짓이 되고 말 것이다.[162] 왜냐하면 부활은 우리 신앙의 주요한 결정적 기초이기 때문이다.[163] 부활은 우리 신앙의 마지막 결과이기도 하다. 그러므로 부활의 교리는 어떠한 대가를 지불하더라도 지켜야만 하는 것이다.

마지막 육체의 부활이 없다면, 하나님의 영원한 작정은 무효화 되고 공허해 지게 될 것이다. 왜냐하면 하나님의 영원한 작정의 최

---

160) *Inst.*, III. 5. 10.
161) *Psych.*, 472. 더불어 *SSAD*, 147을 참조하라.
162) *Libertines.*, 296. 이점과 관련해서 칼빈은 또한 다음과 같이 말하고 있다. "만일 우리를 위한 부활이 없다면 사도 바울이 말하는 바와 같이(고전 15:14), 예수 그리스도께서 부활하시지 않았을 것이고, 복음 또한 하나의 거짓이며, 그리고 우리의 신앙은 공허한 것이 되고 만다." 또한 *Inst.*, III. 25. 3를 보라.
163) *Libertines.*, 292. 또한 *Com.* on Acts 26:6을 보라.

고점이 부활이기 때문이다.[164] 다음으로 칼빈에게 있어서, 육체의 부활은 영혼의 불멸성에 대한 하나의 증명이기도 하다. 왜냐하면 중간상태에서 영혼의 행복은 미래의 부활에 대한 소망에 기인하기 때문이다.[165] 사실 육체의 부활에 대한 소망을 떠나서는 영혼의 불멸성이란 무의미하고 존재의 실재성을 가지지 못한다. 성경은 영적인 생명은 육체의 부활의 소망에 달려있음을 증거한다. 그러므로 마지막 날의 부활을 거부하는 자들은 영혼으로부터 그 불멸에 대한 소망을 박탈하는 것이다.[166] 그러나 여기에 또 다른 문제가 있는데, 그것은 "도대체 최후의 부활에서 우리가 가질 몸은 어떠한 종류의 것인가?" 하는 것이다. 이 문제에 대한 칼빈의 대답은 확고하다. 부활의 몸은 이 현세를 살면서 입고 있던 바로 그 몸이다.[167] 그러므로 칼빈에 의하면, 부활의 날 영혼들이 지금 입고 있는 몸이 아니라 다른 새로운 것을 받는다고 주장하는 것은 엄청난 오류이다.[168] 칼빈은 성경의 가르침을 다음과 같이 설명하고 있다.

성경은 무엇보다 더욱 분명하게 우리가 지금 입고 있는 이 육체의 부활을 증거한다. 이것이 바울이 말하는 '이 썩을 것이 썩지 아니함을 입고 이 죽을 것이 죽지 아니함을 입을 것'(고전 15:53)이 의미하는 바이다. 만일 하나님께서 새로운 몸을 만드신다면, 도대체 이러한 질적인

---

164) Com. on Rom. 8:23을 참조하라.
165) Psych., 472를 보라.
166) Com. on Matt. 8:23를 보라.
167) Inst., III. 25. 7.
168) Ibid.

변화는 어디로부터 올 것인가? … 그러나 이제 바울은 우리가 입고 있는 이 육체들을 가리키며 그들이 썩지 않을 것이라 약속함으로써 그는 새로운 몸이 만들어 질 것이라는 주장을 분명하게 부인하고 있다. … 명백한 이유는 이것인데, 죽음이 인간의 타락으로 말미암은 우연적인 것이라면, 그리스도께서 가져오신 회복은 죽을 것이 되어버린 바로 그 동일한 몸에 속한 것이다.[169]

그러므로 그들이 다시 부활할 때, 영혼과 재연합된 모습은 이전과 닮았을 것이다. 그들은 영혼과 함께 연합되어 축복된 불멸의 삶을 살 것이다.[170] 그러나 또 다른 한편으로, 칼빈은 부활한 몸이 이전의 것과 완전히 동일한 것은 아니라고 한다.[171] 즉, 비록 우리가 현재와 동일한 몸으로 부활할 것이지만, 거기에는 어떤 질적인 차이가 있다. 말하자면, 부활의 몸은 이전의 것과는 질적으로 새롭고 다른, 더욱 나은 최상의 조건을 지닐 것이다.[172] 순전하게 주님께로 향한 하나의 영적인 몸, 하나의 영혼이 형성될 것이며, 모든 오염과 분리에 대한 두려움이 없는 하나의 영적인 몸을 만들 것이다.[173] 그리고 이제 더 이상의 육체와 영혼의 분리는 없게 될 것이다. 따라서 육체의 부활은 믿는 자들에게 있어서 "모든 고통의 종말"이 될 것이며, 그것을 통하여 그들은 마침내 "하늘의 본향"에 도달하게 될 것이다.

---

169) Ibid.
170) *Com.* on I Cor. 15:52 그리고 Isa. 14:19를 참조하라.
171) *Com.* on I Cor. 15:41을 보라.
172) *Inst.*, III. 25. 8을 참조하라.
173) *Psych.*, 452.

마지막 부활은 영혼과 육체 모두에 있어 "그리스도의 형상"을 "완전히 회복할 것이며," 따라서 그것은 "하나님의 아들들"의 하나의 분명한 "명시"가 될 것이다.[174] 마지막으로 칼빈에 따르면, 불의한 자들도 경건한 자들과 함께 부활할 것이나, 그 성격은 완전히 다르다. 전자는 심판의 부활로, 후자는 생명의 부활로 나아올 것이며 (요 5:29), 그리스도께서는 "염소들로부터 양들을 분별하러" 오실 것이다(마 25:32).[175] 즉, 불의한 자들은 마지막 부활을 그들의 영원한 저주를 확정하는 최후의 심판(the Last Judgment)으로 경험하게 될 것이다.

2) 육체의 부활에 대한 궁극적 토대

칼빈에 의하면, 우리는 우리 몸의 부활을 다음 두 가지 사실에 근거하여 확신할 수 있는데, 곧 "그리스도의 부활"과 "하나님의 전능하심"이다.[176] 먼저 칼빈은 그리스도의 부활이 우리의 부활의 모범(prototype)이며, 그것의 기초를 형성한다고 말한다.[177] 따라서 우리가 부활에 대하여 생각할 때마다 예수 그리스도는 장차 올 우리의 부활에 대한 보증이 된다.[178] 그리스도께서는 우리를 장차 올 생명에 동참자로 만들기 위해 부활하셨다. 또한 그는 성부에 의해 교회의 머리로 일으킴을 받으셨으며, 그와 함께 우리를 살리시는 성령의 능력으로 일으킴을 받으셨다. 마지막으로 그는 "부활이요

---

174) Chubb, *A Critique of John Calvin's Anthropological Paradigm*, 189.
175) *Inst.*, III. 25. 3.
176) Ibid.
177) Ibid.
178) Ibid. 또한 *Com.* on I Cor. 15:21을 참조하라.

생명"이 되시기 위해(요 11:25) 부활하셨다.[179] 그리스도는 부활의 첫 열매이시다. 그러므로 그 안에서 죽은 자들도 모두 그 첫 열매를 따라서 완전한 추수로서 부활할 것이다.[180] 그렇기 때문에 장차 올 부활의 소망을 부인하는 신앙은 한낱 미망에 불과한 것이다.

두 번째로, 칼빈은 육체의 부활에 대한 가장 위대한 토대로서 하나님의 전능하심에 대해 말한다.[181] 즉, 우리의 몸의 부활은 결코 자연의 한 과정으로서 일어나는 것이 아니다. 그것은 우리의 지각을 압도하는 하나님의 위대한 기적으로만 가능한 일이다. 그는 바울을 인용하며 다음과 같이 간결하게 이를 증거한다: "그가 만물을 자기에게 복종케 하실 수 있는 자의 역사로 우리의 낮은 몸을 자기 영광의 몸의 형체와 같이 변케 하시리라"(빌 3:21).[182] 하나님의 전능하심은 한량없으시기 때문에, 죽은 자들을 그의 능력으로 일으키시는 것은 말씀만으로도 가능한 쉬운 일이다.[183] 하나님께서 오직 말씀으로 무로부터 하늘과 땅과 모든 것들을 창조하셨음을 기억하라! 이와 같이 오직 말씀으로 무로부터 모든 것을 창조하시며, 예수 그리스도를 죽은 자 가운데서 일으키신 하나님께서 마지막 날에 예수 그리스도 안에서 생명의 성령으로 우리 또한 그 영원한 생명으로 일으키실 것임에 의심의 여지란 있을 수 없다.

---

179) *Inst.*, III. 25. 3.
180) *Com.* on I Cor. 15:20을 보라.
181) *Inst.*, III. 25. 4.
182) Ibid.
183) *Com.* on Rom. 4:17.

5. 나가는 말

지금까지 우리는 영혼불멸의 교리가 칼빈의 인간론과 종말론 이해에 있어 하나의 결정적인 요소라는 것을 확인할 수 있었다. 환언하자면, 칼빈에게 있어 영혼불멸론과 개인종말론에는 불가분리의 관계성이 존재한다. 즉, 칼빈의 개인종말론에 있는 "중간상태 · 육체의 부활"의 견해는 그의 영혼불멸론에 기초한다. 나아가 그의 영혼불멸론은 다음과 같은 두 가지 성경적 진리에 근거한다: "하나님의 형상으로서의 영혼의 창조 및 그리스도 안에서의 구속." 그러나 이러한 칼빈의 견해에 대하여 몇 가지 신랄한 비판들이 제기되어 왔다.

예를 들어, 바텐하우스(Battenhouse)는 칼빈의 인간론이 플라토니즘의 철학적 개념에 의존한 것이라 말하며, 따라서 신플라톤주의자들과 칼빈은 모두 인간을 생각함에 있어 영혼과 육체라는 하나의 이원론적인 전제에 기초한다고 주장한다.[184] 더불어 그는 이것이 "칼빈의 근원적인 플라토니즘"을 드러낸다고까지 말한다.[185] 퀴스트롭(Quistorp) 역시 칼빈이 그의 영혼불멸론을 신학적인 견지에서보다는 철학적인 견지에서 발전시켰다는 것이 하나의 문제로 남아있다고 생각한다. 이와 관련해서 파르티(Partee)는 다음과 같이 말한다: "인간론에 있어 칼빈의 사상은 그의 신학의 다른 어떤 분야보다도 고전 철학자들의 생각들에 더욱 직접적으로 관련되

---

184) Roy W. Battenhouse, "The Doctrine of Man in Calvin and in Renaissance Platonism," *Journal of the History of Ideas*, Vol. 9 (1948): 468-69.
185) Ibid., 468.

어 있다."[186] 이러한 평가는 춥(Chubb)의 연구 분석 결과에서도 동일하다. 그에 따르면, "칼빈의 인간론은 플라톤의 이원적 인간론의 근사치"이며, 그가 영혼의 불멸성을 더욱 강조한 것은 인간 존재의 영혼과 육체의 일치성과 성경적인 부활의 중심성을 주장하는데 더 큰 어려움을 가져다준다.[187]

요약하자면, 칼빈에 대한 비판은 주로 다음 두 가지 사실에 집중된다. 한 가지는 칼빈의 인간론에 있어 영혼-육체의 이원론, 특히 영혼불멸론이 과도하게 강조되고 있다는 것이고, 다른 한 가지는 그가 성경적 가르침보다는 플라토니즘에 더욱 영향을 받고 있다는 것이다. 칼빈에 대한 이러한 비판들과 관련해서 칼빈의 인간론과 개인종말론에 대한 이해가 과연 플라토니즘에 의존하는 것인지에 대하여 간단하게 살펴봄으로써 이 글을 맺고자 한다.

① 무엇보다 먼저 칼빈의 견해를 정확하게 이해하기 위해서는, 그의 저작들의 배경, 그리고 논의의 역사적 맥락과 정황을 파악하는 것이 중요하다. 이점과 관련해서 반더 발트(Van der Walt)는 "비역사적 접근법은 칼빈에게 있어 불공정하다"고 적절하게 지적했다.[188] 즉, 칼빈의 대부분의 저작들은 그의 대적자들과 심각하고도 급박한 논쟁적 상황 속에서 쓰인 것들이다(종교개혁기의 급박하고도 전투적인 역사적, 사회적 상황을 상상해 보라). 그러므로 칼빈의 저작들에서 그가 논박하고자 하는 대적자들의 종류, 예를 들면, 재

---

186) Partee, *Calvin and Classical Philosophy*, 56.
187) Chubb, *A Critique of John Calvin's Anthropological Paradigm*, 200.
188) W. J. van der Walt, "Biblical and Unbiblical Traits in Calvin's View of Man," in *Heartbeat* (Potchefstroom: Potchefstoom University Press, 1978), 229. 그는 계속해서 말하기를, "[칼빈]의 생각은 오직 16세기의 사상적 분위기 (지적 환경)에 대한 배경과 관련해서 연구되어 질 때에만 정당하게 이해되고 평가될 수 있다"고 한다.

세례파, 자유주의자들, 인문주의자들, 로마 가톨릭 교회 등등에 따라 강조점들에 차이가 있으며, 그가 주로 호소하고자 하는 신학적 원리들에도 차이가 있다.[189] 따라서 우리는 그의 견해를 이해함에 있어 몇몇 저작들에 대한 단편적인 분석보다는 그러한 역사적 상황까지도 포함한 종합적 접근과 평가를 시도해야 할 것이다.

② 칼빈의 견해를 분석함에 있어 그의 성경 주석이 정확한가에 대하여 의문을 가지는 것은 물론 정당한 것이지만,[190] 한 가지 분명한 것은 그 자신의 신학적 견해를 말함에 있어 칼빈 스스로가 어떤 철학적 사상보다도 성경의 가르침에 더욱 충실하고자 노력 했다는 것은 의문의 여지가 없다. 이것은 그가 거의 모든 성경에 대하여 나름대로 철저한 주석서들을 썼음은 물론, 그의 불멸의 조직신학적 저작이라 할 수 있는 『기독교 강요』조차도 성경을 올바로 읽기 위한 입문서로서 저술하였다는 사실에 근거한다. 이는 다음과 같은 그의 진술에서도 명확하게 드러난다: "내가 모든 기독교 독자들에게 요청하는 바는 전체 문제를 성경 안에서 시험해 보라는 것이다. 왜냐하면 그것이 모든 교리들을 시험해보는 참된 시금석이기 때문이다."[191]

---

189) Engel에 의하면, 예를 들어, 재세례파들과의 논쟁에서는 칼빈은 하나님의 형상론, 정확한 주석, 하나님의 섭리적 은혜, 그리고 내세의 삶들을 강조하고 있다. 그러나 인문주의자들과의 논쟁에서는 오직 하나님의 형상론과 내세의 삶에 대해서만 언급하고 있다. 나아가, 서로 다른 논쟁들에서 그의 입장뿐만 아니라 신학적 증거들에 대한 강조점이 변화를 보인다. 이를테면, 자유주의자들에게는 하나의 불멸의 실재로서의 영혼을 말함에 있어 그것이 창조된 본질임을 강조하며, 재세례파들에게는 영혼이 하나의 불멸의 본질임을 강조한다. Idem, *John Calvin's Perspectival Anthropology*, 154.
190) 이를테면, Quistorp가 주장 하듯이, 칼빈이 그의 영혼불멸론을 창조의 사실 혹은 창조 이야기에 정초한 것은 주석적으로 의문스러운 경우인데, 왜냐하면 그의 nephesh 에 대한 해석은 성경적 언어 용법에 정당한 것이 아니다. 즉, 성경 어디에서도 영혼을 창조되었지만 불멸하는 인간의 한 부분으로 말하지 않기 때문이다 Idem, *Calvin's Doctrine of the Last Things*, 73.

칼빈의 신학이 성경적 가르침에 기초해 있다는 말의 의미는 우리가 그의 신학에서 그 외 다른 철학적 원리나 단초들을 전혀 발견할 수 없다는 말이 아니라, 비록 그러한 것들이 발견된다 하더라도, 그가 그것들을 무의식적으로 사용했거나 또는 그러한 철학적 개념들과 같은 성경 외적 영향들이 성경적 가르침과 부합하는 것이라고 판단했기에 사용했다는 의미이다. 더군다나 그는 항상 성경의 가르침의 한계를 넘어가는 것에 대하여 스스로 경고했다. 따라서 우리는 칼빈이 그의 신학적 견해를 진술함에 있어 다른 성경 외적 영향들보다 그 자신의 성경주석에 기초하고 있다고 결론내릴 수 있겠다.

③ 마지막으로 칼빈과 플라토니즘 사이의 관계에 있어, 칼빈의 신학적 견해는 몇 가지 점에서 플라토니즘과 구별된다. 첫째로, 비록 그가 신학 이전에 고전 철학을 공부하여 이미 그것에 대해 해박한 지식이 있었고, 또한 그의 신학적 인간론이 이원론적인 견해를 가르치고 있는 것 또한 사실이지만, 그럼에도 불구하고 그의 영혼-육체의 일체성에 대한 생각을 포함하여 그의 견해는 철저하게 성경에 기초하고 있다. 즉, 그가 이원론적인 인간론을 말한다고 해서, 이것이 곧바로 비성경적이며 단순히 플라토니즘의 영향이라고 성급하게 비판하는 것은 적절하지 못한 처사이다. 실제로, 최근의 성경적인 인간론 연구에 따르면, 인간론 이해에 있어 성경의 가르침 자체가 어떤 특정한 철학적 입장을 지지하지는 않지만, 어쨌거나 존재론적으로 하나의 이원론적인 사고를 요구한다고 분석하고 있다.[192]

둘째로, 오스카 쿨만(Oscar Cullmann)은 "영혼불멸론"이 신약

---

191) *SSAD*, 156.

성경의 "육체의 부활" 신앙과 모순되며, 따라서 이것은 비성경적 개념이라고 비판한다.[193] 그러나 우리가 지금까지 살펴본 바와 같이, 비록 칼빈이 영혼의 불멸성을 강조하긴 하지만, 그는 이것을 어떤 비성경적인 철학사상에 의존하는 것이 아니라 "하나님의 형상"과 "그리스도 안에서의 구속"이라는 성경적 가르침에 근거하여 주장한다. 즉, 칼빈에게 있어 인간 영혼의 불멸성은 존재론적으로 본래적이며 생래적인 것이 아니라 하나님의 창조와 섭리 그리고 그리스도 안에서의 구속의 틀 안에서 "제한"되고 "조건 지워진" 개념이다.[194] 최종적으로 칼빈의 사상이 플라토니즘과 결정적으로 다른 것은 그가 영혼의 불멸성뿐만 아니라 동일하게 육체의 부활 또한 강조한다는 사실이다.[195] 즉, 칼빈에게 있어서 육체의 부활이 없다면 영혼의 불멸성 또한 전혀 무의미한 것이다.

---

192) 이 점과 관련해서는 다음을 보라: John W. Cooper, *Body, Soul, and Life Everlasting: Biblical Anthropology and the Monism-Dualism Debate* (Grand Rapids: Eerdmans, 1989).

193) Oscar Cullmann, "Immorality of the Soul or Resurrection of the Dead: The Witness of the New Testament," in *Immorality and Resurrection*, ed. K. Stendahl (New York: Macmillan, 1965): 9-53을 보라.

194) Harris에 의하면, 신약성경은 불멸성을 하나님만의 본질적 특성으로 묘사하고 있다. 그러나 플라톤에게 있어서 불멸성은 인간 영혼의 이성적 '부분'의 하나의 생래적 특성으로 파악되었는데, 그 이유는 그것이 불가시적이고 영원한 이데아(Ideas)나 형식(Forms)의 영역에 친숙하며 또한 생명의 형식(the Form of Life)에 참여하기 때문에 그러하다. Murry J. Harris, *Raised Immortal* (Grand Rapids: Eerdmans, 1983), 189.192) 이 점과 관련해서는 다음을 보라: John W. Cooper, *Body, Soul, and Life Everlasting: Biblical Anthropology and the Monism-Dualism Debate* (Grand Rapids: Eerdmans, 1989).

195) 마22:23의 주석에서, 칼빈은 다음과 같이 쓰고 있다: "나는 육체의 부활을 무시하는 철학자들에 의한 영혼의 불멸적 존재에 대한 많은 논의들에 대하여 잘 알고 있다. 그러나 내세의 삶의 상태에 대한 그와 같이 어리석은 의견들은 아무런 가치가 없는 것들이다. 그러나 성경이 우리에게 부활의 소망에 의존하는 영적인 삶에 대하여, 그리고 육체와 분리된 영혼들이 그것을 학수고대하고 있다는 것을 가르치고 있기 때문에 부활을 파괴하는 자는 그 누구든지 또한 영혼의 불멸성을 빼앗는 것이 된다."*Com.* on Matt. 22:23. Partee 또한 분석하기를, 칼빈은 영혼의 불멸성은 육체의 부활과 떨어져서는 정당하게 이해되어질 수 없다고 믿는다는 점에서 플라톤과는 분명하게 다르다고 한다. Idem, *Calvin and Classical Philosophy*, 14.

참고문헌 (Bibliography)

Battenhouse, Roy W. "The Doctrine of Man in Calvin and in Renaissance Platonism." *Journal of the History of Ideas*, Vol. 9 (1948): 447-71.

Berkhof, Louis. *Systematic Theology*. Grand Rapids: Eerdmans, 1983, reprinted.

Boettner, Loraine. *Immorality*. Philadelphia: P & R, 1975.

Calvin, John. *Institutes of the Christian Religion* (1536 ed.). Trans. by F. L. Battles. Grand Rapids: Eerdmans, 1989, reprinted.

_____. *Institutes of the Christian Religion* (1599 ed.), 2 Vols. Trans. by F. L. Battles. Philadelphia: Westminster Press, 1988.

_____. "Psychopannychia." In *Tracts and Treatises*, Vol. 3, trans. by H. Beveridge (Grand Rapids: Eerdmans, 1958).

_____. *Commentaries*, 22 Vols. Grand Rapids: Baker Book House, 1993.

_____. *Calvin: Commentaries*. Ed. J. Haroutunian. Philadelphia: Westminster Press, 1978.

_____. *Treatises against the Anabaptists and against the Libertines*. Ed. and trans. by Benjamin W. Farley. Grand Rapids: Baker Book, 1982.

Chubb, Kevin H. *A Critique of John Calvin's Anthropological Paradigm: The Immortality of the Soul and the Resurrection of the Body*. Ann Arbour: UMI, 1900.

Cooper, John W. *Body, Soul, and Life Everlasting: Biblical Anthropology and the Monism-Dualism Debate*. Grand Rapids: Eerdmans, 1989.

_____. "The Identity of Resurrected Persons: Fatal Flaw of Monistic

Anthropology." *Calvin Theological Journal* 23 (1988): 19-36.

_____. "Dualism and the Biblical View of Human Beings." *Reformed Journal* 32 (1982): 13-16 (No. 9) and 16-18 (No. 10).

Cullmann, Oscar. "Immortality of the Soul or Resurrection of the Dead: The Witness of the New Testament." In *Immortality and Resurrection*, ed. K. Stendahl (New York: MacMillan, 1965): 9-53.

De Greef, W. *The Writings of John Calvin: An Introductory Guide*. Trans. by Lyle D. Bierma. Grand Rapids: Baker Books, 1993.

Engel, Mary P. *John Calvin's Perspectival Anthropology*. Atlanta: Scholars Press, 1988.

Gerrish, B. A. "The Mirror of God's Goodness: Man in the Theology of Calvin." *Concordia Theological Quarterly* 45 (1981): 211-22.

Goodloe IV, James C. "The Body in Calvin's Theology." In *Calvin Studies*, Vol. 5. (Davidson: Davidson College, 1990): 103-17.

Harris, Murry J. *Raised Immortal*. Grand Rapids: Eerdmans, 1983.

Henry, Paul E. *The Life and Times of John Calvin*, Vol. I. New York: Robert Cart & Brothers, 1853.

Holwerda, David E. "Eschatology and History: A Look at Calvin's Eschatological Vision." In *Readings in Calvin's Theology*, ed. Donald K. McKim (Grand Rapids: Baker, 1984): 311-42.

Jenkins, Steven M. "Death and Intermediate State." In *Theological Perspectives: Arminian-Wesleyan Reflections on Theology*, ed. Paul R. Fethers (Dept. of Church Services, 1992): 644-69.

Karlberg, Mark W. "The Original Stateof Adam: Tensions within Reformed

Theology." *Evangelical Quarterly* 59 (1987): 291-309.

McKim, Donald K. "Some Aspects of death and Dying in Puritanism." In *Calviniana:Ideas and Influence of Jean Calvin*, ed. Robert V. Schnucker (Ann Arbor: Edwards Brothers, 1988): 165-83.

McLelland, Joseph C. "Calvin and Philosophy." *Canadian Journal of Theology* 11 (1965): 42-53.

Miles, Margaret R. "Theology, Anthropology, and the Human Body in Calvin's Institutes of the Christian Religion." *Harvard Theological Review* 74 (1981): 303-23.

Partee, Charles. "The Soul in Plato, Platonism, and Calvin." *Scottish Journal of Theology* 22 (1969): 278-95.

_____. "Calvin and Classical Philosophy: A Study in the Doctrine of Providence." A Th.D. Dissertation. Princeton University, 1971.

Prins, Richard. "The Image of God in Adam and Restoration of Man in Jesus Christ: A Study in Calvin." *Scottish Journal of Theology* 25 (1972): 32-44.

Pruyser, Paul W. "Calvin's View of Man: A Psychological Commentary." *Theology Today* 26 (1969): 51-68.

Quistorp, Heinrich. *Calvin's Doctrine of the Last Things*. Trans. by H. Knight. London: Lutterworth Press, 1955.

Raynal, Charles E. "John Calvin's Teaching about Eternal Life: Its Reformation Setting and Religious Significance." In *Calvin Studies*, Vol. 5. (Davidson: Davidson College, 1990): 73-93.

Torrance, T. F. *Kingdom and Church: A Study in the Theology* of

Reformation. Edinburgh: Tweeddale Court, 1965.

Van der Walt, B. J. "Biblical and Unbiblical Traits in Calvin's View of Man." In *Heartbeat* (Potchefstroom: Potchefstroom University, 1978): 229-52.

Yeaton, Kenneth, "Aspects of Calvin's Eschatology." *Churchman* 100 (1986): 114-28 (No. 2); 198-209 (No. 3).

제4장

칼빈의
구원론 이해
: 그리스도와의 연합과 이중은혜

1. 들어가는 말

구원(salvation)에 대한 올바른 이해는 기독교 신앙과 복음에서 가장 핵심적인 요소 가운데 하나라고 할 수 있다. 따라서 일찍이 종교개혁자 마틴 루터(Martin Luther, 1483-1546)는 오직 믿음으로 의롭게 된다는 "이신칭의" 교리(the doctrine of justification by faith alone)를 기독교가 "죽고 사는" 문제라고 주장했고, 이것으로 종교개혁의 신기원을 열었다. 마찬가지로 칼빈신학에서도 구원론에 대한 관심은 언제나 그 중심에 놓여있다고 하겠다. 그러나 늘 문제가 되어 왔듯이, 오늘날 한국교회의 일부 기독인들에 있어 신행일치의 삶이 수행되지 못하는 문제가 상존한다. 이것은 한국교회의 구원론 이해에 있어 "이신칭의" 교리가 너무 일방적으로 강조되어 소위 "값싼 은혜"가 난무함으로써 "성화 없는 칭의"

(justification without sanctification)가 기독인들의 이분법적인 삶의 문제를 노정하게 되는 중요한 원인이 되었기 때문이라고 할 수 있다. 구원론에 있어 칭의와 성화에 대한 이분법적인 이해는 더 나아가 율법과 은혜, 믿음과 행위, 교회와 세상이라는 이원론적 분열 현상을 갈수록 심화시키는 경향이 있다. 은혜의 구원 뒤에 경건한 신앙의 삶이 따르지 않는 이러한 상황은 곧바로 기독교에 대한 대중의 절제되지 않은 공격적이고 악의적인 비판을 불러일으키며, 결과적으로 한국교회의 대사회적인 영향력 저하와 전도/선교적 환경을 열악하게 만드는 악순환을 노정하게 된다.

나아가 칭의론에서는 일방적으로 값없이 주어지는 은혜와 믿음을 강조하는 반면, 성화론에서는 인간의 노력과 행위의 열매를 일방적으로 강조함으로써 전체 구원론을 이해하는데 있어 믿음과 행위, 은혜와 공로적 선행의 개념이 서로 혼동되거나 분리되는 한국교회의 구원론에 대한 불균형적인 이해와 실천적 오류는 이런 문제에 적절한 처방책을 제시하기는커녕 오히려 사태를 더욱 심각하게 만든다. 이점과 관련하여 최근에는 성화의 이해와 관련한 신율법주의적 견해가 다시금 제기되고 있다.

이와 반대로 구원 이해에 있어 너무 개인 영혼의 구원만을 과도하게 강조하여 신앙의 공동체적인 측면이 무시되거나 균형있게 제시되지 못함으로써 동일한 성령의 내적사역(구원론)과 외적사역(교회론)이 서로 심각하게 괴리되는 현상이 첨예화 되었다. 그리고 이러한 성령론 이해 아래 강단에서 은사와 축복, 상급과 보상 등을 설교하면서 믿음의 결단과 공로적 행위를 강조함으로써 현세에 있어 성공을 믿음의 축복으로 둔갑시키는 개인수의적 기복주의 신앙

또는 성경적 근거가 없는 "번영의 신학"을 촉발시키는 것이나 성령의 열매를 도외시하는 은사주의 신앙을 강조하는 것 등이 한국교회의 구원론 이해를 더욱 왜곡시키고 있다. 물론 여기에는 "구원의 서정"(ordo salutis)에 대한 신학적 논란도 이러한 흐름에 일조하는 경향이 있다. 엄밀하게 논리적으로 구원의 순서를 조직화 하려는 다양한 시도에 대한 신학적인 논란도 문제이지만, 실천적인 측면에서 구원의 첫 단추가 한번 끼워지면 그 순서에 따라 우리의 구원이 자동적(automatically)으로 완성되는 것처럼 인식하는 것도 문제이다.

이처럼 한국교회의 구원론 이해와 교회적 실천에 있어 다양한 문제가 드러나는 만큼, 우리는 성경적인 구원 이해의 본질이 과연 무엇인지 다시금 진지하게 검토해야 할 필요가 있다. 믿음과 행위, 칭의와 성화의 관계에 대해 종교개혁기에 있었던 로마 가톨릭과 루터파 사이의 구원론 논쟁을 극복할 수 있는 개혁주의 구원론을 정립하기 위해서는 개혁주의 구원론의 기초를 놓은 칼빈의 구원론의 핵심을 바르게 이해할 필요가 있다. 이것은 그 당시뿐만 아니라 오늘날 한국교회의 구원론 이해와 실천적 오류를 바로 잡는데 크게 유용할 것이다.

먼저 여기서 다루는 주된 논지를 요약하자면, 칼빈의 구원론 이해의 중심은 바로 "그리스도와의 연합"(unio cum Christo)이며, 이것의 결과로 말미암아 동시적(simul)으로 우리에게 주어지는 "이중은혜"(duplex gratia), 곧 칭의(iustificatio)와 성화(sanctificatio)라는 것이다. 이러한 칼빈의 견해에 따라 구원사건에 있어 칭의와 성화의 불가분리적 관계성(inseparable relationship)과 동시성(simultaneity)을 함께 이해함으로써, 믿음과 행위, 칭의와 성화의 관계뿐만 아니라 구원의 서정(*ordo salutis*)과 관련된 오랜 논쟁도 극복할 수 있는 신학적 단초를 얻을 수 있을 것이다. 또한 더 나아가 "그리스도와의 신비적 연합"(*unio mystica cum Christo*)의 개념을 통해 성령께서 그리스도의 구속의 은혜를 신자 개인들에게 부여하고 적용하는 구원론의 주관적인 측면을 객관적인 삼위일체 하나님의 전체 구속사(*historia salutis*)와의 연관 속에서 파악할 수 있을 뿐만 아니라, 동일한 구원사건의 개인 구원론적 측면과 공동체적(교회론적) 측면을 보다 통합적으로 분명하게 이해할 수 있을 것이다.

마지막으로, 이 연구에서 나는 칼빈이 말하는 "신비적 연합"(*unio mystica*)으로서의 그리스도와의 연합이 무엇을 의미하는지 올바로 이해하기 위해서는 그리고 그 결과로서 주어지는 이중은혜, 곧 칭의와 성화의 올바른 관계가 무엇인지 바르게 이해하기 위해서는, 기독론 이해에 있어 핵심논점인 "칼케돈 원칙"(Chalcedonian axiom), 즉 "반드시 서로 구별되어야 하지만 서로 혼동되거나 분리되어서도 안 된다"(*distinctio sed non confusio et separatio*)는 원리에 근거해서 이해해야 함을 밝히고자 한다. 뿐만 아니라 칼빈은 이러한 "칼케돈 원칙"을 전체 구원론 논의의 주요한 틀로서만이 아니라 각론의 세밀한 부분에까지 일관되게 유비적으로 적용하고 있으므로, 이 원리가 구원론에 대한 각 논쟁점에 있어 칼빈의 입장과 견해를 해석하는 가장 중요한 해석적 원리(the hermeneutical principle)로 고려되어야 함을 말하고자 한다.

2. 칼빈의 구원론의 중심: "그리스도와의 연합"(Unio cum Christo)

1) 칼빈의 구원론의 중심

칼빈의 구원론의 중심에는 무엇보다 "그리스도와의 연합"(*unio cum Christo*; the union with Christ)이라는 핵심 사상이 놓여 있다.[1] 비록 "그리스도와의 연합"이라는 개념이 칼빈신학 전체를 포괄하는 하나의 "중심 교의"(a central dogma)라고 주장하기엔 다소 논란이 있을 수 있겠지만, 최소한 그의 구원론만큼은 이것에 기초하고 있다고 말할 수 있을 것이다.[2] 하나님께서 독생자 예수 그리스도를 통하여 주시는 구속의 은혜는 오직 성령으로 말미암아 우리가 "그리스도와 하나"될 때만 우리에게 주어지는 것이다. 따라서 하나님께서 우리에게 주시는 구원의 은혜는 다른 어떤 것이 아니라 성령 안에서 오직 예수 그리스도 자신을 우리에게 주심이며, 또한 예수 그리스도 안에서 자신의 영원한 생명을 우리에게 주심이다. 즉, 칼빈의 논의를 따르자면, 먼저 "하나님께서는 [충만한] 생명이 감추어져 자신 안에 묻어두기를 원치 아니하시고 아들 안에 그것을 부어주셨고, 그것은 우리에게로 흘러 넘쳤다."[3] 그러므

---

1) 이 주제와 관련하여 Charles Partee, "Calvin's Central Dogma Again," *The Sixteenth Century Journal* 18/2 (1987): 191-99; I. John Hessellink, "Calvin, the Holy Spirit, and Mystical Union," *Perspectives* 13, no. 1 (January, 1998): 15-18; Dennis E. Tamburello, *Union with Christ: John Calvin and the Mysticism of St. Bernard* (Louisville: Westminster John Knox Press, 1994); Sinclair B. Ferguson, *The Holy Spirit* (Downers Grove: Intervarsity Press, 1996), 100-103을 참조하라. 비록 이 "그리스도와의 연합"(*unio cum Christo*)이라는 중요한 주제는 칼빈 신학에 있어 삼위일체론, 인간론, 기독론, 성령론, 구원론, 교회론, 성례론, 영성론 등 아주 다양한 분야를 상호 긴밀하게 통합하여 파악할 수 있게 하지만, 본 논문에서는 주로 구원론에 제한하여 논하고자 한다.

2) 특히 찰스 파르티(Charles Partee)는 "그리스도와의 연합"(Union with Christ) 교리를 칼빈 신학 전체에 있어 하나의 "중심교의"(a central dogma)로 새롭게 제시하고 있다. Charles Partee, "Calvin's Central Dogma Again," *The Sixteenth Century Journal* 18/2 (1987): 191-99를 보라.

로 "우리에게 있어 그리스도에 의해 우리 안으로 불어 넣어진 생명 이외에 다른 것은 없다. 그렇기 때문에 오직 우리는 그리스도에게 접붙여질 때만 생명이 있으며, 그와 함께 동일한 생명을 누린다."[4] 그러므로 그리스도와 하나됨이 없이 우리에게 생명의 구원이 있을 수 없다. 칼빈은 이것을 다음과 같이 말한다: "우리가 그리스도에게서 구원을 기대하는 것은 그가 멀리서 나타나시기 때문이 아니라 우리를 그의 몸에 접붙이셔서 그의 모든 은혜뿐만 아니라 바로 그 자신을 받게 하시기 때문이다."[5] 즉, 우리는 믿음으로 말미암아 그리스도에게 접붙여짐(insito in Christum)으로써 그리스도의 어떤 부분이 아니라 그의 전체를 받는 것이다.

아버지께서 독생자에게 주신 유익들은 그리스도 자신이 사적으로 쓰시기 위한 것이 아니고, 빈곤하고 곤궁한 사람들을 부유하게 하시기 위한 것이었는데, [문제는] 우리[가] 그 유익들을 어떻게 받는가 하는 것이다. 우선 우리는 그리스도께서 우리 밖에 계시고 우리가 그와 떨어져 있는 한, 인류의 구원을 위해서 그가 고난당하시며 행하신 일은 모두가 우리에게 무용, 무가치한 것임을 알아야 한다. 그러므로 아버지에게서 받으신 것을 우리에게 나눠주시기 위해서는, 그가 우리의 것이 되며 우리 안에 계셔야 했다. 그러므로 그를 우리의 "머리"(엡

---

3) John Calvin, *Com.*, John 5:26. Cf. 칼빈의 주석은 *Commentaries of New Testament* (Grand Rapids: Baker Book House, 1993, Reprinted)를 사용했으며, 이후 *Comm.* 으로 표기함.
4) *Comm.*, Eph. 2:4.
5) John Calvin, *Institutes of the Christian Religion*, 김종흡 외3인역, 『기독교 강요』(1559) (서울: 생명의 말씀사, 1988), III. ii. 24 (이후 *Inst.* 로 표기함). Cf. Alister E. McGrath, *Iustitia Dei: A History of the Christian Doctrine of Justification*, 3rd ed. (Cambridge: Cambridge University Press, 2005), 255.

4:15), "많은 형제 중에서 맏아들"(롬 8:29)이라고 하였다. 또 우리 편에서는 그에게 "접붙임"을 받으며(롬 11:17), "그리스도로 옷입는다"고 하였다(갈 3:27). 이는 이미 말한 바와 같이, 우리가 그와 한 몸이 되기까지는 그가 가지신 것이, 우리와 아무 상관도 없기 때문이다. 우리가 믿음으로 이것을 얻는 것은 사실이다. 그러나 … 우리는 더 높은 견지에서 성령의 신비로운 역사를 검토하는 것이 사리에 닿는 일일 것이다. 왜냐하면 우리는 성령의 작용에 의해서 그리스도와 그의 모든 유익을 누리게 되기 때문이다. … 요약하면, **그리스도께서 우리를 자신에게 효과적으로 연결시키는 띠(vinculum)는 오직 성령(the Holy Spirit)이시다.**[6]

그러므로 칼빈에 의하면 "그리스도와의 연합"은 성령의 본질적인 사역이다. 즉, 성령이야말로 "우리를 그리스도와 연합시켜 주시는 띠(vinculum)"이시다.[7] 따라서 "그리스도의 영"이신 성령의 본질적인 사역인 "그리스도와의 신비적 연합"(unio mystica cum Christo)으로 말미암아 그리스도의 구속사역(기독론)과 성령의 구원사역(구원론)은 하나로 연결되고 통합된다. 이것은 성령께서 그리스도의 구원의 은덕들을 우리에게 개인적이며 주관적으로 적용하시는 구원의 서정(ordo salutis)이 "그리스도와의 연합"이라는 구조를 통하여 객관적인 삼위일체 하나님의 구속사(historia salutis)에 연결되며 통합됨을 의미한다.[8] 또한 내재적 삼위일체(the immanent Trinity)에 있어 성령은 성자와 성부의 위격적 연합

---
6) *Inst.*, III. i. 1.
7) *Inst.*, III. i. 1.

(hypostatic union)을 위한 "사랑의 띠"(vinculum charitatis; the bond of love)이시다.[9] 우리는 동일한 성령으로 말미암아 그리스도에게 연합됨으로써 하나님의 이중은혜(duplex gratia – 칭의와 성화)를 받으며, 나아가 "하나님과의 연합"(the union with God; cf. *Inst.* III.vi.2; III.xxv.2), 곧 삼위일체 하나님의 생명의 교제에 참여하게 된다. 그리스도께서는 "양자의 영"(the Spirit of adoption)이신 성령의 사역을 통하여 우리를 하나님과의 연합에 참여하게 하신다. 그러므로 칼빈은 말하기를, "우리가 하나님과 연합하기 위한 유일한 결합은 그리스도에게 연합하는 것이다"(the only bond of our union with God is, to be united to Christ)라고 했다.[10]

> 성부께서는 성자로 말미암아 우리에게 성령을 주시지만, 그러나 특별히 성자에게 성령을 아주 충만하게(the whole fullness) 부어주심으로써 그의 풍성한 은혜의 수종자와 청지기로 삼으셨다. 이러한 이유로 해서, 성령은 때로는 "아버지의 영"이라 불리고, 또 때로는 "아들의 영"이라 불리운다. … [그러므로] 하나님의 백성들에게 나누어 주실 성령의 선물들은 그리스도께서 맡아가지고 계신다. … 또한 성령이 "그리스도의 영"이라고 불리는 것은 **영원한 하나님의 말씀** [the

---

8) Cf. 강웅상, "칼빈의 칭의론과 한국교회," 『개혁신학회 학술발표회 논문집』 (2009년 봄), 107f, 110-12.
9) 칼빈의 이해에 따르면, 내재적 삼위일체에 있어 성부, 성자, 성령 하나님은 각각 서로 구별된 자존성을 가진 "실재"(subsistetia; subsistence)이시지만, 또한 서로 나누일 수 없도록 상호내주(perichoresis)의 관계로 연합되어 있다. Cf. Inst., I. xiii. 6, 16-20.
10) Calvin, Comm., John 16:27. 이것에 대한 또 다른 표현으로서 칼빈은 "그리스도는 우리의 양자됨의 결합"(the bond of our adoption)이라고 한다. Inst., III.6.3. 즉, 그리스도와의 연합으로 말미암아 우리는 하나님의 양자가 됨(달리말하자면, 하나님께서 우리의 '아바! 아버지'가 되심)으로써 구속의 모든 유익들을 누리게 된다.

eternal Word of God; (i.e., 영원한 내재적 삼위일체 속에서의 성자 하나님)]이신 **그리스도께서 동일한 영**(the same Spirit)**으로 성부에게 연합되셨기** 때문만이 아니라 **중보자**[the Mediator; (i.e., 경륜적 삼위일체 속에서의 성자 하나님)]로서의 그의 성격 때문이기도 하다. … "생명을 주시는 영"[a life-giving spirit; (i.e., "살려주는 영"), 고전 15:45]이신 … 성자께서는 이 독특한 생명을 그 자신의 백성과 하나가 되기 위하여 그들에게 불어 넣으신다. … 따라서 "성령의 교통하심"(고후 13:14)이 없이는 그 누구도 하나님 아버지의 사랑이나 그리스도의 은혜를 맛볼 수가 없다.[11]

프랑소와 방델(F. Wendel)은 이러한 사실들을 요약하여 말하기를, 칼빈의 견해에 따르면, "마치 그리스도가 하나님과 인간 사이의 중보자인 것과 같이 성령은 그리스도와 인간 사이의 없어서는 안 될 중보자 역할을 한다. 그리고 예수 그리스도가 구속의 필수적인 도구인 것과 마찬가지로 성령은 칭의와 중생 안에서 이 구속이 우리에게 주어지는데 있어 필수적인 수단이다"라고 했다.[12] 이와 같이 우리는 성령으로 말미암아 "그리스도와 연합"함으로써 삼위일체 하나님의 생명의 교제에 참여하게 되는 것이다. 이러한 칼빈의 논의를 요약하자면, 성령은 우리를 그리스도에게 연합시키는 띠(the bond of our union with Christ)이시고, 그리스도는 다시 우리를 하나님에게 연합시키는 띠(the bond of our union with God)

---

11) John Calvin, *Institutes of the Christian Religion*, ed. John T. McNeill and trans. Ford Lewis Battles (Philadelphia: Westminster Press, 1960), III. i. 2.
12) Francois Wendel, *Calvin: Origins and Development of His Religious Thought*, trans. by Philip Mairet (Grand Rapids: Baker Books, 1997), 239-40.

이시라는 것이다. 이것이 칼빈이 말하는 바, 신자들이 성령의 역사로 인하여 그리스도와 연합됨으로 말미암아 삼위일체 하나님의 교제(the communion of the Triune God)에 참여하는 삼위일체론적 구원론(trinitarian soteriology)의 총체적인 본질이다.[13] 이러한 모든 논의를 우리는 다음과 같이 도식화하여 볼 수 있을 것이다.

신자들	성령	성자의 (인성 : 신성)		삼위일체 하나님
the Elected	←(the Holy Spirit)←	[the Humanity:the Divinity] of the Son	←(the Holy Spirit)←	God the Father the Communion of the Trinity
	unio mystica (신비적 연합)	unio hypostatica		Unio Hypostatica (위격적 연합)

2) 칼빈에게 있어 "그리스도와의 연합"(Unio cum Christo)의 의미

칼빈신학 전체 혹은 최소한 그의 구원론을 이해하는데 있어 "그리스도와의 연합"(unio cum Christo)이 그렇게 중요한 것이라면, 우리는 먼저 칼빈이 이것을 통하여 의미하는 바가 정확히 무엇인지를 이해해야만 할 것이다. 데니스 탐부렐로(Dennis E. Tamburello)의 연구에 따르면, 칼빈은 신자들과 그리스도와의 연합을 다음과 같은 다양한 용어로서 설명한다: "접붙여짐"(engrafting), "교통"(communion), "친교"(fellowship), "한 몸됨/영적결혼"(one flesh/spiritual marriage), "영적 연합"(spiritual union), "신비적 연합"(mystical union), "함께 자라감/하나됨"(growing together/becoming one), "하나님과의 연합"(union with

---

13) 이 주제와 관련해서는 칼빈의 구원론을 전체 삼위일체론적 관점에서 분석한 Philip Walker Butin, *Revelation, Redemption, and Response: Calvin's Trinitarian Understanding of the Divine-Human Relationship* (Oxford: Oxford University Press, 1995)을 참조하라.

God), "그리스도에게 참여함"(partakers of Christ), 등.[14] "그리스도와의 연합"에 대한 이와 같은 다양한 표현들을 분석함으로써 칼빈이 말하는 "연합"의 본질적인 의미와 그 결과로 나타나는 구원론의 다양한 측면들, 즉 믿음, 칭의, 성화(중생) 등과 어떤 관계가 있는지 알 수 있다.

무엇보다 먼저 칼빈에 따르면, 그리스도와의 연합은 일종의 "신비적인 연합"(unio mystica)이다. 이는 칼빈이 의미하는 "그리스도와의 연합"의 본질과 특징이 무엇인지를 잘 말해준다. 우리는 다음의 짧은 인용문에서 칼빈이 이러한 "신비적 연합"(unio mystica)에 대하여 아주 다양한 표현으로서 설명하고 있음을 알 수 있다.

> 그러므로 **머리와 지체들과의 연합**, 우리의 마음속에 그리스도가 **내주하시는 것**(indwelling), 간단히 말하면, **신비적 연합**(mystica … unio)은 우리에게 최고로 중요한 것이다. 그리스도께서 **우리의 것이 되심**으로써 그가 받은 선물들을 우리도 나눠가지게 하신다. 그러므로 우리가 우리 밖에 계신 그리스도를 멀리서 바라봄으로써 그의 의가 우리에게 전가되는 것이 아니라, **그를 옷입으며**(put on Christ) **그의 몸에 접붙여지기**(engrafted into his body) 때문에, 간단히 말해서 그가 우리를 **하나로 만드시기** 때문에(to make us one with him) 그의 의가 우리에게 전가(imputed to us)된다. 이러한 이유로 해서, 우리는 **그리스도와 의의 친교**(fellowship of righteousness with him)를 가졌다고 자랑한다.[15]

---

14) Tamburello, *Union with Christ*, "Appendix," 90, 111-13을 참조하라.
15) *Inst.*, III. xi. 10 (강조 첨가).

그러면 칼빈이 말하는 "신비적 연합"(unio mystica)으로서의 그리스도와의 연합은 과연 무엇을 말하는 것인가?[16] 일단 그것은 어떤 영지주의적 제의나 밀교적인 황홀경의 체험 혹은 단순히 하나의 상징적이거나 수사적(figurative)인 표현이 아니다.[17] 오히려 그것은 신자들과 그리스도 사이에 이루어지는 "실재적"(real)인 연합을 의미한다. 칼빈의 설명에 의하면, "그러므로 아버지에게서 받으신 것을 우리에게 나눠주시기 위해서는, 그가 우리의 것이 되며 우리 안에 계셔야 했다. 그러므로 그를 우리의 '머리'(엡 4:15), '많은 형제 중에서 맏아들'(롬 8:29)이라고 하였다. 또 우리 편에서는 그에게 '접붙임'을 받으며(engrafted into him; 롬 11:17), '그리스도로 옷입는다'고 하였다(put on Christ; 갈 3:27)."[18]

칼빈은 이러한 연합의 실재성을 고린도전서 11:24의 주석에서 다음과 같이 말하기도 한다: "확언컨대, 그리스도께서 우리의 것이 되심은 그가 우리를 위한 희생이 되셨음을 믿을 뿐만 아니라 그가 우리 안에 거하시며(dwells in us), 우리와 하나가 되심(one with us)으로써 우리가 그의 몸의 지체가 될 때(엡 5:30), 즉 우리가 그와 함께 일체가 되어(incorporated with him) 하나의 생명과 실체(one life and substance)가 될 때이다."[19] 칼빈은 계속해서 이러한 연합은 "실재적"(really)인 것으로서 "참으로"(truly) 우리는 그리스도와 하나가 된다고 말한다. 그리하여 "그리스도께서는 끓

---

16) 칼빈이 말하는 "신비적 연합"(unio mystica)이 내포하지 않은 의미들에 대하여는 Lewis B. Smedes, *Union with Christ: A Biblical View of the New Life in Jesus Christ* (Grand Rapids: Eerdmans, 1970), 128을 참조하라.
17) Cf. 강웅상, "칼빈의 칭의론과 한국교회," 113f.
18) *Inst.*, III. i. 1.
19) *Comm.*, *I Cor.* 11:24.

을 수 없는 교제의 유대로 우리와 꼭 붙어 계실 뿐 아니라 놀라운 영적 교통에 의하여 날마다 더욱더 우리와 한 몸(one body)이 되시며, 드디어 완전히 일체가 되실 때까지 그리하신다."[20] 심지어 칼빈은 이러한 "연합"의 실재성을 강조하기 위해 종종 "실체"(substantia, 혹은 "본질")라는 표현을 사용하기도 한다. 뿐만 아니라 신자들과 그리스도와의 "신비적 연합"의 실재성을 강조하기 위해 "결혼의 유비"(analogy of marriage)까지 사용한다: "이러한 연합만이 … 우리로 하여금 그의 살 중의 살이요 뼈 중의 뼈가 되게 하여 저 거룩한 결혼과 같은 결과를 가져온다(엡 5:30)."[21]

결혼을 통한 연합은 … 우리가 그리스도와 가지는 신비한 결합을 말하는 놀라운 말씀이다. 왜냐하면 우리는 그의 몸과 살, 그리고 뼈의 지체들이 되기 때문이다. … 마치 하와가 그의 남편의 실체(substance)로부터 이루어졌고, 그럼으로써 그의 일부분이 되어졌던 것처럼, 만일 우리도 참된 그리스도의 지체라면 **그의 실체(substance)를 나누며, 이러한 교제를 통하여 그의 몸으로 연합된다.** … 이와 같은 **우리와 그리스도 사이의 연합은 그가 우리를 그의 실체(substance)에 참여하게 하심으로 이루어진다.** "우리는 그의 뼈 중의 뼈요, 그의 살 중의 살이다."(창 2:23) 그것은 그가 우리처럼 인성을 가졌기 때문이 아니라, 그의 성령의 능력으로 우리를 그의 몸의 일부로 만드셔서 그로부터 우리의 생명을 얻게 되기 때문이다.[22]

---

20) *Inst.*, III. ii. 24.
21) *Inst.*, III. i. 3.
22) *Comm.*, Eph. 5:29-32.

그러나 칼빈이 말하는 그러한 "실체"(substance)에 의한 "실재적"인 신비적 연합은 그리스도와 우리와의 어떤 "본질의 혼합" 혹은 "존재론적 혼합"(a mixture of essence)을 말함이 결코 아니다. 왜냐하면 그는 루터파 신학자인 오시안더(Andrea Osiander)를 논박하는 가운데 분명히 말하기를, "그리스도께서는 우리와 하나이시며, 우리가 그와 하나인 것은 증명할 필요가 없는 사실이다. … 그러나 그리스도의 본질과 우리의 본질이 혼합된다고 하는 것에는 반대한다"고 강조하기 때문이다.[23] 즉, 칼빈은 그리스도와의 연합으로 인해 "그리스도의 본질과 우리의 본질이 섞이는 것이 결코 아니"며,[24] 오히려 "그리스도와 신자들을 혼합"하는 것을 중대한 오류라고 강력하게 논박한다.[25] 칼빈에게 있어 신성과 인성이 혼합될 수 없다는 것은 타협하거나 양보할 수 없는 진리였기 때문이다.

그러므로 우리는 칼빈이 "신비적 연합"(unio mystica)으로서 신자들과 그리스도와의 하나됨에 대해 말할 때, 기독론에서 그리스도의 인성과 신성의 위격적 연합(unio hypostatica; hypostatic union)을 설명하기 위해 사용하는 "칼케돈 원칙"(Chalcedonian axiom) - 반드시 서로 "구별되어야 하지만 혼합되지도 않고 또한 나누어지지 않는다"(distinctio sed non confusio et separatio) - 이 적용되고 있음을 알 수 있다. 즉, 예수 그리스도의 신성과 인성의 위격적 연합이 "신비적 연합"인 것처럼, 그리스도와 신자들의 연합 또한 유비적으로 분명히 실제적인 것이지만 인간의 이성으로서는 이해

---

23) *Inst.*, III. xi. 5.
24) *Inst.*, III. xi. 5.
25) *Inst.*, III. xi. 10.

할 수 없는 "신비적 연합"(unio mystica)이라는 것이다. 다시 말해, 그리스도와 신자들(또는 교회)의 연합은 "서로 나누어질 수 없도록 참으로 하나가 되지만 또한 서로 혼합되지 않으며 반드시 구분되어야 한다"는 것이다. 이와 같이 우리는 그리스도에게 접붙여짐으로써 참으로 그리고 실재적으로 하나가 되지만, 서로 혼합되지 않고 구별된다. 그렇기 때문에 그것은 "머리와 지체들의 결합"이며(*Inst.* III.xi.10), 그리스도는 우리의 머리이시고, 우리는 그의 지체, 곧 몸이 되는 것이다(cf. 엡 4:15-16; 4:23, 30; *Inst.* III.xi.5).

그렇다면 이러한 신자들과 그리스도 사이의 "신비적 연합"은 과연 어떻게 이루어지는가? 칼빈에 의하면, "그리스도와의 신비적 연합"(*unio mystica cum Christo*)은 오직 "성령 안에서" 그리고 "성령으로 말미암아" 이루어지는 "영적인 연합"(spiritual union)이다. 칼빈은 "우리가 그리스도와 결합하는 것은 [오직] 그리스도의 영의 신비한 힘에 의해서"만 가능한 것이라고 강조한다.[26]

> 그리스도와의 친교(communion with Christ)를 다룰 때 … 우리는 더 높은 견지에서 성령의 신비로운 역사(the secret energy of the Spirit)를 검토하는 것이 사리에 닿는 일일 것이다. 왜냐하면 우리는 성령의 작용에 의해서 그리스도와 그의 모든 유익을 누리게 되기 때문이다. … 요약하면, 그리스도께서 우리를 자신에게 효과적으로 연결시키는 띠는 성령이다(the Holy Sprit is the bond by which Christ effectually unites us to himself).[27]

---

26) *Inst.*, III. xi. 5.
27) *Inst.*, III. i. 1.

그러므로 칼빈에 의하면, "그리스도는 성령으로서만 우리와 결합하신다. 동일한 영의 은혜와 힘에 의해서 우리는 그리스도의 지체가 되며, 그리스도께서는 우리를 그의 아래에 두시며 우리는 그리스도를 소유하게 된다."[28] 이와 같이 그리스도의 구속의 은덕들을 신자들에게 적용하는 것으로서의 "그리스도와의 연합"을 성령의 본질적인 사역으로 이해함으로써 성령의 주권적인 권위를 회복시킨 것은 칼빈신학의 가장 중요한 공헌가운데 하나라고 할 수 있다.[29]

그러나 또한 칼빈은 그리스도와의 연합을 말함에 있어 우리의 "믿음"(faith)을 통한 연합을 강조한다. 즉, 칼빈은 다음과 같이 말한다: "성령이 하시는 가장 주요한 일은 믿음을 일으키는 것"이며, "사람들은 믿음으로 그리스도를 받아들인다."[30] "성령은 믿음을 불러일으킬 뿐만 아니라 점진적으로 성장하게 한다. … 성령은 믿음의 근원이며 원인이시다"(*Inst.* III.ii.33.). "성령만이 우리를 그리스도께로 인도하신다"(*Inst.* III.ii.34.). "믿음은 특히 성령의 특별한 사역인바 그 믿음을 성령에게서 분리시키려는 것은 성령을 해하는 것이 아니고 무엇인가?"(*Inst.* III.ii.39.). 그렇다면 성령과 믿음, 그리고 그리스도와의 연합은 서로 어떤 관계에 있는가? 결론적으로 말하자면, 성령은 우리에게 믿음을 일으키며, 이 믿음을 통

---

28) *Inst.*, III. i. 3.
29) 그러므로 워필드(Benjamin B. Warfield)는 칼빈을 위대한 "성령의 신학자"(the theologian of the Holy Spirit)라고 불렀고, 그로 말미암아 전체 교회사를 통해 처음으로 성령론이 제 위치를 찾게 되었다고 평가했다. Idem, "John Calvin the Theologian" in *Calvin and Augustine* (Philadelphia: Presbyterian and Reformed Publishing Co., 1956), 487. 뿐만 아니라, 워필드에 의하면, "어거스틴으로부터 죄와 은총의 교리, 안셀무스로부터 만족설, 그리고 마틴 루터로부터 이신칭의 교리가 온 것처럼, 성령의 사역에 관한 교리는 칼빈에 의해 주어진 교회에 대한 선물이라고 말해야 한다. 구원의 전체적인 경험을 특별히 성령의 사역과 관련해서 처음으로 자세하게 상술한 사람이 바로 칼빈이었다"(*Ibid.*, 485).

하여(도구로 하여) 우리를 그리스도에게 연합하게 하신다고 할 수 있다. 칼빈은 믿음과 그리스도와의 연합의 관계에 대하여 다음과 같이 말한다: "첫째로, 값없이 주신 약속에 도달하기까지는 믿음이 견고하게 설 수 없다. 둘째로, 믿음이 우리를 그리스도께 연결하지 않으면 믿음은 우리와 하나님을 전혀 화해시키지 못한다. … 그러나 믿음이 우리를 그리스도의 몸에 접붙이지 않는다면, 어떻게 구원하는 믿음이 될 수 있는가?"[31] 이러한 이해를 중심으로 우리는 칼빈의 구원론의 전체적인 논의를 다음과 같이 도식화할 수 있을 것이다.

[성령 → 믿음 → 그리스도와의 연합 → 이중은혜(칭의/성화)]
(*Spiritus Sanctus*) (*Fide*) (*Unio cum Christo*) (*Duplex Gratia*)

이와 같이 칼빈의 견해에 따르면, 오직 성령께서 우리 안에 내주하심으로 말미암는 믿음을 도구로 하여 그의 접붙이는 띠(*vinculum*)의 사역을 통해 "그리스도와의 신비적 연합"(*unio mystica cum Christo*)이 이루어짐으로써 그리스도의 온갖 좋은 구원의 유익들이 우리에게 주어지는 것이다. 즉, 칼빈에 의하면, 우리에게 있어 성화와 칭의는 모두 **믿음을 통하여**(through faith) **동시적으로**(*simul*) 얻게 되는 이중은혜인 것이다: "회개[=중생, 성화]와 죄의 용서[=칭의] – 곧 새로운 삶과 거저 얻는 화해 – 는 그리스도께서 우리에게 주시는 것이며, 우리는 그것을 믿음을 통하

---

30) *Inst.*, III. i. 4; cf. III. ii. 8.
31) *Inst.*, III. ii. 30.

여 얻는다."³²⁾ 이러한 모든 논의를 칼빈은 다음과 같이 정리한다: "요약하자면, 그리스도께서는 그의 성령의 능력으로 우리를 조명하심으로써 믿음을 갖게 하실 때, 동시적으로 우리를 자신의 몸에 접붙이심으로써 우리를 모든 좋은 축복에 참여시키신다."³³⁾ 이제 그러한 연합의 결과로 주어지는 축복, 곧 "이중은혜"(*duplex gratia*)에 대하여 살펴보기로 하자.

3. 칼빈의 구원론의 본질: "이중은혜"(Duplex Gratia)

칼빈에 의하면, 먼저 하나님께서 성령으로 말미암는 은혜의 선물인 믿음을 통해 우리를 그리스도에게 접붙이심으로써 그리스도와 연합하게 하시고, 그 결과로서 "이중은혜"(*duplex gratia*), 곧 칭의(*iustificatio*)와 성화(*sanctificatio*)의 은혜를 누리게 하신다. 즉, 그리스도와의 연합이 칼빈의 구원론의 중심이라고 한다면, 그 결과로서 주어지는 이중은혜(*duplex gratia*) - 칭의와 성화 - 는 칼빈의 구원론의 본질이자 핵심이라 할 수 있다. 이러한 "그리스도와의 신비적인 연합"(*unio mystica cum Christo*)에 기초한 이중은혜라는 독특한 이해를 통해 칼빈은 칭의와 성화를 서로 동시적(*simul*)이며 불가분리적인 관계로 분명하게 이해한다. 따라서 칼빈은 "그러므로 단지 칭의만을 위해서가 아니라 성화를 위해서도 그리스도를 신실하게 붙잡도록 해야 한다. 이는 그를 우리에게 주신 두 가지 목적이기 때문이다"라고 말한다.³⁴⁾

---

32) *Inst.*, III. iii. 1.
33) *Inst.*, III. ii. 35.

다시 말하자면, "그리스도께서는 의와 죄의 용서와 화평을 위해 우리에게 보냄 받으셨을 뿐만 아니라 성화(sanctification)를 위해서(고전 1:30 참조), 그리고 생명수의 원천으로서(요 7:38; 4:14 참조)도 보냄 받으셨으므로 성령으로 말미암은 성화까지 동시에 이해하지 않으면 아무도 그리스도를 충분히 알 수 없다는 것은 의심의 여지가 없다."[35] 이와 같이 칼빈이 칭의와 성화를 "반드시 분명하게 구분해야 하지만 서로 혼동하거나 분리될 수 없는"(*distinctio sed non confusio et separatio*) 그리스도와의 연합으로 말미암아 우리가 "동시적"(*simul*)으로 누리게 되는 서로 구별된 하나님의 두 가지 은혜의 측면으로 이해한 것은, 신학사적으로 아주 중요한 의미를 지닌다. 즉, 칭의와 성화를 "그리스도와의 신비적 연합"에 의해 동시적으로 주어지는 이중은혜로 파악함으로써, 칼빈은 종교개혁의 구원론 논쟁을 성경적으로 올바르게 교정하고 있는 것이다. 따라서 여기서는 먼저 칼빈이 말하는 이중은혜의 정확한 개념과 그것의 관계에 대하여 살펴보도록 하자.

1) 이중은혜(Duplex Gratia)의 개념

이미 언급한 바와 같이 칼빈에 따르면, 우리는 성령의 역사로 말미암아 믿음을 도구로 하여 "그리스도와의 신비적인 연합"(*unio mystica cum Christo*)을 이루고, 그 결과로서 칭의(*iustificatio*)와 성화(*sanctificatio*)라는 이중의 은혜(*duplicem gratiam*; a double grace)를 입는다. 이러한 사실에 대하여 칼빈은 다음과 같이 말한다.

---
34) *Comm.*, Rom 8:13.
35) *Inst.*, III. ii. 8.

> 자비로운 하나님께서는 그리스도를 우리에게 주셨는데, 이는 우리가 믿음으로 그를 붙잡고 소유하도록 하시려는 것이다. 그리스도와 함께 함으로써 우리는 **이중의 은혜** (*duplicem gratiam*)를 받는다. 첫째, 무죄하신 그리스도를 통하여 하나님과 화해함으로써 우리는 하늘의 심판자대신 은혜로운 아버지를 소유할 수 있다. 둘째, 그리스도의 영에 의하여 성화됨으로써 우리는 흠 없고 순결한 생활을 신장할 수 있다.[36]

이와 같이 칼빈에 의하면, 칭의도 오직 믿음으로 얻는 하나님의 은혜요, 성화도 오직 믿음으로 얻는 하나님의 은혜이다. 이것이 성령의 주권적 사역으로 말미암아 예수 그리스도에게 연합됨으로써 하나님께서 우리에게 주시는 이중은혜(*duplex gratia*), 곧 칭의와 성화인 것이다.

뿐만 아니라, 칼빈은 예수 그리스도와 신자들과의 연합을 말함에 있어 일종의 "이중연합"(the twofold communion with Christ)에 대해서도 말하는데, 이것은 각각 정확하게 칭의와 성화의 이중은혜(the twofold grace)에 상응하는 것이다. 먼저 그는 갈라디아서 2:20에 대한 주석에서 다음과 같이 말한다.

> 그리스도께서는 우리 안에서 두 가지 방법(two ways)으로 사신다. 하나는 성령으로 그리스도께서 우리 자신과 우리의 모든 행위들을 다스리시는 것이며, 다른 하나는 우리를 그의 의에 참여자가 되게 하심으로써 하나님에 의해 그에게 받아들여지게 하시는 것이다. 첫 번째의 것은 중생(regeneration)에 관계되고, 두 번째는 거저주시는 은혜로

---

36) *Inst.*, III. xi. 1.

말미암는 칭의(justification)에 관계되는 것이다.[37]

우리는 이와 같은 그리스도에 대한 이중연합이라는 칼빈의 개념을 그가 버미글리(Peter Martyr Vermigli)에게 보낸 편지에서도 찾아볼 수 있다.[38] 여기에서의 설명에 의하면, 첫 번째 연합은 성령의 능력을 통하여 그리스도께서 우리 안에서 사시는 것이며, 두 번째 연합은 "첫 번째의 열매와 효과"로서, 그리스도께서 영적 은사들로 우리를 부요하게 하시는 것이다. 탐부렐로(Tamburello)의 분석에 따르면, 흥미롭게도 첫 번째의 것은 "전체적"(total)인 것으로 나타나는 반면, 두 번째의 것은 "부분적"(partial)이며 "성장하는 것"(grows)으로 나타난다. 이것은 칼빈이 칭의는 항상 "전체적"이지만 성화는 항상 "부분적"으로 설명하는 것에 정확하게 상응한다. 곧, 예수 그리스도의 의에 대한 우리의 참여는 "전체적"(total)인 반면, 중생(성화)의 연합은 "부분적"(partial)이고 "점진적"(progressive)인 것이다.[39]

그러나 분명히 해야 할 것은 칼빈이 말하는 "이중연합"은 서로 다른 두 가지의 연합을 말하는 것이 아니라, 하나의 연합에 불가피하게 두 가지 측면, 곧 "이중은혜"(*duplex gratia*)가 있음을 말하는 것이다. 결론적으로, 칼빈에 따르면, 그리스도와의 신비적 연합의 결과로서 우리에게 주어지는 이중은혜는 칭의와 성화이며, 그것은 서로 구별되지만 동시적으로 주어진다. 이러한 사실에 대하여 좀 더 면밀하게 살펴보기로 하자.

---

37) *Comm.*, Gal. 2:20.
38) John Calvin, *Letter* 2266 to Peter Martyr Vermigli, 8 August 1555, C.O. 15:723.
39) Tamburello, *Union with Christ*, 87.

2) 칭의와 성화의 관계

(1) "칼케돈 원칙"(Chalcedonian Axiom) – *Distinctio sed non Confusio et Separatio*

그렇다면 칭의와 성화는 도대체 어떤 관계에 있는가? 로마 가톨릭은 칭의와 성화를 구분하지 않고 서로 혼동함으로써 인간의 믿음과 함께 선행의 공로에 근거한 칭의를 주장하였다. 이에 반해 루터는 칭의와 성화를 분리시킴으로써 칭의를 일방적으로 강조하는 가운데 오히려 성화의 중요성을 간과하는 오류를 범했다고 비난받는다. 그러나 칼빈은 이 두 가지 오류들을 성경적으로 교정하기를 원했는데, 그것은 성경의 가르침 자체가 칭의와 성화에 대한 균형 잡힌 이해를 요구하기 때문이다. 이것에 대한 그의 대안이 바로 "그리스도와의 신비적 연합"(*unio mystica cum Christo*)에 근거한 "이중은혜"(*duplex gratia*)의 개념이다.

그러므로 칼빈의 견해에 따르면, 칭의와 성화는 서로 혼동되거나 혼합되지 않고 반드시 구별되어야 하지만, 또한 동시에 서로 분리될 수 없는 것이다(cf. *Inst.* III.xi.1, 6). 칼빈은 이러한 사실을 다음과 같이 분명하게 말한다: "칭의의 은혜와 중생은 서로 다른 일이지만 동시에 서로 분리되지 않는다. 의인에게도 죄의 흔적이 항상 남아있다는 것은 경험상으로 잘 알려진 사실이므로 그들의 칭의와 생활의 변화(롬 6:4 참조)는 매우 다를 것이다."[40] 그러므로 칼빈에게 있어 칭의와 성화는 불가분리적(inseparable)이다. 칼빈에게 있어 성화 없는 칭의는 있을 수 없고 그 역 또한 마찬가지이

---

40) *Inst.*, III. xi. 11.

다. 분명한 사실은 먼저 "그리스도의 은혜인 성화와 [칭]의는 서로 다르다"(the benefits of Christ - sanctification and righteousness - are different)는 것이며,[41] 또한 동시에 "실제적인 거룩한 생활은 값없이 거저 주시는 의의 전가로부터 분리될 수 없다" (nevertheless actual holiness of life is not separated from free imputation of righteousness)는 것이다.[42]

이와 같이 칼빈은 칭의와 성화는 결코 서로 분리(*separatio*)될 수 없는 끈(또는 그리스도와의 연합)으로 결합된 것이기 때문에, 만일 이것을 분리시킨다면 그것은 그리스도의 몸을 조각조각 찢는 것과 같다고 강조한다. 그러나 이와 동시에 칭의와 성화는 서로 혼동(*confusio*)될 수도 없으며, 반드시 구별(*distinctio*)되어야만 하는 것이다. 만일 우리가 칭의와 성화를 분리시킨다면, 그것은 성화 없는 칭의, 곧 "값싼 은혜"가 되고 말 것이요, 반면에 칭의와 성화를 서로 구별하지 않고 혼동한다면, 로마 가톨릭의 선행과 공로주의의 오류에 빠지게 될 것이다. 그러므로 그리스도와의 신비적 연합의 결과로 주어지는 이중은혜(*duplex gratia*)인 칭의와 성화의 관계를 이해함에 있어서도 칼빈이 "칼케돈 원칙"(Chalcedonian axiom) – 서로 구별되어야 하지만 혼동되지도 않고 또한 나누어지지 않는다(*distinctio sed non confusio et separatio*) – 을 일관되게 적용하고 있음을 분명히 알 수 있다. 이러한 칭의와 성화의 불가분리적인 관계에 대하여 칼빈은 고린도전서 1:30에 대한 그의 주석에서 다음과 같이 명확하게 설명한다.

---

41) *Inst.*, III. xi. 14.
42) *Inst.*, III. iii. 1.

둘째로, 바울은 그리스도께서 우리를 의롭게 하셨다(i.e., justification)고 말한다. 그럼으로써 우리는 하나님에게 받아들여질 수 있게 되었고, 그의 죽으심으로 우리의 죄 용서함을 받았으며, 그의 순종이 우리에게 전가됨으로써 의롭게 되었다. 믿음의 [칭]의는 죄의 용서와 은혜의 용납하심으로 이루어지는데, 우리는 이 두 가지를 그리스도를 통하여 얻는다. 셋째로, 바울은 그리스도를 우리의 성화(sanctification)라고 말하는데, 그것은 본성적으로 불의한 우리가 그의 영으로 거듭나서 거룩하게 되어 하나님을 섬길 수 있게 되었다고 한다. 이러한 이유로 해서, **우리는 동시에(simul) 거룩한 삶이 없이 오직 믿음으로 의롭게 될 수 없다는 사실을 추론할 수 있다. 왜냐하면 이러한 은혜의 선물은 서로 나눌 수 없는 끈으로 연결되어 있기 때문에, 만일 그것을 나누려 한다면 그것은 그리스도를 조각조각 찢는 것이다.** 그러므로 하나님의 값없는 은혜로 그리스도를 통하여 의롭다함을 받기 원하는 사람은 동시에(simul) 성화를 위해 그를 붙들지 않으면, 곧 삶의 거룩함과 순전함으로 거듭남이 없이는 이것을 얻을 수 없다는 사실을 명심하도록 하자. 믿음으로 값없이 칭의를 얻는다는 설교로 말미암아 우리가 사람들에게 선행을 중지시킨다고 비난하는 자들을 이 구절은 믿음은 그리스도 안에서 죄의 용서와 함께 똑같이 중생도 붙잡아야 한다는 것을 분명히 함으로써 논박하고 있다. **그러나 그리스도의 두 가지 사역은 그러한 방식으로 서로 긴밀하게 연결되어 있음에도 불구하고 또한 서로 구별되어야 한다. 그러므로 바울이 여기에서 명확하게 구별하는 것을 혼동하는 잘못은 허용될 수 없다.**[43]

---

43) *Comm.*, I Cor. 2:30 (강조 첨가).

(2) 칭의와 성화의 "동시성"(Simultaneity)

칼빈에 의하면, 칭의와 성화는 어떤 시간적인 연대기적 순서나 인과적인 관계 혹은 목적론적인 관계에 있지 않다.[44] 즉, 칭의가 성화에 시간적으로 앞서거나 성화의 원인이 되는 것이 아니며, 또한 성화가 칭의의 결과적 산물이거나 목적이 되는 것도 아니다. 칼빈에게 있어 칭의와 성화는 신자들이 성령으로 말미암아 그리스도에게 접붙여짐으로써 그 결과로 신자들에게 "동시적"(*simul*)으로 주어지는 것이며, 또한 "서로 구별되지만 나뉠 수 없는"(*distinctio sed non separatio*) 그리스도의 은덕들(*beneficia Christi*)이다. 즉, 여기에서 우리는 칭의와 성화가 모두 "그리스도와의 신비적 연합"(*unio mystica cum Christo*)의 결과로서 우리에게 "동시적"(*simul*)으로 주어진다는 사실을 다시 한 번 강조할 필요가 있다.[45] 칼빈에게 있어 "구원의 축복들은 성령을 통하여 그리스도 안에서 **배타적으로, 즉각적으로, 동시적으로 그리고 종말론적으로**(exclusively, immediately, simultaneously and eschatologically) 우리의 것이 된다."[46] 칼빈은 이와 같은 칭의와 성화의 동시성(simultaneity)과 불가분리적인 관계성(inseparable relationship)을 다음과 같은 명제로 아주 분명하고도 정확하게 요약한다: "**그러므로 그리스도께서는 반드시 동시에 성화시키지 않는 사람은 그 누구도 칭의시키지 않는다**"(*nullum ergo Christus iustificat quem non simul sanctificat*).

---

44) Cf. 필립 홀트롭,『기독교강요 연구 핸드북』, 박희석/이길상 역 (고양: 크리스챤다이제스트, 1995), 240.
45) Cf. McGrath, *Iustitia Dei*, 256.
46) Sinclair B. Ferguson, *The Holy Spirit* (Downers Grove: Intervarsity Press, 1996), 102 (강조 첨가).

그렇다면 우리는 어찌하여 믿음으로 의롭다함을 받는가? 그것은 우리가 믿음으로 그리스도의 의를 붙잡기 때문이며, 또한 오직 그리스도의 의에 의해서만 하나님과 화목하기 때문이다. 그러나 **동시에**(*simul*) 성화를 붙잡지 않고서는 이것을 취할 수가 없다. 왜냐하면 그리스도는 "의로움과 지혜와 성화와 구속이 되시기 위해 우리에게 주어졌기" 때문이다(고전 1:30). **그러므로 그리스도께서는 반드시 동시에 성화시키지 않는 사람은 그 누구도 칭의시키지 않는다**(*nullum ergo Christus iustificat quem non simul sanctificat*). 이 은혜들은 영원히 풀 수 없는 유대관계에 의해 서로 결합되어 있기 때문에, 그리스도께서는 그의 지혜로 조명하신 사람들을 구속하시며, 구속하신 자들을 의롭다 하시며, 의롭다 하신 자들을 또한 거룩하게 하신다. 그러나 여기에서는 [칭]의와 성화가 문제가 되어 있으므로, 이것에 대하여 자세히 말하고자 한다. **비록 우리는 이 두 가지를 구별하지만, 그리스도께서는 자신 안에 이 둘을 분리할 수 없도록 포함하고 있다.** 그리스도 안에서 의를 얻기를 원하는가? 그렇다면 먼저 그리스도를 소유해야 한다. 그러나 그의 성화에 참여함이 없이 그리스도를 소유할 수는 없다. 왜냐하면 그는 조각조각 나누일 수 없기 때문이다(고전 1:13). 그러므로 주님께서 우리에게 이 은혜들을 주시며 우리가 이 은혜들을 누리게 하시는 방법은 오직 그가 자신을 우리에게 주시는 것뿐이므로, **그는 두 가지를 동시에**(*simul*) **함께 주시며, 하나가 없이는 결코 다른 하나도 주시지 않는다.** 그러므로 우리가 행위로 의롭다함을 받는 것도 아니며, 또한 행위 없이 의롭다 함을 받는 것도 아니라는 사실이 분명하다. 왜냐하면 우리는 그리스도에게 참여함으로써 의롭다함을 받으며, 그것은 [칭]의에 못지않게 성화를 포함하기 때문이다.[47]

그러므로 칼빈의 견해에 따르면, **칭의 없이 성화가 있을 수 없고, 또한 성화 없이 칭의가 있을 수도 없다.** 하나님께서는 우리를 믿음을 통하여 동시에(*simul*) 의롭다하시며 또한 거룩하게 하신다. 이와 같이 칭의와 성화를 우리가 그리스도에게 연합됨으로써 주어지는 동시적(*simul*)인 이중은혜로 파악하는 칼빈의 견해는, 소위 "구원의 서정"(*ordo salutis*)에 대한 우리의 이해를 교정함에 있어서도 매우 중요하다. "구원의 서정"(*ordo salutis*)이라는 신학적 용어는 17-18세기 개신교 스콜라신학(Protestant Scholasticism)이라고 불리는 정통주의 신학의 산물로서, 부데우스(F. Buddeus)와 루터파 신학자 카르포프(Jacob Karpov)가 처음으로 사용하였다.[48] 그러나 퍼킨스(William Perkins)의 "황금사슬"(the golden chain)에서 보여주듯이 엄밀한 논리적인 구조로 정립된 구원의 서정에 대한 계속되는 신학적인 논쟁은, 그만큼 구원의 서정에 사용되는 용어들의 정확한 의미와 배열의 순서를 성경적으로 확립하는 것이 쉽지 않음을 역설적으로 말해준다. 칼빈신학의 후예들이라 할 수 있는 개혁파 신학자들 역시 구원의 서정에 대한 구체적인 이해에 있어 각기 그 견해를 달리한다.[49] 참고로 알리스트 맥그래쓰(Alister E. McGrath)는 "구원의 서정"(*ordo salutis*)에 대한 칼빈의 개념을 다음과 같이 단순하게 정리하여 제시한다.[50]

---

47) *Inst.*, III. xvi. 1 (강조 첨가).
48) Cf. F. Buddeus, *Institutiones Theologiae Dogmaticae* (1724); Jacob Karpov, *Theologia Revelata Dogmatica* (1739).
49) 이 문제와 관련해서는 Antony A. Hoekema, *Saved by Grace* (Grand Rapids: Eerdmans, 1989); John Murray, *Redemption Accomplished and Applied* (Grand Rapids: Eerdmans, 1955); Richard B Gaffin, Jr. *By Faith, Not by Sight: Paul and the Order of Salvation* (Bucks, UK: Paternoster, 2006)을 참고하라.
50) McGrath, *Iustitia Dei*, 255.

$$electio(\text{선택}) \rightarrow unio\ mystica(\text{신비적 연합}) \rightarrow \begin{Bmatrix} iustificatio\ (\text{칭의}) \\ sanctificatio\ (\text{성화}) \end{Bmatrix} \rightarrow glorificatio(\text{영화})$$

그러나 지금까지 살펴보았듯이, 칼빈은 소위 "구원의 서정"(*ordo salutis*)에서 나타나는 각 단계들을 하나의 엄밀한 논리적 구조를 지닌 "인과관계"에 따라 이해하기보다는 "그리스도와의 연합"이라는 핵심개념을 중심으로 하여 동시적으로 주어지는 은혜의 다양한 국면들이 동심원적으로 연결된 것으로 본다.[51] 즉, 구원의 각각의 측면들은 상호 불가분리적으로 결합되어 있으며, 또한 동시적으로 주어지는 것이다. 이러한 칼빈의 신학적 사고의 유연성은 『기독교 강요』(1559) 제3권에서 "그리스도와의 신비적인 연합"의 결과로 주어지는 "이중은혜" 중 칭의에 대해 말하기 전에 먼저 성화(=중생=회개=회심)에 대해 논하는 것에서 분명하게 나타난다.[52] 이것은 일반적인 구원론 논의의 구조를 완전히 뒤집는 것으로서, 칼빈이 이처럼 독특하게 역설적인 순서를 취하는 것은 신학적인 의도가 다분한 것이었다.[53]

말하자면, 칼빈 역시 중생, 곧 성화를 "이중은혜"(*duplex gratia*) 중 "두 번째 은혜"(second grace)라고 분명히 말하지만, 그런데도 이것을 칭의에 앞서 먼저 논하는 이유는 로마 가톨릭 교회가 비난하는 것처럼, 이신칭의 교리에 대한 종교개혁의 강조가 결코 "믿

---

51) Cf. Richard B. Gaffin, Jr. "Justification and Union with Christ," in *Theological Guide to Calvin's Institutes*, ed. by David W. Hall and Peter A. Lillback (Phillipsburg, N.J.: P & R Publishing, 2008), 253.
52) 참고로 칼빈에게 있어 성화, 중생, 회개, 회심은 아직 신학적으로 분명하게 분화된 개념으로 사용되지 않고 서로 비슷한 개념으로서 상호 교환적으로 사용되고 있음에 우리는 주의해야 한다.
53) Cf. Wilhelm Niesel, *The Theology of Calvin*, trans. by Harold Knight (Grand Rapids: Baker Book House, 1980), 130-31.

음은 선행을 결하고 있지 않다는 것"을 명확하게 보여주고자 함이 었고, 그와 동시에 그럼에도 선행이 아니라 "오직 믿음으로 말미암 아 하나님의 자비로 값없이 의롭다함을 얻는다"는 사실을 더욱 강 조하고자 함이었으며, 또한 "성도들의 선행의 성격이 무엇인지를 분명하게 이해"시키고자 함이었다.[54] 즉, 그러한 역설적인 논의 구 조를 통하여 칼빈은 우리가 **성화와 칭의 모두 믿음을 통하여** (through faith) "그리스도와 연합" 됨으로 **동시적**(*simul*)으로 얻게 되는 "이중은혜"라는 것을 강조하고자 한 것이다: "회개(=중생, 성 화)와 죄의 용서(칭의) – 곧, 새로운 삶과 거저 얻는 화해 – 는 그 리스도께서 우리에게 주시는 것이며, 우리는 그것을 믿음을 통하 여 얻는다."[55] 뿐만 아니라 칼빈이 구원의 기초가 되는 예정의 교 리(the doctrine of Predestination)를 구원론의 시작에서가 아니라, 구원의 확신의 문제와 관련하여 감사와 찬양의 송영(doxology)으 로서 구원론의 마지막에서 논하고 있음도 신학적으로 그리고 목회 적인 관점에서 우리에게 시사하는 바가 아주 크다 할 것이다.

4. 나가는 말

지금까지 칼빈의 구원론의 대강을 "그리스도와의 연합"(*unio cum Christo*)과 "이중은혜"(*duplex gratia*)를 중심으로 하여 살펴 보았다. 이를 통하여 칼빈의 구원론의 중심은 성령의 역사로 인하 여 믿음으로 이루어지는 "그리스도와의 연합"(*unio cum Christo*)

---

54) *Inst.*, III. xi. 1.
55) *Inst.*, III. iii. 1.

이며, 그 결과로서 동시적(*simul*)으로 주어지는 "이중은혜"(*duplex gratia*), 곧 칭의(*iustificatio*)와 성화(*sanctificatio*)가 그의 구원론 이해의 본질이라는 사실을 확인할 수 있었다. 칼빈은 이처럼 구원 사건에 있어 칭의와 성화의 불가분리적 관계성(*distinctio sed non separatio*)과 동시성(simultaneity)을 함께 이해함으로써 루터와 로마 가톨릭의 구원론 논쟁의 딜레마를 돌파하였고, 기독교 구원론 이해의 성경적 기초를 확고하게 하였던 것이다. 칼빈의 견해에 따르면, 칭의 없이 성화가 있을 수 없고, 또한 성화 없이 칭의가 있을 수 없다. 칼빈은 이를 다음과 같은 명제로 간단명료하게 요약한다: "**그러므로 그리스도께서는 반드시 동시에 성화시키지 않는 사람은 그 누구도 칭의시키지 않는다**"(*nullum ergo Christus iustificat quem non simul sanctificat*). 이러한 이해 위에서 칼빈의 다음과 같은 역동적인 진술이 가능해진다: "그는 두 가지를 동시에(*simul*) 함께 주시며, 하나가 없이는 결코 다른 하나도 주시지 않는다. 그러므로 우리가 행위로 의롭다함을 받는 것도 아니며, 또한 행위 없이 의롭다 함을 받는 것도 아니라는 사실은 분명하다."

　칼빈의 이러한 성경적이고도 균형잡힌 구원론 이해를 통하여 오늘날 한국교회가 직면한 신행불일치의 문제, 믿음과 선행, 칭의와 성화, 율법과 복음, 은혜와 행위 등의 이분법적 분열의 문제뿐만 아니라 구원의 서정(*ordo salutis*)과 관련된 오랜 논쟁 또한 극복할 수 있는 신학적 단초를 얻을 수 있을 것이다. 또한 더 나아가서 "그리스도와의 신비적 연합"(*unio mystica cum Christo*)이라는 개념은 우리로 하여금 성령께서 믿음을 통하여 그리스도의 구속의 은혜를 각 신자 개인들에게 분여하고 적용하는 구원론의 주관적인 측면(*ordo salutis*)을 객관적인 삼위일체 하나님의 전체 구속사(*historia salutis*)와의 연관 속에서 보다 전체적이며 통전적으로 신학적 사고를 할 수 있게 해준다. 뿐만 아니라, 동일한 구원사건에 대하여 개인 구원의 적용적 측면(성령의 내적사역)과 공동체적(교회론적; 성령의 외적사역) 측면을 보다 통합적으로 이해하게 함으로써 개인주의적 기복주의 신앙에 의한 일부 한국교회의 왜곡된 구원관을 성경적으로 바르게 교정할 수 있을 것이다.

마지막으로, 칼빈은 기독론 이해에 있어 핵심논점인 "칼케돈 원칙"(Chalcedonian axiom), 즉 "반드시 서로 구별되어야 하지만, 서로 혼동되어서도 또한 분리되어서도 안된다"(*distinctio sed non confusio et separatio*)라는 원리를 전체 구원론 논의의 주요한 틀 – "그리스도와의 신비적 연합"(*unio mystica cum Christo*) 및 "이중은혜"(*duplex gratia*), 곧 칭의와 성화의 불가분리적 관계성 – 은 물론이거니와 구원론 각론의 세밀한 부분들 – 성화론과 칭의론의 각론들 – 에까지 일관되게 유비적으로 적용하고 있으므로, 이 원리가 각 논쟁점들에 있어 칼빈의 입장과 견해를 바르게 해석하는 중요한 해석적 원리(the hermeneutical principle)로 고려되어야 함을 확인할 수 있었다.

참고문헌 (Bibliography)

강웅상. "칼빈의 칭의론과 한국교회." 「개혁신학회 학술발표회 논문집」 (2009년 봄): 107-35.

홀트롭, 필립. 『기독교강요 연구 핸드북』. 박희석, 이길상 역. 고양: 크리스챤다이제스트, 1995.

Calvin, John. 『기독교 강요』(1559). 김종흡 외 3인 역. 서울: 생명의 말씀사, 1988.

Butin, Philip Walker. *Revelation, Redemption, and Response: Calvin's Trinitarian Understanding of the Divine-Human Relationship*. Oxford: Oxford University Press, 1995.

Calvin, John. *Institutes of the Christian Religion*. Ed. by John T. McNeill and trans. by Ford Lewis Battles. Philadelphia: Westminster Press, 1960.

_____. *Commentaries of New Testament*. Grand Rapids: Baker Book House, 1993, Reprinted.

Ferguson, Sinclair B. *The Holy Spirit*. Downers Grove: Intervarsity Press, 1996.

Gaffin, Richard B., Jr. *By Faith, Not by Sight: Paul and the Order of Salvation*. Bucks, UK: Paternoster, 2006.

_____. "Justification and Union with Christ." In *Theological Guide to Calvin's Institutes*, ed. by David W. Hall and Peter A. Lillback (Phillipsburg, N.J.: P & R Publishing, 2008): 248-69.

Hessellink, I. John. "Calvin, the Holy Spirit, and Mystical Union." *Perspectives* 13, no. 1 (January, 1998): 15-18.

Hoekema, Antony A. *Saved by Grace*. Grand Rapids: Eerdmans, 1989.

McGrath, Alister E. *Iustitia Dei: A History of the Christian Doctrine of Justification*. 3rd ed. Cambridge: Cambridge University Press, 2005.

Murray, John. *Redemption Accomplished and Applied*. Grand Rapids: Eerdmans, 1955.

Niesel, Wilhelm. *The Theology of Calvin*. Trans. by Harold Knight. Grand Rapids: Baker Book House, 1980.

Parker, T. H. L. *Calvin: An Introduction to His Thought*. Louisville: Westminster/John Knox Press, 1995.

Partee, Charles. "Calvin's Central Dogma Again." *The Sixteenth Century Journal* 18/2 (1987): 191-99.

Smedes, Lewis B. *Union with Christ: A Biblical View of the New Life in Jesus Christ*. Grand Rapids: Eerdmans, 1970.

Tamburello, Dennis E. *Union with Christ: John Calvin and the Mysticism of St. Bernard*. Louisville: Westminster John Knox Press, 1994.

Warfield, Benjamin B. *Calvin and Augustine*. Philadelphia: Presbyterian and Reformed Publishing Co., 1956.

Wendel, Francois. *Calvin: Origins and Development of His Religious Thought*. Trans. by Philip Mairet. Grand Rapids: Baker Books, 1997.

제5장
칼빈의 사회경제 윤리와 사상

1. 들어가는 말: 칼빈의 사회경제 사상에 대한 해석들

여기서는 먼저 그리스도인의 삶에 대한 칼빈의 이해, 곧 칼빈의 사회경제 윤리와 사상에 있어 기존에 제기된 몇 가지 해석들에 대하여 살펴보고자 하는데, 그것은 칼빈의 사상을 중세적 "수도원적 금욕주의"의 연장으로 보는 견해와 "자본주의 정신"의 시조로 보는 견해, 그리고 "기독교 사회주의자"로 보는 견해 등이다. 첫 번째 견해의 예는 알브레히트 리츨(A. Ritschl)의 견해이다. 리츨은 현세적 삶에 대한 칼빈의 독특한 관점을 엄격한 중세 "수도원적 금욕주의"(monastic renunciation), 즉 "세상과의 금욕주의적 투쟁에 가까운 접근"이었다고 파악했다.[1] 리츨에 따르면, 칼빈은 극장이나

---

1) Albrecht Ritschl, "Prolegomena to The History of Pietism," in *Three Essays*, trans. P. Hefner (Philadelphia: Fortress Press, 1972), 118.

오락의 필요성을 배격하고 자유로운 삶이나 예술의 기쁨에 속하는 것들을 모두 반대한 것에서 볼 수 있듯이(뒤에서 보게 되겠지만 사실은 그렇지 않다), 이 세상을 멀리하는 태도는 본질에 있어 중세 프란시스파와 같은 가톨릭의 금욕적 수도자를 닮았다는 것이다.[2]

이러한 리츨의 칼빈주의에 대한 엄격한 금욕주의적 이해는 어네스트 트뢸취(E. Troeltsch)에게서 조금 수정된 형태로 반복되는데(그는 다음에 언급될 베버 테제를 수용하기도 한다), 곧 칼빈주의가 일종의 "세계내적 금욕주의"(intramundane asceticism)를 만들어 냈다고 본다.[3] 트뢸취에 의하면, 중세의 가톨릭 문화는 두 가지 특징을 지니는데, 곧 권위주의와 금욕주의가 그것이다. 권위주의가 교회를 통하여 하나님의 권위가 시행되고 모든 덕은 신(神)과 연결된다는 것이라면, 금욕주의는 하나님 안에 모든 삶의 활동이 집약된다는 것이다. 그러나 근대의 문화는 중세기 문화와는 정반대인데, 근대적 삶은 권위주의를 개인주의로 대체하고, 금욕주의는 세속주의에 의하여 대체되었다. 근대적 삶에서는 근원적인 타락(original sin)이라는 관념이 더 이상 존재하지 않으며, 초월자에 의한 근원적 타락에서의 구원도 더 이상 문제가 되지 않는다. 인간의 삶은 그 자체의 목적을 가지고 있으며, 삶의 이상은 오직 지금 현세적 삶을 지향한다. 이러한 논거에서 트뢸취는 금욕주의적 경향을 강조하는 종교개혁은 근대의 시작이 아니라 중세와 다소 차이가 있긴 하지만 그것의 본질적인 연장으로 파악한다. 그는 칼빈의 금욕주의에 대하여 다음과 같이 평가한다.

---

2) Ibid., 119.
3) Ernest Troeltsch, *The Social Teaching of the Christian Churches*, vol. II. trans. Olive Wyon (Louisville: Westminster/John Knox Press, 1992), 607.

모든 칼빈주의와 마찬가지로 칼빈의 금욕주의는 적극적이고 공격적이었다. 세상을 변화시켜 하나님께 모든 영광을 돌린다. 이 목적을 위하여 윤리적 이론과 교회적 신앙훈련으로 모든 사람을 단련시키고 합리화시킨다. … 단순한 감정에서 신실성의 부족과 타성만을 감시한다. 그것은 하나의 근본적인 감정, 곧 하나님을 향한, 또 교회의 영광을 위한 노동으로 가득 차 있다. 그러므로 이러한 칼빈주의 윤리사상에서 활발한 생명력과 엄격한 훈련, 완전한 계획, 크리스챤의 사회적 목적 등이 생겨나게 되었다.[4]

그러나 이러한 리츨과 트뢸취의 견해는 듀메르그(E. Doumergue)와 같은 여러 칼빈 연구자들에 의해 모순되고 근거 없는 것으로 논박되었다.[5]

둘째로, 칼빈을 "자본주의 정신"의 시조로 파악하는 견해는 막스 베버(M. Weber)의 『프로테스탄트 윤리와 자본주의 정신』(*The Protestant Ethic and the Spirit of Capitalism*)이라는 고전적 저술을 통해 제시되었다.[6] 이 저작에 있어 베버의 근본적인 가정은 마르크시즘의 유물론에 반대하여 종교가 한 문화의 경제와 사회 사조의 가장 기본적인 요인이라는 것이다.[7] 이러한 가정 하에 그는 근대문화를 "자본주의"로 파악하면서, "자본주의 정신"은 바로 근대정신인데, 16세기 프로테스탄트의 "현세적 금욕주의"(worldly

---

4) E. Doumergue, "Calvin: Epigone or Creator?" in *Calvin and the Reformation*, ed. William P. Armstrong (Grand Rapids: Baker Book House, 1980), 16-17에서 재인용.
5) Ibid.
6) Max Weber, *The Protestant Ethic and the Spirit of Capitalism*, trans. Talcott Parsons (New York: Charles Scribner's Sons, 1976).
7) W. Stanford Reid, "Jean Calvin: the Father of Capitalism?," *Themelios* 8 (1983), 19.

asceticism)가 이러한 근대적 자본주의 정신의 형성에 결정적인 역할을 했다고 주장한다. 베버에 의하면, 칼빈주의가 "소명"(calling) 혹은 "직업"(vocation)의 개념을 중요하게 다룸으로써 "자본주의 정신"의 가장 명백한 요소 중 하나가 되었다고 한다. 중세에서는 소명을 성직이나 특별한 종교 생활에 입문하는 의미로만 사용했지만(성속이원론), 종교개혁자들(특히 칼빈)은 모든 세속적인 인간 활동에까지 이를 체계적으로 확대 적용했다. 즉, 하나님은 각 개인을 현세적 삶에 있어 어떤 일정한 직업 – 예를 들어 공예인, 농부, 상인 혹은 그 무엇이든 관계없이 – 에로 부르셨으며, 그것이 그가 이 세상에서 수행해야 할 천직이라는 것이다. 베버의 표현에 의하면,

> [직업은] 그 말의 의미와 마찬가지로, 그 사상 또한 새로운 종교개혁의 산물이다. 일반적으로 알려진 것과 같이, 중세기나 고대 헬라세계에서도 직업이라는 개념이 내포하는 바, 일상의 세속적인 활동에 대하여 긍정적인 평가가 있어왔다. 그러나 **최소한 한 가지는 의심할 바 없이 새로운 것인데, 그것은 세속적 직업에서 그 의무를 완수하는 것을 한 개인의 도덕적 행위 가운데 최상의 것으로 존중하는 것이다. 그것은 필연적으로 일상의 세속적 활동에 종교적인 중요성을 부여하게 했으며, 바로 이러한 의미에서 직업이라는 개념이 처음으로 창출되었다.**
> … 하나님의 뜻에 순종하는 삶을 사는 유일한 길은 수도원적 금욕주의에 의하여 세속적인 도덕을 능가하는데 있는 것이 아니라, 단지 세상에서 맡은 각 개인의 위치에서 그 의무들을 성취하는 것을 통해서이다. 이것이 바로 그의 직업(혹은 소명)이다.[8]

---

8) M. Weber, *The Protestant Ethic and the Spirit of Capitalism*, 80 (강조 첨가).

베버의 분석에 따르면, 이러한 직업의 개념 발전에 결정적으로 도움을 준 것이 바로 칼빈의 선택론과 예정론이다. 즉, 베버는 칼빈의 선택론을 그의 전(全)신학에 있어 가장 핵심되는 교리로 파악하며, 이것으로 칼빈이 근대적 개인주의에로의 문을 열었다고 본다. 환언하자면, 인간은 이제 구원을 위하여 교회나 성직자 혹은 다른 수단에 의존하지 않고 오직 하나님의 주권적인 선택적 의지에만 의존함으로써, 한 개인으로서 하나님 앞에 서게 되었다는 것이다. 나아가 인간은 이제 한 개인으로서 직업 안에서 그리고 그 직업을 통하여 하나님의 선택을 수행하며 하나님을 영화롭게 할 수 있게 되었다.

베버에 의하면, 이러한 칼빈의 사상은 17세기 영국, 뉴잉글랜드, 그리고 네덜란드에서 청교도주의(Puritanism)의 기초를 형성했으며, 이것이 청교도들의 자기 금욕적 생활의 근거가 되었다. 청교도들은 그들에 대한 하나님의 소명과 선택을 확실히 하기 위하여 오락이나 개인적 유흥에 시간을 낭비하지 않고 아주 열심히 일했다. 물론 노동의 대가 또한 개인적인 유흥이나 호화스러운 생활에 사용하지 않고 보다 생산적인 곳에 유효적절하게 투자했다. 또한 보다 나은 이윤을 획득하기 위하여 가능한 낮은 임금을 유지했는데, 이에 대한 경제적인 결과가 자본의 축적으로 나타났다. 즉, 이윤을 획득하기 위해 열심히 일하고, 개인적 삶의 목적을 위해 주의 깊게 시간을 투자하는 프로테스탄트 정신, 곧 쾌락을 추구하지 않고 노동을 끊임없이 가능하게 하는 그 정신이 근대 자본주의 형성의 기초가 되었다는 것이다. 이것이 베버가 제시한 서구 자본주의의 기원에 대한 대략적 설명이지만, 이에 대한 논쟁은 아직도 계속되고 있다.

그런데 칼빈에 대한 이러한 오해들은 대개 그의 저작을 전체적으로 면밀하게 검토하지 않고, 그의 사상의 어느 일부분만 확대 해석, 적용함으로써 일어난다. 예를 들어, 리츨이 칼빈을 엄격한 "수도원적 금욕주의자"라고 본 것은, 칼빈이 "잘못된 방종"만이 아니라 스토아학파나 고행자들, 그리고 수도자들의 "잘못된 엄격한 금욕"에 대해서도 동일하게 그리스도인이 빠지기 쉬운 위험한 오류로서 배격하고 있음을 보지 못한 결과이다.[9] 이와 마찬가지로 칼빈과 칼빈주의를 엄격한 바리새인적이며 율법주의적인 것으로 평가하는 것도 잘못된 오해에서 비롯된 것이다. 그것에 대한 반박은 다음과 같은 칼빈의 말을 인용하는 것으로 충분할 것이다.

> 내가 복음적 완전에 도달하지 못한 사람은 그리스도인으로 인정하지 않겠다고 할 정도로 복음적 완전을 엄격하게 요구하는 것은 아니다. 그렇지 않다면 완전에서 멀지 않은 사람은 한 사람도 없을 것이기 때문에 모두 교회에서 몰아내야 할 것이다. … 신자의 대부분은 심히 약하다. 그들은 비틀거리며 절름거리며 심지어 기어갈 뿐, 그 움직이는 속도가 아주 느리다. 그러므로 우리는 각각 자기의 미미한 능력의 한도에 따라서 전진할 생각으로 우리가 시작한 여행을 떠나도록 하자. 비록 짧은 거리일지라도 매일 앞으로 나가지 않는다면, 그런 출발은 상서롭지 못할 것이다. 그러므로 우리는 주의 길에서 다소라도 부단히 전진하도록 우리의 노력을 중단치 말아야 한다. 우리의 성공이 사소한

---

9) John Calvin, *Institutes of the Christian Religion*, 「기독교 강요」, 김종흡 외 3인 역 (서울: 생명의말씀사, 1992, 이후 「강요」로 인용함), III. 10. 1. 그리고 III. 19. 7-10을 참조하라

때에도 낙심하지 말라. 원하는 데까지 미치지 못하더라도 어제보다 오늘이 나으면 무익한 노력이 아니다. 우리는 다만 진실하고 단순한 마음으로 우리의 목표를 바라보면서 앞으로 나아갈 뿐이다. … 종점을 향해서 계속 분투하고 노력하라.[10]

다음으로 베버가 "자본주의 정신"의 가장 명확한 시조로서 칼빈을 지목하는 것도 그의 이론 정립을 위한 지나친 단순화에 다름 아니다. 우선 칼빈에 대한 베버의 이해는 칼빈의 저작에 대한 직접적인 연구에 기초한 것이 아니라 대부분 후기 칼빈주의자들, 즉 17세기 청교도주의(Puritanism) - 리챠드 벡스터(Richard Baxter) 같은 - 혹은 18세기 미국의 지도자 벤쟈민 플랑클린(Benjamin Franklin)의 사상에 근거한 것인데, 그것도 몇 가지 점에서 잘못 이해한 것이다.[11] 예를 들면, 부(wealth)와 보다 나은 이윤의 추구를 위하여 청교도들이 가능한 낮은 임금을 주었다는 것은 역사적 사실과 거리가 멀다. 뿐만 아니라 상업적 자본주의(Capitalism)의 맹아는 칼빈 이전에 이탈리아나 다른 유럽지역에서 이미 출현했으며, 베버가 칼빈주의에 부여했던 독특한 도덕적 특징들도 배타적으로 칼빈주의자들에만 해당되는 것이 아니다. 또한 베버는 프로테스탄트 금욕주의를 독특하게 칼빈주의적인 것으로 과대평가한다. 그러나 사실 칼빈은 그의 주된 사역지였던 제네바(Geneva)에서 자본주의 발전을 오히려 저해했던 것으로 평가되기도 한다. 비

---

10) 『강요』, III. 6. 5.
11) Cf. W. Fred Graham, *The Constructive Revolutionary: John Calvin and His Socio-Economic Impact* (Atlanta: John Knox Press, 1978), 193.

록 칼빈이 개인적 소유재산권에 대한 옹호와 대부금에 대한 5%의 이자율을 적절한 것으로 인정한 것은 사실이지만,[12] 또 한편으로 그는 개인의 생활에 있어 근면, 절제, 검소한 생활 등을 강조함과 더불어 사회적으로 가난한 사람들을 돕는 것, 서로 나눔, 그리고 사회적 약자들을 돌보는 관대한 복지 정책에 대하여 지대한 관심을 가졌음은 물론 부의 공동체성에 대해 특별히 강조했다.

이러한 이유로 앙드레 비엘러(Andre Bieler)는 칼빈의 경제사상을 "인격주의적 사회주의"(Personalist Socialism) 혹은 "사회적 인격주의"(Social Personalism)라고 부르기도 했다.[13] 동일한 연장선상에서 프레드 그레이엄(W. Fred Graham) 역시 칼빈이 16세기 중부 유럽에 조그마한 복지국가, 즉 "기독교 사회주의"를 출현시키는데 공헌했다고 평가한다.[14] 나아가 칼빈의 선택론 또한 그의 신학의 핵심이라 할 수 없다. 더군다나 하나님의 선택은 한 사람이 자기의 일에 얼마나 근면한가에 근거하는 것이 아니라 오직 하나님의 절대주권과 그리스도에 근거한다. 이러한 이유로 베버의 주장은 칼빈주의와 자본주의의 양면으로부터 모두 공격을 받아왔다.[15] 그러므로 우리는 칼빈의 저작에 대한 균형잡힌 연구 분석을

---

12) 칼빈의 이자(interest)에 대한 견해에 대해서는 L. F. Schulze, "Calvin on Interest and Property - Some Aspects of His Socio-Economic View," in *Our Reformational Tradition* (Potchefstroom: Potchefstroom University, 1984), 220-223; W. Venter, "Calvin and Economics according to the Institutes," in *John Calvin's Institutes His Opus Magnum* (Potchefstroom: Potchefstroom University, 1986), 296-302를 참조하라.

13) Andre Bieler, *The Social Humanism of Calvin*, trans. Paul T. Fuhrmann (Richmond: John Knox Press, 1964), 62.

14) Graham, *op. cit.*, 196. 그러나 윌리엄 부스마(William Bousma)는 칼빈에게 있어 자본주의 요소와 사회주의적인 요소, 이 두 가지 측면이 서로 통일되지 않은체 불안한 형태로 공존하고 있다고 평가한다. Idem, *John Calvin: A Sixteen Century Portrait* (Oxford: Oxford University Press, 1988), 196-203; 이양호, 『칼빈: 생애와 사상』 (서울: 한국신학연구소, 2001), 253-59를 참조하라.

통하여 칼빈이 제시하고자 했고 또 그의 평생의 삶을 통하여 구현하고자 노력했던 그리스도인의 개혁주의적 삶의 원리가 무엇이었는지 살펴보아야 한다. 그것이 칼빈의 사회경제사상의 본질을 제대로 이해하는 첫걸음이 될 것이다.

2. 칼빈에 있어 "그리스도인의 삶의 중심원리"

존 칼빈은 마틴 루터(Martin Luther), 울리히 쯔빙글리(Ulrich Zwingli)에 뒤이어 16세기 종교개혁의 제2세대에 속하는 지도자였다. 그는 철저하게 하나님의 말씀에 기초한 개혁주의 신학의 기초를 놓은 불멸의 신학자였으며, 또한 오직 하나님의 절대주권과 하나님의 영광을 위해 살았던 능력의 신앙인이자 실천가였다.[16] 그가 신학을 하고 종교개혁을 위해 헌신했던 시대는 평안하고 안정된 생활이 보장된 시기가 결코 아니었다. 오히려 그는 서양사를 중세에서 근대로 전환시켰던 종교개혁기라는 급격한 변화와 격동기

---

15) 베버 테제에 대한 논쟁과 비판에 대하여는 다음의 자료들을 보라: S. N. Eisenstadt, *The Protestant Ethic and Modernization: A Comparative View* (London: Basic Books, 1968); Robert Green, Protestantism, *Capitalism and Social Science: the Weber Thesis Controversy* (London: D. C. Heath and Co., 1973); W. Stanford Reid, "John Calvin, Early Critic of Capitalism(1): An Alternative Interpretation," *Reformed Theological Review* 43 (1984), 74-81; Idem, "Jean Calvin: the Father of Capitalism?" *Themelios* 8 (1983), 19-25; J. H. van Wyk, "Calvin on the Christian Life," in *Our Reformational Tradition* (Potchefstroom, Republic of South Africa: Potchefstroom University, 1984); 231-78; 그리고 Ronald S. Wallas, *Calvin, Geneva and the Reformation* (Grand Rapids: Baker Book House, 1988).

16) 칼빈의 생애와 그의 신학에 대하여는 다음과 같은 개론서들이 유용하다: T. H. L. Parker, *John Calvin: A Biography* (Philadelphia: Westminster Press, 1975); F. Wendel, *Calvin: Origins and Development of His Religious Thought*, trans. P. Mairet (Grand Rapids: Baker Books, 1997); W. J. Bouwsma, *John Calvin: A Sixteenth Century Portrait* (New York: Oxford University Press, 1988), etc.

의 세월을 살면서, 그 한 가운데서 종교개혁을 직접 주도하였고, 하나님의 교회를 말씀의 터 위에 굳게 세워 놓았으며, 후세에 길이 남을 개혁주의 신학과 신앙의 기초가 되는 귀중한 유산을 우리에게 남겨 주었다.

사회경제사적 측면에서 볼 때, 칼빈이 활동했던 시기는 유럽의 중세봉건 장원제 사회가 점차적으로 해체되면서 근대적 상공업사회로 이행하던 전환기에 속한다. 이때 봉건 영주들의 경제적 수탈에 반대하여 농노해방 및 자신들의 경제적 권익을 찾기 위한 수 많은 농민전쟁이 유럽 곳곳에서 일어났으며, 이것이 또다시 종교전쟁과 맞물려 복잡한 혼란기를 형성하게 되었다.[17] 이와 같이 근대 사회로 전환되는 격동기적 사회상황 속에서 칼빈은 봉건 영주와 재세례파의 급진주의적 농민운동 가운데 그 어느 한쪽에도 지우치지 않으면서 개혁주의적 원리에 따라 일종의 강력한 신정적 사회체제를 구현하고자 노력하였다.

이러한 그의 노력은 그로 하여금 개혁활동의 중심지였던 스위스의 제네바에서 새롭게 대두하는 근대 유럽의 도시 상공업사회에 잘 부응할 수 있도록 했다. 따라서 여기서는 여러 가지 논쟁점들을 고려하는 가운데 특별히 칼빈이 제시한 사회경제적 윤리 사상의 근간이 되는 그의 "그리스도인의 삶의 기본원리"에 대한 신학적 이해를 중심으로 그의 개혁사상을 살펴보는데 목적을 두고자 한다. 왜냐하면 칼빈의 사회 경제적 실천적 원리들은 그의 신학사상의 근본 원리에 기초한 것이며, 상황에 따라 그 적용과 강조점의

---

17) 16-17세기 유럽의 경제상황에 대한 간략한 언급에 대하여는 이양호, 『칼빈: 생애와 사상』, 260-64, 그리고 이은선, "칼빈과 청교도의 경제 윤리," 「한국개혁신학논문집」 제6권(1999), 141-43을 보라.

차이가 있을 수 있고, 이러한 강조와 적용의 차이가 여러 가지 해석적 논란을 야기시킨다고 볼 수 있기 때문이다.

무엇보다 먼저 칼빈은 그의 신학적 인간이해에 기초하여 그리스도인의 삶의 중심원리로서 **"자기부정(self-denial)의 원리"**를 제시하는데, 이것은 단순한 신학적 사변에서 도출된 것이 아니라, 그의 성경적 인간이해에 깊이 뿌리박고 있다. 그리고 칼빈에게 있어 인간에 대한 이해는 하나님을 아는 것과 밀접한 연관을 가진다. 사실 칼빈은 "우리 자신에 대하여 아는 것"과 "하나님에 대하여 아는 것"을 한 동전의 양면으로 보았다.[18] 즉, 칼빈에 의하면, 우리 자신의 무지, 공허, 빈곤, 허약, 이보다 더한 것인 타락과 부패를 자각함으로써, 지혜의 참된 광채, 건전한 덕, 차고 넘치는 선, 의의 순결함이 오직 하나님 안에만 있다는 것을 알게 된다.[19] 또한 다른 한편으로 인간은 자신을 하나님의 위엄과 비교해 보기 전에는, 결단코 자신의 비참한 상태를 충분히 인식할 수 없다고 말한다.[20]

칼빈의 인간 이해에 따르면, 본래 인간은 하나님의 형상으로 창조되었으나, 타락 후의 인간은 하나님의 형상을 상실하고 본성에 있어 전적으로 부패한 자가 되었다. 전적으로 부패한 인간의 본성은 하나님을 대적하여 "맹목적인 자기사랑"[21]과 "육체의 일"[22]에

---

18) 『강요』, I. 1. 1.
19) 『강요』, I. 1. 1.
20) 『강요』, I. 1. 3.
21) 『강요』, II. 1. 2.
22) 『강요』, II. 1. 8.
23) 원죄(original sin) 아래에서 전적으로 부패한 인간의 본성에 대하여 칼빈은 좀더 상술하여 말하기를, "사람에게 있는 것은 이해력으로부터 의지에 이르기까지 또 영혼으로부터 육체에 이르기까지 모두 이 현세에의 욕망(concupiscence)으로 더렵혀지고 가득 차 있다고 하는 것, 보다 간단히 말하자면 인간은 육욕 외에 아무 것도 아니다." 『강요』, II. 1. 8.

탐닉함을 그 특징으로 한다.[23] 그것이 바로 죄이며, 이것에서 나오는 모든 인간의 행위들 (예를 들어, 간음, 우상숭배, 도둑질, 미움, 살인, 열락 등)이 바로 "죄의 열매"들이다.[24] 이러한 부패는 우리 안에서 없어지지 않고 계속하여 새로운 열매들을 맺는데, 그것은 마치 뜨거운 용광로에서 불꽃과 불똥이 쉬지 않고 튀어 나오며 샘에서 끊임없이 물이 솟아나오는 것과 같다. 이와 같이 인간의 본성이 부패하였기 때문에 인간의 모든 능력은 오염되고 부패되었으며, 그의 모든 행동은 오직 "하나님의 지배에 반항하는 대담하고도 불손한 충동들 뿐이다."[25]

바로 이러한 인간이해에 근거하여, 칼빈은 중생한 그리스도인의 생활의 핵심을 "자기부정"(self-denial) 이라고 보았다.[26] 즉, 칼빈에 따르면, 믿음에 의한 중생(그리스도 안에서의 거듭남)은 바로 회개를 의미하는데, 그것은 하나님께로 생활을 전향하는 것이며, 우리가 우리 자신을 떠나서 하나님께로 향하며, 우리의 이전의 마음을 벗어버리고 새 마음을 입는 것이다.[27] 따라서, 중생한 사람의 본질적 특징은 자기부정, 곧 우리는 우리 자신의 주인이 아니고 하나님에게 속하였다는 것을 인정하며 고백할 뿐만 아니라, 이를 우리의 생활의 전 영역에 걸쳐 철저하게 적용하는 것이다.

칼빈의 구체적인 표현에 의하면,

우리는 우리 자신의 것이 아니다. 그러므로 우리의 이성이나 의지가

---

24) 『강요』, II. 1. 8.
25) 『강요』, III. 3. 12.
26) 『강요』, III. 7. 제목
27) 『강요』, III. 3. 5; III. 3. 6; III. 3. 9 참조.

우리의 계획과 행동을 지배하지 못하게 하라. 우리는 우리 자신의 것이 아니다. 그러므로 우리의 육을 따라 우리의 유익을 구하는 것을 목표로 삼지 말라. 우리는 우리 자신의 것이 아니다. 그러므로 할 수 있는 대로 우리 자신과 우리의 전소유를 잊어버려라. 반면에 우리는 하나님의 것이다. 그러므로 그를 위해 살고 그를 위해 죽으라(롬 14:8; 고전 6:19 참조). 우리는 하나님의 것이다. 그러므로 그의 지혜와 그의 뜻이 우리의 모든 행동을 주관하게 하라. 우리는 하나님의 것이다. 따라서 그를 우리의 유일하고 합당한 목표로 삼고 생활의 모든 부분이 그를 향하여 경주하도록 노력하라[28]

이것이 칼빈이 말하는 "자기부정의 삶의 원리"이다. 이것은 또한 우리의 몸을 하나님이 기뻐하시는 거룩한 산제사로 드리는 것이요 구원받은 자의 의무로서 파악된다.[29] 이와 같이 칼빈은 원죄 아래 있는 옛 사람의 본성을 "자기사랑"(self-love)과 "육욕"(또는 현세에의 욕망, concupiscence)으로 정의하는 반면, 그리스도 안에서 중생한 새 사람의 본성을 "자기부정(self-denial)"과 "하나님께로의 전적 헌신"(devotion to God)으로 대비시켜 규정하고 있음을 알 수 있다.

그러므로 칼빈에게 있어 "자기부정"은 곧 우리의 본성인 "세상으로 향한 욕망"의 죽임이며, "자기사랑"으로 표현되는 육(flesh)으로부터 일어나는 모든 욕망들과 충동들을 단연코 거부하는 것이다. 즉, "그것은 우선 자만이나 교만이나 허식을 절대로 용인하지

---

28) 『강요』, III. 7. 1.
29) 『강요』, III. 7. 1.

않을 뿐만 아니라, 탐욕이나 욕망이나 방탕이나 나약이나 그 밖에 우리의 이기심이 빚어내는 죄악들 또한 전혀 허용하지 않는" 것이다.[30] 이와 같이 그리스도인의 자기부정의 삶에서 제일 첫걸음은 자기의 모든 능력을 바쳐서 하나님을 섬길 수 있도록 자기를 떠나는 것으로부터 시작한다.[31] 그리하여 자기부정으로 특징되는 그리스도인의 삶은 심령으로 새롭게 되어 자기사랑에서 떠나 하나님과 이웃에 대한 사랑으로 나아간다. 먼저 "가장 중요한 일은 우리가 하나님에게 성별되고 바쳐짐으로써 이후로는 그의 영광만을 위해서 생각하고 말하며 명상하며 행동하는 것이다."[32] 그러나 자기를 부인하는 일에는 수많은 장애물이 존재한다.

이러한 장애물을 제거하기 위하여 칼빈이 제시하는 "유일한 치료법"은 자신을 부정하며, 자신에 대한 걱정을 버리고, 하나님이 요구하시는 일을 추구하는 것, 곧 오직 하나님이 기뻐하시는 일이기 때문에 그것을 전심전력으로 추구하는 것이다.[33] 다시 말해 하나님께 대한 자기부정은 그의 뜻에 대한 전적인 헌신으로 나타난다. 그것은 우리의 것을 구하지 않고 하나님의 뜻에 속하며 하나님의 영광을 높이는데 도움이 되는 것을 구하는 것이다.[34] 이처럼 자신을 주께 전적으로 드리고 생활의 모든 부분을 남김없이 하나님의 뜻에 맡긴 사람만이 자신을 충분히 부정한 사람이라 할 수 있는 것이다.[35]

---

30) 『강요』, III. 7. 2.
31) 『강요』, III. 7. 1.
32) 『강요』, III. 7. 1.
33) 『강요』, III. 7. 2.
34) 『강요』, III. 7. 2.
35) 『강요』, III. 7. 10.

다음으로, 그리스도인의 자기부정의 삶이 구체적으로 드러나는 것은 이웃에 대한 사랑이다. 앞서 언급한 바와 같이, 타락한 인간은 본성적으로 자기 자신을 맹목적으로 사랑하기 때문에 자기와 비교해서 남은 모두 미워하고 멸시하는 것을 당연하다고 생각한다. 칼빈은 다음과 같이 말한다.

모든 사람은 각각 자기가 잘났다고 생각하며, 그 가슴속에 일종의 왕국을 가지고 있다. 자기가 좋아하는 것은 자기 것이라고 주장하며, 다른 사람의 인격과 도덕생활을 비난한다. 그러나 이런 태도가 충돌점에 이르게 되면 독을 뿜는다. 만사가 명랑하고 유쾌한 동안에는 분명히 온화한 태도를 보이는 사람이 많다. 그러나 괴롭히고 성가시게 굴 때에도 여전히 겸손한 태도를 유지하는 사람이 얼마나 되겠는가? 이런 투쟁욕과 이기심은 가장 무서운 전염병이다.[36]

그러므로 칼빈에 따르면, 이웃에 대한 올바른 관계의 정립은 그리스도인의 자기부정의 삶을 통하여 비로소 가능하게 된다. 즉, 우리의 타락한 본성에 각인된 "자기사랑"을 뿌리 뽑을 때, 비로소 우리는 각각 남을 자기보다 낫게 여길 수 있으며(빌 2:3), 전심으로 다른 사람에게 선을 행하라고(롬 12:10) 요구하는 성경의 명령을 이행할 수 있게 된다. 왜냐하면 자신에 대한 생각을 완전히 버리지 않고서, 다시 말해 자기를 벗어버리지 않고서 이웃의 유익을 구하는 것은 사실상 불가능한 일이기 때문이다. 비록 진정한 자기부정 없이 이웃에게 친절을 베풀 수는 있으나, 그것은 적어도 칭찬을 받

---

36) 『강요』, III. 7. 4.

기 위한 위선에 불과할 뿐이다. 그렇다면 우리에게 있어 어떻게 이 것이 가능한가? 이러한 어려움을 칼빈 또한 잘 알고 있었다. 그래서 그는 성경의 가르침에 근거하여 다음과 같이 그 답을 제시한다.

우리를 미워하는 사람을 사랑하며, 우리에게 악한 일을 한 사람을 유익하게 해주며, 우리를 비난하는 사람에게 축복으로 대한다는 것은(마 5:44) 어려운 일일 뿐만 아니라, 인간의 본성에 전연 반대되는 일이다. 이런 일을 할 수 있으려면, 확실히 한 가지 길밖에 없다. 우리에 대한 다른 사람들의 악의를 생각하지 않고 그들 안에 있는 하나님의 형상을 잊지 않는 것 – 이것이 그 길이다.[37]

요약하자면, 이웃에 대한 우리의 사랑은 그 사람의 종류에 좌우되지 않고 오직 하나님만 우러러 볼 때 비로소 가능해진다는 것이다.[38] 다시 말해, 우리는 "사람" 그 자체에 가치가 있어 사랑하는 것이 아니라(이러한 경우 곧 낙심하게 된다), 모든 사람들 안에 있는 "하나님의 형상"(*Imago Dei*)을 보고, 그 형상에 대해 경의와 사랑을 나타내는 것이다. 특히 칼빈은 "우리는 믿음의 식구들 사이에서, 그리스도의 영을 통하여 중생하고 회복된 하나님의 형상을 보도록 더욱 주의해야 한다"고 강조한다.[39] 따라서 우리가 "모르는 사람," "비루하고 무가치한 사람," 심지어 "우리에게 불의한 행동을 하거나 우리를 저주하는 사람"이라 할지라도 하나님께서 그에게

---

37) 『강요』, III. 7. 6.
38) 『강요』, III. 7. 6.
39) 『강요』, III. 7. 6.

"그의 아름다운 형상"을 주셨기 때문에, 우리는 그 사람 속에 있는 하나님의 형상에 대하여 우리 자신과 우리의 전(全)소유를 바칠 가치가 있는 것이다.[40]

예수 그리스도는 그리스도인의 자기부정의 삶에 대한 완전한 모범이 되신다.[41] 예수께서는 그의 인성(human nature)에 따른 자기의 의지를 완벽하게 하나님의 의지에 복종시키셨다. 그의 자기부정의 삶의 절정은 곧 십자가에서 죽으심이다. 따라서 성화(sanctification)의 과정으로서 그리스도인의 자기부정의 삶 역시 오직 "그리스도의 죽으심"에 동참함으로써 가능해진다. 왜냐하면 "그리스도 안에서 거듭남"으로서의 중생은 "그리스도와의 연합"으로만 가능하기 때문이다. 또한 중생은 우리의 "육을 죽이고 영을 살리는" 것이다. 중생의 "유일한 목적은 아담의 범죄로 말미암아 일그러지고 거의 말살된 하나님의 형상을 우리 안에 회복시키는 것"이다.[42] 그러므로 그리스도인에게 있어 우리 자신에게 주어진 "십자가를 지는 것" 역시 자기부정의 삶의 일부분이라 하겠다.

그런데 칼빈에 따르면, 그리스도인의 자기부정의 삶은 오직 성령의 사역에 의하여 가능해진다. 왜냐하면 "그리스도께서 우리를 자신에게 효과적으로 연결시키시는 띠는 성령"이시며, 또한 "우리는 성령의 사역에 의해서 그리스도와 그의 모든 유익을 누리게 되기 때문이다."[43] 칼빈은 성경의 가르침으로부터 성령의 사역에 대하여 두 가지 중요한 사실을 이끌어낸다.

40) 『강요』, III. 7. 6.
41) 『강요』, III. 6. 3.
42) 『강요』, III. 3. 9.
43) 『강요』, III. 1. 1.

첫째로, 성령은 우리를 성화시키기 위해서 우리에게 파견되셨다. 그래서 그는 우리의 부정과 불결을 씻어버리시고 우리를 하나님의 의에 복종시키신다. 이와 같은 순종이 성립되려면, 저 사람들이 고삐를 늦추려고 하는 그 육욕을 먼저 누르고 굴복시켜야 한다.

둘째로, 우리는 성령에 의하여 성화되지만, 육신을 쓰고 있는 동안은 많은 죄와 무기력에 둘러싸여 있다. 그래서 완전과는 아주 거리가 먼 자로서 우리는 꾸준히 계속하여 전진해야 하며, 죄 속에 얽혀 있으나 매일 그 죄와 싸워야 한다.[44]

따라서 성화의 과정으로서 그리스도인의 자기부정의 삶은 평생을 두고 계속되는 옛사람과 새사람의 갈등과 싸움의 연속이다. 즉, 하나님의 자녀들은 거듭남을 통하여 죄의 결박에서 풀려났지만, 육의 연약함 때문에 죽을 몸을 가지고 있는 동안에는 육욕(concupiscence)에 매여 가끔 정욕이나 탐욕, 야심, 그리고 그 밖의 죄악들을 저지르게 하는 충동이나 자극을 전연 느끼지 않을 만큼 완전한 자유를 소유하게 된 것은 아니다. 그러므로 이 싸움은

한 순간이나 하루나 한 해에 이루어지는 것이 아니고 한 평생이 필요하다. 하나님께서는 계속적으로, 어떤 때는 느린 걸음으로, 선택 받은 사람들 속에서 육의 부패를 씻어버리며, 그들의 죄책을 깨끗이 없애며, 그들을 성전으로 주께 바치게 하신다. 그리고 그들의 온 마음을 새롭게 하여 진정한 순결에 이르게 하시며, 그들이 평생을 통하여 회개를 실천하며 이 싸움은 죽음이 와야만 끝난다는 것을 알게 하신다.[45]

---
44) 『강요』, III. 3. 14.

칼빈에 있어 그리스도인의 자기부정의 삶이란 평생에 걸쳐 자기사랑(self-love)과 세상으로 향한 욕망(concupiscence)과의 싸움, 곧 "육을 죽이기 위해서 끊임없이 노력하며 훈련하여, 드디어 육을 완전히 죽이고 하나님의 영이 우리 안에서 완전히 주관하시게 되도록 하는 것"에 다름 아니다.[46]

칼빈의 이러한 그리스도인의 "자기부정의 삶의 원리"는 구체적으로 무엇을 의미하는가? 그것은 리츨이 말한바, 소위 "수도원적 금욕주의"를 의미하는가? 이것을 분명히 하기 위하여 여기에서 다음 몇 가지 점이 강조될 필요가 있다. 첫째로, 칼빈에게 있어 자기부정은 하나님의 형상의 회복이며, 중생한 그리스도인의 본질적인 특징이다. 둘째로, 칼빈에 따르면, 자기부정은 그리스도인의 삶에 있어 목표 - 성화(sanctification) - 를 성취하는 수단이다. 또한 그것은 부정적인 의미의 금욕주의가 아니라 역설적이지만 궁극적인 의미에 있어 본질적인 자기긍정이다. 왜냐하면 자신을 부정한다는 것은 단순한 자기포기가 아니라 자신을 이웃과 하나님을 위하여 바치는 것을 의미하며, 그것이 중생한 그리스도인의 본질이기 때문이다. 셋째로, 자기부정은 자기사랑에 기초한 이기적인 개인주의가 아니라 진정한 공동체적 연대의 기초가 된다. 왜냐하면 자기부정 없이 이웃을 내 몸과 같이 사랑한다는 것은 불가능하기 때문이다. 넷째로, 자기부정은 시련과 역경을 이기는 진정한 힘을 주며, 평온을 가져다주는 밑거름이 된다. 왜냐하면 칼빈이 말하는 것처럼 "그는 어떤 일을 당하더라도 하나님께서 정하신 것임을 알기

---

45) 『강요』, III. 3. 9.
46) 『강요』, III. 3. 20.

때문에 평온하고 감사하는 마음으로 견디며, 하나님의 명령에 항거하려고 하지 않을 것이다. 이는 그가 자신과 모든 소유를 하나님의 권한에 영원히 양도했기 때문이다."[47]

3. 칼빈의 "현세적 삶"에 대한 이해

지금까지 칼빈이 말하는 그리스도 안에서 거듭난 그리스도인의 "자기부정"의 삶에 대하여 살펴보았는데, 그것은 그리스도인의 삶의 내면적인 측면을 강조한 것이라 하겠다. 따라서 여기에서는 칼빈이 이해한 "현세적 삶"에 대한 태도, 즉 그리스도인의 자기부정의 삶이 외면적으로 어떻게 나타나야 하는가에 대하여 살펴보고자 한다. 칼빈은 먼저 타락한 인간의 본성인 "육욕"(concupiscence)에 근거하는 현세에 대한 "노예적인 사랑"을 일소하고 그 허무성을 자각한다. 뿐만 아니라 이 세상에 대한 과도한 애착으로부터 멀리 떠나라고 하면서 세상으로부터 그리스도인의 삶의 자유에 대해 말한다. 그러나 그것은 소위 말하는 세상으로부터 격리된 "수도원적 금욕주의"를 말하는 것은 아니다. 왜냐하면 칼빈은 하나님께서 우리의 유익을 위하여 주신 아름다운 선물들을 합당한 목적에 따라 "사용할 뿐만 아니라 또한 즐기라"(use and enjoy)고 말하기 때문이다. 언뜻 보기에 모순되며 역설적으로 보이는 이와 같은 칼빈의 권고를 우리는 과연 어떻게 이해해야 할 것인가?

먼저 앞서 언급한 바와 같이 칼빈에 의하면, 타락한 인간의 본성은 그의 "육욕"으로 특징되는데, 그것은 인간의 마음에 이 세상에

---

47) 『강요』, III. 7. 10.

대한 부적절하고 부절제한 욕망을 끊임없이 생성시키며, 우리를 이 세상에 속박되게 하여, 참되게 하나님을 찾는 것을 가로막는다. 따라서 칼빈이 인간의 타락한 본성의 본질로 파악하는 "육욕"은 "현세에 대한 노예적인 사랑"(the slavish love of this present world)에 다름 아니며, 이것은 반드시 그리스도인들의 삶속에서 극복되어야 한다. 우리의 일상적인 모든 계획과 노력, 행동 등을 살펴보면, 우리의 지식은 이 세상의 부귀영화의 허망한 광채에 마비되며, 우리의 마음 또한 탐욕, 야심, 정욕 등에 눌려 "결국 우리의 영혼 전체가 육의 각종 유혹에 빠져 지상에서의 행복을 구하게 된다."[48] 다시 말해, 타락한 인간의 본성은 이 세상에 대한 노예적인 사랑으로 특징 지워진다.[49] 그래서 칼빈은 다음과 같이 반문한다: "세상의 사악과 부패에 잠겨있던 우리가 구원을 받은 후에도 평생 그곳에 주저앉아 있다면, 구원의 목적은 과연 무엇인가?"[50] "재산과 명예를 탐하며, 권력을 추구하며, 재물을 쌓으며, 호화롭고 사치한 생활에 도움이 되는 듯한 일에 광적인 태도를 보이면서 어떻게 우리가 하나님께 전적으로 헌신했다고 할 수 있는가?"[51]

따라서 칼빈은 이 세상에 대한 과도한 애착에서 떠나 참으로 그리스도인의 자유를 누리기 위해서 우선 이 세상의 허무함을 자각하라고 권고한다. 만일 우리가 이 세상에서의 삶의 짧음과 허무성을 올바로 인식한다면, 그것은 곧 지나가버릴 하나의 연기나 그림자에 불과하다는 것을 알게 되고, 이 세상의 것들에 대한 욕망이

---

48) 『강요』, III. 9. 1.
49) 『강요』, III. 9. 1.
50) 『강요』, III. 6. 2.
51) 『강요』, III. 7. 8.

현저히 감소하게 될 것이다. 그러나 칼빈에 의하면, "우리는 이 일처럼 등한시하거나 잘 잊어버리는 것이 없다. 우리는 마치 지상에서 영생 불사할 작정인 듯 모든 일을 시작한다. … 죽음을 잊어버릴 뿐 아니라 죽을 운명까지도 우리에게는 아무 관계가 없다는 듯이, 우리는 경솔하게 지상에서 영생을 누릴 것이라고 확신한다."[52] 왜냐하면 현세 생활에는 우리를 꾀는 것이 많으며, 즐겁고 아름답고 사랑스러운 외양으로 우리를 속이는 것이 많기 때문이다. 그래서 하나님께서는 이 악한 사태를 없애기 위하여 현세생활의 불행을 끊임없이 증명하심으로써 그 허무성을 우리에게 가르치신다. 칼빈은 말하기를, 하나님께서는 우리가

> 현세에서 깊고 든든한 마음의 평화를 얻으리라고 자신하지 않도록 전쟁이나 소란, 강탈과 같은 피해 등으로 그들의 마음이 불안하게 되도록 허락하신다. 그들이 곧 없어질 재물을 너무 탐내지 않으며, 이미 가진 것을 너무 믿지 않게 하시려고 주께서는 혹은 추방으로, 혹은 흉작으로, 혹은 화재로, 혹은 기타 방법으로 그들을 빈곤으로 몰아넣으시며, 적어도 풍족하지 못한 처지에 있도록 제한하신다. 우리가 마음 놓고 결혼생활을 즐기지 않도록, 주께서는 악한 처나 불량한 자녀나 가족의 죽음으로 우리의 마음을 괴롭히며 교만을 꺾으신다. 이러한 점에서 우리를 관대히 다루시는 일이 있더라도 우리가 허영심으로 부풀고 자신감으로 기뻐 날뛰지 않도록 그들에게 병과 재난을 보내어 이 모든 좋은 것은 없어지는 것, 불안정하고 무상한 것임을 눈으로 보게 하신다.[53]

---

52) 『강요』, III. 9. 2.
53) 『강요』, III. 9. 1.

다음으로 칼빈은 무상하고 불완전한 현세 생활로부터 우리를 자유롭게 만드는 것은 "내세에 대한 명상"이라고 말한다. 이것은 그리스도인의 삶의 종말론적인 특징을 말하는 것이다. 칼빈에 따르면, 그것은 우리가 그리스도의 부활과 승천에 동참하는 것이다. 즉, "우리의 머리이신 그리스도께서 친히 승천하셨으므로 우리는 세속적 욕망을 버리고 진심으로 하늘을 동경해야 한다(골 3:1 이하)."[54] 칼빈은 영생에 대한 올바른 동경에 대하여 다음과 같이 말한다.

> 신자가 죽을 운명의 인생을 생각할 때에는 그것은 원래 비참한 것에 불과한 것임을 깨닫는 동시에, 더욱 큰 열성으로 곧 내세의 영생을 명상하는데 전력을 다해야 한다. 내세의 삶에 비하면 현재의 삶은 무시해도 무방할 뿐 아니라, 완전히 멸시하며 싫어해야 한다. 하늘이 우리의 고향이라면, 땅은 타향임이 틀림없지 않은가? 이 세상을 떠나는 것이 곧 생명으로 들어가는 것이라면, 세상은 무덤이 아니고 무엇인가? 또 살아 있다는 것은 곧 죽음에 잠겨 있는 것이 아닌가? 육신에서 놓이는 것이 곧 완전한 자유를 얻게 되는 것이라면, 육신은 감옥이 아니고 무엇인가?[55]

그러므로 칼빈은 성경의 가르침을 따라 "하늘에 있는 우리의 기업이 없어지지 않도록 이 세상을 나그네같이 살라"고 우리에게 권면한다.[56]

---

54) 『강요』, III. 6. 3.
55) 『강요』, III. 9. 4.
56) 『강요』, III. 7. 3.

그러나 다른 한편으로 칼빈은 "현세 생활은 하나님이 주신 복 중 하나로 보는 것이 옳으며, 결코 일축해서는 안 된다"고 강조함으로써 현세 생활을 강하게 긍정한다.[57] 그 이유인 즉, 현세 생활은 신자들의 구원을 촉진시키는데 전적으로 이바지하도록 되어있음은 물론이거니와 하나님의 선하심을 증거하는 것이기 때문이다. 뿐만 아니라 이보다 더 중요한 이유는 우리가 현세에서 하늘나라의 영광을 위하여 준비하고 있기 때문이다. 그러므로 칼빈은 "우리는 현세 생활도 하나님께서 아낌없이 주시는 은혜 중의 하나로 생각해야하며, 결코 배척해서는 안 된다"고 강조한다.[58] 이러한 칼빈의 현세 생활에 대한 이해는 "현실 속에 있되 현실로부터 자유로운 삶"을 말하는 것이라 볼 수 있다. 왜냐하면 현세 생활 자체가 죄가 되는 것이 아니라, 그 현세 생활에 과도하게 집착하는 우리의 "세상으로 향한 과도한 욕망", 즉 우리의 "육욕"(concupiscence)이 언제나 문제가 되기 때문이다. 그것은 칼빈의 다음과 같은 진술에서 명백하게 나타난다: "우리를 죄의 종으로 만들지 않는 한 현세 생활을 미워해서는 안 된다. 즉, 죄로 우리를 사로잡는 현세 생활을 미워하더라도 현세 생활 그 자체는 미워해서는 안 되며," 오히려 "현세 생활에서 좋은 사물은 하나님의 선물로 생각하여 즐겨 사용하라."[59]

그렇다면 이제 우리에게 남은 문제는 "현세 생활에서 하나님께서 주신 좋은 선물들을 과연 어떻게 사용할 것인가?"하는 것이다. 이 문제에 대하여 칼빈은 먼저 극단적인 "두 가지 위험"에 대하여

---

57) 『강요』, III. 9. 3.
58) 『강요』, III. 9. 3.
59) 『강요』, III. 9. 4. 그리고 III. 10. 1.

말하는데, 그것은 "잘못된 엄격한 금욕"과 "잘못된 방종"이다.[60] 즉, 칼빈은 극단적 금욕주의와 자유방임주의를 모두 배격한다. 칼빈은 하나님께서 우리에게 주신 여러 가지 선물들에는 우리의 생활에 필요한 것들뿐만 아니라 우리에게 즐거움을 주시기 위한 것도 있다고 말한다. 나는 그것을 "**필요(necessity)와 누림(pleasure)의 원리**"로 요약하고자 한다. 칼빈의 표현에 의하면 다음과 같다.

> 하나님께서 양식을 만드신 목적이 무엇인가를 곰곰이 생각할 때, 하나님의 뜻은 필요한 것을 주실 뿐 아니라, 또한 즐겁고 유쾌하게 만드시려는 데 있다는 것을 우리는 깨달을 것이다. 의복은 필요성뿐만 아니라, 외모와 풍습을 단정하게 하려는 데 그 목적이 있다. 풀과 나무와 열매는 여러 가지 이용 가치가 있을 뿐 아니라, 그와는 별개로 모양의 아름다움과 향기를 가졌다(창 2:9 참조). … 주께서 우리가 보기에 아름다운 옷을 꽃에 입히시고 우리 코에 달콤한 향기를 풍겨 보내게 하셨는데, 우리의 눈이 그 아름다움을 느끼며 코가 그 향기를 느끼는 것이 합당하지 않은가? 생각해 보라. 주께서는 빛에도 어떤 것은 다른 것보다 더 아름답도록 구별하여 만드시지 않았는가? 금과 은과 상아와 대리석에는 그것들을 다른 금속이나 돌보다 더 귀중하게 만드는 아름다움을 주시지 않았는가? 한마디로 주께서는 필요한 이용 가치를 떠나서 우리가 보기에 아름다운 것들을 많이 만드시지 않았는가?[61]

이 모든 사실은 하나님께서 단지 우리의 삶의 기본적인 필요만

---

60) 『강요』, III. 10. 1.
61) 『강요』, III. 10. 2.

을 채우시려는 것, 즉 의식주 문제만 해결해 주시려는 것이 아니라, 자연계의 모든 충만한 보화로서 우리가 하나님께 감사하고 즐기고 기뻐하게 하려는 목적 또한 갖고 계심을 보여준다. 이러한 사실에 근거하여, 칼빈은 피조물의 사용을 "필요"에만 엄격하게 제한하는 금욕주의를 "잘못된 위험"으로 경계하며, 처음부터 이에 반대한다. 왜냐하면 사람의 양심은 한 번 이러한 함정에 빠지면 멀고 복잡한 미로에 빠져, 좀처럼 헤어 나오지 못하기 때문이다. 이에 대해 칼빈은 다음과 같이 설명한다.

> 우리가 한 번 시트, 내의, 냅킨, 손수건 등에 아마포를 써도 좋겠는지를 의심하게 되면, 다음에는 대마포에 대해서 불안을 느끼게 될 것이고, 드디어 거친 삼베에 대해서까지 의심이 생길 것이다. 또한 식사할 때에 냅킨을 사용하지 않으면 안 되는가, 또는 손수건이 없어도 괜찮지 않겠는가의 문제도 생각하게 될 것이다. 또 한 번 맛좋은 음식을 마땅하지 않다고 생각하게 되면, 결국은 검은 빵을 먹든지 보통 음식을 먹든지 간에, 더 나쁜 것을 먹고도 살 수 있을 것이라는 생각 때문에 언제나 하나님 앞에서 불안을 느낄 것이다. 또 단 포도주를 보고 놀라는 사람은 양심에 꺼림직해서 맛없는 포도주는 마시지 않을 것이고, 결국 보통보다 맑고 좋은 물까지도 입에 대지 못할 것이다.[62]

이러한 극단적 금욕주의는 대단히 위험한 것인데, 그것은 지나치게 엄격하여 주의 말씀에 비해서 사람의 양심을 더욱 구속하려고 하기 때문이다.[63] 바로 이러한 이유에서 칼빈은 "그리스도인의 자

---
62) 『강요』, III. 19. 7.

유"를 말한다. 즉, "그것은 곧 하나님의 선물은 그가 우리에게 주신 목적에 따라 아무 양심의 거리낌이, 또한 불안을 느끼지 않고 사용해야 한다는 것이다."[64] 이러한 칼빈의 견해 어디에서도 우리는 리츨이 말하는 "수도원적 금욕주의"와 같은 극단적인 모습을 찾아볼 수 없다.

그러나 또 다른 한편으로 칼빈은 하나님의 선물을 자기의 추악한 정욕대로 악용하면서, 그리스도인의 자유를 자기의 욕망이나 육욕의 무절제를 변호하는 구실로 삼는 "방종"(self-indulgence) 또한 그리스도인들의 삶에 있어 아주 "위험한 잘못"으로 배격하는데, 그 이유는 육의 정욕은 절제하지 않으면 한없이 흘러넘치기 때문이다. 그래서 칼빈은 그리스도인의 자유를 탐식과 사치에 악용하는 것에 대해 다음과 같이 강하게 질타한다.

> 확실히 상아와 금과 재산은 하나님이 만드신 좋은 것이며, 하나님의 섭리로 사람이 쓰도록 허락된 것, 아니 지정된 것이다. 우리는 웃지 말라거나, 배부르지 말라거나, 조상이 물려준 재산에 새로운 것을 더하지 말라거나, 음악을 즐기지 말라거나, 포도주를 마시지 말라거나 하는 명령을 받은 적이 없다. 이것은 참으로 사실이다. 그러나 물질이 풍족하며, 열락과 쾌락 속에서 뒹굴며, 배불리 먹으며, 현재의 쾌락으로 머리와 정신이 몽롱하며, 항상 새로운 쾌락을 갈구하는 것 – 이러한 짓들은 하나님의 선물을 합당하게 사용하는 것이 아니다. 그러므로 제어할 수 없는 욕망을 버려라. 무절제한 낭비를 그치라. 허영과 교만을

---
63) 『강요』, III. 10. 1.
64) 『강요』, III. 19. 8.

버려라. 맑은 양심으로 하나님의 선물을 깨끗이 사용할 수 있기 위해서는 이 모든 것을 버려야 한다.[65]

그렇다면, 이러한 방종으로 흐르기 쉬운 육의 정욕을 억제하는 방법은 무엇인가? 한 가지 방법은 우리를 위하여 만물을 지으신 창조주의 뜻은 우리가 그것들을 사용함에 있어 그를 인식하며 그의 인자하심에 감사하도록 하시려는데 있음을 확인하는 것이다. 이와 같은 칼빈의 논의를 고찰해 볼 때, 그의 요점은 하나님께서 우리에게 허락하신 물질 자체에 중요성이 있는 것이 아니라(사실 하나님께서 우리에게 주신 선물은 그 자체로서 아름다운 것이며 모든 것은 하나님의 영광을 드러낸다), 문제는 우리가 그것들을 사용하는 방법에 달려있다는 것이다.

그렇다면 칼빈이 제시하는 물질 사용에 있어 성경의 가르침에 합당한 일반적인 표준은 무엇인가? 그가 제시한 원칙들은 다음과 같이 요약할 수 있다. 먼저, 대원칙(the main principle)은 "**하나님께서 여러 가지 선물들을 창조하신 목적은 우리의 유익을 위해서이지, 우리를 멸망시키시려는 것이 아니었기 때문에 하나님께서 창조하시고 정하신 목적에 따라서 합당하게 사용하라**"는 것이다.[66] 이것은 이미 "필요와 누림의 원리"로 설명했다. 다음으로는 "**현세의 좋고 유익한 사물을 사용하더라도, 그것이 우리의 갈 길을 방해하지 않고 오히려 돕는 범위 내에서 사용해야 한다**"는 것이다.[67] 따라서 우리는 우리의 영적생활에 도움을 주어야할 보조물들이 장

---

65) 『강요』, III. 19. 9.
66) 『강요』, III. 10. 2.
67) 『강요』, III. 10. 1.

애물로 변하지 않도록 부단히 경계해야 하며, 또한 우리를 즐겁게 해야 할 물건들이 우리의 정신을 정절과 순결에서 떠나게 하거나, 우리의 마음을 흐리게 할 때에는 이를 전적으로 배격해야 한다. 마지막으로, 빈곤을 조용히 참고, 부유함을 절제하는 것이다. 이것과 관련하여 칼빈은 그리스도인의 삶에 있어 자유의 원칙에 대하여 바울을 인용하며 다음과 같이 설명한다: "그러므로 생활이 빈곤하거나 보통이거나 부유하거나 간에 사람은 각각 그 처지대로 살되, 그 모든 것은 하나님이 생활을 위해 공급해 주신 것이요 사치하라는 것이 아님을 기억해야 한다. 그리고 그리스도인의 자유의 법칙은 다음과 같다. 즉, 바울이 말한 것처럼, 어떤 형편에 있더라도 만족할 줄 알며, 낮아질 줄도 알고 높아질 줄도 알며, 어떤 형편에 있더라도 배부르거나 풍족하거나 궁핍하거나 모든 형편에 대처할 수 있어야 한다는 것이다(빌 4:11-12)."[68]

4. 칼빈에게 있어 그리스도인의 삶과 사회공동체 경제윤리

칼빈의 사회공동체 경제윤리는 많은 칼빈 학자들에 의해서 연구되어온 주제이기에 다양한 측면에서 이야기할 수 있을 것이다. 그러나 우리가 먼저 기억해야 할 것은 칼빈은 윤리학자도 아니고 사회학자나 경제학자는 더더욱 아니기 때문에, 그에게서 체계적인 윤리학이나 사회경제 이론을 기대할 수는 없다는 것이다. 다만 칼빈은 신학자요 성경 주석가이며 목회자로서 그의 신학적이고 목회적인 실천적 관심에서 당시의 여러 가지 문제들과 관련한 성경의

---
68) 「강요」, III. 19. 9.

가르침들을 여기저기서 언급하고 있을 뿐이다. 그러므로 우리는 현대적인 여러 가지 개념체계들 - 즉, 자본주의(capitalism)나 사회주의(socialism), 혹은 개인주의(individualism)나 집단주의(collectivism)와 같은 - 을 성급하게 칼빈에게 적용하여 그의 신학사상을 마음대로 재단하는 시대착오적인 오류를 범해서는 안 된다. 이러한 사실을 염두에 두면서, 여기서는 칼빈이 그리스도인의 삶에 있어 "자기부정의 원리"를 말하는 가운데 제시하는 몇 가지 원칙을 중심으로 하여 간단히 그 핵심적인 요소만 살펴보는 것으로 논의를 제한하고자 한다. 칼빈은 바울을 인용하는 가운데 "인생의 모든 행위를 셋으로 묶어서" 나누는데, 그것은 곧 **근신함**(temperance)과 **의로움**(justness) 그리고 **경건**(godliness or piety)"이다. 칼빈 자신의 설명에 따르면,

> 이 가운데서 **근신**은 정절과 절제뿐만 아니라 세상 재물을 순결하고 검소하게 사용하며 빈곤을 참는 것도 의미하는 것이 틀림없다. **의로움**은 각 사람에게 그가 받아야 할 것을 주는 공정성의 모든 의무를 포함한다. 다음에 **경건**은 세상의 불법에서 분리된 우리를 하나님과 결합시켜 참으로 거룩하게 만든다.[69]

여기서 우리는 이러한 구분을 사회경제 윤리와 관련하여 편의상 ① **"개인적 차원 - 절제와 근면, 그리고 인내"** ② **"공동체적 차원 - 공정성과 사랑,"** 그리고 ③ **"하나님과의 관계적 차원 - 청지기 정신과 소명의식"** 등의 세 가지로 나누어 생각하고자 하는데,

---
69) 「강요」, III. 7. 3.

사실 이 세 가지는 서로 밀접하게 연결되어 있다.

첫째로, 칼빈에 있어 개인적 삶의 측면에서 경제윤리는 이미 여러 측면에서 설명되었으나, 여기에서 특별히 다룰 것은 **검소, 절제, 근면** 등에 대해 강조한 것이다. 특별히 칼빈에게 있어 노동은 숭고한 의미를 가진다. 왜냐하면 땀 흘리며 수고하는 노작을 통하여 우리는 하나님으로부터 우리의 재산을 분여받음은 물론 하나님의 영광이 드러나기 때문이다. 또한 칼빈은 지나친 사치와 연락(宴樂), 폭음과 폭식은 우리로 하여금 경건과 소명의 의무를 수행하지 못하게 하기 때문에, "그리스도인의 생활은 검소와 절제로 조절되어, 평생이 일종의 항구적인 금식 같아야 한다"고 말한다.[70] 즉, 번영과 부유함도 감사와 절제가 수반될 때만 기쁜 마음으로 받을 수 있는 하나님의 은사가 된다는 것이다. 그리고 모든 수고와 노력에도 불구하고 일이 바라는 대로 잘 되지 않더라도, 우리는 이러한 어려운 처지를 혐오하지 않고 이를 잘 견디며 참을 수 있어야 하는데, 그것은 "빈부와 귀천은 오직 하나님의 뜻으로 배정되는 것"임을 알기 때문이며, 또한 이러한 하나님의 섭리에 대한 확고한 신앙의 자세가 우리에게 "최고의 부귀보다 더 위대한 안식과 평화를 주는 위로"를 가져다주기 때문이다.[71]

둘째로, 칼빈은 하나님의 은혜로 말미암아 회복된 인간의 새로운 본성은 개인주의적인 것이 아니라 공동체적인 것임을 강조한다.[72] 구원받은 그리스도인으로서 중생, 곧 "그리스도 안에서 거듭

---

70) 『강요』, III. 3. 17.
71) 『강요』, III. 7. 9.
72) Jane D. Douglass, "Calvin's Relation to Social and Economic Change," *Church and Society* 74 (1984), 127.

난다"는 것은 "그리스도와의 연합"을 의미하며, 믿음의 가족인 교회공동체, 즉 그리스도의 몸에 접붙혀짐을 말한다. 교회는 이 땅에 하나님 나라의 오심의 가시적인 표현이며, 그것의 실현을 위한 구체적인 도구이다. 그러므로 그리스도인들은 교회 안에서 뿐만 아니라 일반 사회적 질서 안에서도 하나님께서 주신 재물과 재능을 참된 공동체 회복을 위하여 사용해야 한다. 즉, 비록 하나님 나라 안에서는 모든 사람이 평등하지만, 우리의 사회질서에서는 아직도 남녀 사이의 부당한 차별, 빈부의 격차 및 여러 사회계층들 사이에 커다란 불균등과 불평등을 타락의 유산으로 가지고 있다. 이것은 죄로 말미암은 하나님의 선한 창조세계의 일그러진 모습이요, 죄에 대한 하나님의 진노와 징벌의 한 표시이기도 하다. 따라서 이러한 사회질서도 그리스도인들의 공동체적 삶을 통하여 그 본래적 모습으로 회복되어 가야하는데, 이것은 서로 간의 사랑의 "상호교제"(mutual communication)와 "상부적인 의무"(reciprocal duty)를 성실히 수행함으로써 가능해진다. 그러므로 칼빈이 개인의 재산이나 부(富)에 대하여 논할 때도 개인적인 관점에서보다는 항상 "공동체의 유익과 모든 것의 진정한 주인이신 하나님의 영광을 위하여 그것을 어떻게 사용할 것인가"하는 것이 주요 논점이 된다.[73] 따라서 칼빈은 그리스도인의 공동체적 삶에 있어 사회경제 윤리로서 특별히 **"공정성"**(fairness and justice)과 **"사랑"**(love)을 강조한다.

먼저, 공정성의 원리는 다음과 같은 칼빈의 진술에서 그 진정한

---

73) Cf. Schulze, *op. cit.*, 223.

의미를 엿볼 수 있다. 즉, 우리가 현세 생활에서 평안과 평온을 얻으려면, 먼저 "주께서 주시는 복을 받지 않고서 어떤 다른 방법으로 번영하겠다는 욕망이나 희망이나 계획을 갖지 않아야 한다."[74] 또한 우리가 하는 모든 "일이 잘 되며 좋은 결과가 나타나려면, 그것을 위한 모든 수단도 하나님이 내려주시는 복만을 토대로 삼아야 한다."[75] 그렇지 않고 사기와 강탈, 사악한 행동, 책략과 간계 등 그 밖의 악한 술책들을 수단으로 하여 재물을 움켜잡으며 지위를 강탈하려고 날뛰어 이웃을 해한다면, 그곳에 누가 하나님이 주시는 복과 도움이 임하리라고 기대할 수 있겠는가? 특히 칼빈은 제8계명을 해석하는 가운데 말하기를,

> 우리가 이웃의 소유나 돈을 우리가 가지게 하는 방법, 그것이 진지한 애정을 떠나서 속이거나 해하겠다는 욕망이 될 때, 그것은 모두 도둑질로 인정되어야 한다. 즉, … 간교한 사람이 복잡한 사기 수단으로 단순한 사람 앞에 올무를 놓아 끌어넣을 때, … 세력 있는 사람이 약한 사람들을 법으로 압박하며 꺾어 버릴 때, … 간악한 자가 미끼를 흐려 낚시에 걸 때, … 그리고 우리가 이웃에 대해 지고 있는 의무를 거부할 때, 우리는 그들의 재산을 횡령하는 것이다. 게으른 관리인이 주인의 재산을 소비하며 주인의 살림을 돌보지 않을 때, 맡은 재산을 부당하게 소비하거나 함부로 허비할 때, 하인이 주인을 조롱할 때, 주인의 비밀을 폭로할 때, 주인의 생명이나 재산에 대하여 배신행위를 할 때, 그러나 반대로 주인이 집안사람들을 난폭하게 괴롭힐 때 - 이 모든 경우

---

74) 『강요』, III. 7. 8.
75) 『강요』, III. 7. 9.

는 하나님 보시기에 도둑질인 것이다. 그것은 자기가 소명 받은 책임에 따라 남에게 해야 할 일을 실행하지 않는 사람은 남의 것을 주지 않고 자기가 차지하기 때문이다.[76]

요약하자면, 우리의 사회공동체 내에서의 경제 활동은 하나님께서 허락하시는 정당한 방법과 수단들을 통하여 영위되어야 하며, 또한 서로에게 유익하고 도움이 되도록, 즉 다른 사람의 행복과 이익을 보호하며 증진하도록 노력해야 한다는 것이다.

다음으로, 칼빈은 또한 사회공동체 윤리로서 특별히 이웃에 대한 "사랑"(charity)을 강조하는데, 그것은 "나눔(sharing)의 원리"로도 표현할 수 있다. 칼빈은 사회적으로 "약한 사람들" - 가난한 자, 병든 자, 노인 등 - 에게 특별히 지대한 관심을 보였다.[77] 따라서 저명한 미국의 칼빈주의 종교철학자인 월터스트로프(N. Wolterstrorff)는 말하기를, "칼빈의 신학은 사회적 희생자들에 대한 눈물의 신학"(Calvin's theology of the tears of social victim)이라고 적절하게 평가한다.[78] 칼빈에 따르면, 가난은 그 자체로서는 "하나님의 저주"도 아니며, 중세의 금욕주의적 전통에서처럼 어떤 "거룩의 표시"도 아니다. 하나님의 뜻은 모든 사람들이 그들의 삶에 있어 물질의 풍성한 복을 누리시기를 원하신다. 그러나 빈곤은 인간의 타락의 결과로서 창조질서의 일그러진 한 모습으로

---

76) 『강요』, II. 8. 45.
77) 실제로, 당시의 제네바에는 유럽 각지로부터 가톨릭의 종교적 박해를 피하여 온 개신교 피난민들로 가득찼고, 이들을 구제하기 위하여 칼빈은 구빈원을 설립하여 도왔을 뿐만 아니라 그들에게 생업의 터전과 일자리를 만들어 주기 위하여 다방면으로 노력하였다.
78) N. Wolterstroff, "The Wounds of God: Calvin's Theology of Social Injustice," *Reformed Journal* 37 (1987), 14.

우리 가운데 항구적으로 존재한다. 그러므로 모든 그리스도인들은 "각자에게 주어진 능력과 은사에 따라" 일하고, 또한 "서로의 곤란과 필요에 따라" 사랑과 나눔의 상호부조적인 공동체적 삶을 통하여 이것을 극복해야 한다.[79] 그리하여 칼빈은 우리가 하나님으로부터 받은 은사는 모두 "우리의 이웃들의 유익을 위해서 분배하라는 조건으로 하나님께서 우리에게 베푸시고 위탁하신 것"이라고 강조한다.[80] 그러나 이것은 물론 칼빈이 빈곤의 문제를 부유한 자와 가난한 자의 차이를 무조건적인 분배를 통하여 제거하고 평등하게 함으로써 해결하고자 했음을 말하는 것이 아니다.[81] 그보다 칼빈은 신앙공동체 속에서 쌍무적인 필요와 사랑의 실천이라는 관점에서 이 문제를 본다. 특히 그는 이러한 원리를 사람의 신체의 각 기관에 비유하여 설명하는데, 곧 신체의 각 기관들은 그 자체를 위하여 존재하는 것이 아니라 다른 기관들을 위하여 일하며, 그리하여 온 몸이 건강할 때, 각 기관 스스로도 자신에게 해당하는 혜택을 누릴 수 있다는 것이다. 마찬가지로 그리스도의 몸의 각 지체인 우리 역시 자신이 가진 능력이 무엇이든지간에 교우들과 전체 공동체의 유익에 이바지할 수 있도록 사용하며 일해야 한다는 것이다.

셋째로, 하나님과의 관계적 측면에서 그리스도인의 경제적 삶

---

79) 비엘러는 이것을 "각자로부터 그의 능력에 따라, 각자에게 그의 필요에 따라"(de chacun selon ses capacites a chacun selon ses besoins)라는 원칙으로 정리하고 있다. Andre Bieler, *La Pensee Economique et Sociale de Calvin* (Geneve: Georg, 1961), 337, 여기에서는 이양호, 『칼빈: 생애와 사상』, 256에서 재인용함.
80) 『강요』, III. 7. 5.
81) 이것은 다음과 같은 칼빈의 진술에서 분명하게 보여진다: "시민사회에서는 각 사람의 사유재산이 허락되는데, 이는 사람들 사이의 평화를 보존하기 위해서 재산소유권을 명확하게 할 필요가 있기 때문이다." 『강요』, IV. 1. 3. 또 다른 곳에서 그는 말하기를, "우리는 부자가 가난한 자보다 더 잘 사는 것이 잘못이라고 할 정도로 평등을 주장하지 않는다. 가난한 자는 거친 빵과 검소한 식사를 하고 부자는 그의 처지에 따라 보다 더 좋은 것을 먹을 수 있다." *Com.* 2 Cor. 8:15.

의 주요 측면으로는 다음 두 가지를 언급할 수 있는데, 곧 **"청지기 정신"**(stewardship)과 **"소명"**(calling) 의식이다. 먼저 칼빈은 "하나님께서 우리에게 주신 재능은 우리 자신의 소유가 아니고 거저 주신 하나님의 선물이라는 것을 잊지 말라"고 강조하는데,[82] 이것은 곧 "청지기 정신"을 의미한다. "청지기 정신"은 칼빈의 그리스도인의 삶의 중심원리인 "자기부정의 원리," 곧 "우리는 우리 자신의 것이 아니라 하나님의 것이다"라는 원리와 동일한 연장선상에 있다. 우리는 스스로 가진 모든 능력과 재능과 은사, 그리고 우리의 소유를 분여해 주신 하나님의 "청지기"이며, 우리의 삶과 경제활동은 이러한 청지기로서의 사명을 다하는 것이다. 다시 칼빈 자신의 표현을 빌리자면,

우리는 하나님께서 우리의 이웃을 도울 수 있도록 우리에게 주신 모든 것을 관리하는 청지기이며, 우리의 청지기 직책에 관해 보고할 의무가 있다. 그뿐 아니라 올바른 청지기의 유일한 자격은 사랑을 표준으로 알아낼 수 있다. 그래서 우리는 남의 이익에 대한 열심과 자신의 이익에 대한 관심을 결합할 뿐 아니라, 자기의 일보다 남의 일을 더 중시하게 될 것이다.[83]

이러한 "청지기 정신"이 강조하는 바는, 우리 자신뿐만 아니라 우리가 가진 모든 재능과 소유물들까지도 우리의 것이 아니라 하나님의 것이며, 하나님께서 우리에게 위탁하신 것에 다름 아니라

---

82) 『강요』, III. 7. 4.
83) 『강요』, III. 7. 5.

는 것이다. 따라서 우리는 위탁받은 자로서 의무를 성실히 수행해야 하는데, 그것도 위탁자이신 하나님께서 허락하시는 수단과 방법으로, 또한 그의 조건과 한계에 따라 그렇게 해야 한다는 것이다. 나아가 그 모든 노력과 수고도 우리의 유익을 위해서가 아니라 이웃의 유익과 하나님의 영광을 위해서 그리해야 한다는 것이다.

> 성경은 … 우리가 하나님에게서 받은 은혜는 모두 일정한 조건 하에 위탁된 것이라고 경고한다. 받은 은혜를 교회의 공익을 위하여 사용하라는 것이 그 조건이다. 그러므로 모든 은혜를 합당하게 사용하려면, 다른 사람들에게 아낌없이 친절하게 나누어주어야 한다. 우리가 가지고 있는 은사 전체는 우리의 이웃들의 유익을 위해서 분배하라는 조건으로 하나님께서 우리에게 베푸시고 위탁하신 것이라고 우리는 배웠다(벧전 4:10 참조).[84]

사회 경제활동과 관련하여 다음으로 중요한 것은 하나님께서 각 개인에게 주신 "소명"(calling) 또는 "직업"(vocation)이라는 개념이다. 이미 언급했듯이, 이것은 베버에 의해 칼빈신학이 근대문화 형성에 지대한 영향을 끼친 핵심적인 개념으로 파악된 것이나. 왜냐하면 바로 이 개념으로써 칼빈은 모든 사람의 세속적 삶과 그 삶의 모든 측면에 신성한 가치를 부여했으며, 또한 "자연과 은혜," "성(聖)과 속(俗)"의 구분에 따른 중세의 계층적 사회구조를 타파했기 때문이다. 칼빈에게 있어서 농업이나 상업, 그리고 여러 가지 수공업에 종사하는 것은 성직으로의 부르심과 조금도 다르지 않으

---

84) 『강요』, III. 7. 5.

며 동일한 중요성을 가진다. 칼빈의 설명에 의하면, "하나님의 부르심은 우리의 삶의 길의 기초"이다.

하나님께서는 우리 모든 사람이 모든 행위에서 각각 자기의 소명에 관심을 둘 것을 요구하신다. 그것은 주께서 인간의 본성이 얼마나 큰 불안으로 타오르며, 얼마나 경박하고 방탕하며, 여러 가지 것을 한꺼번에 움켜잡으려는 야심이 얼마나 맹렬한가를 아시기 때문이다. 따라서 우매하고 경솔한 우리가 만사를 혼란에 빠뜨리지 않도록 하게 하시려고, 각 사람에게 그 독특한 생활양식에 따라 의무를 지정하셨다. 그리고 아무도 자기의 한계를 경솔히 벗어나지 않도록, 그 다양한 생활들을 "소명"(callings)이라고 부르셨다. 그러므로 각 개인에게는 주께서 지정하신 생활방식이 있다. 그것은 일종의 초소(哨所)와 같아서, 사람이 생각 없이 인생을 방탕하지 않도록 하시려고 지정하신 것이다.[85]

칼빈이 말하는 "소명의식"이 우리의 삶에 던져주는 의미는 아주 중요하다. 즉, 하나님께서 우리 각 개인에게 일정한 생활방식, 곧 "직업"(그것이 무엇이냐에 관계없이)에로 우리를 부르셨다는 것은 삶 속에서 개개인에게 자신의 고유한 위치와 직무를 주는 것이며, 그것에 대하여 우리의 의무를 다하는 것이 곧 하나님의 뜻과 그의 부르심에 헌신하는 것이다. 우리의 직업이 가장 보잘 것 없는 것이라 할지라도, 그것은 우리가 하나님의 나라를 위하여 일하며, 또한 그에게 영광을 돌릴 수 있는 가장 복된 수단이다. 또한 하나님께서 우리에게 특정한 삶의 모습과 직업을 주신 것은 그의 주권적인 사

---

85) 『강요』, III. 10. 6.

역에 의한 것이기 때문에, 우리에게는 그것을 하찮게 여기고 마음대로 포기할 권리가 없으며, 주님께서 장차 우리를 새 세상으로 옮기실 때까지 불평 없이 인내함으로 각자의 삶에 성실히 임하여야 하고, 각자에게 주어진 소명(직업)에 모든 노력을 기울여야 한다.

5. 나가는 말

우리는 지금까지 그리스도인의 삶의 원리를 중심으로 칼빈의 개혁사상 가운데 사회 공동체를 위한 경제사상의 일면을 간략하게 살펴보았다. 칼빈의 사회경제 윤리와 사상은 금욕주의, 자본주의, 혹은 기독교 사회주의 등의 이념적 틀로서 가볍게 재단되어서는 안 된다. 그보다 그것은 칼빈 자신의 신학사상과 인간이해에 뿌리를 둔 "그리스도인 삶의 원리"에 근거하는 독특한 것으로, 자신이 사역했던 시대적 상황에 적극적으로 대처하며 적용한 것이다. 이러한 칼빈의 개혁사상에 비추어 오늘날 우리의 신앙과 삶, 특히 그리스도인들의 사회경제 윤리에 있어 몇 가지 제고되어야 할 실천적인 문제들에 대해 간단히 살펴봄으로써 결론에 대신하고자 한다.

첫째, 우리의 신앙과 삶이 전(全)영역에 걸쳐 하나님의 절대주권을 다시 확고하게 정립하는 것이다. 우리의 현재 모습을 살펴보면, "신앙"과 "현실의 구체적 삶"이 괴리되는 현상을 종종 목격하게 된다. 즉, 교회에서의 신앙의 삶이 실제 일상생활의 영역에 그대로 반영되지 않는다는 것이다. 그동안 사회적으로 물의를 일으킨 정치, 경제적 대형사건들에는 많은 그리스도인들이 포함되어 있었다. 하지만 신앙과 삶은 "성(聖)과 속(俗)"으로 구별되는 별개의 영역이 아니라, 우리의 삶의 전영역이 하나님의 주권 속에 있다는 것을 다시 한 번 기억해야 할 것이다. 칼빈이 제시하는 그리스도인의 삶의 원리는 우리의 삶의 전 영역을 철저하게 "하나님의 절대적 주권" 아래에 두며, 우리의 모든 삶을 통하여 "하나님을 섬기며 그의 이름을 영화롭게 하는 것"으로 요약된다. 즉, 칼빈은 그의 종교개혁 활동을 통하여 단순히 종교적, 교회적 혁신만을 의도한 것이 아니라, 그리스도인의 삶의 전 영역에 걸친 총체적인 개혁을 의도했음을 알 수 있다. 칼빈에게 있어서 그의 신학과 신앙, 그리고 삶은 서로 분리되지 않는다. 그의 신학에는 현실의 구체적인 삶이 반영되어 있다. 또한 그는 자신의 개혁주의적 신학원리들을 실제의 삶 속에서 구현하고자 끊임없이 노력하였다. 이것이야말로 칼빈신학이 가지는 엄청난 생명력의 근원 가운데 하나일 것이다.

둘째, 우리의 물질관에 있어서 성경적, 개혁주의적 관점을 다시 확립하는 것이다. 이는 곧 앞에서 언급한 "청지기 정신"의 제고이다. 칼빈의 물질관과 경제윤리는 "오직 우리의 창조자이며 구원자이신 하나님만이 모든 것의 진정한 주인이시며 소유주이시다"라는 성경적 가르침에 기초한다. 우리의 모든 소유는 우리의 수고와 노력으로 쟁취한, 그리하여 우리 마음대로 방종할 수 있는 것이 아니다. 그것은 우리의 땀 흘린 수고의 열매이기에 앞서 하나님께서 주신 은혜의 선물이요, 또한 우리에게 위탁된 것이다. 그러므로 우리는 성실한 청지기로서 그것을 잘 관리해야 하며, 맡기신 자의 뜻에 따라 그것을 효율적으로 사용해야 한다. 또한 무엇보다도 사회공동체를 세우고 이웃에게 유익을 줄 수 있도록 사용해야 한다.

셋째, "일(노동)"에 대한 우리의 인식을 제고하는 것인데, 이는

"소명의식"의 회복으로 가능하다. 그동안 우리 사회는 한편으로는 높은 실업률과 비정규직 문제 등의 사회구조적 문제가 심각한 반면, 또 다른 한편으로는 힘들고, 어렵고, 더러운 일들을 하지 않으려는 소위 "3D기피 현상"이 있어왔다. 그래서 농촌은 이농현상으로 텅텅 비게 되었고, 고학력 실업자들이 늘어나며, 임금 상승 및 비효율적인 경영 등으로 고비용 저효율의 경제구조가 심화되었다. 결국 이런 현상들은 현 사회를 총체적으로 탄력성 없는 비생산적이고 비효율적인 구조로 만들었다. 그러나 다시 한 번 기억해야 할 것은 하나님의 부르심에는 귀천이 없이 모든 것이 고귀하며 숭고한 가치를 지닌다는 것이다. 만일 우리 모두가 하나님께서 우리 각자에게 주신 달란트와 은사에 따라 부르신 소명에 헌신한다면, 그러한 그리스도인들의 삶을 통하여 우리의 사회공동체에 새로운 활력과 생명력이 복원될 것이다. 따라서 우리는 칼빈이 강조한 하나님께서 부르신 참된 "소명의식"의 회복함으로써, 우리 사회의 비생산적인 구조와 가치관들을 개혁해 가야 할 것이다.

넷째, 우리의 사회경제 활동영역들에서 "정의"(justice)와 "사랑"(charity)을 실천하는 것이다. 지금 우리 사회를 병들게 하고 비생산적으로 만드는 것 가운데 가장 고질적인 요인은 우리의 사회경제 활동 영역에 거미줄처럼 퍼져 있는 부정부패의 먹이사슬이다. 부정부패를 일소하려는 사회 각 분야의 노력으로 투명성이 많이 제고 되었다고는 하나 아직까지도 많은 부정부패들이 남아 있다. 하지만 이러한 부정부패의 척결 없이 건강하고 효율적인 사회를 만든다는 것은 불가능한 일이다. 그러면 누가 이 일을 할 수 있겠는가? 그 일을 할 수 있는 사람은 전문적인 정치인이나 경제인

이 아니라, 칼빈이 말하는 "자기부정의 원리"에 따라 하나님과 이웃을 위하여 헌신된, 빛과 소금의 역할을 다하고자 하는 이 땅의 깨어있는 그리스도인들이다. 이 땅의 모든 그리스도인들이 각자의 생활영역에서 정당하고도 합법적인 수단과 방법을 통하여 사회경제적 삶을 영위하고 그 투명성을 회복할 때, 우리 사회의 부정부패의 고리는 힘을 잃고 녹슬어, 마침내 토막토막 잘려 나가게 될 것이다.

뿐만 아니라 날이 갈수록 그 골의 깊이가 더해가는 우리 사회의 심각한 사회적, 경제적 양극화 문제 또한 하나님이 주신 "능력과 은사에 따라" 수고의 땀을 흘리고, 서로의 "필요에 따라" 나누는 사랑의 상호부조의 원리가 크리스천들의 개인적인 삶뿐만 아니라 여러 사회기관들이나 제도들을 통해 구체적으로 실천될 때 해결될 수 있을 것이다. 나눔을 통하여 서로가 함께 고통을 분담한다면, IMF 이후 여전히 계속되는 산업 및 사회전반에 걸친 극심한 구조조정의 여파와 신자유주의 경제체제로 편입되면서 겪게 되는 어려운 상황들을 타개해 갈 수 있을 것이다. 만인이 만인을 향하여 서로 싸우는 정글의 법칙이 지배하는 사회를 넘어, 보다 건강한 사회를 회복함으로써 보다 아름다운 교회 공동체 그리고 시민사회 공동체를 만들어가야 할 것이다.

마지막으로 언급할 것은, 지금 우리가 당면한 일련의 사회적, 경제적 위기상황은 그만큼 우리의 참된 신앙과 삶의 개혁을 요구하며 시험하고 있다는 것이다. 하나님의 섭리에 대한 참 신앙은 우리의 심령과 구체적인 사회 공동체적 삶 가운데서 역사하시는 하나님의 사역에 대한 체험이며 확신이다. 따라서 이 신앙은 우리에게 모든 고통과 어려움을 이겨나갈 수 있는 능력을 주며, 흔들리지 않는 확신, 변함없는 소망을 준다. 모두가 고통 가운데 좌절하고 있는 이 위기와 변화의 시대에 우리는 하나님의 약속하신 소망을 붙들고, 참된 개혁주의 신앙과 삶의 회복을 통하여 하나님께서 우리에게 허락하신 꿈과 비전을 우리의 삶 속에 한걸음 한걸음씩 다지며 실현해 가야할 것이다.

참고문헌 (Bibliography)

로날드 S. 월레스.『칼빈의 사회개혁 사상』. 박성민 역. 서울: 기독교문서선교회, 1995.

앙드레 비엘러.『칼빈의 경제윤리』. 홍치모 역. 서울: 성광문화사, 1992.

이양호.『칼빈: 생애와 사상』. 서울: 한국신학연구소, 2001.

이은선. "칼빈과 청교도의 경제윤리."「한국개혁신학논문집」제6권(1999): 137-64.

존 칼빈.『기독교 강요』. 김종흡 외 3인 역. 서울: 생명의말씀사, 1992.

Battles, F. Lewis. "Against Luxury and License in Geneva." *Interpretation* 19 (1965): 182-202.

Bavink, Herman. "Calvin and Common Grace." In *Calvin and the Reformation*. ed. by William P. Armstrong (Grand Rapids: Baker Book House, 1980): 99-130.

Bieler, Andre. *The Social Humanism of Calvin*. Trans. by Paul T. Fuhrmann. Richmond: John Knox Press, 1964.

_____. *La Pensee Economique et Sociale de Calvin*. Geneve: Georg, 1961.

Bousma, William. *John Calvin: A Sixteen Century Portrait*. Oxford: Oxford University Press, 1988.

Burrell, Sidney A. "Calvinism, Capitalism, and the Middle Classes: Some Afterthoughts on an Old Problem." *Journal of Modern History* 32 (1960): 129-41.

Douglass, Jane Dempsey. "Calvin's Relation to Social and Economic Change." *Church & Society* 74 (1984): 75-81.

Doumergue, Emile. "Calvin: Epigone or Creator?" In *Calvin and the Reformation*, ed. by William P. Armstrong. Grand Rapids: Baker

Book House, 1980: 1-55.

Eisenstadt, S. N. *The Protestant Ethic and Modernization: A Comparative View*. London: Basic Books, 1968.

Gingerich, Barbara Nelson. "Property and the Gospel." *Evangelical Review of Theology* 11 (1987): 229-45.

Graham, W. Fred. *The Constructive Revolutionary: John Calvin and His Socio-Economic Impact*. Atlanta: John Knox Press, 1978.

Green, Robert. *Protestantism, Capitalism and Social Science: the Weber Thesis Controversy*. London: D. C. Heath and Co., 1973.

Hallett, Adrian. "The Theology of John Calvin. Part One: The Christian's Conflict with the World." *Churchman* 105 (1991): 102-38.

Leith, John H. *John Calvin's Doctrine of the Christian Life*. Louisville: Westminster/John Knox Press, 1989.

Matheson, J. G. "Calvin's Doctrine of the Christian Life." *Scottish Journal of Theology* 2 (1949): 48-56.

Reid, W. Stanford. "Jean Calvin: The Father of Capitalism?" *Themelios* 8 (1983): 19-25.

_____. "John Calvin, Early Critic of Capitalism(1): An Alternative Interpretation." *The Reformed Theological Review* 43 (1984): 74-81.

Ritschl, Albrecht. "Prolegomena to The History of Pietism." In *Three Essays*, trans. by Philip Hefner (Philadelphia: Fortress Press, 1972): 51-147.

Schulze, L. F. "Calvin on Interest and Property - Some Aspects of His Socio-Economic View." In *Our Reformational Tradition*. (Potchefstroom, South Africa: Potchefstroom University, 1984): 217-230.

Singer, C. Gregg. "Calvin and the Social Order." In *John Calvin: Contemporary Prophet*. ed. by Jacob T. Hoogstra (Grand Rapids: Baker Book House, 1959): 227-41.

Troeltsch, Ernest. *The Social Teaching of the Christian Churches*, Vol. II. Trans. by Olive Wyon. Louisville: Westminster/John Knox Press, 1992 Reprinted.

Valeri, Mark. "Religion, Discipline, and the Economy in Calvin's Geneva." *Sixteenth Century Journal* 28 (1997): 123-142.

Van Wyk, J. H. "Calvin on the Christian Life." In *Our Reformational Tradition* (Potchefstroom, South Africa: Potchefstroom University, 1984): 231-278.

Venter, W. "Calvin and Economics according to the Institutes." In *John Calvin's Institutes His Opus Magnum* (Potchefstroom, South Africa: Potchefstroom University, 1986): 266-325.

Wallace, Ronald S. *Calvin's Doctrine of the Christian Life*. Edinburgh: Oliver and Boyd, 1959.

_____. *Calvin, Geneva and the Reformation*. Grand Rapids: Baker Book House, 1988.

Weber, Max. *The Protestant Ethic and The Spirit of Capitalism*. Trans. by Talcott Parsons. New York: Charles Scribner's Sons, 1958.

Winecoff, David K. "Calvin's Doctrine of Mortification." *Presbyterion* 13 (1987): 85-101.

Wolterstorff, Nicholas. "The Wounds of God: Calvin's Theology of Social Injustice." *Reformed Journal* 37 (1987): 14-22.

제II부

개혁주의 신앙

제6장
개혁주의 신앙의 기초
: 웨스트민스터
표준문서의 내용과 구조

1. 〈웨스트민스터 신앙고백서〉의 배경과 역사

중세 로마 가톨릭 교회가 심히 부패하고 타락함으로써 16세기 마틴 루터(Martin Luther, 1483-1546)에 의해 종교개혁이 일어났다. 그리고 특별히 스위스 제네바에서 종교개혁을 주도했던 존 칼빈(John Calvin, 1507-1564)의 헌신과 노력으로 개혁주의 신학의 기초가 놓여졌다. 나아가 그러한 칼빈의 신학적인 영향 아래 존 낙스(John Knox, 1513-1572)가 스코틀랜드에서 종교개혁을 시작했고, 이 후 영국에서도 청교도 운동이 일어나 칼빈주의 신학에 입각한 헨리 8세(Henry VIII)의 〈수장령〉이 내려졌고, 이를 근거로 로마 가톨릭의 통제로부터 독립한 영국 국교회(성공회)에 대해 보다 철저한 종교개혁을 추진하였다. 〈웨스트민스터 신앙고백서〉가 작성될 당시 영국은 잉글랜드, 스코틀랜드 그리고 아일랜드로 나뉘어 교리와 예전 그리고 교회 정치에 있어 서로 다른 입장을 취하고 있었다. 그러다 1603년 스코틀랜드의 왕이었던 제임스 6세(James VI)가 영국의 왕이 되어 제임스 1세(James I; 재임기간, 1603-1625)가 됨으로써 영국과 스코틀랜드의 왕조가 하나로 통합되었다. 영국교회의 개혁을 염원했던 많은 청교도들은 장로교인으로 자라난 제임스 1세에게 영국 국교회에 대한 보다 철저한 개혁을 기대하고 청원하였다. 하지만 제임스 1세는 왕권신수설을 신봉했기에 왕권의 신장에 유리한 감독제도를 장로제도보다 더 선호했다. 따라서 그는 개혁에 대한 기대를 철저히 무시하고 오히려 스코틀랜드의 개혁교회를 핍박했다. 뒤이어 왕이 된 챨스 1세(Charles I; 재임기간, 1625-1649)는 더욱 청교도들을 핍박했다. 그는 윌리엄 로드(William Laud)를 비롯한 고교회주의자들을 각 요소의 수장들로 임명했고, 칼빈주의적인 개혁파 청교도들을 심히 박해했다. 심지어 영국 국교회의 기도서를 사용하도록 스코틀랜드 교회에까지 강요했다. 결국 이 일로 내전이 일어났고 영국은 스코틀랜드에 패하게 되었다.

이처럼 복잡한 정치적인 혼란 가운데서 청교도 혁명이 일어났고, 그들은 교회의 문제들을 해결하기 위하여 여러 차례 교회 회의를 소집해달라고 왕에게 청원하였다. 하지만 왕은 이 청원을 거부했고, 이로 인해 영국 장기의회(Long Parliament)는 자신의 권위로 대륙의 개혁파 교회 및 스코틀랜드 장로교회와 일치하는 교리, 예배 그리고 권징에 대한 표준문서를 마련하기 위하여 1643년 6월 12일 교회의 총회 소집을 명령하였다. 이 때 의회의 양원은 국왕의 의사에 반하여 감독제를 정죄하고, "하나님의 말씀에 가장 일치하고, 국내에서 교회의 평화를 이룩하고 보전하기에 가장 적합하며, 스코틀랜드 교회 및 국외의 다른 개혁교회와 가장 가깝게 일치하는" 교회의 교리와 정치제도를 수립하기로 천명하였다.[1] 그리하여 같은 해 7월 1일부터 런던 웨스트민스터 교회에서 신학자 총회가 소집되었는데, 총 151명의 대표 가운데 30명의 평신도 사정관(상원 10명, 하원 20명)과 전국 각지에서 선출되어 모인 121명의 신학자와 성직자들로 구성되었다. 이들의 대부분이 장로교 소속이었고, 2-3명의 감독교회 및 회중교회 목사가 포함되었으며, 이외에도 신앙고백서 작성에 많은 영향을 미친 스코틀랜드 교회의 대표 6명(목사 4인, 장로 2인)이 더 포함되어 총 157명이 되었다. 이들은 1643년 7월 1일 개회일로부터 1649년 2월 22일 폐회할 때까지 약 5년 8개월(1643. 7. 1 - 1649. 2. 22)에 걸쳐 1,163회 이상의 정규 모임과 수많은 위원회별 소모임 및 기도회를 가졌다. 그 기간 동안에 웨스트민스터 총회는 그 결과물로서 1645년에 먼저 〈예배모범〉과 〈정치모범〉을 내어 놓았고, 마침내 〈신앙고백서〉(1647), 〈대교리문답〉(1647), 〈소교리문답〉(1648)을 차례로 작성하여 내어 놓았다.[2]

먼저 〈신앙고백서〉는 1646년 12월 4일에 완성되어 상하 양원에 전달되었으며, 하원의 요구에 따라 성경증거 구절들이 보완되어

---

1) James Hastings, *Encyclopaedia of Religion and Ethics*, vol. III (Edinburgh: T & T Clark, 1974), 874; 총회교육자원부 편,『개혁교회의 신앙고백』(서울: 한국장로교출판사, 2007), 326 재인용.
2) 웨스트민스터 총회의 간략한 배경과 역사를 위해서는 김의환,『개혁주의 신앙고백집』(서울: 생명의 말씀사, 2003), 118-20; 박상경,『웨스트민스터 신앙고백서 해설』(서울: 예루살렘, 2004), 35-66; Benjamin B. Warfield, *The Westminster Assembly and Its Work* (Cherry Hill, N.J.: Mack Publishing Co., 1972)를 보라. 그리고 전체적인 장로교회의 기원과 발전의 역사를 알기 위해서는 오덕교,『장로교회사』(수원: 합동신학대학원출판부, 2005)를 보라.

1647년 4월 29일에 다시 최종본이 제출되었다. 그리하여 오랜 심의 절차를 거쳐 약간의 수정과 더불어 하원은 1648년 3월 22일에, 상원은 1648년 6월 3일에 이 역사적인 신앙고백서를 의결하여 통과시켰다. 그리고 이 문서들은 1647년 8월 27일에 소집된 스코틀랜드 교회 총회에도 전달되어 면밀한 검토 후 교회 신앙의 표준으로 인준되었으며, 나아가 스코틀랜드 의회 역시 2년 후, 1649년 2월 7일에 통과시켰다. 이렇게 영국과 스코틀랜드의 개혁주의 장로교 신앙고백의 표준이 된 웨스트민스터 표준문서들은 미국 장로교회뿐만 아니라 다른 교파 교회들의 신앙고백에도 심대한 영향을 미쳤는데, 1729년 미국 장로교회에서 공식적으로 인준되었고, 미국의 여러 회중교회와 침례교회들도 약간의 수정과 더불어 채택하였다. 한국 장로교회는 〈소교리문답〉을 1907년부터 채택하여 사용하였으나, 〈신앙고백서〉는 이것의 간결한 요약판인 〈장로교 12신조〉를 오랫동안 사용하다가 1963년 대한예수교장로회 합동측을 필두로 하여 1968년에 통합측, 1972년 고신측과 기장측이 정식으로 교회의 신앙고백으로 인준하였고, 현재 그 외에도 많은 교파에서 신앙과 생활의 표준문서로 채택하여 사용하고 있다.[3]

2. 〈웨스트민스터 신앙고백서〉의 일반적인 특징

이 웨스트민스터 표준문서들은 특별히 "칼빈주의 교리의 가장

---

[3] 한국장로교회의 신앙고백의 역사와 관련하여 다음을 보라. 김영재, 『교회와 신앙고백』(서울: 성광문화사, 1989), 189-227; 박상경, 『웨스트민스터 신앙고백서 해설』, 67-68; 그리고 보다 최근의 자료에 대하여는 이형기, 『세계개혁교회의 신앙고백서』, 405-520을 보라.

완숙한 체계" 혹은 "개혁주의 장로교 신학의 집대성"이라고 평가되어 왔으며, 우리의 신앙과 생활에 대한 성경적인 바른 규범을 잘 요약하여 보여준다.[4] 그 가운데 〈웨스트민스터 신앙고백서〉는 단순히 하나의 신학적인 기록물이 아니라 스코틀랜드와 영국의 청교도들의 성경에 근거한 불굴의 신앙과 경건의 삶에 대한 치열한 헌신과 열정, 그리고 순교적 고난의 역사가 올곧이 담겨있는 역사적인 신앙고백서이다. 따라서 이것은 "하나님의 섭리적 보호 하에 세계에서 가장 광범위한 인정을 받은 개혁적 신앙고백서"가 되었다.[5] 그 특징을 몇 가지 살펴보자면 다음과 같다.

① 칼빈주의 개혁파 신앙의 전통에 입각하여 무엇보다도 하나님의 절대주권과 그의 말씀인 성경의 절대적 권위에 대해 확고한 신앙을 견지한다. 그러므로 그 모든 내용을 진술함에 있어 철저하게 성경에 기초한 문서요, 칼빈주의 신학과 개혁주의 정통신앙을 가장 분명하게 요약하여 정리하고 표현한 문서로 평가된다.

② 비교적 후기에 작성되었기 때문에 긴박한 논쟁적 상황 속에서 이루어진 이전의 여러 개혁파 신앙고백서들의 성과들은 물론 종교개혁 이후 신학적으로 발전된 개혁파 정통주의 신학의 내용들까지 잘 반영되어 작성되었고, 또한 아주 논리적이며 체계적인 구조로 구성되었음은 물론 명료하고도 간결한 진술과 객관적인 신학 용어들을 사용하였다.

③ 영미계통 장로교회를 비롯하여 세계 여러 교파들뿐만 아니

---

4) Cf. 김의환, 『개혁주의 신앙고백집』, 246. 개혁교회의 다른 신앙고백서와 웨스트민스트 표준문서들의 비교대조를 위하여는 김의환, 『개혁주의 신앙고백(한눈에 보는 대조설명판)』(서울: 대한예수교장로회총회, 2003)을 참조하라.
5) J. Kamphuis, 『개혁 그리스도인과 신앙고백의 특징』(서울: 성약, 2005), 63.

라 한국 장로교회에서도 신앙과 생활에 있어 표준문서로 널리 수납되어 사용되고 있다.

④ 〈웨스트민스터 신앙고백서〉는 애초에 총33장으로 이루어졌으나, 시대의 변화에 따른 교회의 필요에 의해 1903년에 34장(성령에 관하여)과 35장(하나님의 사랑의 복음과 선교에 관하여)이 미국 북장로교회에 의하여 첨가되었다.

3. 〈웨스트민스터 신앙고백서〉, 〈대/소교리문답서〉 내용과 구조

1) 〈웨스트민스터 신앙고백서〉의 내용구성

〈웨스트민스터 신앙고백서〉의 전체적인 항목은 총 33장(34장과 35장은 후대의 첨가)으로 구성되어 있으며, 내용의 구조에 있어서도 서론(성경론), 신론, 인간론, 기독론, 구원론, 교회론, 종말론으로 아주 체계적으로 조직화되어 있다(다음 페이지의 표 참조).

다음으로 〈웨스트민스터 신앙고백서〉의 신학적인 특징 몇 가지에 대해 간략하게 말하자면 다음과 같다. 가장 먼저 제1장에서 하나님의 계시에 대해 말하며, 자연계시의 불충분성과 함께 특별계시로서의 성경을 무오하게 영감된 하나님의 말씀으로 선언하며, 그 절대적인 권위를 선포함과 동시에 오직 구약/신약 66권만을 정경으로 받아들인다. 제2장에서 신적 속성과 삼위일체 하나님에 대하여 고백한 다음, 특별히 제3장에서 하나님의 영원한 작정과 이중예정 교리에 대하여 고백하고 있는데, 이것은 당시 아르미니안주의를 정죄한 화란 개혁파 교회의 도르트 신경(1618)과 그 신학적 영향이 적극 반영된 것이라고 볼 수 있다.

주 제	내 용
1. 서 론 (성경론)	제1장 - 성경에 관하여
2. 신 론	제2장 - 하나님과 성삼위일체에 관하여 제3장 - 하나님의 영원한 작정에 관하여 제4장 - 창조에 관하여 제5장 - 섭리에 관하여
3. 인간론	제6장 - 사람의 타락과 죄와 그 벌에 관하여 제7장 - 사람과 맺은 하나님의 언약에 관하여
4. 기독론	제8장 - 중보자이신 그리스도에 관하여
5. 구원론	제9장 - 자유의지에 관하여 제10장 - 효과있는 부르심에 관하여 제11장 - 칭의에 관하여 제12장 - 양자에 관하여 제13장 - 성화에 관하여 제14장 - 구원하는 신앙에 관하여 제15장 - 생명에 이르는 회개에 관하여 제16장 - 선행에 관하여 제17장 - 성도들의 궁극적인 구원에 관하여 제18장 - 은혜와 구원의 확신에 관하여
6. 교회론	제19장 - 하나님의 법에 관하여 제20장 - 그리스도인의 자유와 양심의 자유에 관하여 제21장 - 종교적 예배와 안식일에 관하여 제22장 - 합법적 맹세와 서원에 관하여 제23장 - 국가의 공직자에 관하여 제24장 - 결혼과 이혼에 관하여 제25장 - 교회에 관하여 제26장 - 성도의 교제에 관하여 제27장 - 성례에 관하여 제28장 - 세례에 관하여 제29장 - 주의 성찬에 관하여 제30장 - 교회의 권징에 관하여 제31장 - 총회와 공의회에 관하여
7. 종말론	제32장 - 사람의 사후 상태와 죽은 자의 부활에 관하여 제33장 - 최후의 심판에 관하여
8. 보 완(1903년)	*제34장 - 성령에 관하여 *제35장 - 하나님의 사랑과 선교에 대하여

또한 개혁주의 신학의 특징인 언약신학이 적극 반영되어 제6장 인간의 타락과 죄를 행위언약의 관점에서 다루고, 제7장에서는 은혜언약을 다룸으로써 제8장 예수 그리스도의 중보사역과 계속해 이어지는 구원론을 언약신학이라는 전체적인 관점에서 조직화하여 진술한다. 그러나 구약과 신약은 별개의 다른 언약이 아니라 본질상 동일한 하나의 은혜언약임을 천명한다(제7장 6항).

〈웨스트민스터 신앙고백서〉의 특징 가운데 또 한 가지 언급할 것은 구원론에 이어 바로 교회론을 말하지 않고, 먼저 제19장 하나님의 율법과 제20장 그리스도인의 양심의 자유로부터 시작하여 제23장 국가의 위정자와 제24장 결혼과 이혼에 이르기까지 그리스도인의 삶에 대한 것을 다룬다는 점이다. 즉, 구원받은 성도들의 삶에 대한 적용을 먼저 다룬 다음, 제25장 교회에 관한 고백에서 시작해 성도의 교제(제26장)와 성례(제27, 28, 29장), 권징(제30장), 그리고 총회와 공의회(제31장)까지 언급하고, 마지막으로 제32장의 개인종말론과 제33장 최후심판, 즉 일반종말론에 대한 고백으로 마친다. 나아가 장로교회(고신의 경우)의 헌법은 1903년 미국 북장로교회에 의해 첨가된 제34장 성령에 대한 고백과 제35장 선교에 대한 고백을 함께 받아들인다(1980년 제30회 총회의 결정에 따름).

2) 〈웨스트민스터 대교리문답〉의 내용 구성

〈웨스트민스터 대교리문답〉은 교역자들과 성인 신자들을 위한 것으로, 전체 196개의 문답으로 이루어져 있다. 제1부(1-90문답)는 기독교인이 꼭 믿어야할 신앙의 내용에 대해 다루며, 제2부(91-196문답)는 그리스도인의 삶의 실천적 의무들에 대해 다룬다.

제1부 신앙의 내용 - 교리 (제1-90문답)
1. 서론: 인간의 목적 / 제1문답
2. 신앙에 대하여 / 제2-90문답
   (1) 성경에 대하여 (2-6)
   (2) 하나님의 속성과 삼위일체, 그리고 하시는 일 (7-20)
   (3) 인간의 죄와 타락 (21-29)
   (4) 은혜언약 (30-35)
   (5) 중보자 예수 그리스도 (36-56)
   (6) 구원에 대하여 (57-60/65-83)
   (7) 교회에 대하여 (61-64)
   (8) 죽음과 부활, 그리고 종말에 대하여 (84-90)

제2부 신앙의 의무 - 실천 (제91-196문답)
3. 믿음의 행위에 대하여 / 제91-196문답
   (1) 율법과 십계명 (91-149)
   (2) 범죄와 회개 (150-153)
   (3) 은혜의 방편 (154)
   (4) 하나님의 말씀 (155-160)
   (5) 성례: 세례와 성찬 (161-177)
   (6) 기도와 주기도문 (178-196)

3) 〈웨스트민스터 소교리문답〉의 내용구성

〈웨스트민스터 소교리문답〉은 특별히 교회와 가정에서 아동들의 신앙 교육을 위해 만들어졌다. 소교리문답서도 대교리문답서와 마찬가지로 그 내용은 크게 두 부분으로 나눌 수 있다. 제1부(1-38문답)는 신앙의 내용, 즉 교리적인 부분을 다루며, 제2부(39-107문답)는 그리스도인의 의무, 즉 어떻게 믿음을 수행할 것인가 하는 신앙생활과 삶의 책임문제를 다룬다.

제1부 신앙의 내용 – 교리 (제1-38문답)
  1. 서론: 인간의 목적 / 제1문답
  2. 신앙에 대하여 / 제2-38문답

    (1) 성경에 대하여 (2-3)

    (2) 하나님의 속성과 삼위일체, 그리고 하시는 일 (4-11)

    (3) 인간의 죄와 타락 (12-20)

    (4) 예수 그리스도 (21-28)

    (5) 구원에 대하여 (29-36)

    (6) 종말에 대하여 (37-38)

제2부 신앙의 의무 – 실천 (제39-107문답)
  3. 믿음의 행위에 대하여 / 제39-107문답

    (1) 율법과 십계명 (39-81)

    (2) 신앙과 회개 (82-87)

    (3) 은혜의 방편 (88)

    (4) 하나님의 말씀 (89-90)

    (5) 성례: 세례와 성찬 (91-97)

    (6) 기도와 주기도문 (98-107)

4) 웨스트민스터 표준문서의 내용 비교대조[6]

대주제	상세주제	신앙고백서	대교리문답	소교리문답
서론	서론		제1문답	제1문답
	일반계시	제1장(1항)	제2문답	
	특별계시: 성경	제1장(2-10항)	제3-6문답	제2-3문답
신론	하나님의 존재와 속성	제2장(1-2항)	제7-8문답	제4-5문답
	삼위일체 하나님	제2장(3항)	제9-11문답	제6문답
	작정(예정과 선택)	제3장(1-8항)	제12-13문답	제7문답
	창조	제4장(1-2항)	제14-17문답	제8-10문답
	섭리	제5장(1-7항)	제18-19문답	
인간론	타락과 죄	제6장(1-6항)	제21-29문답	제13-19문답
	은혜언약	제7장(1-6항)	제30-35문답	제20문답
기독론	중보자 예수 그리스도	제8장(1-8항)	제36-50문답	제21-28문답
구원론	자유의지	제9장(1-5항)	제149-152문답	제82-84문답
	소명	제10장(1-4항)	제57-60/67-68문답	제29-32문답
	칭의	제11장(1-6항)	제70-71문답	제33문답
	양자	제12장(1항)	제74문답	제34문답
	성화	제13장(1-3장)	제75/77-79문답	제35-36문답
	신앙	제14장(1-3항)	제153/72-73문답	제85-86문답
	회개	제15장(1-6항)	제76문답	제87문답
	선행	제16장(1-7항)	제78문답	
	견인	제17장(1-3항)	제79문답	
	구원의 확신	제18장(1-4항)	제80-81문답	
교회론	율법과 십계명	제19장(1-7항)	제91-152문답	제39-84문답
	그리스도인의 자유	제20장(1-4항)		
	예배와 안식일	제21장(1-8항)	제178-196문답(주기도문)	제98-107문답(주기도문)
	맹세와 서원	제22장(1-7항)		
	국가의 위정자	제23장(1-4항)		
	결혼과 이혼	제24장(1-6항)		
	교회	제25장(1-6항)	제61-64문답	
	성도의 교제	제26장(1-3항)	제65-66/69/82-83/86문답	
	성례	제27장(1-5항)	제154-164문답	제88-93문답
	세례	제28장(1-7항)	제165-167문답	제94-95문답
	주의 만찬	제29장(1-8항)	제168-177문답	제96-97문답
	교회의 권징	제30장(1-4항)		
	총회와 공의회	제31장(1-4항)		
종말론	죽음과 부활	제32장(1-3항)	제84-85/87문답	제37문답
	최후의 심판	제33장(1-3항)	제88-90문답	제38문답

6) Cf. 김의환, 『개혁주의 신앙고백집』, 176f; 박상경, 『웨스트민스터 신앙고백서 해설』, 59; Joel R. Beeke and Sinclair B. Ferguson, eds., *Reformed Confessions Harmonized* (Grand Rapids: Baker Books, 1999).

한국 장로교회는 그동안 교회성장이라는 미명하에 교리교육에 상대적으로 소홀한 측면이 없지 않았다. 그리하여 교리적인 측면 뿐만 아니라 예배와 실천에 있어서도 개혁주의 장로교회의 정체성이 많이 희석되어 버렸다. 따라서 지금부터라도 우리는 이와 같이 철저하게 성경에 기초하였을 뿐만 아니라 역사적으로 사도적 정통신앙과 또한 그것을 재확인하고 천명한 종교개혁 및 개혁주의 정통신앙의 유산을 아주 간결하면서도 올곧이 담고 있는 〈웨스트민스터 신앙고백서〉와 〈대/소교리문답〉을 체계적으로 연구하고 가르침으로써, 언제나 올바른 정통신앙(Orthodox), 올바른 정통신학(Orthotheologia), 그리고 그것에 기초한 올바른 신앙의 삶(Orthopraxis)을 실천하는 참된 그리스도인이 되는 한편, 개혁주의 신학과 신앙의 정체성을 회복하기 위하여 부단히 노력해야 할 것이다.

제7장
개혁주의 성경해석의 원리와 적용
: 창조의 연대문제를 중심으로

1. 신학, 과학, 그리고 해석학: 신학의 학제적 연구 가능성

우리는 알게 모르게 근대 과학혁명을 통하여 형성된 합리적이고도 경험적이며 실증주의적인 과학주의(Scientism)에 물들어 있다. 이러한 사고의 중심에는 다음과 같은 주장이 자리 잡고 있다: "모든 진리주장(truth claim)은 소위 과학적 방법, 경험이나 실험에 의해 검증되어야 하는데, 이러한 과학적 방법은 무전제적이고 가치중립적이기 때문에 순수하게 객관적이라는 것이다." 이것이 바로 실증주의적 과학관이다. 즉, 과학적 방법만이 진리에 이르는 참된 방법이므로 다른 모든 학문도 과학적 방법과 진리주장에 부합해야만 한다는 주장이다. 그러나 20세기 후반 포스트모더니즘(postmodernism)의 영향으로 이러한 실증주의적 "과학주의"가 "과학"(Science)이 아니라 그 자체로서 또 하나의 "신념"(Belief)

의 체계임이 드러나게 되었다.

그렇다면 **과학이란 무엇인가?** 최근의 과학철학자들은 과학의 해석학적 본질(hermeneutical nature)을 강조한다. 과학자들이 하는 일은 대체로 자연현상에 대한 관찰자료 또는 연구대상에 대한 실험 데이터(data)들을 수집하고 분석하는 것이다. 이러한 과학적인 관찰자료 혹은 실험 데이터들, 화석 표본들, 전기 기호, 숫자, 혹은 통계자료 등은 그 자체로는 아무런 의미가 없다. 그것은 일련의 과학적인 방법과 절차를 통하여 "해석"되어야 하고, 그럼으로써 그것의 진정한 "의미"(meaning)를 이해(understanding)해야 하는 것이다. 그리할 때 그 결과가 하나의 새로운 "과학적 발견"으로 귀착될 수 있는 것이다. 이처럼 과학이 "관찰자료"나 "실험 데이터"들로 이루어진 자연세계(the natural world)의 진정한 "본래적 의미"를 찾는 작업과정이라면, 과학은 그 본질에 있어 일종의 "해석학"(Hermeneutics)이라고 할 수 있다. 그렇다면 과학 또한 데이터들을 산출하고 이해하기 위한 일종의 "선이해적인 전제" (presupposition of pre-understanding)와 "해석적 장치" (interpretive framework)들을 필요로 한다. 그리고 이것은 과학적 해석작업이 본질적으로 가치중립적이라거나 객관적일 수 없다는 것을 의미한다.

신학과 과학의 관계에 있어서, 비록 신학이 과학자들의 관찰대상인 객관적인 데이터에는 관여할 수 없겠지만, 데이터에 대한 과학자들의 해석을 위한 작업가설(作業假說, working hypothesis)과 해석적 작업과정(hermeneutical process)에는 의문을 제기하고 관여할 수 있다. 과학(science)의 배경에는 항상 그에 상응하는 철학

(philosophy)이 있기 마련이다. 그러므로 신학은 물리학(physics)을 연구하는 학자의 세계관이나 형이상학(metaphysics)에 대하여 관계해야 하는 것이다. 말하자면, 화석을 발견하는 것(a scientific discovery)과 그것에 대한 "해석적 작업"을 통하여 진화론(a theory of evolution)을 주장하는 것은 서로 다른 것이다. 화석은 하나의 "주석적 자료"(an exegetic matter)이지만, 그것을 다루는 자연주의(naturalism), 유물론(materialism) 혹은 진화론은 하나의 철학적 세계관이요 형이상학적 이론이다. 이런 점에서 신학과 인문학은 과학적 발견의 결과인 과학-기술이 어떻게 적용되고 사용되어야 하는가에 대하여 더욱 치열하게 사고하고 질문하며 토론할 수 있어야 한다. 예를 들어, 양자역학이나 원자물리학이 과학적 원리들을 발견하는 것과 그것을 가지고 원자폭탄을 만들 것인지 어떨지 결정하는 것은 서로 다른 문제이다. 후자의 문제는 단순히 과학자들만의 독점적인 권리 혹은 책임으로 남겨질 수 없는 것이다.

신학은 하나님의 말씀인 "성경"(the Bible)을 해석하는 학문이다. 신학자들이 성경(the Book of books - the Bible)을 해석하는 것과 마찬가지로 과학자들은 자연의 책(the Book of nature)을 해석한다. 하나님께서는 우리에게 두 개의 책(성경과 자연 - the Scripture and the Nature)을 주셨다. 과학(science)과 신학(theology)은 모두 그 본질에 있어 일종의 해석학(hermeneutics)이며, 그러한 측면에서 모두 "이해를 추구하는 신앙"(faith seeking understanding)으로서 그 작업을 수행하게 된다. 기독교인에게 있어서 특별계시인 성경은 자연의 책을 다루는 과학에 대하여 올바른 "해석학적 원리 혹은 체계"(hermeneutical principle or framework)를 제공할 수 있을 것이다. 그렇게 함으로써 신학과 과학은 "본래적 의미", 참된 진리 주장(the true truth-claim)을 찾는 해석학적 작업에 좋은 동반자가 될 수 있을 것이다.

2. 성경해석: 올바른 성경해석을 위하여 고려되어야 할 것들

성경 해석의 본질적인 문제는 어떻게 하면 정확하게 성경 본문이 가진 "본래적 의미"를 밝혀내느냐 하는 것이다. 그러나 우리가 성경을 올바르게 해석하기 위해서는 최소한 다음의 몇 가지 사항을 심각하게 고려해야 한다.

1) "단어" 의미의 유동성 문제 - 단어의 의미는 문맥에서 비로소 결정된다.

의미를 표현하는 주체는 무엇인가? 우리는 하나의 단어, 문장, 사건, 한 본문, 신약이나 구약 전체, 혹은 정경전체 가운데 어디에서 의미를 찾아야 하는가? 우리는 먼저 단어 하나하나에 대한 어원학적 의미를 연구하는 것에 대해 생각할 수 있다. 이 방법은, 예를 들어, 키텔(G. Kittel)이 편집한 『신약신학 사전』(*The Theological Dictionary of New Testament*)에서 사용된 방법으로, 각 단어와 그것의 어원적 연구를 통하여 본래적 의미에 도달하려는 방법이다. 그러나 이 경우 성경해석학은 언어학 혹은 기호학으로 대체되어 버리게 된다. 잘 알려진 바와 같이, 하나의 단어는 의미의 "유동성"(fluidity)을 가진다. 예를 들어, "뜨겁다"는 단어는 온도, 분노, 열정 등 여러 가지 의미를 지닐 수 있다. "이 주전자는 너무 **뜨거워** 들 수가 없다"는 말과 "지금 문제가 복잡하게 꼬여서 머리가 너무 **뜨겁다**"라는 말의 실제적인 의미는 서로 다르다. 따라서 한 단어의 실제적인 의미는 그것이 쓰인 구체적인 문맥에서 비로소 결정된다. 즉, 의미의 기본단위는 개별적인 기호나 단어가 아니라 전체적인 문장(sentence)이다.

2) "문학적 장르"를 고려한 성경해석

텍스트는 "의사소통"을 위하여 의미있는 문장들로 "언어행위"를 수행하기 위한 도구이다. 따라서 텍스트 차원의 의사전달의 전략적 메커니즘을 이해하려면, 그 텍스트의 문학적 형식 혹은 장르(genre)를 심각하게 고려해야만 한다. 왜냐하면 문학적 장르란 단순히 텍스트의 종류를 구분하는 것이 아니기 때문이다. 각각의 문학적 장르들은 언어를 통한 의사전달의 전략적 체계로서 다양한 방식으로 의미의 실재를 나타낸다. 즉, 성경에 사용된 역사, 이야기, 시학, 격언, 묵시문학, 서신문학 등 다양한 문학적 장르들은 각각 서로 다른 언어의 규칙을 가지고 있다.

그러므로 성경의 올바른 해석은 단어의 어원적 분석이나 어휘 분석 보다 성경이 가진 의사소통의 통일된 체계로서 문학적 장르(역사, 교훈, 예언, 묵시, 찬양시 등)의 고유성을 고려한 해석이 우선되어야 한다. 나아가 성경전체의 정경성, 즉 단일의 저작성을 고려한 성경해석이 이루어져야 하는데, 이는 곧 본문의 최종형태인 정경으로서 성경 전체를 하나의 영감된 하나님의 말씀으로 읽고 해석하는 것이다. 따라서 하나의 구절 혹은 문장의 올바른 의미는 언어-역사적, 문학적, 그리고 정경적 문맥의 상호연관 속에서 해석되어야 하는 것이다.

3) "저자의 의도" 중심의 성경해석

성경해석학(혹은 일반해석학에 있어) "의미"(meaning)란 무엇을 의미하며 어디에 존재하는가? 우리는 근대 해석학에서처럼, 성경 본문의 의미를 이해하기 위하여 성경의 본문(Text)를 넘어 그 이면을 뚫고 들어가 **저자**(the Author)의 배경이나 심리상태 등, 소위 "삶의 정황"(Sitz im Leben)을 파악함으로써 "저자보다도 더 잘 본문의 의미를 이해하고자 하는 시도"는 이미 성공할 수 없다는 사실을 잘 인식하게 되었다. 또한 포스트모던 해석학, 예를 들어, 독자-반응 이론(Reader-Response Theory, 또는 Reader-Oriented Criticisms)에서처럼, **독자**(the Reader)가 본문의 의미를 자의적으로 결정할 수도 없다는 것 역시 분명한 사실이다. 왜냐하면 그러한 의미의 상대주의 또는 아나키즘을 방치할 수 없기 때문이다. 그러므로 본문의 의미는 오히려 주어진 **본문**(the Text) 자체에 구현되어 있으며, 그것은 다시 본문에 구현되어 있는 "**저자의 의도**"(the intention of the author)에 닻을 내리고 있다고 해야 할 것이다. 따라서 본문의 "본래적 의미"인 저자의 의도를 정확하게 밝혀 성경 본문을 해석하는 "**본문 중심의 해석방법**"이 가장 올바른 성경해석이라고 할 수 있을 것이다.

4) "해석학적 나선운동"(the Hermeneutical Spiral)

성경해석에 있어 "전제없는 해석은 있을 수 없다." 또한 "신학이 없는 성경해석은 신학적으로 공허한 것이며, 올바른 성경해석에 근거하지 않은 신학은 해석학적으로 조야한 것이다." 따라서 신학과 성경해석은 서로 불가분리의 관계에 있다는 것은 주지의 사실이다. 그렇다면 성경본문의 해석에 있어 해석자의 (신학적) 전제에 의해 본문의 의미가 왜곡되는 현상을 어떻게 극복할 수 있을 것인가? 그것은 끊임없는 "**해석학적 나선운동**"(Hermeneutical Spiral)에 의해 가능할 것이다. 말하자면, 해석자의 "**선이해**"(pre-understanding)는 올바른 본문의 해석과정을 통하여 교정받게 되는데, 이렇게 형성된 "심화된 이해"가 반복되는 해석의 과정을 통하여 끊임없이 본문의 "**본래적 의미**"에 다가가도록 한다는 것이다. 이것은 동시에 다음과 같은 두 가지 사실을 의미한다. 하나는 성경해석에 있어 나의 해석만 옳다는 식의 "**해석학적 교만**"과 독선을 버리는 일이며, 또 다른 하나는 미리 본문의 참된 의미를 포기해 버리는 "**해석학적 태만**"과 나태함을 극복하는 것이다. 그러므로 우리는 끊임없이 성경본문의 말씀 앞에 무릎을 꿇고 그 말씀을 통하여 들려오는 하나님의 음성(즉, "본문의 참된 본래적 의미")를 경청하는 겸손하고도 확신에 찬 올바른 성경해석학을 필요로 한다.

3. 창조의 연대문제: "욤"(yom)의 해석문제를 중심으로

1) 창조의 연대문제를 해석하는 여러 가지 견해들

창조의 연대문제와 관련하여 그동안 여러 가지 해석들이 시도되었는데, 여기서는 그 중 대표적인 것으로 ① "**문자적인 24시간 하루설**"(Young Earth Theory - Literal 24hours solar days), ② "**긴시대설(세대설)**"(Day-Age Theory), ③ "**문학적 구조설**"(Non-historical Literary Framework Theory)에 대하여 살펴보기로 하겠다.

하지만 그에 앞서 먼저 창세기 1장의 창조연대를 해석하는 몇 가지 소수의 다른 견해들에 대하여 간단하게 살펴보겠다.

① **창세기 1장 이전의 창조설** (Pre-Genesis 1 Creation Theory)

이 견해에 따르면, 이사야 45:18과 욥기 38:7에 근거하여 하나님께서는 창세기 1:1 이전에 또 다른 세계와 아담 이전의 인류를 창조하셨다고 본다. 그러나 알지 못하는 이유(아마도 사탄의 타락)로 인해 하나님께서 세상을 심판하셨다. 창세기 1:1은 뒤이어 오는 창세기 1장의 요약이며, 창세기 1:2은 재창조 때의 심판 이후 혼란한 상황을 나타내며, 창세기 1:3이하 계속되는 창조기사는 그러한 재창조의 과정이라는 견해이다.[1]

② **갭이론**(Gap Theory)

이것은 창세기 1:1과 1:2 사이에 오랜 기간의 공백(gap)이 있다고 보는 견해로 "오랜 지구설"을 강조한다(참고, 스코필드 관주성경). 이 견해에 따르면, 창세기 1:1은 하나님의 본래적 완전한 창조를 말한다. 그러나 창세기 1:2 혼란과 파괴의 엄청난 기간의 공백을 나타낸다. 이 기간 동안에 하나님에 대한 (사탄의) 반역과 이에 대한 심판이 있었으며, "어둠과 공허" 상태의 지구에서 창세기 1:3 이하에 나오는 6일(24시간) 동안 하나님의 두 번째 창조가 있었다. 그러므로 오래된 화석은 창세기 1:1의 처음 창조 때의 것이다 (Thomas Chalmers, Franz Delitzsch, C. I. Scofield, etc.).

③ **문자적 24시간 / 간격이론** (Literal 24 Hour Day and Gap Thery)

이것은 각각의 문자적인 6일(24시간)의 날들 사이에 오랜 기간 동

---

1) John S. Feinberg, *No One Like Him: The Doctrine of God* (Wheaton, IL: Crossway Books, 2001), 582-83.

안의 간격이 있다고 보는 견해이다(Robert J. Dunzweiler, Robert C. Newman and Herman J. Eckelman, Jr., etc).

④ **조합설** (Combination Theory)

이 견해는 태양과 달, 별이 넷째 날에 비로소 창조되었으므로 그 이전의 3일은 오랜 기간이지만, 다음 3일은 문자적인 24시간의 하루로 해석함으로써, 오랜 지구설과 문자적 하루설을 절충하여 조화시키려는 시도이다(A. Kuyper와 H. Bavink).

⑤ **계시적 하루설** (Pictorial-Revelatory Day Theory)

창세기 1장의 날들은 연속적 24시간의 날들이긴 하지만, 실제적인 창조의 날들이 아니라 하나님께서 모세에게 창조의 사역에 대하여 계시한 날들이라는 견해이다. 그러므로 실제적인 하나님의 창조는 수백 만년 혹은 수십 억년에 걸쳐 일어난 일일 수 있으며, 그것은 과학이 밝힐 일이다(J. H. Kurtz, P. J. Weisman, James M. Houston, etc.).

⑥ **유신진화론**(Theistic Evolution)

기독교적 입장에서 진화론을 받아들여, 하나님께서는 원형적 물질과 형태를 창조하시고, 이것이 오랜 기간 동안 진화과정을 통하여 현재의 상태를 이루도록 만물을 창조하셨다는 설이다(A. H. Strong, James Orr, Richard Bube, Teilhard de Chardin, etc.).

2) **문자적인 24시간 하루설**(The Normal 24 Hour-Day Theory)

이 견해는 근대 지질학의 발전 이전에 대부분의 신학자들이 받아들였던 견해이며, 현대 신학자들 가운데서도 많은 수의 보수적인 학자들이 이 견해를 주장하고 있다. 대표적인 신학자들은 다음

과 같다: Martin Luther, John Calvin, James Usser, John Lightfoot, Noel Weeks, Louis Berkhof, Robert L. Reymond, James B. Jordan, etc.[2] 이 견해의 주된 논의는 다음과 같다.[3]

① "날"(yom)이란 단어는 구약에서 2,225회 정도 나타나는데, 그 가운데 24시간의 순환적인 하루를 의미하는 용례가 압도적이다. 일반적으로 단어의 의미는 다른 의미로 해석되어야 할 특이한 문맥적 고려사항이 없다면, 가장 빈번하게 사용된 1차적 의미로 이해되어야 하는데, 창세기 1장에는 그러한 문맥적 요구사항이 없다. 특히 창세기 1장에서 반복적으로 사용되고 있는 "저녁이 되고 아침이 되니 이는 첫째, 둘째, … 날이니라"(창 1:5, 8, 13, 19, 23, 31)라는 표현이 아주 중요한데, 이것은 창조의 "날"이 24시간의 문자적 하루를 의미하도록 하는 저자의 의도였다고 볼 수 있다. 그리고 "욤"이 "오랜 기간"을 의미한다고 해석되는 용례들인 창세기 2:4, 스가랴 2:11, 14:6,7 요엘 2:31, 에스겔 21:25 등에서도 "시대"가 아닌 통상적인 "날"로도 해석될 수 있다.

② 태양과 달이 넷째 날에 창조되었기 때문에(창 1:16-18), 넷째 날부터 여섯째 날까지는 통상적인 24시간의 날이었음이 거의 확실하며, 따라서 일곱째 날도 통상적인 하루로 간주할 수 있다. 또

---

2) 다음의 자료들을 참조하라. Noel Weeks, *The Sufficiency of Scripture* (Edinburgh: Banner of Truth Trust, 1988), 95-118; Henry M. Morris and John D. Morris, *Science, Scripture, and the Young Earth* (El Cajon, Calif.: Institute for Creation Research, 1989); Robert L. Reymond, *A New Systematic Theology of the Christian Faith* (Nashville: Thomas Nelson Publishers, 1998), 392-394; James B. Jordan, *Creation in Six Days* (Moscow, Ida.: Cannon Press, 1999).

3) Robert L. Reymond, *A New Systematic Theology of the Christian Faith* (Nashville: Thomas Nelson Publishers, 1998), 392-94; Idem, 『최신 조직신학』, 나용화 외 3인 공역 (서울: 기독교문서선교회, 2004), 504-507; 웨인 그루뎀, 『조직신학 (상)』, 조진준 역 (서울: 은성, 2006), 430-32; Norman Geisler, *Systematic Theology*, vol. II (Minneapolis: Bethany House, 2003), 637-42 참조.

한 만약 당시에 지구가 그 축을 중심으로 회전하고 있었음을 가정한다면(낮과 밤의 교차가 그것을 의미한다), 그 이전의 첫째 날부터 셋째 날까지도 역시 통상적인 24시간의 하루를 의미한 것으로 보아야 할 것이다. 또 다른 견해에 의하면, 일월성신이 넷째 날에 비로소 창조된 것이 아니라, 대기 중의 수증기가 걷히게 됨으로써 관찰가능하게 된 것이라고도 볼 수 있다고 한다.

③ 모세의 율법에서 6일후 일곱째 날을 안식일로 지키게 한 것은 일곱째 날이 통상적인 24시간의 하루임을 강하게 시사한다(출 20:9-11; 31:15-17). 따라서 창세기 1장에서 사용된 히브리어 단어, "욤"(날)의 의미 또한 24시간의 통상적인 태양일로서의 하루임에 분명하다.

> 엿새 동안은 힘써 네 모든 일을 행할 것이나 제 칠일은 너의 하나님 여호와의 안식일인즉 너나 네 아들이나 네 육축이나 네 문안에 유하는 객이라도 아무 일도 하지 말라 이는 엿새 동안에 나 여호와가 하늘과 땅과 바다와 그 가운데 모든 것을 만들고 제 칠일에 쉬었음이라 그러므로 나 여호와가 안식일을 복되게 하여 그 날을 거룩하게 하였느니라 (출 20:9-11).
>
> 이같이 이스라엘 자손이 안식일을 지켜서 그것으로 대대로 영원한 언약을 삼을 것이니 이는 나와 이스라엘 자손 사이에 영원한 표징이며 나 여호와가 엿새 동안에 천지를 창조하고 제 칠일에 쉬어 평안하였음이니라 하라(출 31:16-17).

④ 구약성경에서 "욤"이 서수와 연결되어 쓰인 경우가 수백 번

이나 되는데(출 12:15; 24:16; 레 12:3), 이 경우 일반적으로 문자적인 하루 이상을 의미하지 않는다. 그리고 구약에서 복수형인 "날들"(야밈, 608회 사용)은 항상 통상적인 날은 지시하며, "시대"(ages)라는 의미로는 결코 사용되지 않았다. 모세가 창세기 1장에서 일곱 "시대"(ages)를 의미하고자 했다면, "시대"나 "막연한 기간"을 의미하는 "올람"이라는 단어를 사용했을 것이다.

⑤ 창조의 셋째 날은 그렇게 장기간일 수 없다. 왜냐하면 태양이 넷째 날에 창조되었기 때문에 제3일에 창조된 식물들은 태양이 없이 오랜 기간에 걸쳐 살아남을 수 없기 때문이다. 뿐만 아니라, 식물들은 셋째 날에 창조되었고(창 1:11-13), 동물들은 여섯째 날(1:20-23)에 창조되었다. 동물과 식물들 사이의 산소-이산화탄소의 신진대사 작용을 고려할 때, 창조의 연대가 오랜 기간일 수 없다.

⑥ 예수님께서도 통상적인 6일 창조를 주장하셨다. 즉, 마가복음 10:6에서 예수께서 "창조시로부터 저희를 남자와 여자로 만드셨으니"라고 말씀하심은, 아담과 하와가 수백 만년 후에 창조된 것이 아니라 창조 때에 지음 받았음을 의미한다.

⑦ "시대설"(Day-Age Theory)은 아담 이전의 다른 피조물들의 죽음을 상정하나, 성경의 가르침에 따르면 죽음은 아담의 타락의 결과이다. 그러므로 창세기 1장의 "욤"(날)은 오랜 기간이 아니라 "문자적인 24시간의 하루"를 의미한다고 보아야 한다.

3) 시대설(The Day-Age Theory)

"오랜 지구설"(Old Earth Theory)을 주장하는 학자들은 창세기 1장의 "욤"(날)이 문자적인 24시간의 6일이 아니라 하나의 "긴 기간"을 의미한다고 보며, 여기에는 몇 가지 버전들이 있다. 이 견해는 다음과 같은 조직신학자 혹은 성경학자들에 의하여 주장되었다: W. G. T. Shedd, Charles Hodge, Benjamin B. Warfield, J. Oliver Buswell, J. Miley, F. Godet, Russell Mixter, Bernard Ramm, Bruce A. Demarest, Gordon R. Lewis, Gleason Archer, Robert C. Newman, Herman Eckelmann, Jr., Arthur C. Custance, Norman L. Geisler, Edward J. Young, Davis A. Young, J. Rodman Williams, Millard J. Erickson, Hugh Ross, etc.[4] 이 견해를 주장하는 학자들의 대체적인 논의의 요점은 다음과 같다.[5]

① 먼저, 성경에서 "욤"(날)은 여러 가지 의미를 가지는데, 많은 경우에 24시간 주기의 하루가 아니라 "긴 기간"을 나타내는데 사용되고 있다. 예를 들어, 창세기 2:4 ("여호와 하나님이 천지를 창조하신 때에 천지의 창조된 대략이 이러하니라")에서는 창조기간

---

4) 다음의 자료들을 참조하라: Bernard Ramm, *The Christian View of Science and Scripture* (Grand Rapids: Eerdmans, 1954); Russell Mixter, ed., *Evolution and Christian Thought Today* (Grand Rapids: Eerdmans, 1959); J. Oliver Buswell, *A Systematic Theology of the Christian Religion* (Grand Rapids: Zondervan, 962); Robert C. Newman and Herman Eckelmann, Jr., *Genesis One and the Origin of the Earth* (Grand Rapids: Baker, 1981); Authur C. Custance, *Evolution or Creation?* (Grand Rapids: Zondervan, 1976); Norman L. Geisler and J. Kerby Anderson, *Origin Science: A Proposal for the Creation-Evolution Controversy* (Grand Rapids: Baker, 1987); Edward J. Young, *Studies in Genesis One* (Philadelphia: Presbyterian and Reformed, 1964), and idem, *In the Beginning* (Edinburgh: The Banner of Truth Trust, 1976); Davis A. Young, *Creation and Flood* (Grand Rapids: Baker, 1977), and idem, *Christianity and the Age of the Earth* (Grand Rapids: Zondervan, 1982); Gordon R. Lewis and Bruce A. Demarest, *Integrative Theology*, Vol. II (Grand Rapids: Zondervan, 1990); J. Rodman Williams, *Renewal Theology: Systematic Theology from a Charismatic Perspective* (Grand Rapids: Zondervan, 1996); Millard J. Erickson, *Christian Theology*, 2nd ed. (Grand Rapids: Baker Books, 1998); Hugh Ross, *A Matter of Days* (Colorao Springs, CO: NavPress, 2004), etc.

5) 웨인 그루뎀, 『조직신학 (상)』, 427-29; Norman Geisler, *Systematic Theology*, vol. II, 642-44 참조.

전체를 나타낸다. 그리고 다음과 같은 예들에 있어서 "날"은 어떤 "긴 기간"을 의미한다.

> **환난 날**에 여호와께서 네게 응답하시고(시 20:1)
>
> 재물은 **진노하시는 날**에 무익하나 의리는 죽음을 면케 하느니라(잠 11:4)
>
> **싸울 날**을 위하여 마병을 예비하거니와 이김은 여호와께 있느니라 (잠 21:31)
>
> 네가 만일 **환난 날**에 낙담하면 네 힘의 미약함을 보임이니라(잠 24:10)
>
> **형통한 날**에는 기뻐하고 곤고한 날에는 생각하라(전 7:14)
>
> 대저 만군의 **여호와의 한 날**이 모든 교만자와 거만자와 자고한 자에게 임하여(사 2:12)
>
> 오호라 **그 날이여 여호와의 날**이 가까웠나니(욜 1:15)

② 태양의 창조가 넷째 날에야 진행되므로 최소한 태양 창조 이전의 3일은 통상적인 의미에 있어 24시간의 태양일로 간주하기 어렵다. 즉, 태양 없이 오늘날과 같은 24시간의 태양일의 발생이 불가능하므로 최소한 태양 창조 이전의 3일은 이후의 3일과 동일하지 않다.

③ 따라서 창세기 1장에 나오는 "저녁이 되고 아침이 되니"라는 구절은 통상적인 24시간의 하루를 의미하는 것이 아니라 "오랜 기간"의 창조가 끝나고 다음 기간의 창조가 시작됨을 의미하는 저자의 독특한 표현으로 보아야 한다. 더불어 제7일은 "저녁이 되고 아침이 되니"라는 구절이 없다. 그러므로 하나님께서 창조를 끝내

시고 안식하신 7일은 지속되는 날로 보아야 한다(cf. 요 5:17; 히 4:4, 9-10).

④ 또한 십계명의 안식일 규례가 직접적으로 창조의 날의 문자적인 6일을 규정하는 근거가 될 수 없다. 즉, 창세기 1장의 "6:1" 구조와 출애굽기 20:8-11의 "6:1" 구조는 문자적인 24시간을 의미하는 평행을 요구하지 않는다. 왜냐하면 성경에는 또 다른 형태의 "6:1"의 구조를 말하고 있기 때문이다. 예를 들어, 레위기 2:6-11에서 주어진 땅에 대한 안식년제도와 희년제도는 또 다른 기간의 "6:1" 구조를 말하고 있다. 그러므로 창세기 1장의 날과 안식일 규례의 날은 "6:1"이라는 주기성의 유비를 말하는 것이지, 기간의 평행을 의미하는 것이 아님을 알 수 있다. 특히, 시편 90:4; 베드로후서 3:8은 하나님의 시간과 인간의 시간의 질적인 차이를 말하고 있다.

> 주의 목전에는 천년이 지나간 어제 같으며 밤의 한 경점 같을 뿐임이니이다(시 90:4)
> 사랑하는 자들아 주께는 하루가 천년 같고 천년이 하루 같은 이 한 가지를 잊지 말라(벧후 3:8)

⑤ 창세기 1장의 표현 가운데 "빛이 있으라"와 같은 것은 순간적인 행위로 이해될 수 있지만, "땅은 풀을 내라"와 같은 표현은 일정한 기간을 의미할 수도 있다. 또한 6일 동안에 이루어진 일들이 너무 많아서 24시간의 하루로 이해하기가 힘들다. 예를 들어, 창세기 1:24-31의 내용은 24시간의 하루의 이루어진 일로 보기에는 논리적으로 설득력이 적다. 즉, 하나님께서는 "남자와 여자를 창조 하

셨는데"(창 1:27), 창세기 2:20에서 아담이 배필이 없으므로 그를 잠들게 하시고 갈비뼈를 취하시고 하와를 만드셨다(창 2:21-25). 뿐만 아니라, 같은 날 아담은 모든 육축과 공중의 새와 들의 모든 짐승에게 이름을 주었다(창 2:19-20). 이 모든 일들이 일어나기에는 하루보다는 일정한 기간으로 이해하는 것이 자연스럽다.

4) 문학적 구조설(The Literary Framework Theory)

이 견해는 창세기 1장은 지구의 연대 문제에 관하여 아무런 구체적인 정보를 제공하지 않는다고 본다. 6일 동안의 창조는 연대기적인 순서가 아니라 하나님의 창조 사역을 우리에게 제시하기 위한 일종의 논리적인 구조를 위한 "문학적인 구성"(Literary framework)이라고 본다. 따라서 이 견해는 "문자적 24시간" 혹은 "오랜 기간"의 창조 연대 가운데 어느 한 가지를 택해야 하는 양자택일적 딜레마와 성경과 자연과학을 서로 조화시켜야 하는 문제를 동시에 회피할 수 있게 한다.[6] 이 견해를 주장하는 대표적인 학자들은 다음과 같다: Nicholas H. Ridderbos, Meredith G. Kline, D. F. Payne, J. A. Thompson, Ronald Youngblood, Mark D. Futato, Henri Blocher, John H. Stek, Willem VanGemeren, etc.[7] "문학적 구조설"의 논의는 대체로 다음과 같이 이루어진다.

---

[6] John S. Feinberg, *No One Like Him*, 603.
[7] 다음의 자료들을 참조하라: Nicholas H. Ridderbos, *Is There Any Conflict Between Genesis 1 and Natural Science?* (Grand Rapids: Eerdmans, 1957); Meredith G. Kline, "Because It Had not Rained," *Westminster Theological Journal* 20 (1957- 58): 146-57; Ronald Youngblood, *How It all Began* (Ventura, Calif.: Regal, 1980); Henri Blocher, *In the Beginning: The Opening Chapters of Genesis*, trans. David. Preston (Downers Grove, Ill.: InterVarsity Press, 1984); Mark D. Futato, "Because It Had Rained," *Westminster Theological Journal* 20 (1998): 1-21.

① 창세기 1장의 기록은 본질적으로 연대기적인 사건의 순서나 창조의 순서, 혹은 창조에 소요된 기간에 대한 정보를 주고자 하는 것이 아니다. 그러므로 창세기 1장의 "욤"(날)은 문자적인 24시간의 하루나 혹은 오랜 기간을 의미하는 것이 아니다. 오히려 6일 동안의 창조 기사는 저자가 창조에 관한 신학적 진리를 논리적인 구조에 담아서 전달하기 위한 하나의 문학적 방편, 즉 "문학적인 구성형식"(literary framework)으로 이해되어야 한다. 그것은 다음과 같은 문학적인 대칭 구조에서 분명하게 드러난다.

형성하는 날	채우는 날
첫째 날: 빛과 어두움의 나뉨	넷째 날: 해와 별과 달(하늘의 빛)
둘째 날: 하늘과 물이 나뉨	다섯째 날: 물고기와 새들
셋째 날: 땅과 바다가 나뉨(식물과 나무)	여섯째 날: 동물과 인간[8]

② 성경은 종종 비유적인 이야기의 형식을 통하여 도덕이거나 실천적인 교훈, 혹은 교리적인 가르침을 전달한다. 마찬가지로, 비록 창세기 1장의 "창조의 6일"이 하나의 비유는 아니지만, 모든 세대에게 하나님의 창조와 그의 우주에 대한 주권적 통치에 대하여 이야기하고자 저자가 선택한 하나의 문학적 형식으로 해석하는 것이 적절하다. 그러므로 실제적인 창조가 이러한 순서로 이루어졌는지 아닌지는 저자의 관심이 아니며(물론 그럴 수 있는 가능성을 배제하는 것은 아니지만), 마찬가지로 "욤"(날)의 의미 또한 문자적인 24시간 혹은 어떤 특정 종류의 기간으로 이해할 수 없다.[9]

---

8) 웨인 그루뎀, 「조직신학 (상)」, 437-39 참조.
9) John S. Feinberg, *No One Like Him*, 603-604.

4. 결론

프란시스 쉐퍼(Francis A. Schaeffer)는 『궁극적 갈등은 없다』(*No Final Conflict*)라는 그의 책에서 성경의 진리를 믿는 그리스도인들 가운데서도 우주창조에 관한 질문들과 관련하여 서로 의견을 달리할 수 있는 부분들을 다음과 같이 정리한다.

① 하나님께서는 "성숙한" 우주를 창조하셨을 가능성이 있다.
② 창세기 1:1과 1:2, 혹은 1:2과 1:3 사이에 공백 기간이 있을 가능성이 있다.
③ 창세기 1장의 하루는 길었을 가능성이 있다.
④ 홍수가 지질학적 자료에 영향을 끼쳤을 가능성이 있다.
⑤ 창세기 1장의 "종류대로"라는 단어는 그 의미가 매우 다양할 수 있다.
⑥ 타락 이전에도 동물이 죽었을 가능성이 있다.
⑦ ***bara***라는 히브리어 단어가 사용되지 않은 곳에서는 이전에 존재하던 것으로부터의 연속이 있었을 가능성이 있다.[10]

또한 그는 모든 사실들이 올바르게 이해될 때, 성경과 자연과학 사이에 "궁극적인 갈등은 없어질 것"이라고 했다. 여기서 쉐퍼가 주장하고자 하는 것은 성경뿐만 아니라 자연과학에 있어서도 우리

---

10) Francis A. Schaeffer, *No Final Conflict* (Downers Grove, Ill.: InterVarsity Press, 1975), 25-33. Idem, 『궁극적 모순은 없다』, 김원주 역 (서울: 생명의말씀사, 1995), 25-36을 참조하라. 여기에서는 웨인 그루뎀, 『조직신학 (상)』, 401에서 재인용함. Cf. Wayne Grudem, *Systematic Theology: An Introduction to Biblical Doctrine* (Grand Rapids: Zondervan Publishing House, 1994), 274.

의 이해와 지식이 완전하지 않기 때문에 갈등이 있을 수 있지만, 모든 사실들에 대하여 정확하고 바르게 이해한다면, 성경과 자연과학은 결코 상충되지 않을 것이라는 것이다. 그러나 우리는 과학적 지식과 같은 성경외적인 것으로서 성경을 마음대로 재단해서는 안 된다는 사실 또한 분명히 해야 한다. 왜냐하면 우리는 "믿음으로 모든 세계가 하나님의 말씀으로 지어진 줄을 우리가 아나니 보이는 것은 나타난 것으로 말미암아 된 것이 아니"라는 말씀을 믿기 때문이다(히 11:3).

그렇다면 과연 창세기의 "날"(욤)을 어떻게 해석하는 것이 옳을까? 존 프레임(John M. Frame)이 말하는 것처럼, 이는 성경본문을 어떻게 정확히 해석할 것인가 하는 성경주석에 관련된 문제이지, 단순히 "문자적인 24시간설"을 받아들이느냐의 여부가 "정통"(orthodoxy)이냐 "이단"(heresy)이냐를 가름하는 시험대는 아닌 것이다.[11] 그러므로 우리는 여기에서 성경의 본래적 의미가 무엇인지를 찾고자 하는 "해석학적 책임과 열정"에 덧붙여 타인의 목소리에도 귀를 기울이는 "해석학적 겸손"에 대해서도 다시 한 번 생각해야 할 것이다. 그것은 우리의 마음을 열고 궁극적으로 성경의 참된 저자이신 "하나님 음성"을 경청하는 것과 연관된 문제이다. 마지막으로, 나는 창세기의 연대문제와 관련하여 웨인 그루뎀(Wayne Grudem)의 글을 인용하면서 결론에 대신하고자 한다.

창세기 1장에 나오는 날의 길이에 관해 어떻게 결론내려야 하는가? 현

---

11) John M. Frame, *The Doctrine of God* (Phillipsburg, N.J.: P & R Publishing, 2002), 305-306.

재 우리가 가지고 있는 자료로는 결정하기가 어렵다. 이는 단지 성경을 믿느냐 믿지 않느냐의 문제도 아니고, 현대과학의 결론을 부인하느냐 무조건 수용하느냐의 문제도 아니다. 성경의 완전한 진실성을 믿는 사람들이나 지구의 역사에 관해 과학자들이 제시하는 장구한 세월에 의문을 제기하는 사람에게도 이 문제는 쉬운 문제가 아니다. 현재로서는 하나님의 창조력 있는 말씀의 능력과 그 말씀이 가져올 즉각적인 반응을 고찰해 볼 때, "아침과 저녁"에 관한 사실이나 날을 계수하는 것 등은 24시간 쪽으로 기울게 만들고, 또한 하나님께서 수백만 년 동안 인간의 창조를 유보하고 기다리셔야 할 아무런 목적이 없다는 사실 역시 24시간 쪽이 더 그럴듯하다는 생각을 갖게 만든다. 그러나 여기에도 상대측의 논리에 일리가 없다는 것은 아니다. 영원히 살아계시고, 하루가 천 년 같고 천 년이 하루 같고(벧후 3:8), 시간을 통해 서서히 그 목적을 이루시기를 기뻐하시는 분에게는 150억 년이 인간을 만들기 전에 준비하시는데 적절한 시간이었을 수도 있고, 지구를 만들기 위해 45억년 동안 준비하신 것도 가장 적절한 기간이었을 수 있다. 그렇다면, 우주의 역사가 그렇게 오래되었다는 증거는 우리로 하여금 하나님의 영원하심을 다시 한 번 생각하게 만드는 요소가 될 수 있다. 마치 우주의 크기가 하나님의 편재성과 전능하심을 상기시키는 것처럼. **그러므로 창세기 1장에 나오는 날의 길이에 관해서는, 하나님께서 이 문제에 대한 분명한 답을 얻도록 우리에게 충분한 자료를 주지 않으셨다고 그 가능성을 열어 두는 것이 바람직할 것 같고, 하나님께 대한 우리의 충실성을 가늠하는 시험은 선한 양심과 하나님의 말씀에 대한 온전한 신뢰를 가지고 행동하면서도 우리와 다른 입장을 가진 사람들을 어떻게 대하는지에 의해 결정될 수 있을 것이다.**[12]

사랑하는 자들아 하나님이 이같이 우리를 사랑하셨은 즉 우리도 서로 사랑하는 것이 마땅하도다. 어느 때나 하나님을 본 사람이 없으되 만일 우리가 서로 사랑하면 하나님이 우리 안에 거하시고 그의 사랑이 우리 안에 온전히 이루어지느니라 … 누구든지 하나님을 사랑하노라 하고 그 형제를 미워하면 이는 거짓말하는 자니 보는 바 그 형제를 사랑하지 아니하는 자는 보지 못하는 바 하나님을 사랑할 수 없느니라 (요일 4:10-11, 20).

---

12) 웨인 그루뎀, 『조직신학 (상)』, 433 (강조는 필자의 것임).

제8장
개혁주의 신앙의 핵심
: 요한 1서 5:5-12의 주석적 고찰

"예수께서 하나님의 아들이심을 믿는 자가 아니면 세상을 이기는 자가 누구뇨 이는 물과 피로 임하신 자니 곧 예수 그리스도시라 물로만 아니요 물과 피로 임하셨고 증거하는 이는 성령이시니 성령은 진리니라 증거하는 이가 셋이니 성령과 물과 피라 또한 이 셋이 합하여 하나이니라 만일 우리가 사람의 증거를 받을진대 하나님의 증거는 더욱 크도다 하나님의 증거는 이것이니 그 아들에 관하여 증거하신 것이니라 하나님의 아들을 믿는 자는 자기 안에 증거가 있고 하나님을 믿지 아니하는 자는 하나님을 거짓말 하는 자로 만드나니 이는 하나님께서 그 아들에 관하여 증거하신 증거를 믿지 아니하였음이라 또 증거는 이것이니 하나님이 우리에게 영생을 주신 것과 이 생명이 그의 아들 안에 있는 그것이니라 아들이 있는 자에게는 생명이 있고 하나님의 아들이 없는 자에게는 생명이 없느니라"(요한 1서 5:5-12)

1. 본문의 중심 주제

사도 요한(John)은 요한복음 5:1-3에서 "하나님께로서 난 자"가 지니는 세 가지 주요 특징에 대하여 말하는데, 그것은 곧, ① "예수를 그리스도로 믿는 자," ② "하나님을 사랑하는 자," 그리고 ③ "하나님의 계명을 지키는 자"이다. 그런 다음 요한은 우리가 여기에서 집중적으로 살펴보고자 하는 본문(요 5:5-12)에서 세상을 이기는 참된 믿음의 본질, 즉 ① "참된 믿음의 내용," ② 그것에 대한 구체적인 "증거," 그리고 ③ "참된 믿음을 가진 자에 대한 축복" 등에 대하여 말한다.

요한이 이 본문을 통하여 논의하는 핵심은 바로 "기독론"(Christology)에 관한 문제이다. 즉, 요한은 "예수께서 성육신하신 하나님의 아들이며, 곧 그리스도이심"을 고백하는 것이 참된 믿음의 내용이라는 것을 드러내고자 하는 것이다. 다시 말해, 요한은 이와 같은 기독교 신앙의 핵심 진리를 구체적인 증거를 통하여 분명히 밝히고자 하는 것이다. 마지막으로 그는 이러한 참된 믿음을 소유한 자에게 하나님께서 주시는 영생의 축복에 대하여 말하고 있다.

2. 본문의 구조 분석

먼저 본문의 내용을 구조적으로 분석해보면, 전체적으로 다음과 같은 대칭적인 구조가 뚜렷하게 드러난다.

A. 5 - 6a절 : 참된 믿음의 내용 – 예수는 "하나님의 아들"이시며 (5절)

(Jesus is the Son of God)

그는 참으로 육신이 되시어(물과 피로) 이 땅에 오신 "그리스도"이심(6a)

B. 6b - 11절 : 증거들(Witnesses)

    a 물과 피의 증거 (6절)

      b 성령의 증거 (7절)

        c 성령과 물과 피의 증거는 동일함 (8절)

      b′ 하나님[성부]의 증거 (9-10절)

    a′ 생명의 증거 (11절)

A′. 12절 : 참된 믿음을 가진 자의 축복 – 영원한 생명(Eternal Life)

이 본문은 아주 체계적으로 구성되어 있는데, 위에서 보듯이 서로 대칭적인 구조로 되어 있음을 알 수 있다. 먼저 요한은 5절에서 세상을 이기는 참된 믿음의 내용, 즉 예수 그리스도는 하나님의 아들이심에 대하여 이야기하며(A), 다시 마지막 결론에서 이 참된 믿음을 가진 자, 곧 "아들"을 믿는 자에게 생명이 있다고 말한다 (A′). 왜냐하면 하나님의 아들이신 예수 그리스도는 바로 생명 그 자체이기 때문이다(A = A′).

마찬가지로, 두 번째 단락에서 사도 요한은 예수 그리스도께서 하나님의 아들이시라는 참된 믿음에 대한 구체적인 증거들을 제시하는데, 이 부분 또한 대칭적인 구조를 이루고 있다.

    a 물과 피의 증거 (6절)   –––––––––––– 성자

      b 성령의 증거 (7절)   –––––––––––– 성령

　　　　　　　　c 성령과 물과 피의 증거는 동일함 (8절) -- 증거의 동일성

　　　　　　　　　　　　　　　　　　　　(삼위일체론적 증거의 구조)

　　　b′ 하나님의 증거 (9-10절)　　　　　-------------- 성부

　a′ 생명의 증거 (11절)　　　　　　　　-------------- 성자

　이 구조에서 우리가 분명하게 알 수 있듯이, 요한이 제시하는 증거의 구조는 전체적으로 삼위일체론적(trinitarian) 구조를 이룬다. 먼저 a - a′는 성자 자신의 증거인데, a 부분의 "물과 피"의 증거는 예수 그리스도의 역사적인 지상 사역(예수의 물세례와 십자가의 보혈)을 말한다. 성경에서 물과 피는 죄의 씻음을 의미하며, 이것은 중생한 새 생명을 말한다. 예수 그리스도 자신이 "영생하는 물" (요한 4:14 참조)이며 "생명의 피"(요한 6:53 참조)이시다. 그러므로 예수 그리스도의 물과 피는 영원한 생명이다(요한 14:6 참조). 따라서 이것은 자연스럽게 a′에서 "이 생명이 그의 아들 안에 있다"고 요한이 증거하는 것과 연결된다. 그리고 b - b′의 부분은 성령과 성부의 증거이다. 성령의 사역에서 가장 중요한 사역 중 하나는 예수 그리스도를 증거하는 사역이다. 이것은 예수님의 지상사역을 통하여 이루어졌고, 부활 승천 이후에도 이 증거사역은 계속된다(요한 15:26 참고). 또한 성령은 진리의 영이시며 하나님의 계시의 영이시다. 그러므로 c 부분에서 요한이 말하는 것처럼, 이 증거들은 모두 하나인데, 곧 성부와 성자와 성령의 증거는 모두 동일하며 하나이다(a = b = b′ = a′). 이와 같이 성경이 증거하는 참 살아계신 삼위일체 하나님께서는 그 신적 본질에 있어 오직 하나되심과 같이 그의 사역에 있어서도 온전히 하나이시다.

3. 본문 주석과 해석

1) 예수께서 … 이기는 자가 누구뇨(5절)

여기서 사도 요한은 믿음의 능력에 대한 논의(4절)를 믿음의 내용과 그에 대한 증거에 대한 논의로 그 초점을 바꾼다. 즉, 세상을 이기는 믿음은 오직 예수께서 하나님의 아들이심을 믿는 믿음이다. 요한은 또한 수사학적으로 의문의 형식을 취함으로써 강조의 형식을 취한다. 그에 의하면, 참된 믿음의 내용은 "예수께서 하나님의 아들이심(Jesus is the Son of God)"을 믿는 것이다. 이것은 참으로 기독교의 핵심되는 진리로서, 만일 이 신앙의 내용이 거부된다면, 기독교는 존재기반을 잃게 된다. "세상을 이기신 분"은 오직 예수 그리스도이시다(요한 16:33). 그리스도의 사역은 "마귀의 일을 멸(滅)"하신 것이며, 그는 하나님의 아들로서 그렇게 하셨다(요일 3:8). 요한은 여기서 5:1절에서 사용한 예수님에 대한 칭호를 "그리스도"(Christ)에서 "하나님의 아들"(the Son of God)로 바꾸어 사용하는데, 그것은 그의 아들 안에 나타난 하나님의 능력을 특별히 강조하기 위해서이다(cf. Marshall). 그러므로 하나님의 아들이신 예수를 믿는 자는 그에게 접붙힘 바 되고(그리스도와의 연합, *unio cum Christo*), 그럼으로써 그가 이미 세상을 이긴 그 승리에 함께 동참하게 되는 것이다. 따라서 믿음은 승리의 목표도 아니며, 승리를 가져다주는 수단도 아니다. 오히려 믿음은 승리 그 자체이다(cf. Thompson). 마지막으로, 여기서 "믿는 자"(ό πιστευχιν)는 현재분사로 쓰였는데, 그 의미는 "계속하여 믿음을 지키는(maintaining) 자"를 말한다.

2) 이는 물과 피로 … 물과 피로 임하셨고(6절)

5절에서 요한은 "예수께서는 하나님의 아들이시다"라는 기독교 정통신앙의 핵심내용을 말했다. 그러나 "예수는 그리스도시요 하나님의 아들이시다"라는 신앙의 내용이 참됨을 우리는 어떻게 알 수 있는가? 기독교회사 2000년 동안 이 기독론 문제는 언제나 교리적 논쟁의 핵심을 차지해 왔고, 지금도 그러하다. 이것은 이미 교회사의 벽두부터 문제가 되었는데(cf. 요이 1:7 - "미혹하는 자가 세상에 많이 나왔나니 이는 예수 그리스도께서 육체로 오심을 부인하는 자라 이런 자가 미혹하는 자요 적그리스도니"), 요한은 이러한 기독론 문제에 대하여 본문 6-12절에서 구체적인 증거들을 제시하면서 이단적 사상들을 체계적으로 논박한다.

요한은 먼저 예수 그리스도에 대한 역사적인 증거에서 시작한다. 즉, 예수께서는 물과 피로 오신 분이요, 하나님의 아들 그리스도이시다. 예수 그리스도께서 이 세상에 오심은 하나님의 아들, 곧 선재하셨던 말씀이 성육신(incarnation) 하셨음을 의미한다(cf. 요한 1:1-3, 14). 이것은 요한이 기록한 복음서에서 더욱 상세하게 설명된다(요한 1:1-14). 여기서 생각해야할 중요한 논점은 요한이 예수 그리스도의 성육신을 단지 좁은 의미에서 출생의 순간만이 아니라, 그의 지상에서의 삶 전체로 확대하고 있다는 것이다. 즉, 그는 예수 그리스도께서 물로 세례를 받으신 것과 십자가에 죽으심에 대해 말함으로써 그의 지상 생애 전체를 포괄한다. 따라서 요한은 예수 그리스도께서 "물과 피"로 오셨다고 말함으로써 역사적 예수의 진실성에 대해 말하는 것이다. 여기에서 "물"(water)은 그의 메시아 사역의 시작으로서 그리스도의 세례(baptism)를 말하고, "피"(blood)는 세상 죄를 대속하기 위하여 십자가에서 흘리신 그의 보혈을 의미한다.

그러나 본 구절을 해석함에 있어 또 하나의 중요한 논점은 요한이 언급하는 "물과 피"는 과연 무엇을 의미하는가 하는 것이다. 주석가들의 의견은 대체로 세 가지로 나누어진다. 첫째 견해는, 특히 루터(Luther)와 칼빈(Calvin)의 해석인데, 여기서 물과 피는 성례, 즉 세례(물)와 성찬(피)을 의미한다는 것이다. 그러나 이 해석은 몇 가지 난점을 가지는데, 그것은 ① 이 본문에서 요한의 주된 관심은 성례론적 의미가 아니라, 성육신하신 예수 그리스도의 역사적 현실성에 대하여 말하고자 한다는 것이며, ② 요한이 이 본문에서 사용한 "임하신 자"(ὁ ἐλθών, the one who came)에서 단순과거(aorist) 시제를 사용한 것은 성례를 통한 그의 반복적 임재를 의미하는 것이 아니라, 성육신의 단회적인 역사적 사건을 의미한다는 점이다. 두 번째 견해는, 어거스틴(Augustine)의 견해인데, 이 본문을 요한복음 19:34-35에서 "피와 물이 나오더라"와 관련하여 그리스도의 십자가의 죽으심에만 적용하여 해석하는 것이다. 그러나 6b에서 "물로만 아니요 물과 피"라고 하는 것은 두 가지 사건을 이야기하는 것으로 보아야 한다. 세 번째 견해는, 역사적으로 터툴리안(Tertullian)에 의해 제시되었는데, 여기서의 물과 피는 예수 그리스도의 공생애 시작으로서의 물세례와 마지막 십자가에서의 죽으심이라는 두 사건으로 해석하는 것인데, 오늘날 대부분의 주석가들은 이 세 번째 견해를 지지하며, 이것이 요한의 저작 의도와도 일치하는 해석이라고 볼 수 있다.

또한 6절 후반부에서 요한은 예수 그리스도께서 **"물로만 아니**

요 물과 피로 임하셨고"라고 재삼 강조하는데, 그 이유는 그의 대적자들 가운데 예수께서 그리스도이심과(요일 2:22), 또 예수께서 참으로 육체로 임하셨다는 것을 부인하며 미혹케 하는 자들이 있었기 때문이다(요이 1:7). 요한이 여기서 논박하고자 하는 것은 초대교회 때의 영지주의자들(특히, Cerinthus)의 주장인 가현설(Decetism)인데, 그들의 주장에 의하면 하늘의 그리스도가 세례 시에 인간 예수에게 임하였다가 그의 지상사역을 감당한 후 십자가의 죽음 직전에 인간 예수를 떠나 다시 하늘로 돌아갔다는 것이다. 그러므로 이 가현설에 의하면, 십자가에 죽음을 당한 것은 인간 예수이지 하늘의 그리스도가 아니라고 함으로써 그리스도의 참된 인성을 부인하게 된다. 이러한 가현설적 기독론은 예수 그리스도께서 "참 하나님이심과 동시에 참사람이심"(*vere Deus vere homo*, the true God and true man)을 부인하는 초대교회의 중요한 이단 중에 하나이다.[1] 이러한 이유 때문에 요한은 하나님의 아들이신 예수 그리스도께서 "물로만 아니요 물과 피로 임하셨다"라고

---

[1] 사실 초대교회때 가장 심각한 교리적 논쟁은 기독론(Christology) 문제였다. 그러므로 여기서 우리는 초대교회의 기독론적 이단에 대하여 잠깐 살펴볼 필요가 있다. 초대교회에 널리 퍼져 있었던 기독론에 대한 이단은 크게 두 가지로 분류할 수 있다. 하나는 "가현설(Docetism)"이고 다른 하나는 "에비온파(Ebionitism)"이다. 먼저, 가현설(Docetism)주의자들은 예수의 신성을 너무 강조하여, 하나님의 아들이 참으로 육체를 입고 오셨다는 것을 부인한다. 즉, 그들은 단지 하나님의 아들, 그리스도가 인간 예수에게 나타났다가 십자가 죽음이전에 하늘로 돌아가셨다고 주장함으로써, 그리스도의 참된 인성을 거부하는 것이다. 이와 유사한 견해들에는 "양태론 (Modalism)," "아폴리나리안즘 (Apollinarianism)," "단성론자들(Monophysitism)"과 같은 것들로 모두 그리스도의 "참 사람"이심을 거부한다. 두 번째 종류의 기독론적 이단은 "에비온파(Ebionitism)"인데, 그들은 반대로 예수 그리스도의 인성을 너무 강조하여, 신성을 거부하는 오류를 범했다. 그들의 주장에 의하면, 예수는 육신의 아버지로부터 태어난 사람의 아들로써 메시야이며, 하나님의 아들임을 거부했다. 유사한 견해들로서는 "양자론(Adoptionism)," "아리안주의(Arianism)," "네스토리안주의(Nestorianism)"가 있는데, 이 모두는 예수의 "참 하나님"이심을 거부한다. 그러나 정통교회는 Nicea(325)와 Chalcedon(451)과 같은 몇 차례의 공의회를 통하여 그들을 정죄하고 성경의 가르침대로 예수 그리스도는 "참 사람이시며 참 하나님이시다"라는 정통교리를 정립시켰다.

하여 그의 참된 인성(humanity)을 분명히 밝혀 증거하고 있는 것이다.

즉, 본문을 통하여 요한이 강조하는 것은, 가현설주의자들이 말하는 것처럼, 그의 세례 시에 하늘의 그리스도(the heavenly Christ)가 인간 예수에게 임한 것이 아니라, 예수님은 그 전부터 이미 성육신 하신 하나님의 아들로서 그리스도이셨다는 것이다(요한 1:1-14 참조). 사실, 복음서의 증거에 의하면, 세례 시에 임하신 것은 성령(the Holy Spirit)이시다(요한 1:32-34 참조). 그러므로 요한은 여기서 "성령"이 임하신 사실을 생략하고, 예수께서 "물"로 임하셨다고 강조함으로써 세례를 받으려고 요단강으로 들어가신 그는 단순한 인간 예수가 아니라 성육신하신 하나님의 아들이시라는 것을 증거한다. 여기에서 다시 강조되어야 할 사실은, 요한이 예수께서 세례 시에 비로소 그리스도가 되셨음을 말하는 것이 아니라고 하는 점이다. 만일 그렇게 되면, 그것은 양자론(adoptionism)이 되고 만다. 요한은 그의 복음서에서 선재하신 "영원한 말씀"(로고스)의 성육신에 대하여 이미 자세히 말하고 있다(요한 1:1-14). 그래서 그는 이 서신서에서는 가현설주의자들의 오류를 반박하기 위해 성육하신 하나님의 아들 예수 그리스도의 참된 인성의 증거로서 그의 물세례와 십자가에서 죽으심을 강조하고 있는 것이다.

다음으로, 요한이 예수 그리스도께서 "물로만 아니라 물과 피로" 임하셨다고 강조하는 것은, 만일 가현설주의자들처럼 십자가의 죽음을 당하신 분이 단지 인간 예수이지 그리스도 곧 하나님의 아들이 아니었다고 한다면, 우리의 죄를 대속하기 위하여 희생하신 예수 그리스도의 속죄론적 의미는 완전히 상실되고 마는 것이기 때문이다. 그것은 곧 하나님의 아들, 예수 그리스도의 "십자가에 죽으심"에 의해 인간의 죄가 대속된다는 신약(New Testament)의 핵심적인 복음의 내용이 상실되는 것이요, 기독교의 존재근거 자체를 잃어버리고 마는 것이다. 따라서 요한은 단순한 인간 예수가 아니라 성육신하신 하나님의 아들이신 "예수 그리스도"께서 진정으로 십자가에서 죽으심을 당하셨다는 것을 강조해야만 했던 것이다. 결론적으로, 요한은 예수께서는 하나님의 아들, 곧 그리스도시라는 사실을 증거하기 위하여 움직일 수 없는 역사적 사실인 "물과 피", 즉 그가 받으신 물세례와 십자가에서 죽으심에 대하여 이야기하고 있는 것이다. 즉, "물과 피"는 하나님의 아들이신 예수 그리스도께서 참으로 육체로 오셨음에 대한 구체적인 역사적 증거가 되는 것이다(요이 1:7). 그러므로 요한은 본문을 통하여 예수 그리스도께서 "참 하나님이시고 참 사람이시다"(*vere Deus vere homo*)라는 기독교의 가장 핵심이 되는 신앙의 내용을 그 구체적인 역사적 증거를 통하여 말하고 있는 것이다.

3) 증거하는 이는 성령이시니 성령은 진리니라(7절)

지금까지 사도 요한은 "예수는 물과 피로 오신 하나님의 아들, 그리스도이심"에 대하여 주장했는데, 그렇다면 어떻게 그것이 진리임을 알 수 있는가? 요한에 의하면, 그것은 이미 앞에서 언급한 예수 그리스도에 대한 "물과 피"의 역사적 증거와 더불어 "성령의 증거"로 가능한데, 왜냐하면 성령은 진리의 영이시기 때문이다(요한 16:13). 성령의 증거가 신실한 것은, 그가 하나님의 진리를 계시하시는 분이기 때문이다. 우리는 여기서 예수 그리스도에 대한 성령의 증거를 두 가지 측면에서 생각할 수 있다.

먼저, 예수께서 하나님의 아들이심에 대한 성령의 증거는 그의 세례 시에 분명한 역사적인 사실로 주어졌다(cf. 요한 1:31-34, 마태 3:16-17, 눅 3:21-22). 즉, 예수께서 세례를 받으실 때, 성령이 비둘기같이 임하셨고, 또한 하늘에서 소리가 있어, "이는 내 사랑하는 아들이요 내 기뻐하는 자"라 증거하였다(마태 3:16-17). 또한 구약에서 "메시아(그리스도)"는 성령을 가져오시는 분으로 예언되었고, 세례 요한도 성령이 예수님에게 임하시고 그가 하나님의 아들이심을 증거하심을 보고 믿었다고 증거한다(요한 1:32-34). 또한 성령께서는 예수님의 지상 사역 동안에 계속하여 함께하셨다. 또한 예수께서 십자가에서 죽으셨을 때, "이를 본 자가 증거하였으니 그 증거가 참이라 저가 자기의 말하는 것이 참인 줄 알고 너희로 믿게 하려 함이니라"고 증거한다(요한 19:35). 이와 같이 성령은 이미 예수님의 지상 사역동안에 계속하여 함께하심으로 예수님이 그리시도시요, 하나님의 아들이심을 증거하셨다.

다른 한편으로, 성령은 오고 오는 세대들에게 성경 말씀과 설교 그리고 성례를 통하여(성령의 외적증거), 또한 각 개인의 심령에 내주하심으로써(내적증거) 예수 그리스도에 대하여 계속하여 증거하시며 깨닫게 하신다. 요한이 여기에서 계속 또는 반복적인 동작을 나타내는 현재 능동의 동사시제($\dot{\epsilon}\sigma\tau\iota\nu$)를 사용하는 것은, 성령께서 말씀을 통하여 계속하여 우리의 마음에 예수께서 하나님의 아들이시요 그리스도이심을 증거하신다는 것을 의미한다. 이것은 진리의 영이신 성령님이 하시는 사역에 대한 복음서의 증거와 일치한다. 요한복음 15:26에 의하면, "보혜사 곧 아버지께서 내 이름으로 보내신 성령 그가 너희에게 모든 것을 가르치시고 내가 너희에게 말한 모든 것을 생각나게 하시리라"고 말한다. 즉, 성령께서는 말씀 통하여 각 개인의 심령에 그것을 진리로 확신케 하심으로써 이 일을 수행하신다. 칼빈(Calvin)은 이것을 하나님의 말씀에 대한 "성령의 내적 증거" 사역으로 강조한다(*Inst.*, III. 7. 1-5 참조).

4) 증거하는 이가 ... 합하여 하나이니라(8절)

먼저, 이 본문이 가지고 있는 텍스트상의 문제를 언급해야 하는데, 즉 몇몇 후기 헬라어 사본에 의하면 다음과 같은 구절이 첨가되어 있다. "So there are three witnesses ***in heaven: the Father, the Word and the Holy Spirit, and these are One; and there are three witnesses on the earth***: the Spirit, the water and the blood: ..." 이것은 *The Amplified Bible*에서 인용된 본문인데, 굵은 글씨가 후기에 첨가된 본문이다. 그러나 이 부분의 본문은 14세기 이전의 헬라어 본문에서는 전혀 나타나지 않으며, 오직 후기 라틴어 사본에서만 발견될 뿐이다.[2] 그러므로 우리는 사도 요한이 이 본문에서 제시하는 증거를 "성령과 물과 피의 증거"(the Spirit, the water and the blood)로만 제한하는 것이 바람직하다.

지금까지 요한은 "예수는 그리스도시요 하나님의 아들이심"에 대한 세 가지의 증거, 곧 "물과 피"의 증거(6절)와 "성령"의 증거(7절)에 대하여 말하여 왔는데, 이제 여기서는 그 증거들이 서로 다

---

2) 보다 자세한 논의는 다음을 참고하라. B. M. Metzger, *The Text of the New Testament* (New York/Oxford, 1964), 101 이하 참조.

른 것이 아니라 "하나"이며, "동일한 증거"로서 서로 일치하는 것이라고 말한다. 스몰리(S. S. Smalley)에 의하면, **"이 셋이 합하여 하나이니라"**는 헬라어 본문의 의미는 이 세 가지의 증거가 예수께서 그리스도, 곧 하나님의 아들이심을 드러내기 위하여 "한 점으로 함께 모이며, 서로 같은 방향으로 향하며, 하나의 동일한 목적을 위하여 존재한다"는 의미이다. 이 세 가지 증거는 서로 함께 일어서고 함께 넘어진다. 따라서 만일 "물과 피의 증거"를 거부하는 사람이라면, 그는 또한 "성령의 증거" 역시 믿지 않는 사람이라 할 수 있다. 여기서 성령이 첫 번째 위치에 오는 것은, 그가 곧 물과 피를 통하여 궁극적으로 예수 그리스도에 대하여 증거하시는 분이기 때문이다. 참고로, 고대 이스라엘에서 증거가 법적으로 완전해지기 위해서는 두세 사람의 증거를 필요로 하였다(신 19:15 참고).

다음으로, 여기에서 요한이 말하는 "물과 피"는 무엇을 의미하는가? 대부분의 주석가들은 그것이 6절의 "물과 피"의 의미, 곧 예수님의 물세례와 십자가의 보혈을 의미한다는데 의견을 같이한다. 그러나 몇몇 주석가는 여기에서 사용된 동사의 의미가 현재 능동의 의미로 쓰였기 때문에 과거의 사실을 말하는 것이 아니라 성례전적 의미, 곧 교회에서 시행되는 "세례"와 "성찬"을 의미하며, 따라서 6절의 의미와는 다르다고 주장한다. 그러나 우리는 여기에서의 "물과 피"는 본질적으로 6절과 같은 의미, 즉 역사적인 예수님의 물세례와 십자가의 죽으심을 의미하는 것으로 보아야 한다. 그리고 성령이 함께 언급되는 것은 물과 피를 통하여 궁극적으로 증거하시는 분이 성령이심을 뜻한다. 즉, 예수님의 세례 시에 성령이 임하셨고, 십자가에서 영광 받으신 후에 제자들에게 능력을 입히신 것도 성령이시다(요한 20:22). 모든 경우에 성령의 증거가 가장 본질적이 것이요, 이것이 성령의 증거가 가장 먼저 언급되는 이유이다.

5) 만일 우리가 … 증거하신 것이니라(9절)

이제 요한은 마지막 최종적인 증거로서 아들에 대한 성부 하나님의 증거에 대해 이야기한다. 우리가 일반적으로 사람의 증거도 받아들이는데, 하나님의 증거는 이러한 사람들의 증거보다 훨씬 강력하고 궁극적이다(요한 5:36-37 참조). 그러므로 우리가 하나님을 믿을진대, 하나님의 아들에 대한 증거 역시 받아들일 수밖에 없다. 왜냐하면 예수님을 하나님의 아들이라 증거하시는 분은 다름 아닌 하나님 자신이시기 때문이다. 하나님은 거짓말을 하실 수 없는 진리의 최종적인 권위이시다. 그러나 문제는 여기에서 "하나님의 증거"가 구체적으로 무엇을 의미하는가 하는 점이다. 이 문제에 대한 주석가들의 의견은 대체로 세 가지로 나누어진다.

첫 번째 의견은, 요한이 지금까지 논의한 세 가지 증거, 곧 성령과 물과 피의 증거를 다른 방법으로 설명하고 있다는 것이다. 즉, 요한이 여기서 말하는 "하나님의 증거"는 다름 아닌 "성령과 물과 피의 증거"와 동일하다는 것이다. 두 번째 견해는, 요한이 비록 "하나님의 증거"가 무엇인지 분명하게 밝히고 있지는 않지만, 그것은 "성령과 물과 피의 증거"와는 다른 무엇이라는 것이다. 이 의견에 따르면, 앞서 말한 첫 번째 견해는 두 가지 점에서 약점을 가지는데, 하나는 요한이 6-8절에서는 현재시제를 사용하는 반면, 여기에서는 완료시제를 사용하고 있다는 점이며, 다른 하나는 요한복음 5:31-40에서 예수께서 자신에 대한 증거들을 여러 가지로 말하고 있다는 점이다. 즉, 자신의 증거, 세례요한의 증거, 그의 사역에 의한 증거, 그리고 성경의 증거 등이다. 그러므로 여기에서의 "하나님의 증거"는 "성령과 물과 피의 증거"와는 다른 또 하나의 증거를 의미한다는 것이다. 이 "하나님의 증거"를 쉬나켄베르크(Schnackenburg)는 요한이 기록한 제사복음서의 내용이라 하였고, 불트만(Bultmann)은 "믿음의 사건(event of faith)" 그 자체라고 해석한다. 마지막 세 번째 의견은, 여기에서의 "하나님의 증거"는 말씀 선포를 통하여 그 말씀이 진리라고 듣는 사람들의 마음을 감동시키시는 성령의 "내적증거(inner witness)"라고 설명하는 것이다. 그러나 대부분의 주석가들은 첫 번째 견해를 받아들인다. 즉, 물과 피를 통하여 증거하는 성령의 증거가 곧 가장 본질적인 하나님의 증거인데, 왜냐하면 성령은 하나님의 계시의 영이시기 때문이다. 따라서 요한에 의하면, 예수 그리스도에 대한 성령의 증거는 곧 성부 하나님의 증거이다. 그럼으로써 아들(성자)에 대한 삼위일체론적 증거는 모두 하나이며 동일한 증거가 된다.

6) 하나님의 아들을 … 믿지 아니하였음이라(10절)

만일 하나님의 증거가 그의 아들에 대한 증거라면, 누구든지 하나님의 아들을 믿는 자는 하나님의 증거를 받아들이게 된다. 즉, 예수님을 하나님의 아들이시라고 믿는다는 것은 하나님의 증거를 받아들인다 것과 같은 뜻이다. 또한 **"자기 안에 증거가 있고"**라는 말은 "그 자신 안에 그 증거를 가진다(has that witness within himself)"라는 의미인데, 그것은 믿는 자의 마음속에 역사하시는 성령의 내적증거(the inner testimony of the Spirit)를 말한다. 요한은 여기서 하나님의 증거를 믿는 자와 믿지 않는 자를 대조한다. 즉, 하나님의 아들을 믿는 자는 하나님의 증거를 받아들이고 믿지만, 하나님을 믿지 않고 하나님의 아들에 대한 증거를 받아들이지 않는 자는 하나님을 거짓말하는 자로 만듦으로써 자기 스스로를 정죄하는 것이 된다는 것이다. 다시 말하면, 하나님의 아들을 믿지 않는 것은 곧 하나님을 믿지 않는 것이며, 나아가 "하나님을 거짓말하는 자로 만드는" 것인데, 왜냐하면 그것은 하나님께서 그의 아들이신 예수 그리스도께 주신 역사적인 증거들을 경멸하는 것이기 때문이다. 그러므로 여기에서 요한이 강조하는 바는, 하나님을 믿는 것과 그의 아들 예수 그리스도를 믿는 것은 서로 분리할 수 없다는 것이다. 그러므로 "아들을 부인하는 자에게는 또한 아버지가 없으되 아들을 시인하는 자에게는 아버지도 있느니라"(요일 2:23)고 했다.

7) 또 증거는 … 그것이니라(11절)

여기에서 요한은 논의의 관점을 기독론으로부터 구원론으로 자연스럽게 연결시킨다. 주지하다시피 기독론과 구원론은 서로 분리될 수 없는 한 동전의 양면이다. 왜냐하면 기독론 없이 구원론이 성립될 수 없으며, 마찬가지로 구원론을 전제하지 않고 기독론이 있을 수 없기 때문이다. 요한은 여기에서 참된 믿음의 결과에 대해 말하는데, 그것은 하나님께서 우리에게 주신 "영생"(eternal life)이다. 그러나 영원한 생명은 하나님께서 오직 그의 아들 안에서, 그리고 오직 그 아들을 통해서만 우리에게 주시는 최고의 선물이다. 이 생명은 본래 "하나님과 함께"(요일 1:2) 계셨는데, 이제 완전하게 그의 아들이신 예수 그리스도 안에 나타내어졌다. 사실, 예수 그리스도께서 곧 그 생명이시다(요한 14:6). 그러므로 하나님의 증거를 받느냐 안 받느냐 하는 것은 단순히 사변의 문제가 아니라, 우리가 영생(eternal life)에 참여할 수 있느냐 없느냐의 문제, 즉 삶과 죽음의 문제로서 참으로 중요한 것이다. 왜냐하면 하나님께서 우리에게 영원한 생명을 주셨는데, 이 생명은 오직 그의 아들 안에서만 주어진 것이기 때문이다. 여기서 "**주신 것**"($\epsilon\delta\omega\kappa\epsilon\nu$, he has given)은 역사적인 하나님의 구속사역을 가리키며, 그 생명의 선물이 그의 아들이신 예수 그리스도의 구속사역으로 말미암아 우리에게 주어졌다는 것을 말한다. 그러므로 예수 그리스도를 하나님의 아들로 믿는 자는 이미 그 영생을 가지고 있는 것이다.

8) 아들이 있는 … 생명이 없느니라(12절)

여기서 요한은 결론적으로 "예수님은 그리스도시요 하나님의 아들이시라"고 믿는 자들이 받을 축복에 대해 이야기한다. 그 아들을 믿는 자는 영생을 얻을 것이지만, 그 아들을 부인하는 자는 생명을 얻지 못할 것이다. 영생은 오직 예수님을 하나님의 아들로 믿는 참된 믿음에 의해서만 얻을 수 있는 것이다. 왜냐하면 하나님께서는 오직 그의 아들 안에서만, 그리고 그 아들을 통해서만 생명을 주시기 때문이다(11절). 그러므로 오직 그리스도시요 하나님의 아들이신 예수께서는 "내가 곧 길이요 진리요 생명이니 나로 말미암지 않고는 아버지께로 올 자가 아무도 없느니라"고 말씀하셨던 것이다(요한 14:6).

요약하자면, 세상을 이기는 믿음은 곧 "예수께서 하나님의 아들, 곧 그리스도이심"을 믿는 것이요, 이것이 참된 믿음의 핵심내용이다. 또한 이 믿음의 내용이 진실됨은 여러 가지 움직일 수 없는 증거들에 근거하는데, 그것은 곧 예수 그리스도의 지상사역에 대한 구체적인 역사적 사건들("물과 피")과 성령의 외적증거, 내적증거, 그리고 아들에 대한 하나님 자신의 증거들이다. 우리는 이러한 증거들을 거부할 수 없는데, 왜냐하면 그것들은 모두 하나이며 진리이기 때문이다. 하나님께서는 참된 믿음을 가진 자들에게 그의 아들 안에 있는 영원한 생명을 주셨다. 그러나 이 증거들을 거부하고 참된 믿음의 내용을 부인하는 자, 곧 그 아들을 부인하는 자에게는 생명이 없다.

참고문헌(Bibliography)

Alexander, N. *The Epistles of John*. New York: MacMillan Co., 1962.

Barker, Glenn W. *1, 2, 3, John. The Expositor's Bible Commentary*, Vol. 12.

Clark. Gordon H. *First John A Commentary*. Jefferson: The Trinity Foundation, 1980.

Findlay, G. G. *Fellowship in the Life Eternal: An Exposition of the Epistles of St. John*. Grand Rapids: Eerdmans, 1955.

Grayston K. *The Johannine Epistles*. Grand Rapids: Eerdmans, 1984.

Houlden, J. L. *A Commentary on the Johannine Epistles*. New York: Harper & Row, 1973.

Marshall, I Howard. *The Epistles of John*. Grand Rapids: Eerdmans, 1978.

Smalley, Stephen S. *1, 2, 3 John* (WBC Series).

Thompson, M. M. *1-3 John*. Downers Grove, IL: InterVarsity Press, 1992.

Westcott, B. F. *The Epistles of St. John*. Grand Rapids: Eerdmans, 1966.

제9장

개혁주의 신학과 십계명 이해
: 개혁주의 영성의 보고(寶庫)로서의 십계명

1. 들어가는 말: 오늘날 십계명은 어떠한 의미를 가지는가?

21세기를 살아가는 현대 기독인들에게 있어 십계명은 도대체 어떤 의미를 갖는 것인가? 흔히 구약은 율법의 시대이고, 신약은 은혜의 시대이므로 구약의 십계명은 현대인들에게 큰 의미가 없다고 말하는 사람들이 있다. 목회자들도 은혜와 영성에 갈급해 하는 현대 기독인들에게 율법과 십계명을 설교하는 것에 많은 부담을 느낄 뿐만 아니라, 오히려 시대역행적인 것이라 생각하기도 한다. 그렇다면 과연 오늘날 우리에게 있어 구약의 율법, 특히 "율법 중의 율법"이라 불리는 십계명은 과연 무엇인가?[1] 그것은 단지 사람

---

1) 먼저 우리가 기억해야 할 것은 성경에서 율법은 다중적인 의미를 가진다는 점이다. 칼빈은 "율법"의 의미를 ① 모세의 율법 전체; ② 도덕법(십계명과 예수 그리스도의 요약); 혹은 ③ 각종 민사법과 재판법, 그리고 의식법을 의미하는 것으로 사용하고 있다. 또한 데머리스트(Demarest)에 의하면, "성경에서 율법은 ① 구약의 첫 다섯 권(대상 22:12-13), ② 시민법, 의식법, 도덕법의 법규로 된 모세율

을 옥죄는 굴레요, 그리하여 벗어버리고 폐기시켜야 하는 것에 불과한가? 율법과 복음, 혹은 율법과 은혜는 완전히 서로 대치되는 것인가? 이러한 질문에 올바로 답하기 위해서 우리는 먼저 하나님께서 왜 그리고 언제 율법을 주셨는지, 또한 그것의 참된 의미와 역할이 무엇인지 잘 이해해야만 한다.

전통적으로 모세가 하나님께로부터 받은 구약의 율법은 일반적으로 3가지 형태의 법체계로 분류되는데, 곧 도덕법(moral law), 의식법(ceremonial law), 그리고 시민법(civil law)이 그것이다.[2] 이 가운데 특별히 여호와 하나님께서 그의 언약백성들을 위하여 주신 도덕법은 "십계명"(Ten Commandments; 혹은 Decalogue, "열 가지 말씀"; 출 30:28; 신 10:4)으로 요약되는데, 이것은 하나님과 그의 언약 백성들 사이의 본질적인 관계를 규정하는 영적이며 윤리적인 삶의 기초 토대로 인식되었고, "율법 중의 율법" 또는

법(신 4:5, 8), ③ 더 넓게는, 구약에서 하나님이 명하신 모든 규례와 가르침(시 1:2; 19:7-9; 요 10:34)을 뜻한다." Bruce Demarest, *The Cross and Salvation* (Wheaton, IL: Crossway Books, 1997), 이용중 역, 『십자가와 구원』 (서울: 부흥과개혁사, 2006), 626. 또한 구약에서 주어진 모든 율법을 유대인들은 613개로 분류했는데, 그 가운데 248개 항은 "~을 하라"는 긍정형 명령이고, 나머지 365개 항은 "~을 하지말라"는 부정형의 명령이다. 유대인들은 이것을 해석하기를 248는 인체를 구성하는 모든 뼈의 숫자를 의미하고, 365는 1년의 날수를 의미하는 것으로 보아, 인간은 모두 하나님의 계명을 온 몸을 다해서 날마다 실천해야 한다는 뜻을 가지고 있다고 보았다. 이와 같이 구약의 모든 율법을 체계적으로 분석 정리하고 체계화한 사람은 4세기의 랍비 시믈라이(Simlai)와 13세기의 시몬 카이로(Simon Kairo), 그리고 마이모니데스(Maimonides)였다. Cf. 나채운, 『그리스도교의 열두계명』 (서울: 패스터스하우스, 2006), 24.

2) Cf. Zachrias Ursinus, 『하이델베르크 요리문답 해설』, 원광연 역 (고양: 크리스챤다이제스트, 2006), 776-79. 그러나 이러한 구약 율법에 대한 전통적인 3분류법과 관련하여 최근에는 다른 의견들이 개진되고 있다. Cf. Willem A. VanGemeren, *The Progress of Redemption: The Story of Salvation from Creation to the New Jerusalem* (Grand Rapids: Baker Books, 1988), 안병호/김의원 역, 『구원계시의 발전사(I)』 (서울: ESP, 2006), 193. 참고로 라이트(Wright)는 구약의 율법을 형법, 판례법, 가족법, 제의법, 긍휼의 법 등으로 재분류하고 있다. Christopher J. H. Wright, *Old Testament Ethics for the People of God* (Nottingham, UK: InterVarsity Press, 2004), 김재영 역, 『현대를 위한 구약윤리』 (서울: IVP, 2006), 398-416을 참조하라. 그러나 여기에서는 편의상 전통적인 3분류법을 따르기로 한다.

"계명 중의 계명"이라고 불리어 왔다.

교회역사에서 초대교회로부터 주기도문, 사도신경, 그리고 십계명은 교회의 신앙고백과 교육 및 실천에 있어 가장 중요한 문서들이었다. 그러나 중세기를 지나면서 십계명은 그 중요성과 용도가 현저히 줄어들게 되었다. 하지만 종교개혁에 의해 교회 예전과 교리문답에서 그 중요성이 다시 재인식되고 교육되기 시작하였다. 마틴 루터(Martin Luther, 1483-1546)는 그의 『대/소 교리문답서』를 만들면서 사도신경과 주기도문에 앞서 가장 첫 부분에 십계명을 배치시켰다. 그러나 단지 신앙의 교육과 형식적인 면뿐만 아니라 신학적인 측면에 있어서도 율법을 훨씬 적극적으로 이해하고, 십계명의 중요성을 강조하여 가르치고 설교한 신학자는 존 칼빈(John Calvin, 1504-1564)이었다. 그는 자신의 『기독교 강요』(초판, 1536) 제1장에 율법과 십계명에 대한 해설을 배치시키며, "율법은 우리에게 하나님의 뜻을 가르쳐 준다"고 말한다.[3]

칼빈의 이러한 율법과 십계명에 대한 적극적인 이해의 폭과 깊이는 그의 계속되는 『기독교 강요』 증보판과 성경주석과 강해, 그리고 설교 등을 통하여 확대되었다. 이 후 칼빈의 신학적 영향은 개혁주의 신앙의 표준으로 간주되는 『하이델베르크 교리문답서』(1563)나 『웨스트민스터 대/소 교리문답서』(1647-48)에도 고스란히 반영되어 십계명에 대한 항목이 많은 부분을 차지하게 된다. 『하이델베르크 교리문답서』는 전체 129문답 가운데 24개 문답(제92-115문답), 『웨스트민스터 소교리문답서』는 전체 107문답 가운

---

3) John Calvin, *Institutes of the Christian Religion* (1536), trans. Ford L. Battles (Grand Rapids: Eerdmans, 1975), 17.

데 43개 문답(제39-81문답), 그리고 『웨스트민스터 대교리문답서』는 전체 196문답 가운데 58개 문답(제91-148문답)을 십계명에 관하여 할애하고 있는 것을 볼 때, 그 중요성을 가히 짐작할 수 있다. 여기에서는 그러한 개혁주의 신학의 율법, 특히 십계명 대한 이해를 간단히 살펴보면서, 오늘날 현대 기독인들의 신앙과 삶에 있어 십계명이 가지는 의미와 역할에 대하여 생각해 보고자 한다.

2. 십계명: 하나님의 언약백성들을 위한 삶의 규범

우리 모두가 창조주이자 구속주이신 하나님 앞에서 신실하게 지켜야 할 삶의 규범, 곧 도덕법의 기초로서 주어진 "십계명"은 출애굽 직후 시내산에서 언약의 증표로 하나님께서 직접 두 개의 돌판에 새겨주신 것이다. 이에 대한 말씀은 **출애굽기 20:1-17**에 있으며, 또한 가나안에 들어가기 직전 광야에서 태어난 새로운 세대들에게 동일한 말씀을 반복하여 주신 **신명기 5:6-21**에도 있다. 하나님께서 직접 새겨주신 이 십계명의 말씀은 그 주신 형식과 성격으로 인하여 이스라엘에 있어 특별한 지위를 가진다(cf. 신 5:22). 즉, 이 말씀을 지키는 것이 언약백성이 되는 한계조건이며, 또한 이것은 다른 모든 율법의 기초가 된다고 볼 수 있다. 라이트(Christopher Wright)는 이점과 관련하여 "언약 관계의 본질적 규약들에 대한 이 간결하면서도 종합적인 정리는, 언약 관계의 일원으로서의 자격에 부합하는 것이라 할 수 있는 품행을 중심으로 한 일종의 '한계 울타리'를 제공해 주었다. (이 계명들을 어김으로써) 그 한계선을 넘어선다면, 그것은 언약관계와 책무의 범위 바깥으

로 걸어나갔다는 것을 의미한다"고 강조한다.[4]

성경에 따르면, 광야에서 모세를 통하여 주어진 시내산 언약은 또 다른 어떤 것이 아니라 그 옛날 믿음의 조상 아브라함에게 주어진 은혜언약의 계승이며 성취이다(cf. 창 12:1-3; 신 5:2-3). 그것은 "내가 … 너희를 속량하여 너희를 내 백성으로 삼고 나는 너희의 하나님이 되리니"(출 6:6-7)라는 언약의 갱신으로 나타났다.

> 하나님이 모세에게 말씀하여 이르시되 나는 여호와이니라 내가 아브라함과 이삭과 야곱에게 전능의 하나님으로 나타났으나 나의 이름을 여호와로는 그들에게 알리지 아니하였고 **가나안 땅 곧 그들이 거류하는 땅을 그들에게 주기로 그들과 언약하였더니** 이제 애굽 사람이 종으로 삼은 이스라엘 자손의 신음 소리를 내가 듣고 **나의 언약을 기억하노라** 그러므로 이스라엘 자손에게 말하기를 **나는 여호와라 내가 애굽 사람의 무거운 짐 밑에서 너희를 빼내며 그들의 노역에서 너희를 건지며 편 팔과 여러 큰 심판들로써 너희를 속량하여 너희를 내 백성으로 삼고 나는 너희의 하나님이 되리니** 나는 애굽 사람의 무거운 짐 밑에서 너희를 빼낸 너희의 하나님 여호와인 줄 너희가 알지라 **내가 아브라함과 이삭과 야곱에게 주기로 맹세한 땅으로 너희를 인도하고 그 땅을 너희에게 주어 기업을 삼게 하리라 나는 여호와라** 하셨다 하라(출 6:2-8).

그 자신의 언약에 있어 참으로 신실하신 여호와 하나님께서는 조상들과 맺은 "언약을 기억"하여 오직 은혜로 애굽의 압제와 핍박으로부터 그들을 속량하여 구원하신 후, 구별하여 세우신 언약

---

4) Wright, 『현대를 위한 구약윤리』, 393.

공동체인 하나님의 백성, 곧 신정국가인 이스라엘을 위하여 그들의 총체적인 삶의 규범으로 율법을 주셨다. 그러므로 칼빈은, 율법은 은혜의 복음과 반대되는 것이 아니라 오히려 하나님께서 율법으로 말미암아 그의 언약을 보증함은 물론 주권적인 은혜로 구원한 그의 백성들을 계속하여 다스리시고 돌보시며 복주실 것에 대하여 약속하셨다고 가르친다.[5] 미국의 개혁주의 구약학자 가운데 한 사람인 반게메런(VanGemeren) 또한 이 점을 강조하여 말하기를, "구약의 율법은 복음에 반대되는 것이 아니다. 오히려 그 복음은 하나님이 그의 백성을 사랑하시고, 돌보시고, 또한 그들로부터 마땅한 반응을 기대하시고 계시다는 기쁜 소식이다. 야웨께서는 그의 임재, 보호, 축복, 용서, 그리고 은혜의 기쁜 소식을 이스라엘에게 선포하셨다. 백성들의 영적인 미성숙 때문에 야웨는 그의 율법들과 법도들과 규례들을 줌으로써 그와 그들과 교제 그리고 그들의 개인적인, 사회적인 삶을 규정했다. 율법은 개인, 가족, 국가를 전체적으로 취급한다. 주께서는 율법에 의해서 약속을 보증하고 보존하신다"고 한다.[6] 그러므로 참으로 율법 속에 은혜가 있고, 은혜 속에 율법이 있다고 하겠다.

모세가 하나님 앞에 올라가니 여호와께서 산에서 그를 불러 말씀하시되 너는 이같이 야곱의 집에 말하고 이스라엘 자손들에게 말하라 **내가**

---

5) Cf. John Calvin, *Institutes* (1559), trans. Ford L. Battles (Philadelphia: Westminster Press, 1968), II. viii. 14-15.
6) Willem A. VanGemeren, *The Progress of Redemption: The Story of Salvation from Creation to the New Jerusalem* (Grand Rapids: Baker Books, 1988), 안병호/김의원 역, 『구원계시의 발전사 (I)』 (서울: ESP, 1993), 192.

> 애굽 사람에게 어떻게 행하였음과 내가 어떻게 독수리 날개로 너희를 업어 내게로 인도하였음을 너희가 보았느니라 세계가 다 내게 속하였나니 너희가 내 말을 잘 듣고 내 언약을 지키면 너희는 모든 민족 중에서 내 소유가 되겠고 너희가 내게 대하여 제사장 나라가 되며 거룩한 백성이 되리라 … 백성이 일제히 응답하여 이르되 **여호와께서 명령하신 대로 우리가 다 행하리이다**(출 19:3-8; cf. 벧전 2:9).

이러한 십계명의 의미는 그 서문에 다음과 같은 장엄한 언명으로 잘 나타나 있다: "**하나님이 이 모든 말씀으로 말씀하여 이르시되 나는 너를 애굽 땅, 종 되었던 집에서 인도하여 낸 네 하나님 여호와니라**"(출 20:1-2; 신 5:6). 이 서문에는 십계명과 관련하여 우리가 분명히 알아야 할 중요한 사실들이 계시되어 있는데, 그것은 다음과 같이 몇 가지로 요약될 수 있다.

첫째로 이 십계명의 서문이 가르치는 것은 먼저 율법의 수여자가 하나님, 특히 언약에 신실하시며, 은혜로 우리를 구원하여 참된 자유와 생명을 주신 여호와 하나님이심을 적시하고 있다. 언약의 하나님께서는 먼저 그의 택한 백성들을 오직 은혜로 구원하신 후 그의 언약백성들을 위한 영적인 예배와 개인적, 사회적 삶의 규범으로 율법, 곧 십계명을 주셨다. 이 십계명은 여호와 하나님께서 그의 언약백성들에게 직접 말씀하여 주신 것이며, 그 주신 형식에 있어서도 친히 그의 손가락으로 돌판에 새겨주신 말씀이었다(출 31:18). 또한 이 돌판은 언약궤 안에 넣어 지성소에 보관하도록 하셨다(cf. 대하 5:10; 왕상 8:9; 히 9:3-4). 이런 것들은 하나님께서 주신 십계명의 존귀함과 엄위성을 분명하게 말해줄 뿐만 아니라, 하나님께서 그의 언약백성과 함께하시며 임재하신다는 약속이라 하겠다.

둘째로, 십계명의 서문에서 하나님께서는 "나는 너를 애굽 땅, 종 되었던 집에서 인도하여 낸 네 하나님 여호와니라"라고 말씀하셨다. 이것은 율법의 수여 대상자가 "애굽 땅, 종 되었던 집"에서 구원함을 받은 언약백성인 이스라엘, 곧 하나님의 백성들임을 분명히 하는 것이다. 또한 이것은 "나와 너(너희)"라는 구체적인 언약관계, 인격적인 관계 속에서 주어진 것이며, 따라서 상호 배타적인 관계에서 주어진 것임을 분명히 한다. 신약에서 이것은 "흑암의 권세"(골 1:13), 곧 "죄와 사망의 법"(롬 8:2)에서 해방되고 생명의 자유함을 받은 하나님의 자녀들에게 주신 것임을 뜻하며, 따라서 예수 그리스도 안에서 영생의 구원의 은혜를 입은 자들이 감사함으로 지켜야 할 영원한 하나님의 계명이요, 율법임을 드러낸다.

셋째로, 구원받은 언약백성들은 여호와 하나님께서 주신 "모든 율법"을 지켜야 한다. 이것은 특별히 "이 모든 말씀"으로 특정하여 말씀하신 것에서 분명히 드러난다. 따라서 십계명 가운데 어느 것 하나 중요하지 않은 것이 없다. 우리의 편의에 따라 이것은 지키고 저것은 경홀히 여길 수 있는 것이 아니다. 모든 계명이 하나님의 입에서 나온 말씀이요, 먼저는 돌비에, 이제는 우리의 심비에 새겨져 지켜져야 하는 영원한 하나님의 말씀이요, 계명들이다(cf. 렘 31:33). 그러나 주신 말씀에도 분명한 우선순위와 질서가 있으며, 그 우선순위를 무시하거나 역행할 수는 없다.[7] 먼저 영적질서에 있어서 사람과의 관계보다 하나님과의 관계가 더 중요하며 우선한다. 하나님과의 관계의 실패는 곧 사람과의 관계의 실패로 이어진

---

7) Cf. Wright, 『현대를 위한 구약윤리』, 421-25.

다. 그러나 하나님을 진정으로 사랑하는 사람은 반드시 이웃을 진정으로 사랑하게 된다. 하나님에 대한 사랑은 형제와 이웃을 사랑하는 것으로 나타나야 하기 때문이다(cf. 요일 4:20-21).

이와 같이 여호와 하나님께서는 먼저 이스라엘 백성을 구원하여 출애굽시키신 후 시내산에서 율법을 주셨다. 그러므로 구약의 이스라엘 백성은 그들의 행위의 의가 아니라 오직 하나님의 주권적인 은혜의 선택으로 말미암아 그의 언약백성이 된 것이다. 즉, 그들은 오직 믿음으로 말미암아 의롭다함을 받은 것이요(창 15:6 - "아브람이 여호와를 믿으니 여호와께서 이를 그의 의로 여기시고"; cf. 신 7:6-10; 롬 4:2-3; 히 11:1-40), 오직 하나님의 신실하신 은혜로 말미암아 구원을 얻은 것이다(출 6:6-7). 그렇기 때문에 하나님께서는 율법을 주시기 전에 먼저 "나는 너를 애굽 땅, 종 되었던 집에서 인도하여 낸 네 하나님 여호와니라"고 분명하게 말씀하신다(출 20:2). 따라서 구약에서도 율법은 구원의 조건이 아니라 하나님의 주권적인 은혜 아래 구원받은 백성들이 감사함으로 지켜야하는 은혜의 선물이요, 언약백성으로서 구별된 그들에게 거룩한 삶의 규범으로 주어진 것임을 알 수 있다.[8]

만일 아브라함이 행위로써 의롭다 하심을 받았으면 자랑할 것이 있으

---

8) 이러한 의미에 있어 고재수는 "하나님의 백성에 있어 십계명은 구원의 조건이 아닌 구원의 결과"라고 말한다. 고재수, 『개혁주의 입장에서 본 십계명 강해』 (서울: 여수룬, 1992), 14. 또한 라이트도 이 점을 다음과 같이 강조하고 있다. "신구약 성경 모두에서 성경적 믿음과 윤리의 토대는 하나님의 은혜와 구속의 주도권이다. 율법은 구원의 수단으로 주어진 것이 아니었고 하나님이 이미 구속해 주셨던 자들에게 은혜의 선물로 주어진 것이다. … 율법의 정확한 의미는 '복음'에서, 즉 여호와와 그의 사랑에 대한 아주 오래 전 옛날 말씀에서 발견되는 것이다." Wright, 『현대를 위한 구약윤리』, 438-39.

러니와 하나님 앞에서는 없느니라 성경이 무엇을 말하느냐 **아브라함 이 하나님을 믿으매 그것이 그에게 의로 여겨진 바 되었느니라**(롬 4:2-3; cf. 갈 3:1-9).

너는 여호와 네 하나님의 성민이라 네 하나님 여호와께서 지상 만민 중에서 너를 자기 기업의 백성으로 택하셨나니 … 여호와께서 다만 너희를 사랑하심으로 말미암아, 또는 너희의 조상들에게 하신 맹세를 지키려 하심으로 말미암아 자기의 권능의 손으로 너희를 인도하여 내시되 너희를 그 종 되었던 집에서 애굽 왕 바로의 손에서 속량하셨나니 그런즉 너는 알라 오직 네 하나님 여호와는 하나님이시요 신실하신 하나님이시라 그를 사랑하고 그의 계명을 지키는 자에게는 천 대까지 그의 언약을 이행하시며 인애를 베푸시되 그를 미워하는 자에게는 당장에 보응하여 멸하시나니 여호와는 자기를 미워하는 자에게 지체하지 아니하시고 당장에 그에게 보응하시느니라(신 7:6-10).

이제 이스라엘은 하나님의 말씀과 율법에 순종함으로써 다른 모든 민족과 구별되어 오직 무조건적인 하나님의 은혜로 구원함을 받은 언약백성의 거룩한 정체성을 유지해야만 한다. 그러므로 여호와 하나님께서는 다음과 같이 명령하신다: "나는 너희의 하나님이 되려고 너희를 애굽 땅에서 인도하여 낸 여호와라 **내가 거룩하니 너희도 거룩할지어다**"(레 11:45). 이러한 명령은 구약의 언약백성들과 마찬가지로 오직 예수 그리스도 안에서(*solus Christus*), 오직 은혜로(*sola gratia*), 그리고 오직 믿음으로(*sola fide*) 의롭다 함을 받은 신약의 언약백성들에게도 동일하게 반복하여 적용된다: "오직 너희를 부르신 거룩한 이처럼 너희도 모든 행실에 거룩한 자가 되라 기록되었으되 **내가 거룩하니 너희도 거룩할지어다** 하셨느니라"(벧전 1:15-16).

이러한 의미에서 실로 하나님의 율법인 십계명은 구원을 얻기 위한 그 어떤 전제조건이나 목적 혹은 방편이나 수단이 아니라, 오히려 그 자체로서 구원받은 백성들에게 주어진 은혜의 선물이자 구원에 대한 보증이며, 나아가 계속되는 하나님의 사랑과 임재, 그리고 언약의 신실한 보존을 약속하는 것이다. 여호와 하나님께서 율법을 주신 목적은 다음의 성경구절에 분명히 나타난다.

> **여호와께서 우리에게 이 모든 규례를 지키라 명령하셨으니 이는 우리가 우리 하나님 여호와를 경외하여 항상 복을 누리게 하기 위하심이며 또 여호와께서 우리를 오늘과 같이 살게 하려 하심이라** 우리가 그 명령하신 대로 이 모든 명령을 우리 하나님 여호와 앞에서 삼가 지키면 그것이 곧 우리의 의로움이니라 할지니라(신 6:24-25; cf. 신 4:1, 40; 5:32-33; 6:1-3).

이와 같이 율법은 그 자체로서 여호와 하나님께서 한없는 은혜와 능력의 펴신 팔로 구원하신 그의 언약백성들에게 주신 축복의 선물이며, 그리하여 지속적으로 그의 백성들이 하나님과의 신실한 관계 속에서 그의 사랑과 축복을 마음껏 누리며 살아갈 수 있도록 하시기 위한 은혜의 방편이자 또한 하나님의 절대적인 요구였다 (cf. 신 28:1-14). 다음과 같은 라이트의 진술은 구약에서의 율법 이해에 대하여 우리가 참고해야할 중요한 시사점을 던져 준다.

경건한 이스라엘 백성들은 율법을 은혜의 선물로, 하나님이 그들의 유익을 위해 주신 사랑의 표시로 즐거워했다(신 4:1, 40; 6:1-3, 24). 그들은 율법 자체를 축복으로 보았으며, 하나님이 계속하여 주시는 복의 수단으로 보았다(신 28:1-14). 그들은 이스라엘에게 율법이 계시된 일이 다른 어떤 민족에게도 허락되지 않은 유일무이한 특권이었음을 기억하고 있었다(신 4:32-34; 시 147:19-20). 그들은 구원받기 위해서가 아니라 이미 하나님이 그들을 구원하셨기 때문에 율법에 순종하라고 서로 권면했다(신 6:20-25). 그들은 율법을 생명으로 인도하는 길로(레 18:5; 신 30:15-20), 그리고 풍성한 결실을 주는 강으로(시 1:1-3) 즐거워했다."[9]

따라서 구원의 은혜를 입은 이스라엘은 이제 하나님께서 그들에게 주신 말씀과 율법을 떠나지 않고 감사함으로 그것을 사랑하고 즐거워하며, 그것을 주신 하나님을 경외하며 찬양하며 살아가야만 했다(시 1:1-3; 19:7-11; 119:127, 160). 하지만 그들의 마음은 오히려 늘 부패하고 완악하여 구원을 베푸신 하나님의 은혜를 망각하고, 살아계신 하나님에 대한 믿음을 버렸다. 그들은 생명의 하나님을 떠나 죽은 우상, 바알과 아세라 목상을 섬겼으며, 패역하고 행악하여 하나님의 말씀과 율법을 저버렸다: "이스라엘 자손이 여호와의 목전에 악을 행하여 자기들의 하나님 여호와를 잊어버리고 바알들과 아세라들을 섬긴지라"(삿 3:7). 이것은 "너는 나 외에는 다른 신들을 네게 두지 말라"는 제1계명을 범한 것으로, 곧 언약의 파기를 뜻했다. 그 결과 "여호와께서 이르시되 그의 이름을 로암미라 하라 너희는 내 백성이 아니요 나는 너희 하나님이 되지

---

9) Wright, 『현대를 위한 구약윤리』, 390-91.

아니할 것임이니라"고 하셨다(호 1:9). 그리하여 마침내 하나님의 징계를 받아 바벨론에 포로로 잡혀간 후, 다니엘은 그의 백성 이스라엘의 죄를 다음과 같이 고백한다.

> 크시고 두려워할 주 하나님, 주를 사랑하고 주의 계명을 지키는 자를 위하여 언약을 지키시고 그에게 인자를 베푸시는 이시여 **우리는 이미 범죄하여 패역하며 행악하며 반역하여 주의 법도와 규례를 떠났사오며** … 온 이스라엘이 주의 율법을 범하고 치우쳐 가서 주의 목소리를 듣지 아니하였으므로 이 저주가 우리에게 내렸으되 곧 **하나님의 종 모세의 율법에 기록된 맹세대로 되었사오니 이는 우리가 주께 범죄하였음이니이다**(단 9:4-5, 11).

그러나 하나님께서는 다시 그들에게 한량없는 은혜와 긍휼을 베푸시며 끊임없이 회개를 촉구하고 다시 "돌아오라"고 하신다(사 31:6; 55:7; 렘 3:22; 4:1; 호 14:1; 슥 1:3; 욜 2:12; 말 3:7, etc.). 그리고 이제는 돌비에 새기지 않고 그들의 마음에 새겨 지키게 할 새 언약을 주실 것이라고 약속하신다(렘 31:31-33).

> **여호와의 말씀이니라 보라 날이 이르리니 내가 이스라엘 집과 유다 집에 새 언약을 맺으리라** 이 언약은 내가 그들의 조상들의 손을 잡고 애굽 땅에서 인도하여 내던 날에 맺은 것과 같지 아니할 것은 내가 그들의 남편이 되었어도 그들이 내 언약을 깨뜨렸음이라 여호와의 말씀이니라 그러나 **그 날 후에 내가 이스라엘 집과 맺을 언약은 이러하니 곧 내가 나의 법을 그들의 속에 두며 그들의 마음에 기록하여**

나는 그들의 하나님이 되고 그들은 내 백성이 될 것이라 여호와의 말씀이니라(렘 31:31-33).

3. 신약성경의 율법 이해

그렇다면 신약에서 율법의 의미는 무엇일까? 가장 먼저, 이것은 예수 그리스도의 율법 이해를 통하여 알 수 있다. 왜냐하면 칼빈의 이해에 따르면, 모든 율법은 그리스도를 목표로 하며, 또한 그는 율법의 가장 훌륭하고 최종적인 해석자이실 뿐만 아니라, 율법의 중보자이자 완성자이시기 때문이다. 그러한 예수님께서는 율법을 "폐하러 온 것이 아니라 완전하게 하기 위해서 오셨다"고 했으며, 따라서 "율법의 일점 일획도 결코 없어지지 않고 다 이루리라"고 말씀하셨다(마 5:17-20). 이와 같이 하나님의 율법은 참으로 선하고 의로우며, 완전하고 진리이기 때문에 영원한 것이다(시 19:7-11; 119:43, 68, 89, 142; 롬 7:12).

그러나 범죄하여 전적으로 부패한 우리의 본성으로는 율법의 요구를 결코 충족시킬 수 없다. 때문에 예수님께서 오셔서 우리를 위하여 율법의 요구를 온전하게 충족하심으로 그것을 완성하신 것이다. 뿐만 아니라 보혜사 성령님을 보내어 주심으로 예수 그리스도를 믿음으로 구원받은 백성들로 하여금 이제 성령님 안에서 하나님의 말씀에 온전히 순종할 수 있게 하셨다(요 14:26). 또한 예수님은 새 언약과 더불어 다음과 같은 새로운 계명을 우리에게 주셨다: "새 계명을 너희에게 주노니 서로 사랑하라 내가 너희를 사랑한 것 같이 너희도 서로 사랑하라 너희가 서로 사랑하면 이로써 모든 사람이 너희가 내 제자인 줄 알리라"(요 13:34-35). 이것은 이미 선지자 예레미야를 통하여 주신 새 언약에 대한 성취이다 (cf. 렘 31:31-33).

> **내가 율법이나 선지자를 폐하러 온 줄로 생각하지 말라 폐하러 온 것이 아니요 완전하게 하려 함이라 진실로 너희에게 이르노니 천지가 없어지기 전에는 율법의 일점 일획도 결코 없어지지 아니하고 다 이루리라** 그러므로 누구든지 이 계명 중의 지극히 작은 것 하나라도 버리고 또 그같이 사람을 가르치는 자는 천국에서 지극히 작다 일컬음을 받을 것이요 누구든지 이를 행하며 가르치는 자는 천국에서 크다 일컬음을 받으리라 내가 너희에게 이르노니 너희 의가 서기관과 바리새인보다 더 낫지 못하면 결코 천국에 들어가지 못하리라(마 5:17-20).

또한 우리가 잘 아는 바와 같이 "이신칭의"(justification through faith alone), 곧 율법의 행위가 아니라 "오직 믿음으로 의롭다함을 받는다"(롬 1:17; 갈 3:11)는 사실을 무엇보다도 강조한 바울 역시 다른 한편으로 율법에 대하여 다음과 같이 말한다: "그런즉 우리가 무슨 말을 하리요 율법이 죄냐 그럴 수 없느니라"(롬 7:7). 오히려 그는 하나님께서 우리에게 주신 "율법은 거룩하고 계명도 거룩하고 의로우며 선하도다"라고 말한다(롬 7:12). 나아가 "그런즉 우리가 믿음으로 말미암아 율법을 파기하느냐 그럴 수 없느니라 도리어 율법을 굳게 세우느니라"라고 강조한다(롬 3:31).

그렇다면 진정 무엇이 문제인가? 그것은 타락한 우리의 육신이 연약하고 또한 우리의 본성이 완전히 부패했기 때문에 우리의 힘만으로는 하나님의 거룩한 율법을 온전히 지킬 수 없다는 것이다. 따라서 성경은 "육신의 생각은 하나님과 원수가 되나니 이는 하나님의 법에 굴복하지 아니할 뿐 아니라 할 수도 없음이라"(롬 8:7). "그러므로 율법의 행위로 그의 앞에 의롭다 하심을 얻을 육체가 없나니 율법으로는 죄를 깨달음이니라"(롬 3:20). 오직 "사람이 의롭다 하심을 얻는 것은 율법의 행위에 있지 않고 믿음으로 되는 줄 우리가 인정하노라"(롬 3:28)고 말한다.

이와 같이 문제는 "거룩하고 의로우며 선한" 하나님의 율법에 있는 것이 아니라 끝없이 하나님과 그의 말씀에 대적하는 우리의 타락한 본성과 아무리 하고자 해도 이미 할 수 있는 능력을 상실한 죄인된 우리 자신에게 있는 것이다. 이러한 진리는 다음과 같은 바울의 언명에서 분명하게 밝혀진다: "우리가 율법은 신령한 줄 알거니와 나는 육신에 속하여 죄 아래에 팔렸도다 … 내가 원하는 바 선은 행하지 아니하고 도리어 원하지 아니하는 바 악을 행하는도다 … 오호라 나는 곤고한 사람이로다 이 사망의 몸에서 누가 나를 건져내랴"(롬 7:14, 19, 24). 따라서 우리가 심히 부패하고 연약하여 도저히 할 수 없는 그것을 예수 그리스도께서 우리를 위하여 완성하셨고, 그럼으로써 "그리스도는 모든 믿는 자에게 의를 이루기 위하여 율법의 마침"(롬 10:4)이 되셨다.

그리고 영광을 받으신 그리스도께서 이제 약속하신 대로 그의 영을 우리에게 보내시는데(요 14:26, 16:7; 20:22, 행 2:1-4), 이는 우리로 하여금 또 다른 보혜사이신 성령으로 말미암아 하나님의 말씀에 온전히 순종하며 살도록 하기 위함이다. 따라서 이제 율법의 마침이 되신 예수 그리스도에게 접붙임바 된 우리는 오직 성령

안에서 기쁨과 즐거움으로 하나님의 말씀에 순종하며 살아갈 수 있게 되었다. 이는 선지자 에스겔을 통하여 주신 다음과 같은 예언의 성취이다: "또 새 영을 너희 속에 두고 새 마음을 너희에게 주되 너희 육신에서 굳은 마음을 제거하고 부드러운 마음을 줄 것이며 또 내 영을 너희 속에 두어 너희로 내 율례를 행하게 하리니 너희가 내 규례를 지켜 행할지라"(겔 36:26-27). 그러므로 우리는 오직 성령 안에서, 육체의 정욕이 아니라 그의 인도하심을 따라 행하여야 한다(갈 5:16-18): "내가 이르노니 너희는 성령을 따라 행하라 그리하면 육체의 욕심을 이루지 아니하리라"(갈 5:16).

이와 같이 하나님의 백성인 구약의 이스라엘이나 신약교회의 성도들이나 모두 하나님께서 오직 그의 놀라운 은혜와 오직 믿음으로 말미암아 구원하신 동일한 언약백성들이다. 즉, 구약의 백성들은 장차 오실 약속의 메시아를, 신약의 백성들은 이미 오셔서 하나님의 약속을 성취하신 메시아를 믿음으로 구원을 받는다는 점에서 동일하다. 또한 구원받은 하나님의 언약백성으로서 "내가 거룩하니 너희도 거룩할지어다"라는 명령과 함께 하나님의 말씀에 대한 순종이 똑같이 요구된다는 점에서도 동일하다. 뿐만 아니라 둘 다 오직 하나님의 은혜로 언약백성이 되었지만, 그럼에도 여전히 부패한 본성이 남아있어서 그들의 힘만으로는 삶의 규범으로 주신 하나님의 말씀과 계명에 온전히 순종하며 살 수 없다는 점에서도 동일하다. 그러나 이러한 그들 사이에 결정적인 차이점이 있는데, 그것은 바로 예수 그리스도께서 오셔서 율법을 완성하셨다는 것이요, 나아가 약속의 "보혜사 성령 하나님"을 보내주셨다는 것이다.

구약에서 인간의 타락 후 죄악이 땅에 관영함을 보시고 하나님께서는 "나의 영이 영원히 사람과 함께 하지 아니하리니 이는 그들이 육신이 됨이라"(창 6:3)고 하셨다. 이와 같이 죄의 육체가 되어 버린 인간을 떠나신 하나님께서 그의 영을 다시 보내어 주시겠다는 것이 바로 "새 언약"의 핵심이다(욜 2:28-29; 렘 31:31-33; 겔 36:26-27). 그리고 그러한 새 언약의 약속은 오순절 성령 하나님의 강림으로 성취되었다(행 2:1-4). 그러므로 이제 성령께서는 "신약"(새 언약)의 백성들 가운데 임재하시고 그들 속에 내주하시며 도우심으로써 그들의 힘만으로는 도저히 할 수 없는 것을 할 수 있게 하시는데, 곧 그들로 하여금 성령님 안에서 하나님의 말씀에 순종하며 살아 갈 수 있게 하시는 것이다.

> 그러므로 이제 그리스도 예수 안에 있는 자에게는 결코 정죄함이 없나니 이는 그리스도 예수 안에 있는 생명의 성령의 법이 죄와 사망의 법에서 너를 해방하였음이라 **율법이 육신으로 말미암아 연약하여 할 수 없는 그 것을 하나님은 하시나니 곧 죄로 말미암아 자기 아들을 죄 있는 육신의 모양으로 보내어 육신에 죄를 정하사 육신을 따르지 않고 그 영을 따라 행하는 우리에게 율법의 요구가 이루어지게 하려 하심이니라**(롬 8:1-3). **너희가 육신대로 살면 반드시 죽을 것이로되 영으로써 몸의 행실을 죽이면 살리니** … 이와 같이 성령도 우리의 연약함을 도우시나니 우리는 마땅히 기도할 바를 알지 못하나 **오직 성령이 말할 수 없는 탄식으로 우리를 위하여 친히 간구하시느니라**(롬 8:13, 26).

사도 바울 역시 예수 그리스도께서 주신 "너희는 서로 사랑하라"는 새 계명이 율법의 완성이라고 말한다: "남을 사랑하는 자는 율법을 다 이루었느니라 … 그러므로 사랑은 율법의 완성이니라"(롬 13:8, 10; cf. 약 2:8). 그럼에도 불구하고 우리는 행위에 있어 결코 완전함에 이르지 못한다. 하지만 하나님께서는 예수 그리스도 안에 있는 우리의 믿음을 보시고, 성령으로 우리를 도우시며, 우리의 마음의 중심을 보신다(잠 21:2).

4. 율법의 3가지 용법에 대한 칼빈의 이해

그렇다면 신약교회에서 율법, 곧 십계명은 과연 어떤 의미와 가치를 가지는가? 종교개혁자들, 특히 칼빈과 개혁주의 전통에서는 율법이 신약교회에 있어 무의미하고 무가치한 것이 아니라 아주 중요한 의미와 용도를 가지는 것으로 이해하였다. 이러한 율법의 가치와 의미는 통상 율법의 3가지 용도로 설명되는데, 그것은 각각 죄인들을 정죄하고 그들을 예수 그리스도께로 인도하는 **"신학적/교육적 용도"**(제1용법), 죄를 억제하는 **"사회적/정치적 용도"**(제2용법), 그리고 언약백성들의 삶을 규정하고 성화를 이루게 하는 **"도덕적/규범적 용도"**(제3용법) 등이다.[10] 이러한 율법의 3가지 용도 가운데 루터는 제1용법인 신학적/교육적 용도를 강조했으나, 칼빈은 제3용법인 도덕적/규범적 용도를 강조하며 그것을 자신의 성화 교리의 기초로 삼았다.

---

10) 율법의 세 가지 용법의 의미와 관련하여 칼빈의 논의는 *Institutes* (1559), II. vii. 6-17을 보라. 보다 상세한 내용은 권호덕, 『율법의 세 가지 용도의 그 사회적 적용』(서울: 그리심, 2003)을 참조하라. 전통적으로 율법의 3가지 용법은 그 순서에 있어 제1용법 - 사회적/정치적 용도; 제2용법 - 신학적/교육적 용도; 그리고 제3용법 - 도덕적/규범적 용도를 말하나, 여기에서는 칼빈의 순서를 따르기로 한다.

(1) 신학적 용도 (Usus Theologicus / 교육적 용도; Usus Pedagogus)

칼빈이 그의 『기독교 강요』(최종판, 1559)에서 가장 먼저 언급하는 율법의 제1용법은 "신학적(교육적) 용도"라고 불리는 것으로, 특별히 루터가 강조한 것이었다. 이것은 인간의 부패한 본성 속에 있는 타락성과 죄성, 그리고 무지함과 비참함을 드러내고 깨닫게 하며, 하나님 공의 앞에 죄를 고발하여 심판대에 세우는 정죄의 용도를 말한다. 그러나 하나님 앞에서 교만하여 자신의 선행과 의를 내세우며 스스로 의롭다하는 자들, 곧 "자기 양심이 화인을 맞아서 외식함으로 거짓말하는 자들"(딤전 4:2)은 이러한 율법의 용도를 알지 못하는 자들이다. 그들은 여호와의 율법을 거역하고 대적하는 "목이 곧은 백성들"로서, "자주 책망을 받으면서도 목이 곧은 사람은 갑자기 패망을 당하고 피하지 못하리라"(잠 29:1)함과 같다.

그러나 하나님의 은혜로 말미암아 택함을 받은 사람들은 하나님의 말씀이 선포될 때, 이 말씀이 바위와 같은 인간의 "자기 의"를 깨부수고, 폐부와 양심을 찔러 죄를 책망하며, 죄에 대한 하나님의 무서운 진노를 깨달아 알게 한다. 그것은 마치 "내 말이 불같지 아니하냐 바위를 쳐서 부스러뜨리는 방망이 같지 아니하냐"(렘 23:29)함과 같다. 그러므로 이러한 율법의 제1용법은 인간으로 하여금 자신의 죄인됨을 철저히 깨닫게 하여 겸손케 만들고 회개를 촉구하며, 결과적으로 예수 그리스도의 은혜의 복음으로 나아가게 하는 "초등교사(몽학선생)"와 같은 역할을 한다. 이러한 율법의 역할에 대해서는 다음의 성경구절들이 분명하게 가르친다.

그러므로 율법의 행위로 그의 앞에 의롭다 하심을 얻을 육체가 없나니 **율법으로는 죄를 깨달음이니라**(롬 3:20).

그런즉 선한 것이 내게 사망이 되었느냐 그럴 수 없느니라 **오직 죄가 죄로 드러나기 위하여 선한 그것으로 말미암아 나를 죽게 만들었으니** 이는 계명으로 말미암아 죄로 심히 죄 되게 하려 함이라(롬 7:13).

이같이 율법이 우리를 그리스도께로 인도하는 초등교사가 되어 우리로 하여금 믿음으로 말미암아 의롭다 함을 얻게 하려 함이라(갈 3:24).

(2) 사회적 용도 (정치적 용도; Usus Politicus)

칼빈이 언급하는 율법의 제2용법은 "사회적(정치적) 용도"인데, 이것은 율법이 가지는 일반은총적인 측면을 말한다. 하나님께서는 만유의 창조자시요 통치자로서 모든 것을 보존하시고 다스리신다. 따라서 하나님의 율법이 존재함으로 말미암아 구원받지 않은 사람들이라 할지라도 율법에 따른 벌과 심판을 두려워하여 마음대로 악을 행할 수 없도록 죄를 억제하고 제어하게 된다. 이로 인해 인간의 부패하고 타락한 본성에도 불구하고 일정수준의 사회적 질서와 공공의 치안이 유지되는 것이다. 이러한 율법의 제2용법, 즉 사회적/정치적 용도는 칭의나 구원과는 관계가 없다. 다만 우리가 살아가는 사회의 질서를 유지하기 위한 국가제도와 사회의 법질서는 모두 하나님의 율법에서 비롯되는 일반은총이 적용된 것이다.

그러나 **율법은 사람이 그것을 적법하게만 쓰면 선한 것임을 우리는 아노라** 알 것은 이것이니 율법은 옳은 사람을 위하여 세운 것이 아니요 오직 불법한 자와 복종하지 아니하는 자와 경건하지 아니한 자와 죄인과 거룩하지 아니한 자와 망령된 자와 아버지를 죽이는 자와 어머니를 죽이는 자와 살인하는 자며 음행하는 자와 남색하는 자와 인신 매매를 하는 자와 거짓말하는 자와 거짓맹세하는 자와 기타 바른 교훈을 거스르는 자를 위함이니(딤전 1:8-10).

(3) 도덕적 용도 (규범적 용도; Usus Normativus)

마지막으로 율법의 제3용법은 우리를 도우시는 보혜사 성령 하나님으로 말미암아 중생한 자들에게 적용되는 것으로 "규범적(도덕적) 용도"라 하는데, 이는 율법의 가장 적극적인 용법이라 하겠다. 이러한 제3용법은 특별히 칼빈과 개혁파 전통에서 강조하는 것이다. 앞서 언급한 율법의 제1, 2용법만 강조한다면 우리는 율법의 부정적인 역할만 말하게 되고, 그럼으로써 율법과 은혜를 서로 이분법적으로 나누게 되는 오류를 범하게 된다. 그렇다면 도대체 오직 은혜로(sola gratia), 오직 믿음으로(sola fide) 거듭난 사람들에게 율법이 왜 필요한가? 이것은 "내가 나의 법을 그들의 속에 두며 그들의 마음에 기록하여 나는 그들의 하나님이 되고 그들은 내 백성이 될 것이라" 함과 같다(렘 31:33; 히 10:16).

하나님께서는 이제 돌비가 아니라 성령으로 말미암아 구원받은 자기 백성들의 마음속에 "생명의 성령의 법"을 심어주셔서 구원받은 은혜에 감사하며 진정으로 하나님을 경외하며 그의 생명의 말씀에 순종하며 살아가게 하시고, 또 그럼으로써 그의 자녀들에게 복주시기 위하여 율법을 사용하신다. 즉, 하나님의 은혜로 말미암아 칭의(justification)의 은혜를 입어 값없이 의롭다함을 받은 사람들도 그의 신앙의 삶을 살아가면서 아직도 부패한 본성과 죄의 영향을 받고 있기 때문에, 이 말씀을 지켜 행함으로써 끊임없이 성화(sanctification)의 과정을 밟아가야 한다.

> 보라 내가 노여움과 분함과 큰 분노로 그들을 쫓아 보내었던 모든 지방에서 그들을 모아들여 이 곳으로 돌아오게 하여 안전히 살게 할 것이라 그들은 내 백성이 되겠고 나는 그들의 하나님이 될 것이며 **내가 그들에게 한 마음과 한 길을 주어 자기들과 자기 후손의 복을 위하여 항상 나를 경외하게 하고 내가 그들에게 복을 주기 위하여 그들을 떠나지 아니하리라 하는 영원한 언약을 그들에게 세우고 나를 경외함을 그들의 마음에 두어 나를 떠나지 않게 하고 내가 기쁨으로 그들에게 복을 주되 분명히 나의 마음과 정성을 다하여 그들을 이 땅에 심으리라**(렘 32:37-41).

물론 이러한 성화의 지난한 과정은 죄로 말미암아 전적으로 부패한 우리 자신의 능력으로는 전혀 불가능한 일이다. 하지만 값없이 주시는 칭의의 은혜를 입은 언약백성들은 오직 진리와 자유, 그리고 생명의 영이신 성령 안에서 이제 양심의 자유를 가지고 감사함으로 하나님의 말씀에 순종함으로써 "행위에 있어서도 온전하게 되도록" 계속하여 도우심과 격려를 받게 된다(시 119:1; 롬 8:1-3). 바로 이러한 의미에서 "행함이 없는 믿음은 그 자체가 죽은 것이라 … 아아 허탄한 사람아 행함이 없는 믿음이 헛것인 줄을 알고자 하느냐 … 네가 보거니와 믿음이 그의 행함과 함께 일하고 행함으로 믿음이 온전하게 되었느니라"(약 2: 17, 20, 22)는 어려운 말씀이 이해가 되는 것이다. 실로 "오직 의인은 믿음으로 말미암아 살리라"(롬 1:17; 갈 3:11; 합 2:4)는 말씀이 진리임과 더불어, 동시에 "영혼 없는 몸이 죽은 것 같이 행함이 없는 믿음은 죽은 것이니라"(약 2:26)는 말씀 또한 진리이다. 모든 신자들은 이제 성령의 역사로 말미암아 믿음으로 그리스도에게 연합(Unio cum Christo)되어 칭의와 성화의 이중은혜(Duplex Gratia)를 동시에 받게 된다. 그러므로 칼빈이 강조하여 말하듯이 "칭의없는 성화가 있을 수 없고, 성화없는 칭의가 있을 수 없다."[11] 따라서 신약교회의 성도들도 우리 안에 내주하시며 역사하시는 성령의 능력과 도우심을 받아 구원의 은혜에 감사함은 물론 신실함으로 하나님의 말씀을 잘 지키고 순종함으로써 거룩한 성령의 열매들을 풍성하게 맺을 수 있어야 할 것이다(갈 5:22-23).

이와 같이 칼빈과 개혁주의 전통에서 율법의 제3용법인 "도덕적/규범적 용도"를 강조하는 것은 하나님께서 언약백성들의 삶의 규범으로 주신 십계명의 본래적인 의미를 올바로 이해하고, 그 본래적 위치로 복권시킨 아주 중요한 신학적 공헌이라 할 수 있다. 그러나 이와 같이 율법을 강조하는 것은 흔히 하듯 율법주의(legalism)로 비난받아야 하는가? 전혀 그렇지 않다. 이점과 관련하여 다음과 같은 데머리스트의 언급은 인용할 만한 가치가 있다.

> [우리는] 하나님의 법에 대한 그리스도인의 진지한 관심이 곧 율법주의를 뜻하지는 않는다는 점을 분명히 해야 한다. 율법주의라는 병은 율법

---

11) 칼빈의 구원론에 있어 특별히 "그리스도와의 연합"(Unio cum Christo) 및 "이중은혜"(Duplex Gratia)의 개념, 그리고 칭의와 성화의 불가분리적 관계성에 대하여는 본서의 제4장, "칼빈의 구원론에 대한 이해: 그리스도와의 연합과 이중은혜를 중심으로"를 참고하라.

의 내적인 뜻은 여기면서도 율법의 자구에만 기계적으로 순종하려고 하는 것이다. 율법주의는 공로를 얻기 위해 순종하려고 애쓰는 것이다. 그리스도인들은 예수 그리스도 안에서 강박적인 율법주의에서 해방되었다. 그들은 하나님께 대한 진심어린 감사에서 우러나오는 성령의 능력으로 그리스도의 법을 성취한다. 마찬가지로, 예수님과 사도들이 해석한 하나님의 법을 존중하면 반율법주의의 오류도 피할 수 있게 된다. 반율법주의란 그리스도께서 그리스도인을 하나님의 법에 따라 살아야 할 의무에서도 해방시키셨다는 주장이다. 그러나 그리스도인은 마음과 행동으로 하나님과 우리의 가장 높은 선을 위해 계시된 그의 법에 대해 감사하며 순종해야 할 의무를 지고 있다. 성도는 하나님의 법에 대한 탁월한 해석자이신 예수 그리스도를 본받음으로써(고전 11:1; 빌 2:5; 벧전 2:21) 율법주의와 반율법주의의 두 함정을 피한다.[12]

4. 나가는 말

칼빈과 그의 신학을 따르는 개혁주의 신학은 하나님의 율법과 십계명을 이해함에 있어 이것을 결코 구원을 위한 조건이나 행위의 의를 말하는 구원의 방편으로 이해하지 않았다. 뿐만 아니라 율법과 은혜를 서로 상치된 것으로도 이해하지 않았다. 오히려 말할 수 없는 하나님의 주권적인 구원의 은혜가 먼저이며, 율법은 그 구원의 은혜를 지키며 살아갈 수 있게 하기 위하여 주신 감사의 방편이요, 언약백성들이 자유함 속에서 하나님을 영화롭게 하는 거룩한 삶을 영위할 수 있게 하기 위한 영원하고 보편적인 규범으로 주

---

12) Demarest, 『십자가와 구원』, 630.

어진 것으로 인식한다. 그러므로 이미 언급한 바와 같이 하나님께서 그의 언약백성들에게 주신 십계명은 말할 수 없는 은혜의 약속과 참된 영성의 보고(寶庫)로서 올바로 재인식되어야 할 것이다. 이것은 없어지지도 쇠하지도 않을 영원한 하나님의 계명이요, 우리가 걸어가야 할 경건하고도 거룩한 삶의 길을 계시하고 인도한다. 또한 이 진리의 계명에 따라 순종하며 살아가는 것은 구속의 은혜에 대한 감사로 우리가 하나님 앞에 풍성히 맺어드려야 할 참된 믿음의 열매이다.

오늘날 한국교회의 일각에서는 하나님의 말씀에 대한 순종과 거룩한 삶을 추구하는 참된 제자도가 상실된 "값싼 은혜"가 난무하고, 자기만족을 위한 "세속적이며 감상적인 영성"에 대한 추구가 넘쳐나고 있다. 이와 같은 혼란스러운 때에 언약백성들에게, 참된 은혜를 누리게 하며 하나님과 이웃에 대한 사랑으로 나타나는, 거룩한 영성과 경건한 삶의 규범으로 주신 십계명의 의미와 가치를 재인식하고, 이를 바르게 가르치고 설교하는 일은 너무나도 중요한 일이라 할 것이다.

제10장

개혁주의 디아코니아(Diakonia)론 이해
: 그리스도인의 섬김의 본질, 원리 그리고 방법(로마서 12:1-13을 중심으로)

1. 들어가는 말: 그리스도인은 왜 섬겨야 하는가?

섬겨야 한다!? 그런데 도대체 왜 그리스도인은 섬겨야 하는가? 이것은 그리스도인에게 섬김의 당위성에 대해 질문하는 것이다. 혼자서 예수 열심히 잘 믿어 구원받고, 천국가면 그만이지 도대체 왜 섬겨야 한다는 것인가? 또 진정 그리해야 한다면 그리스도인에게 있어 섬김이란 도대체 무엇이며, 어떻게 하는 것이 올바른 섬김인가? 이러한 일련의 질문들이 여기서 우리가 살펴보고자 하는 중요한 문제들이다. 이를 위해 그리스도의 몸인 교회의 본질적 사명 가운데 하나인 "디아코니아"(Diakonia; 섬김)의 본질과 방법에 대하여 로마서 12:1-13을 중심으로 살펴보고자 한다. 그러나 그리스도인에게 있어 섬김의 당위성에 대해 알려면, 로마서 12:1-13를 살펴보기에 앞서 먼저 기독교의 구원에 대한 가르침부터 살펴보아야 한다.

로마서는 기독교의 구원의 진리에 대해 잘 가르쳐 주는데, 이를 간단히 요약하면 다음과 같다. 먼저 로마서는 전체 16장으로 되어 있으며, 그 내용은 크게 둘로 나눌 수 있다. 첫째는 1-11장으로 구원의 본질, 곧 이신칭의(Justification by faith alone)와 성화(Sanctification)에 대하여 말한다. 이를 보다 세분하자면, 로마서 1-6장은 구원에 관한 말씀으로, 모든 사람이 죄를 범해 하나님의 영광에 이르지 못하게 되었지만, 예수 그리스도의 십자가의 공로, 즉 오직 은혜로 값없이 주시는 그 십자가의 의를 힘입어 오직 믿음으로 의롭다함을 받아 영생(영원한 구원)을 얻을 수 있게 되었다고 가르친다.

> 모든 사람이 죄를 범하였으매 하나님의 영광에 이르지 못하더니 **그리스도 예수 안에 있는 속량으로 말미암아 하나님의 은혜로 값없이 의롭다 하심을 얻은 자 되었느니라**(롬 3:23-24).
> **복음에는 하나님의 의가 나타나서 믿음으로 믿음에 이르게 하나니 기록된 바 오직 의인은 믿음으로 말미암아 살리라 함과 같으니라**(롬 1:17).

다음으로 7-11장은 성화, 곧 우리의 내적인 본성과 인격의 변화에 대한 말씀으로, 거듭난 우리가 성령의 은혜로 변화되고 거룩하게 되어 의의 도구로 쓰임받게 되는 것에 대해 다룬다.

> 그러므로 이제 그리스도 예수 안에 있는 자에게는 결코 정죄함이 없나니 이는 그리스도 예수 안에 있는 생명의 성령의 법이 죄와 사망의 법에서 너를 해방하였음이라(롬 8:1-2).

로마서의 둘째 부분인 12-16장은 "이제 구원받은 성도가 무엇을 해야 하는가?"라는 믿음의 실천적인 문제를 다룬다. 한 마디로 그 결론은 "잘 섬겨야 한다"는 것이다. 로마서의 결론 부분의 시작인 12:1-13은 "그러므로"(Therefore)라는 단어로 시작한다. 뒤에서 좀 더 자세하게 살펴보겠지만, 사도 바울은 여기서 행위나 공로가 아니라 "오직 믿음으로 의롭다 함을 받는다"는 구원의 진리를 가르친 다음, 이제 구원 받은 자들이 무엇을 해야 하며 또 어떻게 살아야하는지를 가르친다. 즉, 우리로 하여금 예수 그리스도의 의로 덧입고, "생명의 성령의 법"에 의해 하나님께 속한 자로서 날마다 변화되어 예수 그리스도를 닮아가게 하시니, "그러므로 이제 잘 섬기는 사람이 되어야 한다"고 가르치는 것이다. 그리스도인은 구원받기 위해서가 아니라 구원받았기 때문에 섬겨야 한다. 따라서 섬김은 하면 좋고 안해도 그만인 취사선택의 문제가 아니라 구원의 은혜를 입은 사람이라면, "마땅히" 그렇게 해야만 하는 그리스도인의 삶이요 의무와 책임이며, 본질적인 사명이다. 다시 말하지만, 그리스도인은 참으로 섬기는 사람들이요, 우리는 바로 그것을 위해 부름을 받은 사람들이다. 그러므로 예수 그리스도의 십자가의 의를 덧입고 성령으로 거듭난 그리스도인이라면, "마땅히" 섬김의 삶의 살아야 하는 것이다.

이와 같이 오직 은혜로, 오직 믿음으로 구원받은 그리스도인들에게 섬김은 본질적 사명이다. 우리는 섬겨야 한다. 구원받기 위해서가 아니라 이미 구속의 은혜를 입은 사람들이자 영원한 생명을 누리는 사람들로서 감사로 섬겨야 한다. 다만 문제는 그러한 섬김의 본질이 대체 무엇이며, 또 어떻게 섬겨야 하는 것인가 이다.

2. 참된 섬김의 본질은 무엇인가?

참된 섬김이란 과연 무엇인가? 로마서 12:1은 하나님께서 기뻐 받으시는 참된 섬김이 어떤 것인지를 분명하게 말해준다. 먼저, 그것은 섬김을 "자기 자신을 거룩한 산 제물로 드리는 것"이라고 정의한다.

> 그러므로 형제들아 내가 하나님의 모든 자비하심으로 너희를 권하노니 **너희 몸을 하나님이 기뻐하시는 거룩한 산 제사로 드리라 이는 너희의 드릴 영적 예배니라**(롬 12:1).

이와 같이 참된 섬김의 본질은 다른 어떤 무언가를 주는 것이 아니라 다른 사람을 위하여 **"자기 자신을 내어주는 것"**이다. 자기 자신을 내어줌이 없는 섬김은 애초에 불가능한 것이다. 왜냐하면 섬김이란 자기 자신을 주는 것이기 때문이다. 예수 그리스도께서는 이러한 섬김의 정의를 몸소 보여 주셨다: "인자가 온 것은 섬김을 받으려 함이 아니라 도리어 섬기려 하고 자기 목숨을 많은 사람의 대속물로 주려 함이니라"(마 20:28). 이러한 연장 선장에서 사도 바울도 말하기를, "그러므로 형제들아 내가 하나님의 모든 자비하심으로 너희를 권하노니 너희 몸을 하나님이 기뻐하시는 거룩한 산제사로 드리라 이것이 너희의 드릴 참된 섬김(영적 예배)이니라"(롬 12:1)고 하는 것이다. 따라서 섬기기 위해서 우리는 가장 먼저 자신을 드려야 한다. 섬김은 다름이 아니라 우리 자신, 곧 나 자신을 드리는 것이기 때문이다.

그리스도인의 섬김에 있어 일생에 한 번 헌신하는 것으로는 부족하다. 매일 매일, 매 순간마다 하나님 앞에 자기 자신의 온전한 인격과 삶 전체를 드려야 한다. 날마다 "삶으로 드리는 예배," 이것이 곧 참된 "섬김"이다. 자신의 심장을 주님께 드리며, 오직 "하나님 앞에서"(Coram Deo)라는 경구를 자신의 삶의 목표로 삼고 삶 전체를 주님께 드렸던 종교개혁자 존 칼빈(John Calvin)의 자세는 우리에게 항구적인 섬김이 어떠한 것인지를 잘 보여준다. 우리는 칼빈이 평생의 모토로 삼았던 다음과 같은 유명한 경구를 다시금 기억해야 할 것이다: *Cor meum tibi offero Domine, prompte et sincere!*(나의 심장을 주님께 드립니다, 즉시 그리고 진심으로!) 이것은 오늘 우리에게 주시는 말씀, 곧 "너희 몸을 하나님이 기뻐하시는 거룩한 산 제사로 드리라 이는 너희의 드릴 영적 예배니라"는 말씀의 본질을 정확하게 구현하는 것이라고 생각할 수 있다.

그런데 여기서 반드시 질문해야 하는 또 하나의 중요한 문제가 있다. 그것은 우리의 섬김의 대상이 과연 누구인가 하는 문제이다. 로마서 12:1-13을 분석해 볼 때, 이것은 비교적 분명해 보인다. 그리스도인에게 있어 섬김의 대상은 첫째는 하나님(1-2절)이요, 그 다음은 그리스도의 몸된 교회(3 9절)요, 마지막으로 우리의 이웃 사람들이다(10-21절). 그런데 여기서 우리가 섬겨야 할 이웃은 과연 누구인가? 우선 여기에는 우리와 함께한 혈육 및 영적인 형제/자매들(10절), 그리고 세계 각처에 흩어져 있지만 주 안에서 하나 된 모든 성도들(13절)이 포함된다. 그 다음 여기에는 오며 가며 만나게 되는 알지 못하는 수많은 사람들(나그네와 이방인들; 13절), 그리고 심지어 우리를 핍박하는 자들(14절)과 원수들(20절)까지도 포함된다고 성경은 분명히 말하고 있다.

그러므로 그리스도인에게 있어 섬김의 본질은 먼저 자기 자신을 드려 하나님께 영광을 돌려드리는 것이고, 또한 자신을 드려 그리스도의 몸된 교회를 세우는 것이며, 나아가 자신을 내어주어 다른 사람을 도우며 일으켜 세우는 것이다. 참으로 초대 예루살렘 교회의 집사(*Deacon*)로서 섬김(*Diakonia*)의 모범을 보여준 스데반 집사는 그의 생전에도 그러했지만, 마지막 순교의 거룩한 제물로 온전히 자기 자신을 드림으로써 하나님께 영광을 돌렸고, 초대 예루살렘 교회를 세우는 든든한 초석이 되었으며, 자신을 돌로 치는 사람들까지도 오히려 용서함으로 다른 많은 사람들을 참된 믿음으로 세워 주었다(cf. 행 6:8-7:60). 아마도 스데반 집사의 이러한 순교의 산제물이 없었다면, 저 위대한 말씀의 사역자인 사도 바울도 없었을지 모른다.

그럼 지금까지 다룬 섬김의 본질적인 의미가 정말 그러한지 로마서 12:1-13의 말씀을 통하여 하나하나 확인해 보도록 하자. 먼저 1절의 "그러므로"는 1-11장까지의 결론을 말하겠다는 것이다. 로마서 1-11장의 내용은 기독교 복음의 핵심을 가르치는 것인데, 사실 그 요약은 요한복음 3:16과 같다고 할 수 있다. 이것은 기독교 복음의 요약이자 성경 전체 메시지의 요약이라고도 할 수 있다.

하나님이 세상을 이처럼 사랑하사 독생자를 주셨으니 이는 그를 믿는 자마다 멸망하지 않고 영생을 얻게 하려 하심이라(요 3:16).

하나님께서는 우리를 사랑하셨기 때문에 사랑하는 독생자 예수 그리스도를 내어 주셨다. 또 성자께서는 우리를 사랑하셨기 때문에 "사람의 모양으로 나타나사 자기를 낮추시고 죽기까지 복종하셨으니 곧 십자가에 죽으심이라"(빌 2:8)고 하였고, 또 그럼으로써 "우리가 아직 죄인 되었을 때에 그리스도께서 우리를 위하여 죽으심으로 하나님께서 우리에 대한 자기의 사랑을 확증하셨느니라"(롬 5:8)고 했다. 이것이 우리를 향한 하나님의 지극하신 사랑이다. 너무나 감사하게도 하나님께서 우리를 먼저 섬기셨다. 그러므로 "인자가 온 것은 섬김을 받으려 함이 아니라 도리어 섬기려 하고 자기 목숨을 많은 사람의 대속물로 주려 함이니라"(마 20:28)고 했다. 이와 같이 진정한 섬김은 사랑에서 나오는 것이다. 그것을 예수님께서 먼저 실천하여 보여 주셨다. 우리를 위하여 자신을 십자가에 내어주심으로써 우리에게 영원한 생명을 주셨다. 하나님께서는 우리에게 영생을 주시기 위하여 다른 무엇보다 자신의 생명을 우리에게 주신 것이다. 그것은 하나님께서 그와 같이 – "이처럼"(요 3:16) – 우리를 사랑하셨기 때문이다.

그러므로 구원받은 그리스도인의 섬김의 기초는 예수 그리스도의 십자가의 사랑이다. 사랑에 기초하지 아니한 섬김은 외식하는 것이 된다. 섬김과 헌신의 동기가 사람의 인정을 받으려는 것이 되거나, 자기의 실력을 발휘하려는 것이 되거나, 자기의 재능을 자랑하려는 것이 되거나, 인기나 명예를 얻으려는 것이 되거나, 자기 의를 충족하려는 것이 되거나, 맹목적인 열심에 불과한 것이 된다면, 그러한 헌신과 섬김은 얼마 못가서 모래 위에 지은 집처럼 시험이나 환난 앞에서 무너지고 말 것이다. 이에 반해 예수 그리스도의 십자가의 피묻은 사랑에 기초한 섬김은 비바람이 몰아치거나 창수가 나도 반석 위에 지은 집처럼 그 섬김이 무너지지 않을 것이다. 참된 사랑에 기초한 섬김에는 지치거나 탈진이 없다. 우쭐거리거나 공치사도 없다. 교만하거나 독선적이지도 않고, 사람의 평가에 좌우되지도 않는다. 섬기면 섬길수록 사랑이 더 깊어지고, 더 힘이 나고, 더 겸손해지고, 그 자체로서 기쁘고 즐거운 일이 될 것이다.

이와 같이 참된 섬김은 사랑의 기쁨으로 하는 것이며, 참된 사랑은 바로 자기 자신을 주는 것이다. 그렇기 때문에 "너희가 거저 받았으니 거저 주라"(마 10:8)고 하시며, 또한 "주는 것이 받는 것보다 복이 있다"(행 20:35)고 하신 것이다. 심지어 원수까지도 사랑하라고 하셨다(cf. 마 5:44 롬 12:20). 이처럼 사랑과 섬김은 함께 서고 함께 넘어지는 것이다. 그래서 성경은 "내가 내게 있는 모든 것으로 구제하고 또 내 몸을 불사르게 내줄지라도 사랑이 없으면 내게 아무 유익이 없느니라"(고전 13:3)고 하는 것이다. 결국 섬김의 기초에는 자기 자신을 내어주어 다른 사람의 생명을 살리는 십자가의 사랑이 있어야 한다고 하겠다.

> 내가 사람의 방언과 천사의 말을 할지라도 사랑이 없으면 소리 나는 구리와 울리는 꽹과리가 되고 내가 예언하는 능력이 있어 모든 비밀과 모든 지식을 알고 또 산을 옮길 만한 모든 믿음이 있을지라도 사랑이 없으면 내가 아무 것도 아니요 **내가 내게 있는 모든 것으로 구제하고 또 내 몸을 불사르게 내줄지라도 사랑이 없으면 내게 아무 유익이 없느니라**(고전 13:1-3).

① **"너희 몸을"**

여기에서 "몸"(쏘마)이란 의미는 단어 자체가 가진 단순한 의미만을 뜻하지 않는다(고전 6:20; 고후 5:10). 기본적으로 "몸"은 인간의 생리적 신체(生理的身體)를 의미한다고 할 수 있다. 그러나 그것은 영혼 없는 몸만을 의미하지 않는다. 여기서 "몸"이란 단순히 살과 뼈로 이루어진 육체뿐만 아니라 우리의 전인격을 의미한다. 여기서의 몸은 몸과 마음, 즉 온 인격을 포함하고 있는 것으로 봄이 바람직하다(Calvin, Beza, Shedd). 그러므로 "너희 몸"은 "너희 자신"(yourselves)을 뜻하며, 우리의 인격 전체를 형성하는 모든 요소를 포함한다. 세상과 이웃과의 관계 속에서 구체적인 삶으로 표현되는 삶의 양태까지 포함한다. 이에 대해 바울은 "일상의 구체적인 삶 전체를 하나님이 기뻐하시는 거룩한 산 제사로 드릴 때 이것이 곧 '합당한 섬김'(영적 예배)이다"라고 말하고 있다.

② **"하나님이 기뻐하시는 거룩한 산 제사로 드리라"**

하나님이 "기뻐하시는" 제사란 하나님께 전 인격적으로 우리의 몸을, 생애 전체를 드리는 것이다. 즉, 우리의 생애를 통해 계속적으로 하나님 보시기에 선한 일에 힘쓰는 것이다. 여기서 "거룩한"이란 말은 흠이 없이 순전(純全)하다는 의미이다(엡 1:4; 빌 2:15; 골 1:22). 그러므로 거룩한 제사란 죄의 종이었던 우리가(롬 6:16, 17; 엡 2:1, 5) 예수 그리스도의 피로 씻음 받아 그가 주신 새 생명으로 그를 위해 살아가는 것이다(롬 6:4-7, 13, 14, 22; 갈 2:20). "산 제사"의 "살아있다"에 해당하는 헬라어 "조산"이라는 말은 현재 분사로 "지금 살아있는"이란 뜻을 포함한다. 즉, "산 제사"는 구약 시대의 동물 제사처럼 죽은 육체(혹은 물질)만 드리는 것이 아니라 "살아있는 자기 자신"을 드리라는 것이며,

또한 공간이나 시간에 구애받지 않는 제사로서 살아 움직이며 생활하는 자체, 즉 우리의 삶 자체를 하나님께 드리라는 것이다. 참된 믿음은 행함으로 온전케 되는 것이다(약 2:22). 그러므로 우리의 섬김은 신행일치의 삶을 곧바로 드러내는 시금석이라고 할 수 있다.

③ "이는 너희의 드릴 영적 예배니라"

이 부분은 앞에 나온 권면을 설명하고 확증(確證)하는 의미에서 쓰여졌다. "영적 예배"의 "영적"에 해당하는 헬라어는 형용사 "로기켄"인데, 이 단어는 "로기코스"에서 유래되어 "합당한"(reasonable, KJV), "합리적인"(rational)의 뜻을 가진 말이다. 헬라어에는 봉사를 의미하는 몇 가지 단어가 있는데, 그 중에서 신약성서에서 흔히 사용되는 것은 일반적으로 섬김이나 봉사를 의미하는 "디아코니아"인데, 이것은 본래 "식탁에서 시중들다"라는 식탁 교제의 의미를 담고 있다. 다음으로 "데라페이아"(기꺼이 섬기는 봉사, 예를 들어 눅 12:42에서 종의 봉사와 같은 것), "레이투르기아"(공적인 봉사, 예배를 뜻하기도 함), 그리고 오늘 본문에 나타나는 "라트레이아"(삯을 받기 위한 봉사, 예배, 히 9:6의 의식 또는 의무)가 있다. 그러므로 우리는 섬김에 다양한 차원들이 있음을 인식해야만 한다. 이 본문에 사용된 "예배"에 해당하는 헬라어 "라트레이아"는 구약의 제사를 지칭하기도 했는데, 여기에서는 단순히 제사 행위를 의미한다기보다는 삶으로서의 예배, 곧 삶을 통하여 하나님을 영화롭게 하는 하나님에 대한 섬김(service)을 의미한다. 즉, 삶의 모든 가치와 의미를 하나님께 두고 주님을 섬기는 삶을 사는 것에 역점을 두었다. 그러므로 이것을 "섬김"(service)으로 번역한 번역본도 있다(KJV). 참으로 예배는 하나님에 대한 섬김을 말한다.[1]

---

1) Cf. 강병도 편, 『호크마 종합주석(6): 로마서』(서울: 기독지혜사, 1999), 380f.

지금까지의 설명에 따라 1절 말씀의 의미를 다시 새겨 읽는다면, 진정한 섬김은 이것이니 곧 "너희 자신, 전인격과 삶을 하나님이 기뻐하시는 거룩한 산 제사로 드리라"는 의미라 하겠다. 그렇다. 참된 섬김이란 우리 자신을 내어주는 것이다. 그렇다면 우리는 무엇으로 섬기며 살 것인가? 우리는 먼저 우리 자신을 하나님께 드림으로 섬겨야 할 것이다. 물론 여기서 "자신"이란 우리의 전부를 말한다. 사실을 따지고 보자면, 우리가 가진 모든 것, 나의 생명까지도 모두 창조자이시며 구원자이신 하나님의 것이고, 그분께서 잠간동안 맡겨주심으로써 나에게 있는 것이지, 본래 내 것이란 하나도 없는 것이다.

너희는 너희의 것이 아니라 값으로 산 것이 되었으니 그런즉 너희 몸으로 하나님께 영광을 돌리라(고전 6:19-20).

사실 우리의 생명, 곧 우리 자신 스스로가 창조주이시자 구속주이신 하나님의 것이니, 우리가 가진 모든 것들도 실상은 다 하나님의 것이다. 우리가 소유한 것이란 모두 하나님께서 주신 것일 뿐이며, 그가 주신 것을 제외하면 우리에게 남는 것은 아무것도 없다. 그런데도 우리는 왜 바르게 섬기지 못할까? 그것은 내 자신이 나의 것인 줄 알고, 하나님의 것인데도 내 것이라고 생각하니까 드리는 것이 아깝고, 또 자기 마음대로 하는 것이다. 하지만 결코 그렇지 않다. 우리는 주인이 아니라 청지기이다.

그렇다면 우리는 구체적으로 무엇을 드림으로써 섬겨야 할까?

① **몸** : 우리의 몸과 육체적인 생명은 하나님의 것이다.

그러므로 우리는 먼저 우리 자신의 몸으로 헌신할 수 있다. 1절을 보면, "너희 몸을 하나님이 기뻐하시는 거룩한 산제사로 드리라"고 했다. 즉, 우리는 우리의 몸으로 하나님께 영광을 돌려야 한다. 손을 드리고, 발을 드리고, 입을 드리고, 드릴 수 있는 것은 모두 드림으로써 섬겨야 한다.

② **마음/영혼** : 우리의 마음과 영혼도 드려야 한다.

> 이 백성이 입술로는 나를 존경하되 마음은 내게서 멀도다(마태 15:8).
> 순종이 제사보다 낫고 듣는 것이 숫양의 기름보다 나으니(삼상 15:22).
> 네 마음을 다하고 목숨을 다하고 뜻을 다하여 주 너의 하나님을 사랑하라(마태 22:37).

그런데 대체 마음을 어떻게 드릴 수 있을까? 그것은 다름이 아니라 우리가 모든 일을 할 때 주님을 섬기는 마음으로 하는 것이 바로 주님께 마음을 드린 증거이다.

③ **시간** : 우리의 시간을 드림으로 섬겨야 한다.

> 그런즉 너희가 어떻게 행할 것을 자세히 주의하여 지혜 없는 자같이 말고 오직 지혜 있는 자같이 하여 **세월을 아끼라 때가 악하니라 그러므로 어리석은 자가 되지 말고 오직 주의 뜻이 무엇인가 이해하라**(엡 5:15-17).

그것이 무엇이든 시간을 드리지 않고 봉사할 수는 없다. 하나님께 헌신하면서 시간을 바치지 않고 참된 헌신의 생활을 할 수는 없다. 우리는 섬김을 위하여 우리의 소중한 시간을 하나님 앞에 내어

놓아야 할 것이다. 사실 시간이란 우리의 생명을 담은 그릇이다. 하나님께서는 우리의 생명을 시간이라는 그릇에 담아 주셨다. 그러므로 시간을 드려 섬긴다는 것은 우리의 생명을 드려 섬긴다는 것을 의미한다.

④ **소유/물질** : 우리가 가진 모든 소유와 물질로도 섬겨야 한다.

> 땅과 거기에 충만한 것과 세계와 그 가운데에 사는 자들은 다 여호와의 것이로다(시 24:1).

모든 것이 다 하나님의 것이요, 하나님께서 주인이신데 무엇인들 못 드리겠는가? 그런데 그것을 우리에게 주셨다면, 이는 우리에게 그것을 선하게 사용해야할 책임이 있음을 말해주는 것이기도 하다. 즉, 우리에게 "선한 청지기"의 사명이 있다는 뜻이다. 사실 우리에게 있는 모든 것은 하나님께서 섬기라고 주신 것이다. 때문에 청지기의 사명은 섬김을 받는 것이 아니라 도리어 섬기는 것이다.

3. 섬김의 주체: 누가 섬기는가?

성경은 참된 섬김을 위해서는 먼저 "이 세대"를 본받지 말라고 한다. 그것은 이 세상을 좇지 말라는 뜻이다. 다시 말해, 이 세상의 가치관, 이 세상의 삶의 방식을 따르지 말라는 것이다. 왜냐하면 "이 세상 나라"와 "하나님의 나라"는 섬김의 본질과 방식에 있어 완전히 다른 것이기 때문이다.

너희는 이 세대를 본받지 말고 오직 마음을 새롭게 함으로 변화를 받아 하나님의 선하시고 기뻐하시고 온전하신 뜻이 무엇인지 분별하도록 하라(롬 12:2).

1) 이 세대를 본받지 말아야 한다

"이 세대를 본받지 말고"

본문에서 사용된 "세대"에 해당하는 헬라어 "아이온"은 "이 세상 신" 혹은 "공중의 권세 잡은 자"가 다스리는 "악한 세대"를 의미한다. 따라서 이 세대는 그리스도의 통치 아래 있는 하나님 나라의 적대 세력을 의미할 뿐 아니라, "이 세대"의 삶의 방식과 가치 기준 등의 시대정신도 포괄한다. 그리고 "본받다"의 헬라어 "쉬스케마티조"는 "스케마" ("품행", "행동", "외형", "모양")에서 파생된 것으로 고전 7:31에 나오는 "이 세상의 외형"의 "외형"에 해당하는 말이다. 따라서 **본 구절은 이 세상의 가치관, 삶의 방식, 풍습을 받아들이거나 순응하지 말라(Sanday, Headlam)는 것이다.**[2]

먼저 **이 세상의 나라는 철저하게 "힘(power)의 지배"라는 논리가 작동하는 나라이다.** 죄로 인하여 타락한 이 세상은 오직 이기적인 약육강식의 원리가 지배하며, 철저히 힘에 의한 "먹이사슬" (food chain)의 논리와 적자생존이라는 정글의 법칙이 작동하는 무자비한 탐욕과 죽음의 세계이다. 오직 보다 힘 있는 자, 능력 있는 자, 가진 자들만이 성공하는 나라이며, 그들만이 승리의 축배를

---

2) Cf. ibid., 381.

즐길 수 있는 곳이 이 세상 나라이다. 철저하게 작은 자가 큰 자를 섬기며, 힘 없는 자가 힘 있는 자들을 섬기며, 약한 자들은 광폭하고 힘을 가진 권세자들에게 그 있는 것까지 모두 빼앗기고 약탈당하는 나라가 이 세상이다. 하지만 수단과 방법을 가리지 않고 최고의 수익과 최상의 효율성만을 추구하는 물질 만능주의 자본의 논리와 시장의 원리는 마치 제로섬(zero-sum) 게임과 같다. 이기는 자가 있으면 지는 자가 있다. 마치 도박판에서 돈을 따는 자가 있으면 잃는 자도 있는 것과 같다. 때문에 이 세상 나라에서는 경쟁에서의 승리자에게는 부와 명예, 그리고 존경이 주어지지만, 패배자에게는 가난과 수치, 그리고 끝없는 상실감만이 주어진다.

이 세상 나라는 본질적으로 큰 자가 작은 자를 지배하는 나라이다. 그 구조는 철저한 정삼각형의 피라미드 구조이다.[3] 힘 없는 다수가 힘을 가진 소수, 혹은 전제적인 힘을 가진 한 사람을 섬기는 구조인 이 세상은 오직 맨 꼭대기가 가장 영광스러운 자리이다. 그러나 오직 다른 사람을 짓밟어야만 설 수 있는 그 자리는 이미 죽음의 자리와 다르지 않다. 왜냐하면 그 자리에 오른 자는 언제나 그보다 더 힘 있는 자에 의해서 끊임없이 제거될 것이기 때문이다. 이것은 처음부터 끝까지 피로 얼룩진 이 세상의 역사가 극명하게 보여주는 사실이다. 이와 같이 "힘의 지배"라는 원리는 다른 사람뿐 아니라 자기 자신마저도 권력의 노예로 만들며, 마침내 자신의 생명마저 죽음으로 가져가게 되는 것이다. 오늘날 세계적으로 현대 사회가 직면한 수많은 심각한 문제들은 – 국제적인 전쟁과 기아문제, 인권문제, 자원의 고갈 문제, 생태계 위기문제, 기후/환경

---

[3] Cf. 신광은, 『메가처치 논박』 (부천: 정연, 2009), 153-57.

문제 등 – 모두 이러한 타락한 인간의 "힘의 지배"의 원리가 극단화함으로써 발생한 것으로, 이제는 마침내 총체적으로 우리의 생존자체가 위협당하고 있는 실정이다.

그러나 이 세상 나라와는 정반대로 **하나님의 나라는 철저하게 "섬김(service)의 원리"가 작동하는 나라이다.**[4] 하나님의 나라는 이 세상 나라와는 반대로 "큰 자가 작은 자를 섬기는 나라"이다. 하나님의 나라는 서로를 세우는 "섬김의 네트워크"(serving network)가 작동하는 상호적인 섬김의 세계이다. 하나님의 나라에서는 큰 자가 아니라 작은 자가 은혜를 입는다. 하나님 앞에서 마음이 가난한 자는 부요해지지만, 스스로 교만한 부자는 수치를 당할 것이라고 했다. 하나님께서는 당신의 뜻을 이루시기 위해서 높은 자, 강한 자, 부자가 아니라 오히려 낮은 자, 약한 자, 가난한 자를 부르시어 그들을 부끄럽게 하신다고 하셨다. 애초에 하나님께서는 인간을 "하나님의 형상"(the image of God)대로 창조하시고 피조세계를 보호하고 가꾸는 섬김의 청지기로 세웠다(창 1:27-28).

> 하나님이 이르시되 우리의 형상을 따라 우리의 모양대로 우리가 사람을 만들고 그들로 바다의 물고기와 하늘의 새와 가축과 온 땅과 땅에 기는 모든 것을 다스리게 하자 하시고 **하나님이 자기 형상 곧 하나님의 형상대로 사람을 창조하시되 남자와 여자를 창조하시고 하나님이 그들에게 복을 주시며 하나님이 그들에게 이르시되 생육하고 번성하여 땅에 충만하라, 땅을 정복하라, 바다의 물고기와 하늘의 새와 땅에**

---

[4] 이러한 관점에서의 하나님 나라에 대한 해석을 위하여는 Donald B. Kraybill, *The Upside-Down Kingdom*, 김기철 역, 『예수가 바라본 하나님 나라』 (서울: 복있는사람, 2010)을 참조하라.

움직이는 모든 생물을 다스리라 하시니라(창 1:26-28).

구약에서 이스라엘 민족이 오히려 "모든 민족 중에서 가장 적기" 때문에 하나님께서 그들을 택하시고, 그들로 하여금 하나님과 열방을 위한 제사장 나라가 되게 하셨다(cf. 신 7:7; 창 12:1-3; 출 19:5-6): "너는 여호와 네 하나님의 성민이라 네 하나님 여호와께서 지상 만민 중에서 너를 자기 기업의 백성으로 택하셨나니 여호와께서 너희를 기뻐하시고 너희를 택하심은 너희가 다른 민족보다 수효가 많기 때문이 아니니라 너희는 오히려 모든 민족 중에 가장 적으니라"(창 1:26-28). 우리는 하나님의 깊고 오묘하신 선택과 예정의 뜻을 다 헤아릴 수 없다. 그러나 섬김의 청지기로 지음받은 인간이 오히려 섬김을 받는 하나님의 자리에 오르려고 함으로써 무너진 참된 섬김의 질서가 다시 작동하는 하나님의 나라를 이 땅에 세우시려는 깊은 뜻이 여기에 담겨 있지 않은가 생각해 볼 수는 있을 것이다.

이러한 하나님의 선택의 원리가 바로 카인과 아벨, 그리고 에서와 야곱의 경우에 적용된다고 볼 수 있다. 그것은 "큰 자가 어린 자를 섬기리라"고 한 것이다(창 25:23). 이것은 형제들 가운데 오히려 가장 작은 자였던 요셉과 다윗의 선택과 그들의 섬김의 삶을 통해서도 계속 반복된다. 홀로 큰일을 이루시는 "엘 샤다이" 전능자 하나님께서는 당신의 뜻을 이루시기 위하여 이 세상의 "힘"(power)을 필요로 하지 않는다. 하나님의 나라에서는 스스로 높이는 자는 낮아지고, 스스로 낮추는 자는 높아진다: "너희 중에 큰 자는 너희를 섬기는 자가 되어야 하리라 누구든지 자기를 높이는 자는 낮아지고 누구든지 자기를 낮추는 자는 높아지리라"(마 23:11-12). 이것이 하나님의 나라의 질서이다. 하나님의 나라가 무엇인가? 하나님의 나라는 종말론적으로 죽으면 가는 영원한 천국을 의미하기도 하지만, 그보다 본질적으로 이 세상 나라와는 전혀 다른 이미 여기에 하나님의 통치가 실현되고, 섬김의 질서가 다스리는 나라를 의미하는 것이다. 사랑으로 서로를 섬기는 나라, 그것이 바로 하나님 나라의 참 생명이라 할 것이다.

예수님께서는 이 땅에 바로 그러한 하나님의 나라를 온전하게 다시 세우시기 위하여 오셨다.

> 예수께서 제자들을 불러다가 가라사대 이방인의 집권자들이 저희를 임의로 주관하고 그 대인들이 저희에게 권세를 부리는 줄을 너희가 알거니와 **너희 중에는 그렇지 아니하니 너희 중에 누구든지 크고자 하는 자는 너희를 섬기는 자가 되고 너희 중에 누구든지 으뜸이 되고자 하는 자는 너희 종이 되어야 하리라 인자가 온 것은 섬김을 받으려 함이 아니라 도리어 섬기려 하고 자기 목숨을 많은 사람의 대속물로 주려 함이니라**(마 20:25-28).

이와 같이 예수님께서 가져오시는 하나님의 나라는 힘으로 군림하고 지배하는 나라가 아니라 사랑으로 서로를 섬기는 나라이다. 하나님 나라의 가장 큰 특징 가운데 하나는 약육강식의 "먹이사슬"(food chain)이 존재하지 않는다는 것이다. 끝없이 서로 잡아먹기 위하여 죽이는 "죽음의 먹이사슬" 대신 서로를 세우고 살리는 상호간의 "섬김의 네트워크"(serving network)가 작동하는 것이다. 그것은 서로를 살리는 "생명의 네트워크"(Life-Network)인 것이다. 그래서 그곳에는 참된 평화, 곧 여호와의 샬롬이 있다. 그러므로 하나님의 나라가 임하는 곳에는 강제와 탐욕스런 약탈과 전쟁이 아니라 오직 스스로를 내어줌으로 다른 사람을 세우는 자발적인 사랑의 섬김과 나눔과 평화가 임하는 것이다. 그러므로 죄와 이기적인 탐욕으로 서로가 서로를 죽이는 "죽음의 공동체"에서 서로가 서로를 사랑하며 섬기는 참된 "생명의 공동체"에로의 변화는 억압적인 힘의 지배나 혹은 계급투쟁의 혁명에 의해서가 아니라 오직 하나님께 헌신된 사랑의 나눔과 상호 섬김의 혁명으로 이루어지는 것이다.

이와 같이 하나님의 나라에서는 큰 자가 작은 자를 섬긴다. 그런데 누가 큰 자인가? 무언가를 가지고 있는 사람이다. 없는 사람은 섬기고 싶어도 섬길 수가 없다. 건강이 없는 사람도 마찬가지이다. 우리가 다른 사람보다 건강과 힘, 능력, 그리고 특별한 은사를 더 가지고 있다면, 그 힘과 능력, 은사로 더 열심히 섬겨야 한다. 혹여나 누군가 아프다면 하나님의 도우심으로 건강이 회복되길 바란다. 그래야 베드로의 장모처럼 일어나 섬길 수 있기 때문이다. 우리는 자신의 건강을 잘 돌보고 섬길 수 있는 능력을 갖추어야 한다. 그러나 건강하지 못한 사람의 경우 그에게 기도의 은사가 있을 수 있다. 다른 사람들보다 기도를 많이 하는 기도의 은사가 있다면 기도로 섬겨야 한다. 다른 사람들보다 재물이 좀 더 많다면 그 재물로 섬겨야 한다. 권력의 자리에 있다면 그 권력으로, 지혜가 있다면 지혜로, 기술과 재능이 있다면 그 기술과 재능으로 다른 사람들을 섬겨야 한다. 하나님께서는 그렇게 섬김으로써 서로를 도우며 세우라고 우리 각자에게 저마다의 재능과 각양 좋은 은사들을 아낌없이 주신 것이다.

하나님의 큰 은혜를 입은 우리 모두는 어떤 면에서 보면 이미 모두 "큰 자"들이다. 비록 우리가 아무 것도 가진 것이 없고 또 내놓을 만한 것이 아무 것도 없는 자들이었지만, 하늘과 땅의 모든 권세를 가지신 주님께서 우리를 그의 자녀 삼아 주셨고, 그의 영원한 기업과 권세를 함께 누리게 하셨다. 그렇게 하나님께서는 궁핍하고 "지극히 작은 자"였던 우리들을 예수 그리스도 안에서 매우 부요하고 "지극히 큰 자"로 만들어 주셨다. 이제 하나님께서 우리에게 주신 은혜, 능력, 지식, 믿음, 사랑, 물질, 건강, 축복으로 하나님을 섬기고, 또 우리의 이웃들을 섬겨야 한다. 하나님께서는 우리를 "택하신 족속이요 왕 같은 제사장들이요 거룩한 나라요 그의 소유가 된 백성"으로 삼아 주셨다(벧전 2:9). 그러므로 우리가 있는 곳마다, 또 가는 곳마다 분열과 다툼이 아니라 섬김과 축복의 장소가 되어야 할 것이다. 섬김의 사역자로 부름 받은 우리는 어느 곳에서나 "트러블 메이커"(trouble-maker)가 아니라 "피스 메이커"(peace-maker)가 되어야 할 것이다. 우리 주님께서는 섬기는 자가 가장 위대한 자라고 말씀하셨다.

그러므로 다른 사람들을 지배하고 군림하려 하지 말고, 그들에게 섬김의 축복이 되려고 힘써야 한다. 지식과 건강과 권위와 능력과 지혜와 기술과 물질과 시간과 믿음 등 그 무엇이든지 하나님께서 우리에게 주신 힘과 능력으로 최선과 열심을 다하여 섬겨야 한다. 하나님의 나라에서는 자기가 가진 것으로 가장 잘 섬기는 사람이 가장 큰 자이다. 하나님께서는 위대한 사람을 들어 쓰시는 것이 결코 아니다. 다만 하나님께 들려 온전히 쓰임 받는 사람이 위대해질 뿐이다. 아브라함, 모세, 다윗, 바울 등 성경의 위대한 믿음의 용장들은 하나같이 지극히 작은 자들이었지만, 단지 하나님께 붙들려 섬김의 그릇으로 쓰임 받았기 때문에 위대한 사람들이 되었다. 하나님의 나라에서는 지위가 높은 권세자가 큰 자가 아니라 받은 것을 가지고 잘 섬기는 자가 큰 자이다. 가장 크게 많이 섬기는 사람이 가장 크고 위대한 인물이 되는 것이다. 이것이 바로 하나님 나라의 섬김의 질서이다.

2) 오직 마음을 새롭게 함으로 변화를 받으라

"마음을 새롭게 함으로 변화를 받아"

이는 우리의 생각과 이해가 새롭게 계속 변화하는 것을 말한다. "마음을 새롭게 함으로"에 해당하는 헬라어 "테 아나카이노세이 투 노오스"는 "마음의 새로움으로써"라고 번역할 수 있다(표준 신약전서). 여기에서 "마음"이란 도덕적 활동과 관련된 이해력이나 사고력 등을 말한다(Barmby). 그리고 "변화를 받아"의 헬라어 "메타모르푸스데"는 현재 수동태 명령형이다. 곧 이 말은 자신이 아닌 타자(他者)에 의해서 변화하며, 일시적이 아니라 계속적으로 꼭 그렇게 되어야 함을 나타낸다. 즉, 우리의 인격 내부에 변화를 일으키는 성령에 의해 마음이 새롭게 계속하여 변화되어 가는 과정이 인간에게 꼭 필요하다.[5]

종교개혁자 존 칼빈(John Calvin)은 그의 인간론에서 원죄 아래

---

5) Cf. 강병도 편, 『호크마 종합주석(6): 로마서』, 381.

있는 옛 사람의 본성을 이기적인 "자기사랑"(self-love)과 "육욕"(또는 이 세상에의 욕망, concupiscence)으로 정의한 반면, 그리스도 안에서 중생하여 변화된 새 사람의 본성을 철저한 "자기부정(self-denial)"과 "하나님께로의 전적인 헌신"(devotion to God)으로 대비시켜 규정한다. 즉, 인간은 본래 하나님의 형상으로 창조되었으나, 타락 후 인간은 그 하나님의 형상을 상실하고, 본성에 있어 전적으로 부패하게 되었다. 이렇게 전적으로 부패한 인간의 본성은 하나님을 대적하여 "맹목적인 자기사랑"과 "육체의 일"에 탐닉함을 그 특징으로 한다. 그것이 바로 죄이며, 이것에서 나오는 모든 인간의 행위들(예를 들어 간음, 우상숭배, 탐욕, 도둑질, 미움, 살인, 열락 등)이 바로 "죄의 열매"들이다.

그러나 칼빈에 따르면, 믿음에 의한 중생(그리스도 안에서의 거듭남)은 곧 회심을 의미하는데, 이것은 철저하게 하나님께로 삶을 전향하는 것이며, 우리가 우리 자신을 떠나 하나님께로 향하며, 우리의 이전의 마음을 벗어버리고 새 마음을 입는 것이다. 그것은 옛 사람을 철저히 부정하는 것이며, 십자가에 못박는 것이며, 죽이는 것이다. 따라서 중생한 사람의 본질적인 특징은 자기부정, 곧 우리는 우리 자신의 주인이 아니고 하나님에게 속하였다는 것을 인정하고 고백하며, 나아가 이것을 우리의 삶과 생활의 전 영역에 걸쳐 철저하게 적용시킴으로써 변화되는 것이다.

이것이 칼빈이 말하는 그리스도인의 삶의 원리인 "자기부정의 삶의 원리"이며, 옛 사람에서 새 사람으로 철저하고도 극적으로 변화되는 것이다. 이것은 또한 우리의 몸을 하나님이 기뻐하시는 거룩한 산제사로 드리는 것, 즉 참된 섬김을 실천하는 구원받은 자의 의무이자 사명으로 파악된다. 이와 같이 그리스도인의 자기부정의 삶을 향한 제일 첫걸음은 자기의 모든 능력을 바쳐서 하나님을 섬길 수 있도록, 자기 자신을 부인하고 이 세상을 향한 정욕과 이기적인 탐욕으로부터 떠나는 것에서 시작한다. 그리하여 자기부정으로 특징되는 그리스도인의 삶은 심령으로 전혀 새롭게 됨으로써 이기적인 자기사랑에서 떠나 하나님과 이웃에 대한 사랑과 섬김으로 나아가는 것이다. 따라서 그리스도인의 변화된 자기부정의 삶이 가장 구체적으로 드러나는 것은 하나님과 이웃에 대한 사랑과 섬김으로 나타나는 것이다.

그렇다면, **과연 누가 올바로 섬길 수 있는가?** 오직 하나님의 구원의 은혜를 힘입어 성령의 능력으로 변화된 사람만이 올바로 섬길 수 있다. 모든 사람들은 언제나 무엇인가를 섬기고 있다. 문제는 과연 그 섬김의 대상이 무엇이냐 하는 것이다. 타락한 인간은 죄와 마귀의 종노릇을 하며, 세상의 물질과 탐욕의 종이 되어 하나님이 아닌 우상들을 하나님처럼 섬겨왔다. 그러나 예수 그리스도를 만나서 변화되어 하나님의 자녀가 된 사람에게는 죄와 마귀와 영원한 사망으로부터 해방과 자유를 얻었기 때문에 그 은혜에 대한 감격이 있다. 그 크신 하나님의 은혜를 체험해야 뜨거운 마음과 감사한 마음으로 하나님을 섬기고 싶어지고, 가정과 직장과 교회에서 섬김의 사람이 될 수 있는 것이다. 그래서 오직 구원 받은 사람만이, 십자가의 은혜를 입고 성령으로 거듭나 변화된 사람만이 올바른 섬김의 사람이 될 수 있다. 그러므로 예수 그리스도 안에서 성령의 능력으로 "오직 마음을 새롭게 함으로 변화"를 받으라고 하는 것이다.

그러므로 너희는 죄가 너희 죽을 몸을 지배하지 못하게 하여 몸의 사욕에 순종하지 말고 또한 **너희 지체를 불의의 무기로 죄에게 내주지 말고 오직 너희 자신을 죽은 자 가운데서 다시 살아난 자 같이 하나님께 드리며 너희 지체를 의의 무기로 하나님께 드리라**(롬 6:12-13).

우리 중에 누구든지 자기를 위하여 사는 자가 없고 자기를 위하여 죽는 자도 없도다 **우리가 살아도 주를 위하여 살고 죽어도 주를 위하여 죽나니 그러므로 사나 죽으나 우리가 주의 것이로다**(롬 14:7-8).

이제 예수 그리스도의 십자가의 의를 힘입어 성령의 능력으로 변화된 우리는 삶의 방식을 바꾸어야만 한다. 예수님이 니고데모에게 사람이 물과 성령으로 거듭나지 아니하면 하나님 나라를 볼 수도 없고 들어갈 수도 없다고 하신 말씀의 뜻이 바로 이것이다. 삶의 방식을 완전히 바꾸는 것 그것이 바로 거듭남이다. 지금 우리가 다루는 성경 본문은 그것을 "변화"라고 이야기한다. 우리는 생각을 바꿔야만 한다. 삶의 방식을 과감하게 바꾸어야만 한다. 아무런 생각 없이 이 썩어질 세상을 본받고 이 세상을 따라 살면 망한다. 소망이 없다. 그러면 구체적으로 어떤 변화가 필요한 것일까? 한 마디로 말하면, 우리가 이 세상을 살면서 "이제까지 삶의 목적으로 삼고 살았던 모든 것들을 다 도구로 삼아야 한다"는 것이다: "너희는 먼저 그의 나라와 그의 의를 구하라 그리하면 이 모든 것을 너희에게 더하시리라"(마 6:33).

우리의 목적은 이 세상이 아니다. 오직 하나님의 나라이다. 돈이나 물질의 소유가 아니다. 만군의 주 여호와 하나님, 우리의 창조자이시오 구원자이신 삼위일체 하나님이다. 우리의 뜻과 불타는 탐욕이 아니다. 오직 하나님의 뜻과 사랑의 뜨거운 섬김이다. 우리를 향하신 하나님의 뜻과 목적이 우리의 삶의 목적이 되어야만 한다. 그동안 우리가 목적으로 삼고 살았던 거짓된 것들은 모두 하나님께서 주신 진정한 목적을 이루기 위한 섬김의 도구로 바뀌어야만 한다. 이와 같이 우리의 삶의 목적과 원리가 변화되어야 한다. 그 동안 우리의 목적이었던 것들도 하나님의 뜻, 다시 말해 진정한 우리의 삶의 목적을 위한 도구가 된다면, 그것 또한 선한 것이 될 수 있다. 본래 "하나님께서 지으신 모든 것이 선하매 감사함으로 받으면 버릴 것이 없나니"(딤전 4:4)라고 했다. 그러므로 하나님께서 우리에게 주신 모든 것들을 본래적 목적에 따라 바르게 사용하기만 한다면, 하나님께서는 그것으로 그의 기뻐하시는 선한 뜻, 그의 원하시는 선을 이루시고 아름다운 것이 되게 할 것이다.

이와 같이 이 세상에서 목적이었던 것을 이제 하나님의 뜻을 이루는 섬김의 도구로 삼는 것이 진정한 변화이고 거듭남이며, 우리 자신을 거룩한 산제사로 드리는 것이다. 이사야 55:2에는 다음과 같은 말씀이 있다: "너희가 어찌하여 양식이 아닌 것을 위하여 은을 달아주며 배부르게 못할 것을 위하여 수고하느냐 내게 듣고 들을지어다. 그리하면 너희가 좋은 것을 먹을 것이며 너희 자신들이 기름진 것으로 즐거움을 얻으리라." 하나님의 선한 목적이 우리의 삶을 이끌지 않고 이기적인 탐욕과 세상 욕심이 우리의 삶을 이끌면, 그 욕심은 죄를 잉태하게 되고 그 죄는 결국 장성하여 우리를 벼랑 끝, 곧 죽음의 자리에까지 이르게 할 것이다(약 1:15). 그러므로 우리는 이제 세상을 바라보지 말고 "오직 믿음 주요 우리를 온전케 하시는 하나님을 바라보자"(히 12:2). 오직 하나님의 나라와 그의 선하신의를 이루어 가는 것을 우리의 목적으로 삼고, 그것이 우리의 삶 속에서 이루어지도록 참된 섬김을 통하여 진정으로 거듭나고 변화된 우리의 삶 속에 그리스도의 형상이 드러나게 해야 할 것이다.

4. 섬김의 원리는 무엇인가?

우리는 로마서 13:2에서 섬김의 중요한 원리를 발견하게 된다. 우리는 섬김에 있어 자의로, 우리 마음대로 섬기는 것이 아니라, 먼저 하나님의 뜻을 알고 그 뜻에 따라 섬겨야 한다. 그래서 "하나님의 선하시고 기뻐하시고 온전하신 뜻이 무엇인지 분별하도록 하라"(2절)고 했다.

> 너희는 이 세대를 본받지 말고 오직 마음을 새롭게 함으로 변화를 받아 **하나님의 선하시고 기뻐하시고 온전하신 뜻이 무엇인지 분별하도록 하라**(롬 12:2).

① **"하나님의 선하시고 기뻐하시고 온전하신 뜻이"**

헬라어 "아가도스"는 하나님께서 자기 백성에게 특별하게 주신 말씀을 기준으로 규정되는 "선"이라기보다는 모든 사람이 일반적으로 인정할 수 있는 개념으로서의 "선"을 의미한다(2:10;7:12, 13, 18, 19). 그러므로 이 "선"의 개념이 교회 안에서(9절), 사회 속에서(21절) 그리고 국가에 대한 관계 속에서(13:3ff.) 사용하였다. 다만 본절에서 바울은 "선"의 기준을 하나님께 두고 있다. 하나님께서는 그의 뜻이 이뤄지거나 그의 뜻과 일치될 때 기뻐하신다. 그러므로 사람이 하나님의 뜻에 합당하게 생을 영위하거나, 피조 세계가 원래 목적대로 진행되면 하나님께서 기뻐하신다. 인간의 뜻은 전적으로 부패하고 타락한 정욕과 탐욕이 작용하기에 그 어떤 뜻도 온전할 수 없고 언제나 왜곡되어져 있다. 하지만 계시된 하나님의 뜻은 그 자체로 언제나 선하고 온전한 것으로서, 우리의 신앙과 행위의 충분한 규범으로 부족함이 없는 완전한 것이다(딤후 3:16, 17). 이는 그 뜻을 가지신 하나님 자신이 온전한 분이기 때문이다(마 5:48). 하나님의 뜻은 "선하고, 받아들일 만하며(acceptable), 완전한 것이다."

② **"무엇인지 분별하도록 하라"**

여기에서 "분별하다"에 해당하는 헬라어 동사 "도키마조"는 "입증하다", "시험하다", "인정하다"라는 뜻을 가졌다. 하나님의 뜻을 분별한다는 말은 우리가 그 뜻을 판단하거나 시험한다는 의미보다는 하나님의 뜻을 인정한다는 것이다(Murray). 신자는 하나님이 원하시는 바를 바로 알아야 하며, 그 뜻에 따라 마음을 새롭게 함으로 계속적으로 하나님의 뜻을 이루어 가야 한다(엡 5:8-10;빌 2:12).[6]

하나님의 뜻을 모르고 살면 허송세월을 하게 된다. 하나님께 영광은커녕 자기 자신에게나 다른 사람에게 아무런 유익이 못될 뿐 아니라, 열심히 섬기려 해도 오히려 그것이 온갖 갈등과 심각한 문제들을 일으키게 된다. 따라서 교회 안에서 세상의 방식으로 일해서는 결코 안 된다. 앞에서 말한 바와 같이, 이 세상 나라의 방식과 하나님 나라의 방식은 완전히 다르다. 그러므로 오직 하나님 나라의 방식, 즉 하나님의 뜻을 분별하고, 그것을 인정하고 받아들이는

---

[6] Cf. 강병도 편, 『호크마 종합주석(6): 로마서』, 381f.

방식으로 일하고 섬겨야 한다. 그런데 하나님의 뜻은 어디에 나타나 있는가? 그것은 성경, 곧 하나님의 말씀이다. 성경에는 온전하신 하나님의 뜻이 잘 계시되어 있다.

모든 성경은 하나님의 감동으로 된 것으로 교훈과 책망과 바르게 함과 의로 교육하기에 유익하니 이는 하나님의 사람으로 온전하게 하며 모든 선한 일을 행할 능력을 갖추게 하려 함이라(딤후 3:16-17).

이전에는 내 뜻과 세상의 방식으로 살았다면, 이제는 "마음을 새롭게 하고 변화를 받아" 하나님께서 원하시는 것이 무엇인지 분명히 깨달아 알 수 있는 지혜로운 사람, 판단력이 있는 사람, 하나님의 뜻을 분별하고 마음으로 인정하는 사람이 되어야 한다. 그런 사람이어야 하나님 앞에서 가치 있고 귀하게 쓰임 받을 수 있다. 또한 그래야 비로소 우리는 진정 올바로 섬기는 사람이 될 수 있다. 날마다 말씀을 가까이 하고, 그 말씀을 주야로 묵상하며, 오직 그 말씀에 따라 하나님의 뜻을 분별할 수 있어야 한다. "주의 말씀은 내 발에 등이요 내 길에 빛"(시 119:105)이라고 했으며, "순종이 제사보다 낫고 듣는 것이 수양의 기름보다 낫다"(삼상 15:22)고 했다.

5. 섬김의 방법(I)

1) 우리는 겸손한 자세로 섬겨야 한다

내게 주신 은혜로 말미암아 너희 각사람에게 말하노니 **마땅히 생각할**

그 이상의 생각을 품지말고 오직 하나님께서 각 사람에게 나누어 주신 믿음의 분량대로 지혜롭게 생각하라(롬 12:3).

"마땅히 생각할 그 이상의 생각을 품지 말고"

여기에서 "생각할"에 해당하는 헬라어, "프로네인"은 "의견을 가지고 생각하다"의 뜻으로 어떤 사실에 대한 평가나 견해를 말할 때 쓰인다(LST. BGD). 신약성경에서는 거의 바울 서신에만 나타나며(16절; 8:5; 11:20; 14:6). 특히 "높은 마음을 품다"의 헬라어 "휘셀라 프로네인"이 쓰인 문장에서 나온다(16절; 11:20). 그러므로 "마땅히 생각할 바를 생각한다" 함은 "자기 자신의 처지나 조건에 맞는 생각을 한다"는 말이다. "그 이상"이라는 의미를 가진 헬라어 "파라"는 필요한 것 "이상"을 나타내며 "휘페르프로네인"과 같이 쓰여 "휘페르"("위에")를 강조한다(BGD). 신약성경에서 본절에만 나오는 "휘페르프로네오"는 "분에 넘치는 생각을 하다", "부풀은 생각을 하다", "자신을 너무 높이 평가하다"(BGD)라는 뜻을 가졌다. 칼빈(Calvin)은 "휘페르프로네오"를 "지혜의 범위를 뛰어넘는 것"이라고 해석한다. 그러므로 "그 이상의 생각을 품지 말고"에 해당하는 헬라어 "메 휘페르프로네인 파라"의 뜻을 밝혀 번역하자면, "그 이상의 분수에 넘치는 생각을 품지 말고 생각의 한계를 가지라"는 것이 된다. 여기서 분에 넘치는 생각이란 "하나님께서 각 사람에게 나눠 주신 믿음의 분량"을 뛰어넘는 생각이다. 따라서 본 구절은 자신의 능력과 소명(김命)으로 감당(堪當)할 수 있는 그 이상의 것을 스스로 짊어지는 것을 금하고 있다.[7]

---

7) Cf. 강병도 편, 『호크마 종합주석(6): 로마서』, 382.

이 말씀은 한마디로 섬김에 있어 겸손한 자세를 가지라는 말씀이다. 이와 같이 성경은 우리가 섬김에 있어 가장 먼저 생각해야 할 것이 바로 겸손이라고 강조한다. 왜냐하면 교만한 자세로는 전혀 다른 사람을 섬길 수 없기 때문이다. 겸손이 무엇인가? 마땅히 생각할 그 이상의 생각을 품지 않는 것이다. 자기의 주제, 자기의 분수를 잘 지키는 것이다. 참된 겸손이란 하나님께서 자신에게 주신 믿음의 분량을 정확하게 헤아려 아는 것이다. 한 걸음 더 나아가서 겸손은 하나님께서 우리 각자에게 나눠주신 믿음의 분량대로 지혜롭게 생각하는 것이다. 자기의 위치에서 묵묵히 주어진 직분을 잘 감당하는 것이 바로 겸손이다.

사도 바울은 여기서 섬김의 한 본을 우리에게 보여준다. 그는 예수 그리스도의 사도였다. 따라서 얼마든지 로마 성도들을 향해 자신의 사도적인 권위로 명할 수도 있었다. 그러나 바울은 그렇게 하지 않았다. 그는 자신이 예수 그리스도의 사도가 된 것도 오로지 하나님의 은혜였다고 말한다. 그는 "내가 나 된 것은 하나님의 은혜로 된 것"이라고 고백하면서 그 은혜에 힘입어 겸손하게 로마의 성도들을 권면하고 있는 것이다.

> 그러나 **내가 나 된 것은 하나님의 은혜로** 된 것이니 내게 주신 그의 은혜가 헛되지 아니하여 내가 모든 사도보다 더 많이 수고하였으나 **내가 한 것이 아니요 오직 나와 함께 하신 하나님의 은혜로라**(고전 15:10).

2) **우리는 우리에게 주신 믿음의 분량대로 섬겨야 한다.**
우리는 섬김에 있어 우리가 내키는 대로, 마음대로 하는 것이 아니라 하나님께서 각자에게 나누어 주신 "믿음의 분량"에 따라 섬기고 봉사해야 한다. 그리고 이때 "믿음의 분량"이란, 흔히 생각하듯이, 믿음의 강약이나 어떤 양적인 정도의 것을 말하는 것이 아니라 은사를 말하는 것이요, 그에 따른 다양한 역할과 기능, 즉 직분을 말하는 것이다.

① "오직 하나님께서 각 사람에게 나눠 주신"

"오직"에 해당하는 헬라어 "알라"는 "~을 하지 말고, 오직 ~을 하라"는 표현에 나오는 강조어로서 "그 이상의 생각을 품는 것"과 "지혜롭게 생각함"을 대조한 것이다. 본 구절에 해당하는 헬라어 "헤카스토 호스 호 데오스 에메리센"은 "각 사람에게"를 나타내는 "헤카스토"가 앞에 나와서 도치된 강조 형태이다. 그리고 각 사람에게 나눠주신 것은 모든 산자들에게 빠짐없이 주신 것을 말하며 각 사람 하나하나가 모두 중요하다는 뜻이다.

② "믿음의 분량대로"

이 말은 신앙의 강약(強弱)을 말하는 것이 아니고, 은사의 성질을 가리킨다(Greijdanus). 다시 말하면, 각 개인이 받은 직능(職能)의 차이를 말함이다(H. Ridderbos). 겸손이란 것은 자기의 분수를 지킴이나. 혹시 사람이 자기의 분수에서 물러가는 것도 참된 겸손이 아니고 무책임한 일이다. 그러므로 이 표현은 믿음이 물질처럼 측정되는 양적인 것이라기보다 교회 안에는 다양한 기능들이 있어 각자 주어진 직분과 은사의 한계와 특성에 따라 다르다는 뜻이다(고전 12:4-31). 그리고 "믿음"이란 그 안에서 훈련되어진다는 관점에서 이해해야 한다(Murray). 이런 믿음은 하나님께서 각 사람에게 "나눠주신" 것으로 객관적이라기보다는 주관적이다. 혹자는 본문에 나온 "믿음"을 일반적으로 해석하여 "그리스도 안에 있는 믿음", 즉 "구원에 이르는 믿음"으로 말하기도 한다(Stuart, Meyer, Godet, Shedd). 그러나 머레이(Murray)나 해리슨(Harrison) 등이 주장한 바와 같이, 본문의 "믿음"은 구원의 수단인 진리를 믿는다는 말이 아닌 "자신이 받은 영적 은사의 성격을 알고 은사를 사용하는 것"을 가리킨다고 봐야 한다. 브루스(Bruce)는 이것을 "영적 능력"이라고 했다.[8]

3) 우리는 지혜롭게 섬겨야 한다.

다음으로 우리가 주의를 기울여야 하는 것은 우리의 섬김에 있어 "지혜롭게 생각하라"는 말씀이다. 여기에서 "지혜롭게"(소프로쉬네)라는 말의 의미는 "건전하고 겸손하게"라는 의미이다. 참으로 섬김은 낮아지는 것이요, 아래에 서는 것이다. 겸손은 섬김의 기초이기 때문에, 겸손함이 없이 진정한 섬김은 이루어질 수 없다. 그러므로 겸손이 없는 섬김은 결국 섬김을 가장한 외식일 뿐이다.

"지혜롭게 생각하라"

이 말의 헬라어 원어(소프로네인)는 "정신 차려 생각하라"는 의미를 가지고 있다. 누구든지 자기를 바로 알지 못하는 자는, 정신없는 자와 같다. 그래서 혹자는 "지혜"를 "자신을 바르게 보는 것"으로 이해했는데(Dodd), 그러나 헬라 철학에서 지혜를 나타내는 단어인 "소프로쉬네"는 "겸손"(謙遜)과 "자제"(自制)를 나타내기도 한다. 여기에서는 "지혜롭게"의 헬라어 "소프로네인"은 "건전하며 겸손하게"의 뜻으로

---

8) Cf. 강병도 편, 『호크마 종합주석(6): 로마서』, 382.

보는 것이 좋다. 그러므로 "지혜롭게 생각하라"는 "분에 넘치는 오만한 생각을 버리고 건전하고 겸손한 생각을 가지라"는 것이다. 특히 "하나님께서 각 사람에게 나눠 주신 믿음의 분량대로"와 관계되어 사용된 말로서, 지혜롭게 생각할 그 기준으로서 "믿음의 분량"을 제시한 것이다. 하나님께서 믿음의 분량대로 은사를 주었다는 것은 각자의 직분과 역할이 다르다는 뜻이며, 동시에 자신이 받지 아니한 직분의 영역은 침범해서는 안 된다는 뜻이다. 그러므로 그리스도인은 이러한 제한을 의식하고 그가 교회에서 수행해야 할 역할에 관한 그의 열망을 스스로 통제하고 규제해야 한다(Godet).[9]

이상의 말씀에서 우리가 관심을 가져야 할 점은 "하나님께서 각 사람에게 나눠주신 믿음의 분량"이라는 말씀이다. 그리스도의 몸인 교회의 지체를 이루는 모든 성도들에게는 하나님께서 제각기 나눠주신 믿음의 분량이 있다. 자신의 믿음의 분량은 자기가 자기 멋대로 정하는 것도 아니요 자기 생각대로 소유할 수 있는 것도 아니다. 하나님께서 우리 각자에게 주신 은혜와 믿음의 분량이 있다. 그리고 그 믿음의 분량에 따른 역할이 각각 다르다. 성경은 적게도 아니고 많이도 아니고 하나님께서 나를 나되게 하신 믿음과 은사의 분량에 따라 적절하게 생각하고 판단하는 능력을 가지고 섬겨야 유익이 된다고 말한다. 그리스도인들이 이 분량을 초과해서 생각하면 영적 교만에 빠지기 쉽고, 반대로 이 분량에 미치지 못하면 믿음이 없는 자가 되어 버린다. 자신의 믿음의 분량대로 지혜롭게 생각하는 그리스도인들이야말로 하나님이 기뻐하시는 믿음의 생

---

9) Cf. 강병도 편, 『호크마 종합주석(6): 로마서』, 383.

활을 이룰 수 있다.

예를 들어, 자기가 가진 것이 10인데 여기다 0을 하나 더 붙여 100이라고 생각한다면 과대망상이다. 교만해진다. 과유불급(過猶不及)으로, 지나침은 모지람 만큼이나 쓸모가 없다. 거기서 모든 문제가 생긴다. 자기의 믿음의 분량에 맞게 합당하게 일하고 섬겨야 모두에게 축복이 된다. 중요한 것은 우리가 무엇을 맡았느냐, 과연 몇 달란트를 받았느냐가 아니라 각자에게 맡겨주신 달란트와 일을 어떻게 적절하고 지혜롭게 사용하고 수행하는가 하는 방법과 태도의 문제이다. 우리가 가장 큰 관심을 가지고 있으나 또한 가장 쉽게 실패하는 부분이 바로 이 부분이다. 우리는 곧잘 누가 몇 달란트를 받았느냐에 지대한 관심을 가진다. 그래서 남과 비교하고, 그것으로 인하여 상처받고, 또 상처를 주기도 한다. 그러나 섬김의 본질은 누가 몇 달란트를 받았으며, 누가 더 많은 달란트를 받았느냐 하는 것에 있는 것이 아니다. 얼마의 달란트를 누구에게 맡겨주느냐 하는 것은 주인의 절대적인 주권에 속한 것이다. 따라서 주인이 "그 종들을 불러 자기 소유를 맡김과 같으니 각각 그 재능대로"(마 25:14-15) 맡기셨다고 했다. 그러므로 오직 우리가 관심을 가져야 할 것은 우리에게 맡겨주신 달란트를 가지고 어떻게 섬길 것인가 하는 것이 되어야 한다. 맡은 자들에게 구할 것은 오직 "충성"이라고 말씀하셨다. 달란트 비유를 보면, 다섯 달란트와 두 달란트 맡은 자에게 주님께서 주신 칭찬과 축복의 말씀이 정확하게 동일하다는 것을 우리는 반드시 기억해야 할 것이다.

그 주인이 이르되 잘하였도다 착하고 충성된 종아 네가 적은 일에 충성하였으매 내가 많은 것을 네게 맡기리니 네 주인의 즐거움에 참여할 지어다(마 25:21, 23).

사람이 마땅히 우리를 그리스도의 일꾼이요 하나님의 비밀을 맡은 자로 여길지어다 그리고 **맡은 자들에게 구할 것은 충성이니라**(고전 4:1-2).

이 사람아 네가 누구이기에 감히 하나님께 반문하느냐 지음을 받은 물건이 지은 자에게 어찌 나를 이같이 만들었느냐 말하겠느냐 **토기장이가 진흙 한 덩이로 하나는 귀히 쓸 그릇을, 하나는 천히 쓸 그릇을 만들 권한이 없느냐**(롬 9: 20-21).

지금 우리가 다루고 있는 말씀에서도 이러한 원리를 그대로 적용하여, 그러므로 "마땅히 생각할 그 이상의 생각을 품지 말고"(3절)라고 했다. 주님께서 내게는 왜 이정도의 달란트밖에 맡겨주시지 않으셨는가 하고 질문하는 것은 우리가 "마땅히 생각할 그 이상의 생각"을 하는 것이다. 우리는 하나님께서 우리에게 맡겨주신 달란트와 은사에 대해 그 이상도 이하도 생각하지 말아야 한다. 오히려 하나님께서 내게 주신 은혜와 은사가 무엇인지 그리고 맡겨주신 믿음의 분량이 얼마인지 정확하게 분별하고 헤아려야 한다.

"하나님께서 각 사람에게 나눠주신 믿음의 분량대로 지혜롭게 생각하라"는 말씀에서 "지혜롭게 생각하라"는 표현을 원문으로 풀어 보면, "자기 분량대로 적절하게 생각하라"는 뜻이다. 여기에는 "냉철하게 판단하라"는 의미도 들어있다. 왜냐하면 자기 자신의 믿음의 분량을 정확하게 아는 것이 참된 겸손의 기초가 되기 때문이다. 따라서 섬김에 있어 우리는 스스로를 매우 정확하고 정직하게 판단해서 무슨 일이든 그 정확한 판단에 따라 겸손하게 섬겨야 한다.

6. 섬김의 방법(II)

1) 우리가 말은 기능(직분)에 따라 섬겨야 한다.

개역성경은 4절 말씀을 다음과 같이 번역한다: "우리가 한 몸에 많은 지체를 가졌으나 모든 지체가 같은 직분을 가진 것이 아니니."

우리가 한 몸에 많은 지체를 가졌으나 **모든 지체가 같은 기능을 가진 것이 아니니** 이와 같이 우리 많은 사람이 그리스도 안에서 한 몸이 되어 서로 지체가 되었느니라(롬 12:4-5).

"모든 지체가 같은 직분을 가진 것이 아니니"

모든 지체는 곧 많은 지체이다. "같은 직분"의 "직분"에 해당하는 헬라어 "프랔시스"는 "행함", "활동", "기능" 등의 뜻을 나타낸다(BGD). 이 단어는 마 16:27에서는 "행함"으로 나온다. "직분을 갖다"라는 말은 6절에 나오는 "은사를 받다"라는 표현과 같다. 모든 지체는 특별한 기능들과 다양한 능력들을 지녔다. 곧 3절에 나오는 바, 각 사람들의 받은 바 "분량"들이 모두 다른 것이다(엡 4:7). 이는 자신에게 할당된 기능의 한계를 인식하게 하며, 한 몸에 있는 많은 지체들의 다양성과 독특성을 인정하게 하는 문구이다. 이와 같이 – 이에 해당하는 헬라어 "후토스"는 "이리하여", "이런 식으로"를 의미하는데, 4절에 나오는 "카다페르"와 함께 "이와 같이"의 뜻을 나타낸다. 앞절에서 예를 든 것처럼, 인간의 유기적 조직(有機的 組織)을 통해 신자 각 사람에게 할당된 기능의 필요성과 한계를 인식시키려는 것이다.[10]

---
10) Cf. 강병도 편, 『호크마 종합주석(6): 로마서』, 383.

성경은 그리스도는 교회의 머리이시며, 교회는 그의 몸이라고 규정하고 있다(엡 1:22, 5:23; 골 1:18). 이것은 그리스도의 구속사역에 근거한다. 그리스도께서 교회를 자신의 피로 값주고 사셨기에 교회는 그의 소유이다(행 20:28). 성부에 의해 택함을 받고 부르심을 받은 성도들은 이제 그리스도에게 접붙여짐으로써(그리스도와의 연합, the Communion with Christ), 한 몸이 되는 것이다(롬 12:5). 이것은 특히 성례전적으로 잘 표현되고 있다. 세례는 그리스도에 접붙여짐에 대한 확증이요, 성찬은 그리스도와의 교제의 증거이며 계속적인 실천이다. 그러므로 예수님께서는 성찬 제정시에 "이것은 내 몸이니라"(마 26:26)고 하셨다.

그러나 이는 성도들과 그리스도를 동일시하는 것은 아니다. 다만 교제와 연합을 의미하는 것이다. 성찬에 참여하는 것은, 교회가 그리스도의 몸에 참여함으로써 하나됨을 명시적으로 보여주는 것이다(고전 10:17). 이 교제 안에 많은 지체들이 있고, 또한 그 각각이 다양성을 지니고 있는데도 연합, 곧 한 몸이라고 표현된다(골 2:19). 여기에는 남녀노소, 빈부귀천의 차별, 곧 성적, 사회적 차별이 있을 수 없다. 그러므로 몸의 각 기관들이 각각의 기능과 사명에 따라 한 몸을 섬기며 한 몸을 이루듯, 싱노들도 각자의 은사와 능력으로 그리스도의 몸인 교회를 섬기며, 한 몸을 세워가야 하는 것이다(엡 4:1-6, 12).

이렇듯 한 몸에 많은 지체가 있지만 그 어느 지체 하나도 소홀히 할 수 없다. 그 나름대로의 직분과 감당해야 할 저마다의 역할과 기능이 있기 때문이다. 우리 몸의 각 지체들은 어느 것 하나 소중

---

10) Cf. 강병도 편, 『호크마 종합주석(6): 로마서』, 384.

하지 않은 것이 없다. 그러나 나름대로 자기가 맡은 기능은 서로 다른 것이다. 때문에 괜히 다른 지체와 비교하면서 우월감을 느끼거나 열등감을 가질 필요가 없다. 단지 자기가 맡은 직분에 충성을 다하면 되는 것이다. 하나님께서 우리 각자에게 나눠주신 믿음의 분량이 있다. 어떤 사람은 다섯 달란트를 받았고, 어떤 사람은 두 달란트를 받았다. 그리고 어떤 사람은 한 달란트를 받았다. 우리가 얼마의 달란트를 받았는가 하는 것은 전혀 중요하지 않다. 거듭 말하지만, 다섯 달란트 받은 자와 두 달란트 받은 자에 대한 하나님의 평가는 똑같았다. 우리는 하나님께서 우리에게 주신 것을 가지고, 주신 만큼 최선을 다하면 되는 것이다: "베드로가 이르되 은과 금은 내게 없거니와 **내게 있는 이것을 네게 주노니** 나사렛 예수 그리스도의 이름으로 일어나 걸으라"(행 3:6). 우리는 하나님께서 우리에게 맡겨주신 "내게 있는 것"으로 섬기면 되는 것이다. 하나님께서 평가하시는 것은 우리가 받은 달란트를 가지고 과연 어떻게 섬겼는가 하는 것이다. 예수님께서는 과부의 두 렙돈을 오히려 더욱 귀하다 하시지 않았는가?

> 여러 부자는 많이 넣는데 한 가난한 과부는 와서 두 렙돈 곧 한 고드란트를 넣는지라 예수께서 제자들을 불러다가 이르시되 내가 진실로 너희에게 이르노니 **이 가난한 과부는 헌금함에 넣는 모든 사람보다 많이 넣었도다 그들은 다 그 풍족한 중에서 넣었거니와 이 과부는 그 가난한 중에서 자기의 모든 소유 곧 생활비 전부를 넣었느니라** 하시니라 (막 12:41-44).

하나님께서는 우리의 마음의 중심을 감찰하시는 분이다. 한 달란트를 받은 사람의 문제점이 바로 여기에 있으며, 그의 실패가 정확하게 이 지점에 놓여 있다. 그는 자신이 받은 적은 양만을 보았고 오히려 그것으로 인해 불평만 했다. 그리하여 자기가 받은 달란트조차 전혀 사용하지 않고 땅 속에 파묻어 두었다. 예수님은 그 사람을 가리켜 "악하고 게으른 종", "무익한 종"이라고 책망하셨다. 한 달란트 받았던 사람도 비록 적은 것이지만, 자신에게 주어진 것을 가지고 최선을 다해 충성을 했어야 했던 것이다.

한 달란트 받았던 자는 와서 이르되 주인이여 당신은 굳은 사람이라 심지 않은 데서 거두고 헤치지 않은 데서 모으는 줄을 내가 알았으므로 두려워하여 나가서 당신의 달란트를 땅에 감추어 두었나이다 보소서 당신의 것을 가지셨나이다 그 주인이 대답하여 이르되 **악하고 게으른 종아** 나는 심지 않은 데서 거두고 헤치지 않은 데서 모으는 줄로 네가 알았느냐 그러면 네가 마땅히 내 돈을 취리하는 자들에게나 맡겼다가 내가 돌아와서 내 원금과 이자를 받게 하였을 것이니라 하고 그에게서 그 한 달란트를 빼앗아 열 달란트 가진 자에게 주라 무릇 있는 자는 받아 풍족하게 되고 없는 자는 그 있는 것까지 빼앗기리라 **이 무익한 종을 바깥 어두운 데로 내쫓으라 거기서 슬피 울며 이를 갈리라 하니라**(마 25:24-30).

오늘 본문을 기록한 사도 바울을 한번 예로 들어서 생각해보자. 그는 부활장인 고린도전서 15:9에서 자신을 가리켜서 "사도들 가운데서 지극히 작은 자"라고 칭했다. 다시 말해 자기는 한 달란트 받았던 사도에 불과하다는 것이다. 그러나 그는 개의치 않았다. 최선을 다했다. 충성을 다했다. 그 결과 그는 다음 절인 고린도전서 15:10에서 자기는 모든 사도들보다 더 많이 수고하고, 더 많은 일을 했다고 떳떳하게 말할 수 있었다. 물론 그것도 하나님의 은혜였을 뿐이라고 그는 겸손하게 밝힌다. 하나님께서 우리에게 어떤 믿음의 분량을 맡기셨든지 간에 우리는 우리가 맡은 직분에 묵묵히 최선을 다하면 되는 것이다. 우리 몸속에 있어 보이지 않는 심장과 허파와 같은 지체들을 한번 생각해보자. 다른 사람이 아무도 봐주지 않는다고 자기의 직분을 소홀히 하면 어떻게 되겠는가? 우리의 몸 전체가 쓰러질 수밖에 없을 것이다.

아무도 봐 주는 사람이 없지만 각 지체들이 각각 자기에게 주어진 기능(직분)을 정확하게 알고, "이름도 없이 빛도 없이" 자기가 맡은 본분에 최선을 다하여 충성을 다해야 한다. 바로 그러할 때 우리 몸 전체가 건강하게 서 있을 수 있는 것이다. 그리스도의 몸 된 교회도 마찬가지이다. 우리도 교회 안에서 어느 곳에 서 있든지, 하나님께서 우리에게 어떠한 직분을 맡겨주셨든지 오직 감사하고 기쁘고 즐거운 마음으로 최선을 다해서 묵묵히 충성할 수 있어야 한다.

2) **또한 우리는 서로 협력하여 섬겨야 한다.**

이제 사도 바울은 4절에서 한 몸에 많은 지체가 있음을 말하고 있다. 지체의 다양성에 대해서 말한 것이다. 반면에 5절에서는 많은 지체들이 한 몸을 이루고 있다고 말한다. 지체의 유기적인 통일성에 대해서 우리에게 말씀을 해 주고 있는 것이다.

이 같이 우리 많은 사람이 **그리스도 안에서 한 몸이 되어 서로 지체가 되었느니라**(롬 12:5).

① "우리 많은 사람이 그리스도 안에서 한 몸이 되어"

여기에서 "한 몸"이라는 표현은 통일성을 가리킨다. 그리스도 안에서 한 몸이 된 "우리"는 신자들의 공동체로 그리스도의 교회를 이룬다(고전 12:27ff.). "많은 사람"을 나타내는 헬라어 "호이 폴로이"는 셈어투(Semitism)의 형태로 3절에 나오는 "너희 중 각 사람"과 같은 의미이다. "한 몸"이란 인간의 혈통으로나 사람의 생각으로 이루어지는 것이 아니라 그리스도께서 이 연합의 기반을 이루시고 믿는 자들이 성령으로 말미암아 믿음으로 그 안에서 하나가 되어야 이루어지는 것이다(엡 2:21). 우리 안에 내주하시는 성령은 우리를 그리스도에게 연합시키는 사랑의 끈이자 본드이시다. 성령으로 말미암아 그리스도의 생명으로 연결된 그의 몸된 유기체는 오직 교회이다(Godet).

② "서로 지체가 되었느니라"

이에 해당하는 헬라어 "토 데 칼 헤이스 알렐론 멜레"에서 "칼헤이스"(주격)는 부사로 사용되어, "개인적으로", "하나씩", "각각"으로 해석된다(BDΓ, DGD). 이런 표현은 마가복음 14:19; 요한복음 8:9; 고린도전서 14:31; 에베소서 5:33 등에 나오는데, 각각의 성도가 교회 전체와 서로 관계를 가지므로 각 지체는 다른 모든 지체들에게 속한다는 뜻으로서 그리스도 안에서의 연합을 강조하는 것이다. 그러므로 이는 특히 교회론(ecclesiology)적인 의미를 강조하는 본문이기도 한다(Dunn). 즉, 그리스도의 머리되심이 없는 연합을 생각할 수 없으므로 그리스도를 드러냄과 동시에 그리스도인의 연합을 의미하는 것으로 본다(Shedd). 따라서 4, 5절의 내용을 종합하여 언급하면 다음과 같다. (1) 몸의 통일성, (2) 각 지체들의 다양성과 이에 상응하는 기능의 다양성, (3) 여러 지체들의 유기적 상호성이다. 이처럼 사람의 몸에 나타난 유기적인 원리가 그리스도의 몸을 이룬 성도들의 사회, 거룩한 공동체 안에서도 그대로 적용되고 있음을 가르친다. 이는 성도들 사이에서 존재할 수 있는 개인주의적인 정신을 불식시키기 위한 것이다.[11]

그리스도의 몸인 교회는 한 몸이며, 하나의 유기체, 하나의 생명 공동체이다. 따라서 온 몸을 이루고 있는 모든 지체는 서로 협력을 해야 한다. 왜냐하면 한 몸 안에서 서로 유기적인 관련을 맺고 있기 때문이다. 예컨대, 우리가 팔다리 운동을 한다고 해서 팔다리 근육만 좋아지는가? 그렇지 않다. 우리 몸속에 있는 심장이 튼튼해진다. 그렇게 되면 혈액순환이 원활하게 이루어진다. 그 결과 우리의 온 몸이 튼튼해진다. 이와 같이 온 지체가 서로 함께 서고 함께 넘어지는 것이다. 우리 몸에 있는 지체들은 모두가 서로 협력을 하면서 아껴준다. 서로 서로 붙들고 세워준다. 지체들은 서로 유기적으로 연관을 맺고 있기 때문에 지체가 몸을 벗어 날 수 없다. 몸에 늘 붙어 있어야 한다. 그래야 지체마다 그 온전한 기능을 발휘할 수가 있고 생명을 영위할 수도 있다. 지체가 몸에서 떨어지면, 그 온전한 기능을 발휘할 수가 없다.

그러나 이제 하나님이 그 원하시는 대로 지체를 각각 몸에 두셨으니 만일 다 한 지체뿐이면 몸은 어디냐 이제 지체는 많으나 몸은 하나라 …

---

11) Cf. 강병도 편, 『호크마 종합주석(6): 로마서』, 383.

오직 하나님이 몸을 고르게 하여 부족한 지체에게 귀중함을 더하사 몸 가운데서 분쟁이 없고 오직 여러 지체가 서로 같이 돌보게 하셨느니라 만일 한 지체가 고통을 받으면 모든 지체가 함께 고통을 받고 한 지체가 영광을 얻으면 모든 지체가 함께 즐거워 하느니라(고전 12:18-26).

이와 같이 교회는 우리 주 예수 그리스도의 한 몸이다. 우리 모두는 몸된 교회를 이루는 지체들이다. 우리는 한 몸된 교회를 떠나면 안 된다. 항상 교회 안에 붙어 있어야 된다. 그래야 각자의 기능을 제대로 발휘할 수가 있다. 우리는 교회를 사랑하는 마음으로 서로 협력을 하면서 우리에게 주어진 직분을 다하는 가운데 주님의 몸된 교회를 더욱 더 든든히 세워 나가야 할 책임과 사명이 우리에게 있음을 잊지 말아야 할 것이다. 그러므로 한 몸된 교회 안에서 각 직분에 따라 섬기는데 있어 필요한 것은 서로간의 경쟁과 다툼이 아니라, 서로 섬김으로 연합하고 함께 서는 것이다. 항상 사랑안에서 몸 전체가 함께 세워지고 함께 자라가야 하는 것이다.

오직 사랑 안에서, 참된 것을 하여, 범사에 그에게까지 자랄찌라 그는 곧 머리니 곧 그리스도라. 그에게서 온 몸이 각 마디를 통하여 도움을 입으므로 연락(결합, to join together, to fit together)하고 상합(함께 선다, to held together, unite)하여 각 지체의 분량대로 역사하여 그 몸을 자라게 하며 사랑 안에서 스스로 세우느니라(엡 4:15-16).

즉, 각 지체는 그리스도의 남은 고난을 스스로 채움으로서 이루어지는 신앙과 사랑의 성장을 함께 이루어가야 한다(골 1:24). 이것은 "서로 지체가 되는" 상호간의 사랑의 섬김과 봉사로서 나타나야 한다(롬 12:5; 막 10:45). 그래서 성경은 "너희가 부르심을 입은 부름에 합당하게 행하여, 모든 겸손과 온유로 하고 오래참음으로 사랑 가운데서 서로 용납하고, 평안의 매는 줄로 성령의 하나되게 하신 것을 힘써 지키라"(엡 4:1-3)고 했다.

7. 섬김의 방법(III)

1) 하나님께서 주신 자신의 달란트와 은사가 무엇인지를 잘 알고 섬겨야 한다

하나님께서는 우리 각자를 독특하게 만드시고 각각 다른 달란트와 영적 은사를 주셨다. 서로 비슷하기는 해도 똑같은 것은 없다. 그래서 하나님의 나라에는 어느 누구도 쓰임 받지 못하거나 소중하지 않은 사람이 없다. 그러므로 우리는 섬김에 있어 하나님께서 우리 각자에게 나누어 주신 달란트와 은사를 잘 알고 그것에 따라서 섬겨야 한다.

우리에게 주신 은혜대로 받은 은사가 각각 다르니 혹 예언이면 믿음의 분수대로, 혹 섬기는 일이면 섬기는 일로, 혹 가르치는 자면 가르치는 일로, 혹 권위하는 자면 권위하는 일로, 구제하는 자는 성실함으로, 다스리는 자는 부지런함으로, 긍휼을 베푸는 자는 즐거움으로 할 것이니라(롬 12:6-13).

① **"우리에게 주신 은혜대로"**

본 구절은 은사의 근거가 되는데, 어느 누구도 자기의 받은 바 은사에 대해 자만할 수 없는 이유가 된다. "은혜대로"(카타 텐카린)를 문자대로 번역하면 "은혜에 따라"이며, 이는 하나님께서 신자들에게 선물을 나눠 주시는 원리가 된다. 이처럼 하나님의 은혜로 교회 안에서 성령의 역사(役事)하심에 따라 은사들이 주어지는 것은 각각 다른 기능과 직분을 유기적으로 수행하기 위해서이다(고전 12:7).

② **"받은 은사가 각각 다르니"**

여기서 "받은"에 해당하는 헬라어 "에콘테스"는 "가지고 있는", "소유하고 있는"이라는 뜻으로, 은혜로 받은 것을 계속해서 가지고 있는 것을 의미한다. "은사"는 그 은혜가 구체적으로 몸의 지체들에게 반영되어 실제 행함으로 가시적(可視的)으로 나타난다. "각각 다르니", 즉 "은사가 다르다"는 것은 5절에 나오는 "서로 지체"라는 말을 더 자연스럽게 이끈다. 신자들이 각각의 은사들을 받은 것은 이 은사들이 개별적으로 주어진 목적대로 사용되기 위해서이다. 교회에서의 특별한 직분(職分)이나 기능들은 서열(序列)을 나타내는 것이 아니라 그리스도인들에게 주어진 은사의 다양함과 그에 따른 능력들을 나타낸다.[12]

열 손가락 가운데 어느 손가락이 가장 귀한가? 작은 손가락 하나만 아파도 불편하지 않은가? 손가락 하나만 아파도 일을 제대로 할 수가 없고, 발가락 하나만 없어도 제대로 걷지를 못한다. 아무리 작은 지체라도 다 소중하고, 하나님의 귀한 목적과 쓰임새가 있어서 만들었는데, 하나님 보시기에 우리 모두가 바로 그렇게 소중하고 귀한 사람들이다. 사실 주님께서는 소자 하나의 생명이 천하

---

12) Cf. 강병도 편, 『호크마 종합주석(6): 로마서』, 384.

보다 더 귀하다고 하셨지 않는가? 하나님께서는 이 세상에서 그의 큰일을 이루시는데 소중하고 귀하게 쓰시기 위하여 우리 모두를 창조하셨고, 또 귀한 은사를 통해 섬김의 사명을 주셨다. 그러므로 잘 섬기기 위해서는 먼저 하나님께서 나에게 주신 달란트와 은사가 무엇인지 정확하게 분별할 수 있어야 한다.

예수 그리스도 안에서 하나님께서 중생의 구원의 은혜를 주실 때에 "새로운 생명"(영생)의 선물과 함께 성령께서는 모든 믿는 자에게 다양하고도 특별한 은사를 나누어 주시며, 각자에게 주신 귀한 사명과 사역들을 감당하게 하셨다. 따라서 교회는 **은사공동체**이다. 구약과 신약은 모두 성령의 은사와 직분에 대해 언급하고 있다. 성령은 우리 각자에게 은사와 직분을 나누어 주심에 있어 자유롭고 주권적이다. 성령께서 우리에게 은사와 직분을 주시는 목적은 섬김과 봉사의 일을 하게하기 위해서이다.

> 그가 어떤 사람은 사도로, 어떤 사람은 선지자로, 어떤 사람은 복음 전하는 자로, 어떤 사람은 목사와 교사로 삼으셨으니 **이는 성도를 온전하게 하여 봉사의 일을 하게 하며 그리스도의 몸을 세우려 하심이라** (엡 4:11-12).

그러므로 우리는 그리스도의 몸된 교회의 유익을 위해 우리에게 주신 은사와 직분에 따라 봉사해야 할 책임이 있다. 은사공동체인 교회는 그러한 은사에 기초하여 서로를 섬기기 위한 **섬김의 공동체/봉사공동체**(디아코니아, *Diakonia*)이다. 하나님은 무슨 일이든지 다 할 수 있지만 우리의 손을 통해서 일을 하시듯, 우리도 이웃의 손이 되고, 서로의 발이 되어 주어야 한다. 세상의 주님이지만 섬기시기 위하여 비천한 종의 모습으로 오신 예수 그리스도의 본을 받아 서로 섬기고 나누는 그 곳에 하나님의 나라가 임할 것이다. 그리스도인들은 모두 지배자나 주인이 아니라 섬김의 종이며 은사의 청지기이다. 그러므로 교회의 모든 직분과 직책은 오로지 섬김으로부터 생겨나고, 섬김을 목표로 하는 것이다. 다시 말해, 그리스도인들은 지배하기 위해서 섬기지 않으며, 섬기기 위해서 지배하지도 않아야 한다. 교회의 모든 은사와 직분, 모든 직책과 활동은 오직 하나님 섬김(예배)과 인간 섬김(봉사) 안에서만 거룩한 진가를 발휘한다. 그리고 그러한 섬김에 있어 자기에게 주신 은사가 무엇인지 세밀하게 살펴서, 은사에 따라 섬기며, 은사에 합당하게 쓰임을 받아야 한다.

> **너희는 그리스도의 몸이요 지체의 각 부분이라** 하나님이 교회 중에 몇을 세우셨으니 첫째는 사도요 둘째는 선지자요 셋째는 교사요 그 다음은 능력을 행하는 자요 그 다음은 병 고치는 은사와 서로 돕는 것과 다스리는 것과 각종 방언을 말하는 것이라 다 사도이겠느냐 다 선지자이겠느냐 다 교사이겠느냐 다 능력을 행하는 자이겠느냐 다 병 고치는 은사를 가진 자이겠느냐 다 방언을 말하는 자이겠느냐 다 통역하는 자이겠느냐 **너희는 더욱 큰 은사를 사모하라 내가 또한 가장 좋은 길을 너희에게 보이리라**(고전 12:27-31).

우리가 올바로 섬기기 위해서는 오직 성령 하나님께 온전히 붙들려야 하고, 그의 도우심과 인도하심을 받아야 한다. 그러므로 더욱 잘 섬기기 위하여 성령의 은사를 더욱 사모하여야 한다. 내 힘과 능력이 아니라 오직 하나님께서 주신 은사에 힘입어 섬길 경우, 봉사가 전혀 힘들지 않게 된다. 오히려 섬김 자체가 나 자신에게 먼저 큰 즐거움과 기쁨이 됨은 물론, 나아가 다른 모든 사람에게도 큰 축복과 유익을 줄 것이다. 받은 은사에 따라 유익하게 쓰임 받는 사람이 참으로 복되고 행복하다. 그가 받은 은사대로 섬기는 사람은 다른 사람의 은사 또한 귀하게 생각하고 존중하게 된다. 내게는 A라는 은사가 있지만, 다른 사람들에게는 B, C, D라는 다양한 은사들이 있다. 하나님께서 주시는 은사는 더할 나위 없이 풍성하지만, 어느 누구도 성령 하나님께서 주권적으로 나누어 주시는 그 모든 은사들을 독점할 수는 없다.

내가 받은 은사만이 중요한 것이 아니라 모든 은사가 귀하고 중요한 것이다. 나만 중요한 것이 아니라 우리 모두가 중요하고 하나님 앞에서 똑같이 참으로 가치 있는 사람들이다. 왜냐하면 우리 모두는 똑같이 "하나님의 형상"(*Imago Dei*)으로 지음을 받았고, 동일한 그리스도의 십자가 보혈로 구속의 은혜를 입었으며, 한 성령으로 동일한 세례를 받았기 때문이다. 따라서 우리가 서로의 은사를 인정하면, 나와 다른 은사를 가진 사람을 좋아하고 기뻐하고 즐거워 할 수 있게 된다. 내게 없는 것이 그에게 있으니까 겸손하게 서로를 인정하고 사랑으로 서로를 즐거움으로 용납하게 된다. 여기에서 성령 안에서 이루어지는 참된 생명과 화평의 교제가 가능하게 되는 것이다. 그래서 주님의 몸된 교회는 **교제의 공동체**(코이노니아, *Koinonia*)인 것이다. 그러므로 교만한 사람은 참으로 은사를 모르는 사람이요, 하나님의 은혜를 모르는 사람이다. 우리 모두가 자신의 은사에 따라 맡은 본분을 다 할 때, 주님의 몸된 교회는 더욱 든든하게 세워져 가고 서로가 서로에게 큰 기쁨과 축복이 될 것이다.

2) 은사는 다양하나 모두 동격이다

이미 언급한 것과 같이, 은사는 우리가 요구해서 받은 것이 아니라 성령께서 우리에게 값없이 주신 특별한 주권적 선물이다. 그러한 성령의 은사는 다양하며, 또 우리 각자가 받은 은사가 서로 다르다. 우리 가운데 한 사람의 가치가 우리 몸의 각 지체와 같이 어느 하나라도 없어서는 안 되는 귀한 존재인 것처럼, 우리 모두가 받은 각양 은사들 역시 동일하게 중요한 것이다. 섬김의 직분과 역할을 감당함에 있어 받은 은사대로 섬기면 반드시 놀라운 축복이 있다. 은사도 그 종류가 다양하다. 로마서 12:6-13은 예언, 섬김, 가르침, 위로, 구제, 리더십, 자선의 은사 등 7가지 은사를 말하고 있지만, 성경전체를 보면 아주 다양한 은사들이 있다.

우리에게 주신 은혜대로 받은 은사가 각각 다르니 혹 예언이면 믿음의 분수대로, 혹 섬기는 일이면 섬기는 일로, 혹 가르치는 자면 가르치는 일로, 혹 위로하는 자면 위로하는 일로, 구제하는 자는 성실함으로, 다스리는 자는 부지런함으로, 긍휼을 베푸는 자는 즐거움으로 할 것이니라(롬 12:6-8).

어떤 사람에게는 성령으로 말미암아 지혜의 말씀을, 어떤 사람에게는 같은 성령을 따라 지식의 말씀을, 다른 사람에게는 같은 성령으로 믿음을, 어떤 사람에게는 한 성령으로 병 고치는 은사를, 어떤 사람에게는 능력 행함을, 어떤 사람에게는 예언함을, 어떤 사람에게는 영들 분별함을, 다른 사람에게는 각종 방언 말함을, 어떤 사람에게는 방언들 통역함을 주시나니 **이 모든 일은 같은 한 성령이 행하사 그의 뜻대로 각 사람에게 나누어 주시는 것이니라**(고전 12:8-11).

이와 같이 성령의 은사는 모든 믿는 자에게 값없이 주어지는 하나님의 은혜의 선물이며 아주 다양한 모습으로 나타난다. 우리 모두에게는 그것이 어떤 것이든 하나님께서 주신 은사가 최소한 한 가지씩은 있다. 그러나 각 은사는 한 성령으로 말미암았기 때문에 서로 동격이다. 그 모든 은사는 한 성령으로 말미암은 것이기 때문에 결코 서로간의 우열과 경쟁의 관계에 있지 않다.

은사는 여러 가지나 성령은 같고 직분은 여러 가지나 주는 같으며 또 사역은 여러 가지나 모든 것을 모든 사람 가운데서 이루시는 하나님은 같으니 각 사람에게 성령을 나타내심은 유익하게 하려 하심이라(고전 12:4-7).

오직 모든 은사는 서로를 세우는 상호간의 사랑의 사귐(코이노니아; *koinonia*)과 사랑의 섬김(디아코니아; *diakonia*)의 관계로 존재해야만 한다. 또한 그러한 은사를 주시는 목적은 궁극적으로 성도로 하여금 하나님을 영화롭게 하는 삶을 살 수 있도록 하는 것인데, 구체적으로는 하나님의 말씀을 통하여 신자들의 믿음을 굳건히 하고, 또한 그 말씀을 효과적으로 증거하고 가르치게 하며, 교회 안에서 이루어지는 모든 사역들을 통하여 주님의 몸을 더 잘 섬기며 하나님의 나라를 세워가게 하기 위한 것이다. 이제 우리는

"거룩한 산제사"로 드리는 섬김을 통하여 하나님의 큰 영광을 나타내고, 또한 그것이 우리 모두에게 하나님의 놀라운 축복으로 임하도록 해야 한다.

8. 나가는 말

① **섬김의 사명**: 구원의 은혜를 입은 그리스도인은 모두 **섬김의 사명**을 가지고 있다.
② **섬김의 정의**: 섬김은 다른 사람을 위하여 **자기 자신을 내어주는 것**이다.
③ **섬김의 기초**: 섬김의 기초는 예수 그리스도의 **십자가의 사랑**이다.
④ **섬김의 대상**: 섬김의 대상은 자기 자신을 드려 첫째, **하나님을 영화롭게 하고**, 둘째, **그리스도의 몸된 교회**와 셋째, **우리의 이웃들을 온전하게 세우는 것**이다.
⑤ **섬김의 주체**: **구원받은 사람**, 예수 그리스도의 십자가의 은혜를 받은 사람, 하나님의 사랑을 체험한 사람, 성령으로 거듭나 속사람이 변화된 사람, 그리하여 이 세상 나라가 아니라 하나님의 나라에 속한 사람은 진정으로 참된 섬김의 사람이 되어야 한다. **섬김은 천국백성의 사명이자 삶이다.**
⑥ **섬김의 원리**: 오직 **하나님의 온전하신 뜻**에 따라 섬겨야 한다.
⑦ **섬김의 방법**:
첫째, 겸손하게 섬겨야 한다(3절).
둘째, 믿음의 분량대로 섬겨야 한다(3절).

셋째, 지혜롭게 섬겨야 한다(3절).

넷째, 자신에게 주어져 있는 것, 맡겨진 직분(기능/재능/달란트)에 따라 섬겨야 한다(4절).

다섯째, 그리스도 안에서 한 몸된 지체로서 서로 협력하여 섬겨야 한다(5절).

여섯째, 각 사람에게 주신 은혜와 은사에 따라 섬겨야 한다(6절).

일곱째, 서로 사랑과 존경으로 섬겨야 한다(9-10절).

여덟째, 성실하고 부지런함으로 열심히 섬겨야 한다(8, 11절).

아홉째, 즐거움과 오래 참음으로 섬겨야 한다(8, 12절).

열째, 내가 가진 것으로 힘써 섬겨야 한다(13절)

Cor meum tibi offero Domine, prompte et sincere!
(나의 심장을 주님께 드립니다, 즉시 그리고 진심으로!)

― John Calvin

제11장

개혁주의 선교 개념의 재이해
: 송영(Doxology)으로서의 선교

1. 들어가는 말

"선교"의 주제는 구약신학에 있어 가장 논란이 되는 문제들 가운데 하나이다. 우리는 과연 구약성경에서 이방 나라들에 대하여 참된 하나님, 야웨 유일신 신앙의 전파 혹은 다른 이교 민족들의 개종을 목적으로 하는 "파송"(going out)의 의미에서 이스라엘의 선교 개념 혹은 선교 행위를 찾아볼 수 있는가? 다시 말하자면, 우리는 신약에서처럼(cf. 마 28:19-20; 행 1:8), 구약에서도 어떤 명확한 "선교적 위임명령"을 찾아볼 수 있는가? 이 문제와 관련하여, 일부 학자들은 분명하게 "아니오!"라고 대답한다. 예를 들어, 마틴-아차드(R. Martin-Achard)는 이스라엘은 선택된 백성이 되는 것(to be the Chosen people) 이외에 이방인들에 대한 어떠한 다른 선교적 사명을 가지고 있지 않다고 강력하게 주장한다.[1] 즉, 구약에서 이스라엘의 사명은 본질적으로 선택된 백성으로 "존재하는 것"(presence)인데, 이것은 그 안에서 야웨 하나님께서 일하시며, 그 분의 간섭을 떠나서는 그 존재의 의미를 상실하는 하나님의 택한 거룩한 백성이 "되는 것"(to be)을 뜻한다. 세상 가운데 단지 선택된 백성으로 "존재함" 자체로서 이스라엘은 유일무이한 하나님의 위대하심을 증거하며, 또한 이방인들을 그들과 함께 야웨 하나님 경배에 참여하도록 소환하는 것이다.[2]

그러므로 구약에서는 오직 선택된 백성으로서 이스라엘은 "중재적 기능"(mediatorial function)만이 있으며, 이것은 이방나라들과 그들 자신 사이에 제사장, 선지자, 그리고 왕이라는 "삼중적 관점"에서 기능한다.[3] 이렇게 하나님의 택한 백성으로 존재하는 이스라엘의 중재를 통하여 참된 하나님에 대한 지식이 이방 나라들에게 알려진다. 따라서 마틴-아차드에 의하면, 이방 민족들의 개종을 목적으로 하는 선교는 구속사에 있어 단지 종말론적으로 일어날 사건일 뿐이다. 이러한 의미에서, 그는 기독교회의 선교와 관련하여 "세상의 복음화는 본질적으로 말과 행위의 문제가 아니라 단지 현존(presence), '세상 가운데 하나님의 백성의 현존과 그의 백성들 가운데 하나님의 현존'의 문제"일 뿐이라고 결론내린다.[4] 블라우(J. Blauw)[5]와 한(F. Hahn)[6]을 비롯하여 많은 다른 학자들

---

1) R. Martin-Achard, *A Light to the Nations: A Study of the Old Testament Conception of Israel's Mission to the World*, trans. John P. Smith (Edinburgh: Oliver and Boyd, 1962), 75.
2) Ibid., 76.
3) Ibid., 77.
4) Ibid., 79.
5) Cf. J. Blauw, *The Missionary Nature of the Church* (New York: McGraw-Hill, 1962).
6) Cf. F. Hahn, *Mission in the New Testament*, trans. F. Clarke (London: SCM, 1965).

도 기본적으로 이와 같은 마틴-아차드의 "현존"의 개념을 구약에 있어 선교에 대한 본질적인 모티브로 파악하는데 동의한다. 환언하자면, "구심적 선교"(centripetal mission 이스라엘에게로 나아옴)와 "원심적 선교"(centrifugal mission 이방나라들로 나아감)의 개념을 서로 대립적인 것으로 구분함으로써, 그들은 전자가 구약에서의 본질적인 선교 개념이라고 주장하는 것이다.[7]

그런데 이러한 경향과는 달리, 또 다른 그룹의 학자들은 "원심적" 선교개념으로서의 신약적 선교의 토대와 모티브를 구약에서 찾음과 동시에, 심지어 구약에도 분명한 선교적 위임명령이 있다고 강력하게 주장한다. 예를 들어, 복음주의적 성경신학자 월터 카이저(Walter C. Kaiser)는 다음과 같이 말한다: "구약에는 선교적 메시지나 비젼이 없다는 소문이 널리 퍼져 있지만, … 그러한 루머나 견해는 구약성경 그 자체의 주장과 일치하지 않는다."[8] 글로버(Robert H. Glover) 역시 선교에 대한 주장이 구약성경 전체를 통하여 발견될 수 있음이 간과되어서는 안될 명백한 사실이라고 말한다.[9] 한 걸음 더 나아가, 케인(J. H. Kane)은 사실 구약성경은 하나의 선교에 관한 책이며, 야웨 하나님은 선교하시는 하나님이시라고 주장한다.[10]

---

7) 피터스(G. W. Peters)는 선교와 관련하여 주장하기를, "성경은 두 가지 방법으로 묘사하고 있는데, 하나는 '원심적'(centrifugal)인 것이고, 다른 하나는 '구심적'(centripetal)인 것이다. 우리가 반드시 알아야 할 사실은 구약성경은 전적으로 후자의 방법으로 이루어져 있고, 반면에 신약성경은 전자의 방법으로 이루어져 있다는 것이다." G. W. Peters, *A Biblical Theology of Missions* (Chicago: Moody Press, 1972), 21.
8) Walter C. Kaiser, "Israel's Missionary Call," in *Perspectives on the World Christian Movement: A Reader*, ed. R. D. Winter and S. C. Hawthorn (Pasadena, CA: William Carey Library, 1981), 25.
9) Robert H. Glover, *The Bible Basis of Missions* (Chicago: Moody Press, 1946), 15.

버퀼(J. Verkuyl)은 소위 "현존"으로서의 구약적 선교개념을 다음과 같이 더욱 직접적으로 논박한다: "나는 구약에서 선교적 모티브가 단지 현존의 개념으로만 찾아 볼 수 있다는 견해가 옳다는 주장을 도저히 믿을 수가 없다. 나는 솔직히 왜 그렇게 많은 사람들이 구약에서는 결코 [직접적이고 적극적인] 선교 명령이 주어지지 않았다고 생각하는지 도저히 이해할 수가 없다."[11] 그러면서 그는 특별히 종의 노래들 가운데 하나인 이사야 49:6에 나타난 "이방 나라들의 빛이 되라"는 구절은 분명하게 이스라엘의 선교적 사명에 대하여 명령하고 있다고 주장한다.[12] 동일한 의미에서, "신약은 구약으로부터 자라 나온다"는 원리에 기초하여, 헤드룬트(Roger E. Hedlund) 역시 이사야의 종의 노래에서 신약의 "원심적" 선교개념을 분명히 발견할 수 있다고 말한다.[13]

> 우리는 종의 노래들에서 [이스라엘에게로] **나아오는 것**(Coming in)으로서의 구약의 일반적인 의미와 대비되는 **나아가는 것**(Going out)으로서의 선교를 분명히 찾을 수 있다.… 이사야 42:1과 49:6, 그리고 또 다른 유사한 본문에서 이방으로 나아가는 선교가 있다. "공의가 땅 끝

---

10) J. H. Kane, *Christian Missions in Biblical Perspective* (Grand Rapids: Baker Book, 1976), 18. 그의 또 다른 저작에서, 케인은 다음과 같이 말하고 있다: "성경을 올바르게 이해하는 것이 기독교 선교의 모든 측면들에 대한 진리의 귀중한 광산이다. 우리는 선교를 말하는 본문들을 찾기 위해 굳이 힘들게 사냥할 필요가 없다. 시작부터 끝까지, 전체 성경의 주된 관심이 바로 사람과 또한 그의 구원에 대한 것이며, 바로 이것이 바로 선교에 대한 모든 것이다." J. H. Kane, *The Christian World Mission: Today and Tomorrow* (Grand Rapids: Baker Book, 1981), 25.
11) J. Verkuyl, *Contemporary Missiology: An Introduction*, trans. and ed. D. Cooper (Grand Rapids: Eerdmans, 1978), 94.
12) Ibid., 94.
13) Roger E. Hedlund, *The Mission of the Church in the World: A Biblical Theology* (Grand Rapids: Baker Book, 1991), 151.

까지 이르리라." 구원이 모두에게 도달해야 하기 때문에 하나님의 백성들은 이방에 빛을 전하는 자가 되어야만 한다. 그러므로 비록 그러한 개념을 완전히 이해하기 위해서는 기독교회 시대까지 기다려야 하지만, 이미 구약의 종의 노래들에서 우리는 분명히 "원심적" 선교 (centrifugal mission) 개념을 발견할 수 있다.[14]

바로 이러한 이유로 해서, 헤드룬드는 이사야 40-55장의 종의 노래들이 바로 구약에서의 "선교적 정점"이라고 주장한다.[15] 그러나 마틴-아차드와 다른 학자들은 이사야서의 종의 노래를 선교적 의미로 해석하는 것을 완강하게 거부한다. 그에 의하면, 이사야는 이방 나라들의 개종, 즉 선교에 대하여 이스라엘 민족에게 촉구하고 책임지우기 위해서가 아니라 그의 형제들을 위로하기 위해서 야웨 하나님으로부터 부름을 받았다. 그러므로 하나님의 가장 첫째 되고 우선하는 관심과 그의 긍휼은 이스라엘 민족을 위한 것이지 이방 나라들을 위한 것이 아니다.[16] 따라서 이사야 42장과 49장의 몇몇 성경 본문에 대해 면밀히 분석한 후 그는 결론내리기를, "이사야의 메시지는 **그 용어의 통상적 의미에 있어서** 선교적 메시지가 결코 아니다. 선지자는 이교자들을 개종시키기 위하여 지구 구석구석을 샅샅이 찾아 헤메고 다녀야 하는 그러한 사명에로 이스라엘을 초대하고 있는 것이 아니다. 선택된 백성의 사명은 단지 '존재하는 것' (to exist)이며, 그럼으로써 세상 속에서 그러한 현존 자

---

14) Hedlund, *The Mission of the Church in the World*, 116-17 (italics mine).
15) Cf. Hedlund, *The Mission of the Church in the World*, 110.
16) Martin-Achard, *A Light to the Nations*, 13.

체가 야웨의 하나님 되심에 대한 증거를 제공하는 것이다."[17]

상황이 이러하다면 과연 어떠한 성경 해석이 옳은가? 우리는 구약성경, 특별히 이사야의 종의 노래들에서 과연 어떤 분명한 선교적 위임 명령을 찾을 수 있는가? 바로 이러한 논쟁의 촛점이 이 장에서 다루고자 하는 첫 번째 문제이며, 이를 위하여 특별히 이사야 42:1-9(cf. 49:6)에 나오는 "이방의 빛"(a light to the nations, 42:6과 49:6)에 대한 성경해석학적 문제를 중심으로 살펴보고자 한다.

다음으로, 우리는 마틴-아차드와 다른 여러 학자들의 다음과 같이 좀 더 세련된 주장, 즉 "통상적 의미"에 있어서 소위 "원심적" 선교 개념을 종의 노래들뿐만 아니라 구약성경 전체에서 찾아볼 수 없다는 주장에 대하여 주의를 기울여야 한다. 이러한 주장과 관련하여 우리가 던져야 할 아주 중요한 질문은 소위 구약의 "구심적" 선교 개념과 신약의 "원심적" 선교 개념으로서의 이분법적 구분이 과연 적절한 것이며 절대적인 것인가 하는 것이다. 이점과 관련하여 예를 들어, 보쉬(David J. Bosch)는 선교에 대한 그의 저작인 *Transforming Mission: Paradigm Shifts in Theology of Mission* (1991)에서 지적하기를, 현대 선교학에서 선교에 대한 전통적인 개념은 일대 "위기"에 직면하고 있으며, 따라서 일종의 "패러다임 전이"(paradigm-shift)가 광범위하게 이루어지고 있다고 주장한다. 그의 관찰과 분석에 의하면, "(a) 신앙의 전파, (b) 하나님 나라의 확장, (c) 이교도의 개종, 그리고 (d) 새로운 교회의 설립"이라는 전통적 의미에 있어 선교 개념은 전체 선교역사에 있어

---

17) Martin-Achard, *A Light to the Nations*, 31.

사실 "아주 최근에 발생"한 것일 뿐이다. 뿐만 아니라 그러한 선교 개념은 현재 포스트모던 에큐메니칼 선교학에서 점차적으로 퇴화되고 있다. 그러므로 그는 기독교 선교에 대한 전혀 새로운 개념으로의 극적인 전환이 필요하다고 역설한다.[18]

이러한 상황에 부합하여, 보쉬 자신이 그러한 전통적 선교개념을 다음과 같이 전환할 것을 주장한다: "기독교 선교는 다른 종교들과의 경쟁, 따라서 개종 행위나 신앙의 전파, 그리고 하나님 나라의 건설이 아니며, 또한 사회적, 경제적, 정치적 행위도 물론 아니다. … 아주 단순하게 말해서, **선교란 불확실한 미래를 걸고 예수의 자유케 하는 선교에 대한 기독인들의 참여이다.**"[19] 그러나 보쉬가 관찰하고 분석하는 여러 가지 포스트모던 선교적 패러다임들이나 혹은 그 자신이 제시하는 기독교 선교에 대한 재정의가 과연 전통적 선교 개념이나 패러다임을 대체할 만큼 적절한 것이라 할 수 있는가? 만일 그렇지 않다면, 성경적 원리에 기초한 개혁주의적 또는 복음주의적 관점에서, 그러한 급진적 포스트모던 에큐메니칼 선교학의 도전들에 대응할 수 있는 올바른 성경적 선교 개념 혹은 패러다임은 과연 무엇이어야 하는가? 비단 선교학 뿐만 아니라 이 시대의 기독교 신앙과 신학 전체의 존재 이유와 패러다임의

---

18) David J. Bosch, *Transforming Mission: Paradigm Shifts in Theology of Mission* (Maryknoll, N.Y.: Orbis Books, 1991), 1-2. 그는 새롭게 대두하고 있는 포스트모던 선교적 패러다임으로서 다음과 같은 것들을 제시하고 있다: "Mission as the Church-with-Others;" "Mission as Missio Dei;" "Mission as Mediating Salvation;" "Mission as the Quest for Justice;" "Mission as Evangelism;" "Mission as Contextualization;" "Mission as Liberation;" "Mission as Inculturation;" "Mission as Common Witness;" "Mission as Ministry by the Whole People of God;" "Mission as Witness to People of Other Living Faiths;" "Mission as Theology;" "Mission as Action in Hope." 이와 관련하여 특별히 이 저작의 "Chapter 12, Elements of an Emerging Ecumenical Missionary Paradigm," 368-510를 보라.

19) Bosch, *Transforming Mission*, 519 (italics mine).

총체적 구성 원리의 문제가 걸려있는, 바로 이러한 절박한 질문에 대한 대답의 한 시도로서, 특별히 이사야서의 종의 노래들과 여러 관련 구약 본문들을 통하여 개혁주의적 기독교 선교 개념 혹은 패러다임을 찾아보려는 것이 이 장의 두 번째 목적이다.

2. 첫 번째 "종의 노래"에 나타난 선교 개념: 이사야 42:1-9

1) 성경 본문의 분석

우리는 "이방의 빛"(a light to the nations)이라는 구절을 이사야서의 첫 번째 종의 노래(사 42:1-9)에서 찾을 수 있다(cf. 사 49:6; 51:4-5; 60:1). 이 본문의 분석 및 해석과 관련해서 학자들 사이에 가장 우선적인 논쟁점 중 하나는 과연 그러한 종의 노래들이 후대의 삽입인가, 아니면 본래적인가 하는 것이다. 한 때 듐(Duhm)은 소위 이사야서의 종의 노래들의 그 본래적 구성단위들을 다음과 같이 구분하였다: 이사야 42:1-4; 49:1-6; 50:4-9; 그리고 52:13-53:12. 그렇게 함으로써 그는 종의 노래들을 그 언어적 독특성과 문학적 스타일의 차이 때문에 이사야 40-55장의 본래적 문맥으로부터 떼어내어 이질적인 것으로 구별하고자 했다(i.e., 소위 "편집 비평"의 적용).

그러나 그러한 듐의 견해는 다른 많은 학자들에 의하여 거부되었는데, 그것은 종의 노래들을 포함한 전체 본문에 있어 주제의 연속성이 분명하기 때문이다.[20] 블로허(H. Blocher)는 종의 노래들이

---

20) 다음 문헌들을 참조하라: James D. Smart, *History and Theology in Second Isaiah* (Philadelphia: Westminster Press, 1965), 80-81; N. H. Snaith, "The Servant of the Lord in Deutero-Isaiah," in

각기 따로 독립된 단위로 간주되어서는 안 된다고 주장한다.[21] 블로허는 종의 노래들과 다른 부분들을 잇는 "연결고리"(connecting links)에 대한 브루스(F. F. Bruce)의 생각을 받아들임으로써 종의 노래들의 텍스트를 다음과 같은 문학적 단위로 구분한다: 이사야 42:1-9 (5-9); 49:1-13 (7-13); 50:4-11 (10,11); 52:13-53:12.[22] 동일한 이유로 해서, 이 장에서는 이사야 42:1-9의 본문을 하나의 문학적 단위로 취급하고자 하며, 또한 종의 노래들은 후대에 삽입된 이질적인 것이 아니라 전체적 문맥에서 분리할 수 없는 본래적인 것으로 보고자 한다.[23]

2) "야웨의 종"의 정체성 문제

이 본문에서 우리는 "야웨의 종"(the Servant of Yahweh, cf. "나의 종")과 그의 독특한 선교적 사명, 그리고 그것을 수행하는 그의 태도에 대한 간략한 묘사를 찾아볼 수 있다. 먼저 42:1ab에서 하나님께서는 아무런 구체적인 언급 없이 그의 종에 대하여 소개한다. 따라서 종의 노래들에서 언급하는 이 "종"(the Servant)이 과연 누구를 의미하는 것인지를 바르게 이해하는 것이 이 본문을 해석하는데 있어 가장 어려운 문제 중 하나이다. 노쓰(C. R. North)의 분

Studies in Old Testament Prophecy, ed. H. H. Rowley (Edinburgh: T. & T. Clark, 1957),187; 그리고 Hans M. Barstad, "The Future of the 'Servant Songs'," in *Language, Theology, and The Bible: Essays in Honor of James Barr*, eds. S. E. Balentine and J. Barton (Oxford: Clarendon Press, 1994), 261-70.

21) H. Blocher, *Songs of the Servant* (Downers Grove, IL: Inter-Varsity Press, 1971), 20.
22) Blocher, *Songs of the Servant*, 20-21.
23) 윌슨(A. Wilson)에 따르면, "첫 번째와 두 번째 종의 노래들은 그 문맥에서 분리 가능한 고립적인 신탁들이 아니라 전체 구성적 단위들을 이루는 하부 단위들로서 연속적으로 보아야 한다." A. Wilson, *The Nations in Deutero-Isaiah: A Study on Composition and Structure* (Lewiston: Edwin Mellen Press, 1986), 315.

석에 따르면, 성경해석의 역사에서 학자들의 견해는 대체로 다음과 같이 네 가지로 분류된다: ① "역사적-개인으로서의 해석," ② "신화적 해석," ③ "집합적 해석," 그리고 ④ "메시아적 해석."[24]

이러한 여러 가지 해석들의 유용성과 그 신학적 함축들에 대한 중요성을 무시하지 않으면서도, 우리는 "야웨의 종"의 정체성을 이해하기 위하여 또 다른 매력적인 접근법을 해석학적 도구로 고려할 수 있는데, 그것은 바로 "유동적 접근법"(fluid approach)이라는 것이다. 우리는 "야웨의 종"의 정체성을 구체화함에 있어 그러한 접근법을 먼저 델리취(F. Delitzsch)의 해석에서 찾을 수 있다. 그는 종의 정체성을 하나의 "피라미드" 구조로 파악한다. 그의 견해에 따르면, 첫 번째 종의 노래에서 종은 전체로서의 이스라엘이며, 두 번째 종의 노래에서는 "의로운 남은 자들"이고, 마지막 종의 노래에서는 그 피라미드의 정점으로서 구원을 중재하는 "한 개인"으로 구체화된다.[25] 로울리(H. H. Rowley)도 이와 유사한 "유동적 해석"을 제시한다. 즉, 첫 번째 종의 노래에서 종의 정체는 집합적 의미로서의 이스라엘 민족이며, 그들의 사명은 온 세상 나라들에게 참 종교의 빛, 곧 야웨 하나님에 대한 신앙을 전하는

---

24) Cf. C. R. North, *The Suffering Servant in Deutero-Isaiah: A Historical and Critical Study*, 2nd ed. (New York: Oxford University Press, 1963), 192-219. 또한 다음의 문헌들을 보라: H. H. Rowley, *The Servant of the Lord and Other Essays on the Old Testament*, 2nd ed. (Oxford: Basil Blackwell, 1965); D. F. Payne, "Recent Trends in the Study of Isaiah 53," *Irish Biblical Studies* 1 (1979), 3-18; C. G. Kruse, "The Servant Songs: Interpretative Trends since C. R. North," *Studia Biblica et Theologica* 8 (1978), 3-27; 그리고 Robert R. Ellis, "The Remarkable Suffering Servant of Isaiah 40-55," *Southwestern Journal of Theology* 34 (1991-92), 20-30. 성경에서 "하나님의 종"의 개념에 대한 보다 일반적인 분석을 위해서는 다음을 참조하라. W. Zimmerli and J. Jeremias, *The Servant of God* (Naperville, IL: Alec R. Allenson, 1957).
25) Cf. F. Delitzsch, *Biblical Commentary on the Prophecies of Isaiah*, vol. 2, trans. J. S. Bank and J. Kennedy (Edinburgh: T & T Clark, 1980), 165.

것이다. 그리고 두 번째 종의 노래에서는 하나의 정화된 이스라엘 민족의 순수한 핵심으로서의 남은 자들로 구체화된다. 또한 마지막으로 네 번째 종의 노래에서는 이스라엘의 사명을 완벽하게 성취할 한 개인으로 정체화되는데,[26] 그가 곧 메시아이다.[27]

이제 "야웨의 종"의 정체성을 보다 분명히 하기 위하여 우리는 성경 본문을 면밀하게 분석해야 하는데, 먼저 42:1ab의 텍스트를 살펴보자. 여기에서 하나님께서는 그의 종에 대하여 다음과 같이 표현한다.

> 내가 붙드는 나의 종, 내 마음에 기뻐하는
>
> 나의 택한 사람을 보라.
>
> 내가 나의 신을 그에게 주었은즉(42:1ab)[28]

오스왈트(John N. Oswalt)에 의하면, 이 독특한 "종"에 대한 위임 형식문은 아브라함(창 26:24), 모세(출 14:31), 사울(삼상 9:15-17), 그리고 다윗(삼하 3:18)의 경우들과 아주 유사한데, 사실 이런

---

26) H. H. Rowley, *The Servant of Lord*, 53-54. 노쓰(North)도 동일한 견해를 다음과 같이 주장하고 있다: "종의 개념화에 있어 일종의 유동성이 있다." C. R. North, *The Suffering Servant in Deutero-Isaiah*, 215.

27) 우리는 대체로 전체 구속사에서 '야웨의 종'으로서의 하나님의 백성을 다음과 같이 핵심사 쌍뿔 구조 (▷◁)로 파악할 수 있다: 전체 구약의 이스라엘 백성(the Old Israel) → 남은 자들 → **메시아, 예수 그리스도 (참 이스라엘)** → 12 제자 → 초대 교회 → 전체 신약 교회(the New Israel).

28) 그러나 70인역(LXX)의 독법에 따르면, 이 본문은 다음과 같이 번역되고 있다: "보라, 야곱은 나의 종이며 … 이스라엘은 나의 택한 자라"(Behold, Jacob is my servant … Israel is my chosen). 그러므로 여기에서 종은 이스라엘로 정체화 되고 있음을 분명히 알 수 있다. Cf. John N. Oswalt, *The Book of Isaiah: Chapters 40-66* (Grand Rapids: Eerdmans, 1998), 107, n.1. 스네이쓰에 의하면, 그것은 옛 이스라엘(the old Israel)이 아니라 새로운 이스라엘(the new Israel)을 의미한다. Cf. N. H. Snaith, "Isaiah 40-66: A Study of the Teaching of the Second Isaiah and Its Consequences," in *Studies on the Second Part of the Book of Isaiah*, Supplements to Vetus Testamentum, vol. 14 (Leiden: E. J. Brill, 1967), 180.

형식은 고대 근동에서 왕의 위임 형식문으로서 아주 보편적으로 사용된 형태이다.[29] 그러므로 오스왈트는 이사야 11:9(cf. 16:5)과의 유사성에 근거하여 이 종의 정체성을 "메시아적 인물"이라고 보았다.[30] 그러나 한손(Paul D. Hanson)의 견해에 따르면, 이 본문은 오히려 다음과 같은 이사야 41:8-10과 더욱 밀접한 관계가 있다.

> 그러나 나의 종 너 이스라엘아
> 나의 택한 야곱아, 나의 벗 아브라함의 자손아, …
> 내가… 너를 부르고 네게 이르기를, '너는 나의 종이라' …
> 참으로 나의 의로운 오른 손으로 너를 붙들리라

이사야 41:8-10(cf. 43:10, 44:1, 3)의 본문에서, 야웨의 종은 이스라엘 민족을 의미하고 있음이 분명한 것 같다. 왜냐하면 비교된 두 본문에서 "나의 종"이라는 동일한 타이틀과 유사한 선택, 그리고 하나님의 도우심에 대한 형식을 발견할 수 있기 때문이다.[31] 그러므로 첫 번째 종의 노래 본문 42:1a에서, 우리는 종의 정체를 잠정적으로 하나의 "집합적 인격"(corporate personality)으로서의

---

29) Cf. John N. Oswalt, *The Book of Isaiah: Chapters 40-66* (Grand Rapids: Eerdmans, 1998), 109; C. Westermann, *Isaiah 40-66* (Philadelphia: Westminster Press, 1969), 93-94; 그리고 R. Schultz, "The King in the Book of Isaiah," in *The Lord's Anointed: Interpretation of Old Testament Messianic Texts*, ed. P. E. Satterthwaite et al. (Grand Rapids: Baker Books, 1995), 141-65.

30) Oswalt, *The Book of Isaiah*, 110.

31) Cf. Paul D. Hanson, *Isaiah 40-66* (Louisville: John Knox Press, 1989), 42. 엘리스(R. R. Ellis) 또한 이러한 견해를 지지하며, 다음과 같이 말하고 있다: "다음의 용어들, 즉 'servant … uphold … chosen'은 야웨의 종으로서 이스라엘 민족을 의미하는 사 41:8-10의 언어들에 대한 반향이다. 이러한 언어적 연결(유사성)은 이 첫 번째 종의 노래가 그것의 전체 문맥에 밀접하게 연결되어 있음을 나타낸다." R. R. Ellis, "The Remarkable Suffering Servant of Isaiah 40-55," 21.

이스라엘 민족으로 볼 수 있다.[32] 그러나 다른 한편으로는 집합적 인격으로서의 이스라엘과 메시아적 개인으로서의 종에 대한 해석 두 가지를 서로 상보적으로 볼 수도 있는데, 그것은 스마트(James D. Smart)가 적절히 지적하는 바와 같이, 선지자가 현재의 경험적 이스라엘과 종말론적인 성취의 시점에서 영광스럽게 된 이스라엘이라는 두 이스라엘의 상태에 대하여 나아가며 또한 뒤돌아보는 관점을 동시에 취하고 있기 때문이다.[33]

3) "야웨의 종"에게 주어진 선교적 사명

이 본문의 해석에 있어 두 번째 논쟁점은 과연 야웨의 종의 사명이 무엇인가 하는 것인데, 그것은 본문 이사야 42:1c-4에서 찾아볼 수 있다. 우리가 이미 앞에서 살펴 본 것과 같이, 이 본문을 해석함에 있어 학자들의 논쟁의 핵심은 종의 정체성에 관한 문제도 있지만 더욱 중요한 문제는 그 종의 사명의 본질이 무엇과 관련되느냐 하는 것이다. 먼저 관련 본문을 분석해 보도록 하자.

1c: He will bring forth justice to the nations
  그가 이방에 공의를 베풀리라

3c: He will faithfully bring forth justice
  진리로 공의를 베풀 것이며

4b: Until He has established justice in the earth
  세상에 공의를 세우기에 이르리니

---

32) Cf. Rowley, *The Servant of the Lord and Other Essays on the Old Testament*, 51-52.
33) Smart, *History and Theology in Second Isaiah*, 80.

상기 본문에 나타난 야웨의 종의 사명은 세상에 있는 이방 나라들에게 "공의"(justice, מִשְׁפָּט)를 "베풀며"(1c, 3c) "세우는"(4b) 것이다. 이와 같은 종의 사명과 관련하여 본문에서 세 번에 걸쳐 강조적 표현으로 선포되고 있는데, 그 핵심은 "공의"이다.[34]

마틴-아차드는 이러한 종의 사명과 관련하여, 미쉬파트(mispat, מִשְׁפָּט)라는 말이 "하나님의 심판"을 의미한다고 보았다. 따라서 그는 1c를 "그는 나의 심판(judgment, verdict)을 이방 나라들에게 선포하리라"고 해석한다.[35] 이러한 그의 해석에 따르면, 종은 이방인들에게 참 종교를 전하는 것에 그 사명이 있는 것이 아니다. 오히려 그의 본질적 사명은 이스라엘을 위하여 이방 민족들에게 선포된 야웨 하나님의 심판을 그들로 하여금 깨달아 알게 하는 것에 있다.[36] 스네이쓰는 다음 같이 말함으로써 이러한 해석에 무게를 실어 준다: "만일 이사야 선지자가 본질적으로 하나의 민족적 선지자라면, 이 용어의 의미는 … **엄한 보복으로서의 공의의 집행**(the execution of justice)을 의미할 뿐이다."[37] 그러나 성경에서 공의(מִשְׁפָּט)라는 말은 그 의미에 있어 매우 다양하고 폭넓은 용례를 가진다. 이러한 이유로 해서 많은 학자들이 "엄한 심판"의 의미로서의 해석을 이 본문의 전반적인 분위기와 또한 전체적인 종의 노래들의 문맥적 상황에 부적절한 것으로 보고 거부한다. 즉, 본문의 전체적인 분위기로 볼 때, 야웨의 종은 그의 선교적 사명을 아주

---

34) 핸슨은 "mispat 개념은 Second Isaiah의 메시지의 핵심에 놓여있다"고 주장한다. P. D. Hanson, *Isaiah 40-66*, 42.
35) Martin-Achard, *A Light to the Nations*, 28.
36) Cf. Martin-Achard, *A Light to the Nations*, 26.
37) Snaith, "The Servant of the Lord in Deutero-Isaiah," 193 (italics mine).

부드럽고도 신실하게 "진리" 안에서 수행할 것이라고 보는 것이다. 그것은 다음의 인용 본문에서 분명하게 드러난다.

> 그는 외치지 아니하며 목소리를 높이지 아니하며
> 그 소리로 거리에 들리게 아니하며(42:2)
> 상한 갈대를 꺾지 아니하며
> 꺼져가는 등불을 끄지 아니하고
> 진리로 공의를 베풀 것이며(42:3)

위에 인용한 본문에서 우리는 이방 나라들에 대한 엄한 "응징" 혹은 "보복"의 의미로서 종이 수행할 법적인 심판의 개념을 전혀 찾아볼 수 없다. 그리고 이사야 42:4에서 "공의"(justice, מִשְׁפָּט)는 "율법"(law, תּוֹרָה)과 평행을 이루고 있는데, 그 의미는 기본적으로 "교훈, 훈련, 법" 혹은 "가르침"이다. 그러므로 이 본문에서 미쉬파트(מִשְׁפָּט)는 "어떤 것을 행함에 있어 올바른 방법,"[38] "야웨의 가르침 혹은 진리,"[39] 혹은 "참된 종교"를 의미한다고 볼 수 있다(cf. Volz, von Rad).[40]

---

38) John L. McKenzie, *Second Isaiah* (Garden City, N.Y.: Doubleday & Company, 1968), 37
39) Ellis, "The Remarkable Suffering Servant of Isaiah 40-55," 21.
40) 그러나 윌슨은 이 구절을 해석함에 있어 다음과 같이 중간적 입장을 취한다: "이사야 42:1-4에서, 종이 이방 나라들에게 전할 mispat와 tora는 세계 역사 속에서 입증하실 하나님의 심판의 선포를 나타낸다. 이것은 시험적 의미에서 이방들에 대한 mispat의 성취이며(41:1), 또한 40:27에서 그들이 mispat를 가지고 있지 않음에 대한 이스라엘의 불평에 대한 응답이다. 그러나 이방 나라들에 있어 이 심판은 완전히 부정적인 것은 아닌데, 그것은 '섬들이 이 tora를 앙망하고 있기 때문이다' (42:4). 따라서 mispat을 추상적으로 '진리' 혹은 '참된 종교'로 치부하는 것은 아마도 실수를 범하는 것인데, 그 이유는 이것이 어떤 선교 신학을 말하는 것이 아니기 때문이다. 그것과 평행을 이루는 tora는 Deutero-Isaiah의 또 다른 문맥들에서 어떤 '가르침'이라기 보다는 하나님의 언약과 그것에 뒤따르는 구원적 심판을 나타낸다." A. Wilson, *The Nations in Deutero-Isaiah: A Study on Composition and Structure* (Lewinston: Edwin Mellen Press, 1986), 257.

바로 이러한 의미에서 오스왈트는 야웨의 종이 세울 하나님의 미쉬파트는, 아주 넓은 의미에서 보면, 하나님의 구원에 다름 아니라고 말한다. 또한 그것은 생명을 주는 질서로서 창조 세계가 창조자가 설계한 바에 따라 기능할 때 존재하는 것이라고 적절하게 말한다.[41] 물론 여기에는 "사회적 질서"도 포함된다.[42] 따라서 야웨의 종은 이방 나라들에 대하여 야웨의 계시와 진리, 혹은 그의 구원적 심판을 중재하는 자이다. 그리고 이것이 바로 그의 본질적인 선교적 사명이다.[43] 이러한 성경해석의 관점은, 이사야 53:11의 다음과 같은 구절의 언명과 잘 부합한다: "나의 의로운 종이 자기 지식으로 많은 사람을 의롭게 하며 또 그들의 죄악을 친히 담당하리라." 이것이 이사야 52:7에서 선포되고 있는 이방 나라들을 위한 "복된 좋은 소식", 곧 "구원"이다.

> 좋은 소식을 가져오며 평화를 공포하며
> 복된 좋은 소식을 가져오며 구원을 공포하며
> 시온을 향하여 이르기를 네 하나님이 통치하신다 하는 자의
> 산을 넘는 발이 어찌 그리 아름다운고(52:7)

이것은 42:4c에서 말하는 "섬들이 그 교훈을 앙망"(the coastlands will wait expectantly for His law)하는 참된 이유이기도 하다. 그러므로 야웨의 종의 사명은 이스라엘 민족에게만 한정

---

41) Oswalt, *The Book of Isaiah*, 110.
42) Oswalt, *The Book of Isaiah*, 110.
43) McKenzie, *Second Isaiah*, 37.

된 것이 아니라 그들(i.e., 섬들과 이방 나라들)에게까지 그것을 베풀어야 하고, 나아가 그것을 온 땅 위에 세워야 한다. 그러므로 종은 야웨 하나님의 공의(מִשְׁפָּט)의 지식을 온 땅에 전하고 세우는 선교적 사명을 성취해야만 한다. 바로 이러한 야웨 하나님께서 택하시고 세우신 종의 사명에서, 우리는 이방 나라들에 대한 "원심적" 개념의 선교, 즉 "나아가는"(going out) 선교적 위임 명령을 분명하게 확인할 수 있다.

다음으로 본문 42:6b에서 하나님께서는 종의 사명에 대하여 더욱 구체적으로 다음과 같이 선포한다.

> 나 여호와가 의로 너를 불렀은즉
> 내가 네 손을 잡아 너를 보호하며
> 너를 세워 백성의 언약과 이방의 빛이 되게 하리니(42:6)

이 본문에서 종의 사명이 보다 분명하게 선포되고 있으며, 그 핵심 구절은 "백성의 언약"(a covenant to the people, לִבְרִית עָם)과 "이방의 빛"(a light to the nations, לְאוֹר גּוֹיִם)이다. 그러나 이 구절들의 정확한 의미가 무엇인가에 대한 학자들의 해석은 또 다른 논쟁의 핵심 포인트이다. 먼저, 백성의 언약(לִבְרִית עָם)이라는 구절과 관련하여 마틴-아차드는, "언약"(berith)은 "기초," "건설," "확립"이라는 의미로도 취할 수 있고, 또 그럼으로써 이 선포의 의미는 종이 재확립하고 다시 일으켜 세울 거룩한 나라(the Holy Nation)를 의미한다고 주장한다.[44] 따라서 그는 이 본문에서 'עָם'(백성)은 이스라엘 민족을 의미하며, 또한 'לִבְרִית עָם'(백성의 언약)이라는 구절은 다시 일으킴 받을 "[이스라엘] 백성의 영광"이라고 해석한다.[45] 동일한 의미에서 오르린스키(H. M. Orlinsky)도 이사야 42:6과 49:8에서의 "백성의 언약"이라는 표현은 엄격하게 유대 민족주의의 한계 내에서 해석되고 이해되어야만 한다고 주장한다. 왜냐하면 이스라엘만이 하나님의 구원 행위의 수혜자요, 그러므로 "언약"의 목적은 곧 포로된 이스라엘의 해방이라고 보기 때문이다.[46] 그러므로 그들에 의하면 이 구절들이 의미하는 바는 소위 이방 나라들에 대한 야웨의 종의 "선교적 사명"과는 아무런 관련이 없다.[47]

그러나 "백성의 언약"이라는 구절을 올바로 해석하기 위해서는 과연 이 구절의 문법적 의미가 무엇인지를 가장 먼저 살펴보아야 한다. 그것은 이 구절이 의미하는 바가 "이스라엘 백성에 대한 언약"(a covenant to (a) people, i.e., Israel)인가, 아니면 이방백성들을 포함하는 "모든 백성들에 대한 언약"(a covenant to peoples, i.e., the nations or humanity)인가 하는 것이다.[48] 이미 살펴 본 바와 같

---

44) Martin-Achard, *A Light to the Nations*, 27.
45) Martin-Achard, *A Light to the Nations*, 27.
46) H. M. Orlinsky, "'A Light of Nations' and 'A Covenant of People'," in *A Studies in the Second Part of the Book of Isaiah*, VT Sup. 14 (Leiden: Brill, 1967), 107. 스네이쓰는 이 입장을 지지하면서 다음과 같이 주장한다: "본문에서 '백성의 언약'이라는 구절은 이방인들과는 아무런 관련이 없고, 모든 것은 하나님의 백성과 함께 이루어질 것들이다." N. H. Snaith, "Isaiah 40-66," 158.
47) Orlinsky, "'A Light of Nations' and 'A Covenant of People'," 27-28.
48) 오스왈트에 의하면, 이 구절을 해석함에 있어, "주석자들은 신학적으로 첨예하게 나뉘는데, 종을 하나의 개인으로 보는 신학자들은 '백성'을 이스라엘 민족으로 해석하는 반면, 종을 이스라엘 민족으로 보는 신학자들은 '백성'을 인류 전체로 해석한다." Oswalt, *The Book of Isaiah*, 117-18. 이에 더하여, 노쓰(North)는 다음과 같은 네 가지의 해석 가능성을 제시한다: ① '언약-백성(Covenant-people)', ② '(이스라엘) 백성의 언약-맺음'(Covenant [-bond] of the people,' i.e. of Israel), ③ '(이방)백성들의 언약-맺음'(Covenant [-bond] of the peoples,' i.e. of the nations), ④ '백성[들]의 광휘'(Splendour of the people[s])." C. R. North, *The Suffering Servant in Deutero-Isaiah*, 132. 이 구절의 해석과 관련하여 보다 상세한 논의를 위해서는 다음의 문헌들을 참고하라: F. D. Lindsey, "The Call of the Servant in Isaiah 42:1-9," *Bibliotheca Sacra* 139 (1982), 12-31; D. R.

이, 몇몇 학자들은 "백성"(עָם)을 같은 구절에 있는 "이방"(גּוֹיִם)과 대립적인 것으로 봄으로써, 단수로서의 "이스라엘 민족"이라고 해석한다.[49] 그러나 한손의 해석에 따르면, 이 구절에서 'עָם'(백성)이 지시하는 것은 그것의 선행 구절에서와 마찬가지로 "땅 위에 거주하는 모든 자들"(all the inhabitants of the earth)로 보는 것이 가장 합당하며, 또한 이러한 해석은 같은 구절에 있는 그것의 평행어인 "גּוֹיִם"(이방, nations)과 일치하는 것으로 보아야 하는데, 그 이유는 이 문장이 히브리어 구문법에 있어 동의어적 평행법(synonymous parallelism)의 구조로 이루어져 있기 때문이다.[50] 나이트(George A. F. Knight) 역시 이러한 독법을 강력하게 지지하며 다음과 같이 주장한다: "이 구절에서 '백성'(people, עָם)은 반드시 모든 인류(all mankind)를 의미한다고 보아야 하는데, 그것은 이 문장에서 '언약'과 '백성'의 구성관계는 뒤이어 나오는 '빛'과 '나라들'의 그것과 평행하게 이루어져 있기 때문이다."[51] 전체적으로 볼 때, 이러한 해석이 이사야 42:1-4에 묘사된 야웨의 종의 보편적 선교적 사명과 더

Hillers, "Berit 'am: Emancipation of the People," *Journal of Biblical Literature* 97 (1978), 175-82; 그리고 M. S. Smith, "Berit 'am/Berit 'olam: A New Proposal for the Crux of Isa. 42:6," *Journal of Biblical Literature* 100 (1981), 241-43.

49) 드 보어(de Boer) 그리고 마틴-아사느와 나란히, 스네이쓰도 다음과 같이 주장한다: "사 42:6에서 עָם은 단수형이다 … [이사야서에서] 단수형이 사용될 때는 참 하나님의 백성인 이스라엘을 의미하나, 복수형이 사용될 때는 인류, 더 일반적으로는 이방인들을 나타낸다." N. H. Snaith, "Isaiah 40-66," in *A Studies in the Second Part of the Book of Isaiah*, VT Sup. 14 (Leiden: Brill, 1967), 157.

50) Hanson, *Isaiah 40-66*, 46. 웨스트만(C. Westermann)에 의하면, "그러나 모든 편집자들이(Marti, Kittel, K?hler, Volz and Muilenburg) 동의하는 바와 같이, 우리는 5절에서 사용된 같은 단어인 עָם이 인류 전체를 나타내듯이, 마찬가지로 6절에서도 동일한 의미로 쓰였음을 가정하거나 최소한 유사한 의미로 보아야 한다." C. Westermann, *Isaiah 40-66*, 100.

51) George A. F. Knight, *Deutero-Isaiah: A Theological Commentary on Isaiah 40-55* (New York: Abingdon Press, 1965), 75-76.

욱 잘 부합하는 것 같다. 이러한 의미에서 스마트의 다음과 같은 진술은 인용할 만한 가치가 있다.

> [이 구절에서] "백성"은 전체 인류를 의미한다. 이스라엘이 인류를 위한 하나의 언약이라는 것은 오직 이스라엘을 통하여 하나님과 온 인류 사이에 언약관계가 있다는 것을 의미한다. 이스라엘에게 있어 유일무이한 빛과 생명의 근원이 된 그 언약 관계는 이스라엘이라는 대리자(중재자)를 통하여 모든 인류에 대하여 생명의 원천으로 확장 된다. 바로 여기에서 하나님에 대한 이스라엘의 관계의 해석에 있어 모든 편협성이 무너진다. 야웨 하나님과 이스라엘 사이의 언약은 단지 그의 백성들이 언젠가는 모든 인류에게로 나아가서 그들을 그 언약 관계 속으로 끌어와야 한다는 의미에서만 이스라엘의 언약이었음이 인식되어야 한다.[52]

같은 본문에서 평행 구절인 "이방의 빛"의 의미 또한 야웨의 종의 임무가 이방 나라들에 대한 선교적 사명인지 아닌지를 밝히는 데 있어 아주 중요한 하나의 초점이 된다. 또 다시 마틴-아차드의 견해에 의하면, 야웨의 종은 확실하게 "이방의 빛"이 되지만, 그러나 그것은 전혀 선교적 사명과는 관계가 없다. 오히려 종의 빛이 비치는 것은 그의 백성인 이스라엘을 해방하고 이방 나라들에게는 심판을 선포하는 야웨 하나님의 구속적 행위로 말미암아 이방인들의 눈들을 눈부시게 하는 것에 다름 아니다.[53] 드보어(de Boer)의 표현에 의하면, 이것은 단지 유대 민족의 구속을 바라보는 모든 자

---

52) Smart, *History and Theology in Second Isaiah*, 85.
53) Martin-Achard, *A Light to the Nations*, 28.

들, 심지어 위대한 나라들, 왕들과 왕족들이 그것으로 인해 놀라게 되고 또한 그것을 위대한 구원으로서 우러러 보게 될 것임을 의미할 뿐이다.[54] 그러나 나이트의 견해는 그와 같은 유대 민족주의적 해석과는 전혀 다르다. 그의 해석에 따르면, 이스라엘은 바로 다음과 같은 의미에서 "이방의 빛"이 된다.

> 이스라엘은 단지 구속함을 받을 대상으로, 즉 단순히 언약 백성이 되는 것 그 차체만을 위하여 선택함을 받은 것이 아니라, 하나님과 언약 관계 속에서 그들에 의해 온 세상이 구원 받게 될 하나의 통로가 되기 위하여 선택함을 받은 것이다(cf. 눅 2:31-32).[55]

이미 살펴본 바와 같이, 종의 선교적 사명은 이방 나라들에게 "공의"(מִשְׁפָּט)와 "교훈"(תּוֹרָה)를 전하는 것이다. 따라서 윌슨(Wilson)에 의하면, "백성의 언약"과 "이방의 빛"이라는 두 평행 구절은 둘 다 모든 나라들에 대한 하나님의 신적 통치를 매개하는 보편적 종으로서의 이스라엘의 사명을 확립하는 것에 대해 말하는 것이다.[56] 동일한 의미로 에드워드 영(Edward J. Young) 또한 이 구절에서 빛은 구원을 나타내는 비유적 묘사라고 주장한다.[57] 결론적으로, 우리는 이사야 42:6의 두 구절이 서로 결합되어 분명하게 다음의 것을 의미한다고 해석할 수 있겠다: "너는 모든 인류를 위

---

54) N. H. Snaith, "Isaiah 40-66," in *A Studies in the Second Part of the Book of Isaiah*, VT Sup. 14 (Leiden: Brill, 1967), 156에서 재인용함.
55) George A. F. Knight, *Servant Theology: A Commentary on the Book of Isaiah 40:55* (Grand Rapids: Eerdmans, 1984), 48.
56) Wilson, *The Nations in Deutero-Isaiah*, 262.
57) Edward J. Young, *The Book of Isaiah*, vol. 3 (Grand Rapids: Eerdmans, 1972), 121.

하여 너와 구원의 언약을 맺을 것이며(즉, 구원은 그 언약 속에서 주어진다), 그리고 너를 통하여 이방 나라들은 빛과 광명, 그리고 구원을 경험하게 될 것이다."[58]

다음으로 "이방의 빛"이라는 구절의 의미는 42:7에서 다음과 같이 더욱 분명하게 묘사된다.

> 네가 소경의 눈을 밝히며
> 갇힌 자들을 옥에서 이끌어 내며
> 흑암에 처한 자들을 간에서 나오게 하리라(42:7)

먼저, 몇몇 성경신학자들은 이 본문을 해석함에 있어 "소경"과 "갇힌 자들"을 이방인들을 가르키는 것이 아니라 포로된 이스라엘 백성으로 본다.[59] 예를 들어 오르린스키에 의하면, 이 구절은 포로된 그의 백성 이스라엘을 해방시키는 것을 의미하는 것이다.[60] 따라서 스네이쓰는, 종의 사명은 포로된 자들을 바벨론으로부터 풀려나게 하고, 흩어진 이스라엘 백성들을 예루살렘으로 돌아오게 하여 회복된 공동체, 곧 새로운 이스라엘(the New Israel)을 재건하는 것으로 제한된다고 주장한다.[61] 그러나 완전히 대립적으로 우리는 그 "소경"과 "갇힌 자들"을 포로된 이스라엘 백성들이 아니라

---

58) Westermann, *Isaiah 40-66*, 100.
59) 예를 들어, 스네이쓰의 견해에 따르면, "42:7에서 이방 민족을 의미할 가능성은 전혀 없다. '소경' (v. 7)은 바벨론에 포로됨을 의미한다. 소경됨과 옥에 갇힘은 이러한 포로됨에 대한 흔한 은유들 (metaphors)이다." N. H. Snaith, "Isaiah 40-66," 158. 노쓰 역시 동일한 견해를 주장한다: "이 예언이 이방인들을 나타낸다는 아무런 보증이 없다. 그러므로 7절은 이방인들이 아니라 포로된 이스라엘 민족을 묘사하는 것 같다." C. R. North, *The Suffering Servant in Deutero-Isaiah*, 134.
60) Orlinsky, " 'A Light of Nations' and 'A Covenant of People' ," 103.
61) Snaith, "Isaiah 40-66," 158.

흑암에 앉아 "빛"을 앙망하는 이방 민족들로 해석할 수도 있다. 왜냐하면 편협한 유대 민족주의적 해석은 전체 본문의 보편적 메시지와는 전혀 부합하지 않기 때문이다.

스마트의 해석에 의하면, 이곳과 또 다른 곳에서 말하는 소경됨과 갇힌 상태는 하나님 없는 인간의 상태를 표현하는 것이다. 왜냐하면 하나님과의 언약 관계 바깥에는 오직 죄인들만 있을 뿐이기 때문이다.[62] 그러므로 이 구절에서 어두운 감옥은 이스라엘의 포로된 자들에 대한 표현이 아니라 "죄의 흑암과 속박"을 의미한다.[63] 그러므로 이 구절은 다음과 같은 종의 선교적 사명에 대하여 분명하게 보여준다: "하나님께서는 이스라엘을 택정하여 세상에 대한 빛이 되게 하셨고, 또한 그들에게 구원을 중재하도록 하셨으며, 그럼으로써 다른 민족들에게 계몽과 해방을 가져다주도록 하셨다."[64]

우리는 이사야 49:6의 두 번째 종의 노래에서 다시 나타나는 "이방의 빛"에서 종의 선교적 사명을 더욱 분명하게 파악할 수 있다.

> 그가 가라사대 네가 나의 종이 되어 야곱의 지파를 일으킬 것이며
> 이스라엘 중에 보전된 자를 돌아오게 할 것은 오히려 경한 일이라
> 내가 또 너로 이방의 빛을 삼아
> 나의 구원을 베풀어서 땅 끝까지 이르게 하리라(49:6)

상기 본문에 따르면, 종의 사명은 이중적이다. 먼저, 종은 야곱

---

62) Smart, *History and Theology in Second Isaiah*, 87.
63) Oswalt, *The Book of Isaiah*, 118.
64) Westermann, *Isaiah 40-66*, 100-101.

지파를 일으켜 세워야 하고 이스라엘 중에 보전된 자들을 돌아오게 해야 하는데, 그러나 그것은 그 다음에 이어지는 그의 사명에 비하면, "오히려 너무나 작은 일"이다. 오히려 그의 더 막중한 사명은 "이방의 빛이 되어 야웨의 구원을 땅 끝까지 이르게 하는 것"이다 (v. 6). 그러나 이 본문을 해석함에 있어 몇몇 학자들은 극도의 유대 민족주의적 관점을 고수한다. 예를 들어 스네이쓰에 따르면, 종의 사명은 계속하여 그 자신의 백성, 곧 야곱-이스라엘에 국한된다. 따라서 이스라엘 민족이 포로됨에서 회복되는 것이 곧 "이방의 빛"이 된다. 왜냐하면 오직 그와 같은 이스라엘의 구원만이 선지자 이사야의 관심이기 때문이다.[65] 마찬가지로 오르린스키 역시 이러한 유대 민족주의적 해석을 다음과 같이 더욱 분명하게 주장한다.

> 이스라엘은 이방 나라들을 하나님께서 그들에게 주신 승리와 회복으로 눈부시게 할 것이라는 의미에서 "이방의 빛"이 될 것이다. 전 세계의 모든 나라들이 이 유일무이한 빛, 곧 하나님의 유일한 언약 백성을 눈이 부시도록 바라보게 될 것이다. 이와 같이 이스라엘은 오직 하나님의 장엄함과 전능하심을 드러내는 도구로써만 세상을 섬기게 될 것이다.[66]

그러나 본문의 구조를 면밀하게 분석해 보면, 우리는 강조의 초점이 이스라엘의 회복이 아니라 오히려 후자, 즉 "나의 구원을 땅 끝까지 전하게 하기 위하여 내가 너를 이방의 빛이 되게 하는 것"에 놓여 있음을 쉽게 알 수 있다. 더군다나 본문은 "빛"이 바로 "구

---

65) Snaith, "The Servant of the Lord in Deutero-Isaiah," 198.
66) Orlinsky, " 'A Light of Nations' and 'A Covenant of People' ," 117.

원"을 의미함을 분명하게 보여준다.[67] 바로 이러한 의미에서, 오스왈트는 다음과 같이 본문을 바르게 관찰한다.

> 여기에서 주님께서는 놀라운 선포를 하는데, 그것은 단지 이스라엘을 회복하는 것은 그의 종에게는 충분하게 큰 사명이 아니라는 것이다. 그의 존재, 소명, 그리고 준비는 보다 더 큰 사명을 위한 것인데, 그것은 바로 **세상의 구원이다**(saving the world)![68]

이와 같이 하나님의 구원을 땅 끝까지 이르게 하는 것이 그의 종에게는 "더 새롭고 더욱 막중한" 선교적 사명임을 분명하게 알 수 있다.[69] 그리고 이러한 두 번째 종의 노래에서 선포된 종의 선교적 사명은 이미 첫 번째 종의 노래에서 보다 일반적인 형태로 주어진 다음과 같은 종의 사명에 대해 보다 구체적이고 직접적으로 설명한 것이다. 즉, 그는 열방에 야웨의 공의(מִשְׁפָּט)를 베풀고 땅 위에 그것을 세워야 하는데 (42:1-4), 그 이유는 그가 곧 "백성의 언약"(לִבְרִית עָם)이며 또한 "이방의 빛"(לְאוֹר גּוֹיִם)이기 때문이다(42:6). 결론적으로, 우리는 이사야서의 종의 노래들에서 분명하게 야웨의 종의 사명으로서 "선교적 위임 명령"을 찾을 수 있다. 더군다나

---

67) 이러한 의미에서, 린드세이(F. D. Lindsey)는 다음과 같이 언급하고 있다: "이사야 51:4-6과 59:9에서 '빛'이 '공의'와 연결되어 있다는 사실을 지적할 필요가 있다. 그러므로 '빛'은 '공의'가 수행되는 곳에 있는 사람들을 상태를 나타내는 것일 수 있다. 그러나 49:6 은 '빛'이 사실상 구원'의 동의어임을 강력하게 제시하고 있다." F. D. Lindsey, "The Call of the Servant in Isaiah 42:1-9," *Bibliotheca Sacra* 139 (1982), 25.

68) Oswalt, *The Book of Isaiah*, 293 (italics mine). 윌슨에 의하면, "여기에서 종은 다시 이스라엘로 이해되어 지며, 그들은 포로됨의 침묵의 고난과 또한 영화롭게 된 상태에서 이방 나라들에 대한 계시를 통하여 이중으로 열방을 위한 제사장적 속죄를 수행한다." Wilson, *The Nations in Deutero-Isaiah*, 316.

69) Westermann, *Isaiah 40-66*, 212.

그것은 단순히 소위 말하는 "구심적" 개념의 선교가 아니라, 구속사의 전개 과정에서 비록 그것의 완전한 성취는 신약시대에 와서 이루어지지만, 그것은 본래 "원심적" 개념의 선교임이 분명하다. 그러므로 구약의 "구심적" 선교와 신약의 "원심적" 선교 개념을 서로 대립적인 것으로 보는 이분법적인 구분은 절대적인 것이 아니라, 단지 정도의 문제이며 그 점진적인 성취 단계를 보여줄 뿐이라고 결론내릴 수 있겠다. 그러므로 구약과 신약 사이에는 구속사의 진전 단계에서 나타나는 차이성이 있음에도 불구하고 분명한 연속성이 존재한다고 할 수 있다(i.e., a continuity within a distinction). 바로 이러한 의미에서, 헤드룬트는 "새 것(신약)은 옛 것(구약)으로부터 자라 나온다(the New grows out of the Old)"고 말한다.[70]

그런데 이와 같이 성경을 이해하고 해석함에 있어 오류를 피하기 위하여, 가장 먼저 주어진 본문에 대한 구체적인 문맥 속에서 문법적-역사적 의미를 살피는 것도 중요하지만, 동시에 성경 전체가 말하는 통전적인 구속사적 맥락 속에서 그 의미를 종합적으로 파악하는 것도 중요하다. 이러한 성경해석 원리가 바로 종교개혁자들이 강조했던, *Sola Scriptura*(오직 성경으로)와 *Tota Scriptura*(전체 성경으로)의 원리이다.

3. 선교의 궁극적인 기초와 목적

1) 선교의 궁극적인 기초: "**하나님의 주권**" (the Sovereignty of God)

지금까지 우리는 본문의 분석을 통하여 야웨의 종의 사명은 "백

---

70) Hedlund, *The Mission of the Church in the World*, 151.

성의 언약"과 "이방의 빛"으로서 그 본질에 있어 선교적 사명임을 살펴보았다. 그는 하나님의 "공의"(מִשְׁפָּט)와 "교훈"(말씀, תּוֹרָה)을 이방 나라들에게 베풀며(42:1-4), 그럼으로써 하나님의 "구원"을 땅 끝까지 전할 것이다(49:6). 그러나 그러한 종의 선교적 사명의 기초는 과연 무엇이며, 그 종국적 목표는 무엇인가? 우리는 이러한 질문들에 대한 답을 이사야 42:8에서 찾을 수 있는데, 그것은 각각 "하나님의 주권"(the sovereignty of God)과 "하나님의 영광"(the glory of God)이다.

> 나는 여호와니 이는 내 이름이라
> 나는 내 영광을 다른 자에게
> 내 찬송을 우상에게 주지 아니하리라(42:8)

상기 본문에서, 먼저 종을 택하여 세우고 보내시는 하나님께서 "나는 야웨다!"(I am Yahweh, אֲנִי יְהוָה)라고 선포하신다. "야웨"(Yahweh, יְהוָה)는 그의 종 모세에게 특별히 계시하셨던 언약의 이름이며, 하나님의 성호로서 고유한 이름이다(cf. 출 3:13-15): "이것은 언약을 통하여 이스라엘에게로 오시는 인격적이고, 불변하시며, 피할 수 없는 유일무이하신 하나님의 실재를 요약하는 것이다."[71] 따라서 오직 야웨 하나님만이 "참 하나님이시요 살아계신 하나님이시요 영원한 왕"이시다(렘 10:10).[72] 이와 같이 이사야의 중심 메시지는 오직 야웨만이 거짓된 신들, 곧 우상들과 구별되는

---

71) Oswalt, *The Book of Isaiah*, 119.

참된 하나님이시라는 것이다.[73] 그러나 언약 가운데서 이스라엘에게 먼저 계시된 참 하나님에 대한 이러한 지식은 온 세상에 선포되어야 하고, 그럼으로써 모든 이방 나라들과 공유되어야 한다.[74] 즉, 유일하게 영원토록 살아계신 참 하나님이신 야웨 하나님은 온 세계 만방 모든 민족들에게, 곧 땅 끝까지, "해 뜨는 곳에서부터 해 지는 곳까지" 알려져야 하는 것이다. 왜냐하면 "야웨 하나님 외에 다른 신은 없기" 때문이다.

나는 여호와라 나 외에 다른 이가 없나니

나 밖에 신이 없느니라(45:5)

너는 나를 알지 못하였을찌라도 나는 네 띠를 동일 것이요

해 뜨는 곳에서든지 지는 곳에서든지

나 밖에 다른 이가 없는 줄을 무리로 알게 하리라

나는 여호와라 다른 이가 없느니라(45:6)

그러므로 온 세상은 이 유일무이한 참 하나님이신 야웨를 알아야만 한다. 이 참된 하나님, 곧 야웨의 미쉬파트(מִשְׁפָּט)와 토라(תּוֹרָה)를 땅 끝까지 베풀고 전하여 알게 하는 것이 곧 종의 선교적 사명이

---

72) 하나님의 자기 계시(self-revelation) 혹은 자기 정체화(self-identification)로서의 자신의 이름에 대한 계시는 특별히 모세를 통하여 주어졌다(출 3:14). 이러한 하나님의 자기 계시로서의 YHWH 언명이 가지는 본질적인 의미와 삼위일체론적 해석과 관련해서는 다음을 참조하라. Eunsoo Kim, *Time, Eternity, and the Trinity: A Trinitarian Analogical Understanding of Time and Eternity* (Eugene, OR: Pickwick Publications, 2010), 300-308.

73) Cf. W. G. Strickland, "Isaiah, Jonah, and Religious Pluralism," *Bibliotheca Sacra* 153 (1996), 29.

74) 블렌킨솝(J. Blenkinsopp)이 적절하게 지적하듯이, 포로기 또 그 이후에 열정적으로 활동했던 이사야와 그의 제자들은 이스라엘 역사상 처음으로 이스라엘 민족에게 계시된 유일하고 참된 하나님에 대한 지식을 세상의 다른 이방 민족들에게 전하고 나누어 주었다. J. Blenkinsopp, "Second Isaiah - Prophet of Universalism," *Journal for the Study of the Old Testament* 41 (1988), 83을 보라.

다. 그러므로 이사야 선지자를 통하여 거듭 주어진 가장 중요한 메시지는 이것이다: "야웨(YHWH)는 이스라엘만의 하나님이 아니라 온 세상의 모든 민족, 즉 전 인류의 하나님이시어야 한다."[75] 그러나 도대체 왜 그래야 하는가? 그것은 무엇보다 야웨 하나님만이 온 세상, 곧 우주 만물의 창조자(the Creator)이시기 때문이다(사 40:21-26). 그는 하늘과 땅, 그리고 그 가운데 있는 모든 만물을 창조하셨고, 또한 그 모든 것들을 친히 다스리신다: "그런즉, 너희가 나를 누구에게 비기며 나로 그와 동등하게 하겠느냐?"(사40:25). 그러므로 이제 그 야웨 하나님께서 다음과 같이 선포하신다.

하나님 여호와는 하늘을 창조하여 펴시고
땅과 그 소산을 베푸시며
땅 위의 백성에게 호흡을 주시며
땅에 행하는 자에게 신을 주시나니(42:5)

그의 종을 택하여 불러 세우시고, 이제 그로 하여금 자신의 공의(מִשְׁפָּט)와 교훈(תּוֹרָה)을 전하도록 명령하시는 분은 다름 아닌 유일하게 참되신 하나님, 야웨(YHWH), 곧 "창조자 하나님" (the Creator)이시다. 야웨 하나님께서는 하늘과 땅의 모든 것들을 창조하시고, 그것들을 보존하시며, 전적 주권으로 통치하신다. 이러한 사실들은 이사야 선지자를 통하여 거듭하여 선포된다: "나는 빛도 짓고 어두움도 창조하며 나는 평안도 짓고 환난도 창조하나니 나는 여호와라 이 모든 일을 행하는 자니라"(사 45:7). 이에 더하여,

---

75) A. Gelston, "Universalism in Second Isaiah," *Journal of Theological Studies* 43 (1992), 377.

유일하게 참된 하나님께서는 "모든 사람들에게" 생명의 숨결을 불어 넣으시며(cf. 창 2:7),[76] 그리고 그의 영(the Spirit of life)을 땅 위에 행하는 모든 자에게 주신다(cf. 욜 2:28).

뿐만 아니라 야웨 하나님께서는 홀로 "참된 창조자"(the true Creator)이요, 홀로 "참된 구속자"(the true Redeemer)이시다: "나는 여호와 너희의 거룩한 자요 이스라엘의 창조자요 너희 왕이니라"(사 43:15); "너희의 구속자요 이스라엘의 거룩한 자 여호와가 말하노라"(사 43:14); 그러므로 "나 곧 나는 여호와라 나 외에 구원자가 없느니라. 내가 고하였으며 구원하였으며 보였고 너희 중에 다른 신이 없나니 그러므로 너희는 나의 증인이요 나는 하나님이니라 여호와의 말이니라"(사 43:11-12). 이와 같이 "참된 창조자"요 또한 "참된 구속자"로서 참 하나님이신 야웨 하나님만이 오직 "참된 구원"(the true Salvation)을 베푸실 수 있다. 그런데 그는 이스라엘뿐만 아니라 온 세상 모든 이방 나라들에게까지 그의 구원을 베푸실 것이다.

> 나 여호와가 의로 너를 불렀은즉
> 내가 네 손을 잡아 너를 보호하며 너를 세워
> 백성의 언약과 이방의 빛이 되게 하리니(42:6)
> 네가 소경의 눈을 밝히며 갇힌 자를 옥에서 이끌어 내며
> 흑암에 처한 자를 간에서 나오게 하리라(42:7)

---

[76] 참고로, 와이브레이(R. N. Whybray)는 'am이라는 용어는 통상적으로 하나의 민족이나 나라를 의미하지만, 여기에서는 '아주 특별히'(most unusually) 전체로서의 '인류'의 의미로 사용되어졌다고 한다. R. N. Whybray, *Isaiah 40-66* (London: Oliphants, 1975), 74. 또한 Oswalt, *The Book of Isaiah*, 117을 보라.

이제 다시 그의 종을 택하여 불러 세우시고, 그로 하여금 자신의 공의(מִשְׁפָּט)와 교훈(תּוֹרָה)을 전하도록 명령하시는 분은 다름 아닌 유일하게 참되신 하나님, 야웨(YHWH), 곧 "구속자 하나님"(the Redeemer)이시다. 야웨 하나님께서는 그의 구원의 목적을 이루시기 위하여 그의 종을 불러 세우시고, 또한 그의 사명을 수행하는 그의 종를 강하게 붙드시며 도우신다. 이것이 의미하는 바는 종의 선교적 사명이 곧 하나님 자신의 일이라는 것이다. 그러므로 선교는 창조자이시며 동시에 구속자이신 야웨 하나님 자신으로부터 온다. 다음 본문이 이 사실을 강조해준다.

> 나 곧 나는 여호와라
> 나 외에 구원자가 없느니라(43:11)

그의 구속 역사에서 창조자이신 야웨께서는 오직 그만이 홀로 참된 하나님이시요, 또한 그러므로 홀로 참된 구원자이심을 다음과 같은 강조적 언명으로 계시하신다: "나 곧 나는 여호와라" (I, I am Yahweh). 여기에서 독립 대명사를 두 번씩이나 사용한 것은, 창조자이시며 구원자이신 야웨 하나님의 "절대 주권"(the absolute sovereignty)을 강조하는 것이다. 왜냐하면 "나 외에 다른 구원자가 없기"(there is no savior besides Me) 때문이다.[77]

침머리(W. Zimmerli)에 의하면, "이러한 야웨의 자기언명, '나는 여호와라' (אֲנִי יְהוָה)는 표호는 그것의 신실함을 보증한다. 야웨 하나님의 자기 이름에 대한 계시는 곧 야웨 자신을 계시하는 것이

---

77) Cf. Oswalt, *The Book of Isaiah*, 148.

다. 이제 그는 그의 백성에게로 오시며, 그들과 함께 하시고, 그의 언약으로 인하여 신실하게 그들에게 머무실 것이다."[78] 그렇게 함으로써 종의 선교적 사명을 통하여 하나님의 구원의 주권이 온 땅에 알려지고, 그의 통치하심이 온 세상에 실현될 것이다.[79] 그러므로 다른 거짓 우상들에게 의지하는 모든 악한 행위들은 하나님의 심판을 초래하고, 성경이 선포하는 바와 같이, "조작한 우상들을 의뢰하여 너희는 우리의 신이라 하는 자는 물리침을 받아 크게 수치를 당할 것이다"(사 42:17). 아무런 권세가 없고 무가치한 우상들은 전혀 신이 아니요, 단지 부어 만든 우상들(images)일 뿐이다. 그것들은 단지 "바람이요 허탄한 것"일 따름이다(사 41:29). 오직 창조자이시요 구원자이신 야웨만이 영원토록 살아계신 참 하나님이시다. 이러한 진리는 다음과 같은 형식으로 다시 강력하게 선포된다: "이스라엘의 왕인 여호와, 이스라엘의 구속자인 만군의 여호와가 말하노라 나는 처음이요 마지막이라 나 외에 다른 신이 없노라"(사 44:6, cf. 41:4).

2) 선교의 궁극적인 목적: "하나님의 영광" (the Glory of God)

보냄을 받은 야웨의 종은 자기 자신이나 자신의 영광을 위하여 일하지 않는다. 오히려 자신을 종으로 선택했으며, 또한 그의 영으로 능력을 덧입히시는 하나님과 그의 영광을 위하여 일한다(cf. 사 42:1). 이미 언급한 바와 같이, 선교적 위임 명령은 창조자이시며 구속자이신 야웨 하나님으로부터 온다. 그의 종은 이 하나님의 공

---

78) W. Zimmerli, *I am Yahweh*, trans. D. W. Stott (Atlanta: John Knox Press, 1982), 11.
79) R. Davidson, "Universalism in Second Isaiah," *Scottish Journal of Theology* 16 (1963), 185.

의(םפשמ)를 이방 나라들에게 베풀 것이다. 그러므로 종의 선교적 사명의 궁극적 목적은 그를 부르시고 보내신 자, 곧 하나님을 "영화롭게"(to glorify God)하는 것이다. 즉, "하나님의 영광"(the glory of God), 이것이 선지자 이사야를 통해 주어진 신탁의 결론이며 궁극적인 목적이다(42:1-9).[80] 이러한 사실은 다음과 같은 형식으로 선포된다.

> 나는 내 영광을 다른 자에게
> 내 찬송을 우상에게 주지 아니 하리라(42:8b)

이러한 메시지는 다음과 같은 언명에서 강조된 표현으로 더욱 분명하게 드러난다.

> 내가 나를 위하여,
> 내가 나를 위하여 이를 이룰 것이라
> 어찌 내 이름을 욕되게 하리요
> 내 영광을 다른 자에게 주지 아니 하리라(48:11)

모든 영광은 오직 참된 하나님, 야웨(YHWH), 그에게만 속한 것이다. 그의 이름은 반드시 영화롭게 되셔야만 한다. 그분 홀로 예배와 찬양을 받으셔야 하는데, 그것은 그분 홀로 온 우주에서 참으로 거룩하신 유일한 하나님이시요, 그 본질과 본성에 있어 전적으로 "다른" 존재이시기 때문이다.[81] 그러므로 선지자 이사야는 다

---

80) Cf. Westermann, *Isaiah 40-66*, 101.

음과 같이 선포한다.

> 항해하는 자와
>
> 바다 가운데 만물과 섬들과 그 거민들아
>
> 여호와께 새 노래로 노래하며
>
> 땅 끝에서부터 찬송하라(42:10)

결론적으로 선교의 본질은 참된 창조자이시며 구속자이신 야웨 하나님께 대한 찬양, 즉 "송영"(doxology)임을 알 수 있다. 그러한 찬양의 새 노래는 바다에서부터 산꼭대기까지, 모든 섬들과 촌락 하나하나에 이르기까지, 그리하여 온 땅과 땅 끝으로부터 울려 퍼져야 할 것이다(cf. 사 42:10-12). 이와 같이 선교는 참 하나님, 창조자이시며 구속자이신 야웨 하나님을 알게 하고, 또한 그럼으로써 그를 예배하고 영화롭게 하는 것이다. 그러므로 선교의 궁극적인 목적은 모든 이방 나라들로 하여금 유일하신 참된 하나님을 알게 하고, 야웨 하나님을 예배하고 찬양하는 민족들로 만드는 것이 되어야 한다. 야웨 하나님은 오직 그의 백성들의 찬양 속에 거하신다. 우리 모두가 함께 부를 "새 노래"는 다름 아니라 "당신이 바로 창조자요 구원자이신 야웨이시며, 다른 이가 없나니, 곧 당신 외에 참 하나님이 없노라"고 소리높여 찬양하는 것이다(cf. 45:5).

바로 이러한 의미에서 파이퍼(J. Piper)는 선교의 본질에 대하여 다음과 같이 올바르게 관찰하고 있다: "그러므로 예배는 선교의 에너지이며 목표이다. 찬양이 선교의 목적인 이유는 단순하게도

---

81) Oswalt, *The Book of Isaiah*, 270.

하나님의 영광에 대한 뜨거운 열정을 이방 나라들에게 전하려는 것이기 때문이다. 따라서 선교의 목적은 하나님의 위대하심 안에 거하는 그의 백성들의 기쁨이다."[82] 이와 같이 땅 끝으로부터 하나님을 찬양하게 하기 위해서는 먼저 하나님의 공의(מִשְׁפָּט)와 교훈(תּוֹרָה)이 반드시 그의 종의 사명과 선교적 사역을 통하여 땅 끝까지 전해져야만 한다. 그리고 바로 그 때 여호와의 영광이 나타나고 모든 육체가 함께 그것을 볼 것이다(사 40:5). 심지어 이러한 찬양은 하나님의 모든 창조 세계, 곧 하늘과 땅, 그리하여 마침내 그가 창조하신 온 우주로 확대될 것이다(사 49:13; cf. 42:10-13; 44:23; 45:8; 52:8-9; 55:12-13, 그리고 사 60-66장을 보라).

> 하늘이여 노래하라!
> 땅이여 기뻐하라!
> 산들이여 즐거이 노래하라!(49:13a)

4. "이전의 일들"(the Former Things)과 "새 일들"(the New Things)

선지자 이사야를 통하여 주어진 이 신탁은(사 42:1-9) 야웨 하나님의 "새로운 일들"(the new things)에 대한 선언으로 끝난다(42:9). 또한 이와 유사한 본문을 우리는 다음과 같은 곳에서 발견할 수 있다: 이사야 41:21-29, 43:16-19, 44:6-8, 45:9-13, 45:20-21, 46:9-11, 그리고 48:3-11.[83]

---

82) J. Piper, *Let the Nations Be Glad!: The Supremacy of God in Missions* (Grand Rapids: Baker Books, 1993), 11.

Behold, the former things have come to pass,

Now I declare new things;

Before they spring forth I proclaim them to you.

보라 전에 예언한 일이 이미 이루었노라

이제 내가 새 일을 고하노라

그 일이 시작되기 전이라도 너희에게 이르노라(42:9)

그러나 이 본문에서 말하고 있는 "이전의 일들"(the former things, הָרִאשֹׁנוֹת)과 "새로운 일들"(the new things, חֲדָשׁוֹת)은 도대체 무엇을 의미하는가? 노쓰의 해석에 의하면, "이전 것들"(הָרִאשֹׁנוֹת)은 고레스왕(Cyrus)의 초기 승리를 의미하고, "새 일들"(חֲדָשׁוֹת)은 바벨론으로부터의 새로운 탈출을 기대하는 것이라고 한다(cf. 사 43:18).[84] 그러나 스마트는 이 두 가지 일들 사이에 어떤 특별한 차이가 없다고 주장한다. 그는 말하기를 이전 것들과 새로운 일들은 단지 세상을 위한 하나님의 연속적인 하나의 계획과 목적을 이루어 가는 두 단계에 불과하다고 한다.[85]

그러나 본문의 구조를 면밀하게 분석해 보면 그 차이점이 분명하고, 또한 그 강조점은 하나님께서 이제 선포하시는 "새 일들"에 놓여 있음이 확실하다: "보라, 이 전 것들이 지나갔으니, 이제 내가

---

83) Cf. C. R. North, "The 'Former Things' and the 'New Things' in Deutero-Isaiah," in *Studies in Old Testament Prophecy*, ed. H. H. Rowley (Edinburgh: T. & T. Clark, 1957), 111-26.

84) North, "The 'Former Things' and the 'New Things' in Deutero-Isaiah," 126. 와이브레이 또한 이것은 "바벨론의 정복과 포로들의 석방"을 의미 한다고 봄으로서 동일한 견해를 제시하고 있다. Whybray, *Isaiah 40-66*, 76. 그리고 H. C. Leupold, *Exposition of Isaiah*, Vol. II, Chapters 40-66 (Grand Rapids: Baker Book, 1971), 66을 참조하라.

85) Smart, *History and Theology in Second Isaiah*, 87.

새 일을 선언 하노라!" 그러나 논쟁의 초점은 이 두 가지 일들이 구체적으로 과연 무엇을 의미하는가의 문제이다. 먼저, 이 "새로운 일들"은 바벨론 포로에서 이스라엘의 해방을 의미하는 것인가? 일단은 그럴 수도 있다는 본문에 대한 해석의 개연성은 충분하다. 그러나 만일 이사야 42:1-9의 전체 본문이 하나의 의미 통합체로서의 단단하게 구성된 문학적 단위(a concrete literary unit)라고 본다면, 그것은 다름 아닌 새롭게 선포된 종의 "선교적 사명"을 가리킨다고 보는 것이 보다 나은 해석일 것이다. 에드워드 영(Edward J. Young)은 이 점을 다음과 같이 올바르게 지적하고 있다.

> 이러한 이전의 것들은 아마도 이미 선포된 예언들일 것이다. 만일 그러하다면, 이전 것들은 초기의 예언들을 가르키는 것이고, 새 일들은 종의 사역을 의미하는 것이다. 새 일들은 사람들이 아직 경험하지 않은 것들이며 그가 알지 못하는 것들이다.[86]

그러나 그럼에도 불구하고 도대체 그 "새로운 일들"이 무엇인가 하는 데는 아직 불명료함이 남아 있다. 따라서 그 "새로운 일들"이 무엇인지를 적절히 이해하기 위해서 우리는 먼저 "이전 일들"이 무엇이었는지를 분명히 알아야만 한다. 내 견해에 의하면, 사실 이스라엘이 바벨론에 포로가 되어 강제로 이방 나라로 끌려가고, 세상 열방 가운데 흩어지게 된 것은 하나님께서 그들과 맺은 언약과 그 언약에 따른 사명, 즉 다른 이방 나라들에 대한 선교적 사명을 감당하는 데 실패한 것이 직접적인 원인이었다.

---

86) Young, *The Book of Isaiah*, 123-24.

이러한 관점에서 "이전의 것들"이 과연 무엇이었는지, 그리고 이스라엘 역사 속에서 도대체 무슨 일이 일어났는지 간략하게 살펴보기로 하자. 하나의 민족으로서 이스라엘의 역사는 하나님께서 아브라함을 택하여 부르시고, 또 그와 더불어 하나의 언약을 체결함으로써 시작되었다. 그러므로 이스라엘 민족과 관련하여, 우리는 이러한 아브라함의 언약(the Abrahamic covenant)을 이스라엘 역사 속에서 계속하여 갱신되는 모든 언약들에 대한 "근원적 언약"(a root-covenant)이라고 볼 수 있다. 우리는 이스라엘과 맺으시는 모든 언약의 뿌리가 되는 "아브라함 언약"을 창세기 12:1-3에서 찾아볼 수 있으며, 그 내용은 다음과 같다.

> 내가 너로 큰 민족을 이루고
> 네게 복을 주어
> 네 이름을 창대케 하리니
> 너는 복의 근원이 될지라(창 12:2)
> 너를 축복하는 자에게는 내가 복을 내리고
> 너를 저주하는 자에게는 내가 저주하리니
> 땅의 모든 족속들이 너를 인하여 복을 얻을 것이니라(창12:3)

위에 인용한 본문의 내용인 아브라함 언약을 통하여 주어진 사중적 약속은 "큰 민족이 되게함, 창대한 이름, 신적 보호, 그리고 축복의 중재자"인데, 그 핵심은 "축복에 대한 약속"이다.[87] 이 본문에서 하나님께서는 아브라함을 축복하시겠다고 약속하셨고, 아브

---

[87] Gordon J. Wenham, *Genesis 1-15*, *WBC Series*, Vol. I (Waco, TX: Word Book Publisher, 1987), 275.

라함 자신이 축복의 근원으로서 하나의 "축복"이 되게 하셨다. 그 핵심 요점은 바로 이것이다: "하나님의 축복은 모두 아브라함 자신에게만 돌아오는 것이 아니다. 하나의 위대한 민족, 복을 주심, 창대한 이름, 이 모두가 좋은 것이다. 그러나 아브라함 자신은 단순한 축복의 수혜자로만 끝나는 것이 아니다. 보다 중요한 것은 그 자신이 축복의 수혜자일 뿐만 아니라 또한 동시에 그러한 축복의 중개자(transmitter)가 되어야만 한다는 사실이다."[88] 그는 "땅의 모든 족속들"을 위하여 축복의 근원으로 부름을 받았다. 이것이 바로 아브라함의 선택과 언약에서 계시된 이방 나라들을 위한 하나님의 계획이다. 월터 카이저에 의하면, 이것이 의미하는 바는 곧 그 시작으로부터 아브라함과 그의 후손들은 선교사들이 되어야 한다는 것이고, 또한 진리의 통로가 되어야만 한다는 것이다.[89] 그는 계속하여 다음과 같이 주장한다.

> 그 메시지와 내용은 하나님의 전체적인 목적을 드러내는데, 그것은 아브라함으로 하여금 하나의 민족을 이루게 하시고, 그들에게 "이름"을 줄 것이며, 또한 그들에게 복을 주실 것인데, 그 이유는 그들로 하여금 이방의 빛이 되게 하시고, 또 그럼으로써 모든 나라들에게 하나의 축복이 되게 하시기 위함이었다. 그러므로 뒤로 움츠려 드는 것은 이스라엘 자신에 대하여 악한 것이다. 이스라엘은 세상에 대하여 하나님의 선교사가 되어야만 했다.[90]

---

[88] Victor P. Hamilton, *The Book of Genesis: Chapters 1-17* (Grand Rapids: Eerdmans, 1990), 373.
[89] Kaiser, "Israel's Missionary Call," 28.
[90] Kaiser, "Israel's Missionary Call," 28.

다음으로, 우리는 이스라엘 민족사에 있어 하나의 새로운 전기를 마련하게 되는 출애굽기 19:5-6에 있는 모세언약을 통해 하나님과 언약 관계에서 이스라엘의 역할을 더욱 분명하게 파악할 수 있다. 사실, 출애굽을 통한 하나님의 이스라엘 구원의 역사는 그들의 선조들인, 아브라함, 이삭, 그리고 야곱과의 언약에 기초한 것이다(cf. 출 2:24; 3:15-17; 6:5-8). 그러므로 모세언약은 하나의 전혀 새로운 언약 관계를 창설한 것이 아니라 아브라함 언약의 확장이며 동시에 그것의 논리적인 결과일 뿐이다.[91] 이러한 의미에서 이스라엘 민족의 해방, 곧 출애굽 사건은 그들의 선조들과 맺은 언약에 대한 하나님의 신실한 성취인 것이다. 출애굽 이후 이스라엘 민족에게 다시 주어진 모세언약의 내용을 살펴보자.

> 세계가 다 내게 속하였나니 너희가 내 말을 잘 듣고
> 내 언약을 지키면 너희는 열국 중에서 내 소유가 되겠고(출 19:5)
> 너희가 내게 제사장 나라가 되며 거룩한 백성이 되리라
> 너는 이 말을 이스라엘 자손에게 고할지니라(출 19:6)

상기 본문에서, 우리는 하나님과의 언약 관계에서 이스라엘 민족이 감당해야 하는 삼중적인 역할을 발견할 수 있다. 그것은 바로 "하나님의 특별한 소유," "제사장 나라," 그리고 "거룩한 백성"이 되는 것이다. 이스라엘은 모든 나라들 가운데서 하나님 자신의 소유가 되었지만, 그렇게 됨으로써 그들이 지니는 가치는 제사장 나라와 거룩한 백성으로서의 역할을 감당하는 것에 놓여 있다. 월터 카

---

91) Ronald F. Youngblood, *Exodus* (Chicago: Moody Press, 1983), 92.

이저에 의하면, "제사장 나라로서 그들은 하나님을 대표하며 그리고 하나님의 말씀을 열방에 중개하여야만 했다. 그러므로 거룩한 백성으로서 이스라엘은 언약관계 속에서 특별한 역할을 감당해야 했는데, 그것은 한편으로는 그들의 왕이신 하나님께 대하여, 다른 한편으로는 열국에 대하여 감당해야 할 이중적인 역할이다."[92] 이와 같이 모세언약이 분명하게 보여주는 것은 야웨 하나님의 종된 백성으로서 이스라엘은 본질적으로 선교적 역할을 가진다는 것이다.

결론적으로, 언약관계 속에서 분명하게 드러나듯이, 이스라엘 백성은 하나님의 축복을 열방에 중개하기 위하여 부름을 받았다(창 12:1-3). 그리고 그러한 왕적인 제사장 역할을 감당함에 있어서, 이스라엘은 그들의 선교적 사명을 신실하게 수행해야만 했는데, 그것은 다른 민족들로 하여금 하나님을 예배하도록 이끄는 것과 하나님의 뜻을 가르치는 것이었다(출 19:4-6).[93] 그러나 우리가 이스라엘의 전체 역사에서 분명하게 보는 것처럼, 이스라엘은 계속하여 언약관계 속에서 받은 그와 같은 선교적 사명을 감당하는데 실패했다. 이미 언급한 바와 같이, 이 글의 주제와 관련하여 이스라엘이 그러한 선교적 사명에 실패함으로 말미암아 하나님께서는 이방나라인 바벨론을 들어 강제로 그들을 이방나라로 끌어가게 하셨고, 또 그들을 열방 가운데 뿔뿔이 흩어 놓으셨다. 이것이 바로 본문이 말하는 "이전의 일들"이 아니겠는가?

그러나 이제 그러한 "이전의 일들"이 지나가고, 하나님께서는 "새로운 일들"을 선포하시는데, 그것이 곧 그의 종의 선교적 사명

---

92) Kaiser, "Israel's Missionary Call," 30.
93) A. H. McNeile, *The Book of Exodus. Westminster Commentaries* (London: Methuen, 1931), 111.

을 통하여 하나님께서 하시고자 하는 일이다. 그것은 이미 우리가 본문을 면밀하게 분석함으로 살펴본 바와 같이, 야웨 하나님의 공의(מִשְׁפָּט)와 구원을 그의 택한 자인 그의 종을 통하여 이방나라들에게 베푸는 것이다. 이러한 의미에서 야웨의 종은 "백성의 언약"이며 동시에 "이방의 빛"이다. 곧 그는 하나님의 "새로운 일들"을 수행할 하나님의 선교사이다. 또한 계속하여 이어지는 신구약 중간기 시대와 신약교회 시대에 열방 가운데 흩어졌던 이스라엘 민족의 디아스포라(Diaspora)가 기독교 선교의 역사에 있어 결정적인 역할을 수행하게 되는 사실은 이러한 역사적 해석을 뒷받침해 주는 증거들이라고 할 수 있겠다.

5. 나가는 말

우리는 지금까지 구약에서의 이스라엘이 감당해야만 했던 선교적 사명의 구체적인 의미를 특별히 이사야서의 종의 노래들과 관련된 본문들을 분석함으로써 살펴보았다. 특히 개혁주의 입장에서 선교와 관련한 성경적 개념 혹은 패러다임을 찾기 위한 이 분석에서 우리는 무엇을 발견하였는가? 몇 가지 중요한 사실들은 다음과 같은 것들이다.

① 먼저, 우리가 특별한 관심을 가지고 분석했던 이사야서의 "종의 노래들"은 이방 나라들에 대해 이스라엘이 분명한 선교적 사명을 가지고 있었음을 확인해 주었다. 야웨 하나님의 종으로서 이스라엘은 이방나라들에 하나님의 공의(מִשְׁפָּט)를 베풀고 또한 교훈(תּוֹרָה)을 전해야만 했다. 바로 이러한 사명을 감당하게 하기 위

해 하나님께서는 그의 종을 "백성의 언약"과 "이방의 빛"으로 지명하여 부르셨는데, 이것은 땅 끝까지 구원을 전하게 하시려는 하나님의 뜻이었다. 그러므로 "이전"에 그러한 사명을 감당하는 것에 실패했던 "야웨의 종"으로서의 이스라엘은 하나님께서 이제 다시 새롭게 하시려는 그 "새로운 일들"을 수행하기 위하여 부름 받은 하나님의 "선교사"들이다.

② 그러한 종의 선교적 사명에서 우리는 또한 하나님께서 언약 속에서 주셨던 것으로서 소위 "원심적" 선교 개념을 분명히 발견할 수 있었다. 따라서 몇몇 학자들이 주장하는 바와 같이, 신약의 선교개념은 "원심적"이고, 구약의 그것은 "구심적"이라고 주장하는 대립적인 이분법적 견해가 그렇게 성경적이지는 않다는 점이 분명해졌다. 비록 그것이 신약시대에 와서 온전히 수행되긴 하지만, 그러나 분명한 것은 그러한 "원심적" 선교가 새롭고 부가적인 어떤 것이 아니라 이미 이스라엘에게 주셨던 하나님의 언약 속에 내재된 본질적인 사명임을 우리는 다시 확인할 수 있었다. 이러한 하나님의 언약에 기초한 구속사적 선교 이해가 바로 성경에 기초한 개혁주의적인 선교 이해일 것이다. 선교는 언제나 하나님의 선교(*Missio Dei*)이다. 이를 위해 성부께서는 성자를 보내시고, 또 성자께서는 성령을 파송하신다. 뿐만 아니라 하나님께서는 이를 위하여 그의 택한 백성들을 보내신다.

③ 하나님께서 이스라엘을 택하시고 부르심으로 맺은 언약관계 속에서 이스라엘은 하나님과 이방 나라들에 대해 본질적으로 이중적인 사명을 가진다: "하나님에 대하여는 거룩한 백성이 되는 것"과 동시에 "이방 나라들에 대하여는 제사장의 역할을 수행하는 것"

이 바로 그것이다. 이러한 언약의 본질을 바르게 이해한다면, 언약 관계 속에서 이스라엘의 역할을 편협한 유대 민족주의에 근거하여 해석하는 것은 전혀 적절하지 않다(e.g., Martin-Achard, Snaith, Orlinsky). 하나님께서 자신의 소유된 백성, 왕 같은 제사장, 그리고 거룩한 나라로서 이스라엘을 택하시고 부르심은 그들로 하여금 하나님과 이방 나라들에 대하여 선교적 사명을 감당함으로 봉사하게 하기 위함이었다는 사실 또한 분명해졌다.

④ 그러한 종의 선교의 본질적인 기초는 오직 홀로 참된 하나님, 창조자이시며 구속자이신 야웨 하나님의 "절대 주권"(the sovereignty of God)이다. 선교는 이러한 성경적 진리를 모든 이방 나라들, 모든 민족들로 하여금 깨닫게 하고 알게 하는 것과 다르지 않다. 그리고 그러한 것으로서의 선교의 궁극적인 목적은 "하나님의 영광"(the glory of God)이다. 선교는 "이스라엘의 거룩하신 자," 참으로 살아계신 야웨 하나님께서 "땅 끝으로부터" 찬양 받으시게 함으로써 그를 영화롭게 하는 것이라 하겠다. 그러므로 선교의 궁극적 목적은 "송영"(doxology)이다. 이러한 성경적인 선교의 본질, 그 기초와 목적에 대한 구속사적 이해는 창조세계의 모든 영역들에 대한 "하나님의 절대주권", 그리고 "오직 하나님의 영광"(*Soli Deo Gloria*)을 강조하는 개혁주의 신앙과 신학 이해의 총체적 본질과 동일하다는 것이 또한 분명해졌다.

⑤ 성경이 말하는 언약에 기초한 구속사적 선교 이해에 대한 지금까지의 간략한 연구 결과를 종합하면서 현재 포스트모더니즘과 종교다원주의 등의 다양하고도 심각한 도전들로 말미암아 일종의 "정체성의 위기"(a crisis of identity)에 직면한 현대 기독교 선교학

에 대하여 (이러한 상황은 비단 선교학에 한정된 것이 아니라 성경신학으로부터 시작하여 조직신학과 실천신학에 이르는 신학 전반에 걸친 위기이다), 성경적 개혁주의 입장에서 우리는 선교를 다음과 같이 재정의 하려고 한다. 이 연구에 따르면, 선교는 땅 위의 모든 나라, 모든 민족들로 하여금 창조자시요 구속자이신 야웨 하나님 (삼위일체 하나님)만이 유일하게 살아계신 참된 하나님이심을 깨달아 알게 함이며, 또한 그럼으로써 그들로 하여금 즐겁고 기쁜 새 노래로 하나님을 찬양하게 하고 그를 영화롭게 하는 것이다. 이것이 바로 성령 안에서 예수 그리스도를 통하여 이방 나라들에 주신 삼위일체 하나님의 축복이며 구원이다. 그리고 기독교 신학을 비롯하여 신앙의 모든 행위들은 본질적으로 이러한 하나님이 주신 선교적 사명을 가지며, 모든 기독인들은 "세상 가운데"로 파송함을 받은 선교사들이기 때문에 주님 다시 오실 그날까지 삶의 모든 영역에서 이 선교적 사명을 충성스럽게 감당해야만 할 것이다.

마지막으로 덧붙이고자 하는 것은, 이미 전 세계가 급격하게 하나의 지구촌으로 통합되고 있고 각 나라마다 세계화가 광범위하게 이루어지고 있으며(world-wide globalization), 또한 전례없이 활발한 인적 교류의 확대로 각기 다민족사회로 이행하고 있는 이 시대적 상황은 성경적인 "이방나라들"의 개념을 단순히 국경과 민족의 문제가 아니라 또 다른 적극적인 의미로 이해하도록 요청하고 있다. 따라서 21세기의 기독교 선교학은 창세기 1:28의 "문화 대명령"(cultural mandate)과 마태복음 28:19-20(cf. 행 1:8)의 "선교 대명령"(missionary mandate)을 통합하는 새로운 선교 패러다임을 적극 모색해야 할 것이다. 즉, 개혁주의적 영역 주권이론에 따라, 선교의 새로운 전선은 기존의 국경과 민족의 개념에 더하여 정치, 외교, 사회, 교육, 문화, 예술, 철학과 사상, 과학과 기술, 생태 환경, 기업 비즈니스 등 하나님을 알지 못하며 또한 그의 절대주권을 인정하지 아니하고 복음의 진리에 대적하는 우리의 삶의 모든 영역들에 포진한 소위 "이방영역들"에로 더욱 적극적이며 창조적으로 확대되어야 할 것이다.

참고문헌 (Bibliography)

Anderson, B. W. "Exodus Typology in Second Isaiah." In *Israel's Prophetic Heritage*, eds. B. W. Anderson and W. Harrelson (New York: Harper & Brothers, 1962): 177-95.

Barstad, Hans M. "The Future of the 'Servant Songs'." In *Language, Theology, and the Bible: Essays in Honor of James Barr*, eds. S.E. Balentine and J. Barton (Oxford: Clarendon Press, 1994): 261-70.

Beuken, W. A. M. "MISPAT: The First Servant Song and Its Context." *Vestua Testamentum* 22 (1972): 1-30.

Blauw, J. *The Missionary Nature of the Church*. New York: McGraw-Hill Book, 1962.

Blenkinsopp, J. "Second Isaiah - Prophet of Universalism." *Journal for the Study of the Old Testament* 41 (1988): 83-103.

Blocher, H. *Songs of the Servant*. Downers Grove, IL: Inter-Varsity Press, 1971.

Bosch, David J. *Transforming Mission: Paradigm Shifts in Theology of Mission*. Maryknoll, N.Y.: Orbis Books, 1991.

Chavasse, C. "The Suffering Servant and Moses." *Church Quarterly Review* 165 (1964): 152-63.

Davidson, R. "Universalism in Second Isaiah." *Scottish Journal of Theology* 16 (1963): 166-85.

Davies, Graham I. "The Destiny of the Nations in the Book of Isaiah." In *The Book of Isaiah*, ed. J. Vermeylen (Leuven: Leuven

University Press, 1989): 93-120.

Delitzsch, F. *Biblical Commentary on the Prophecies of Isaiah.* Vol. II. Trans. by J.S. Bank and J. Kennedy, Edinburgh: T. & T. Clark, 1980.

Dumbrell, William J. "The Purpose of the Book of Isaiah." *Tyndale Bulletin* 36 (1985): 111-28.

Ellis, Robert R. "The Remarkable Suffering Servant of Isaiah 40-55." *Southwestern Journal of Theology* 34 (1991-92): 20-30.

Gelston, A. "Universalism in Second Isaiah." *Journal of Theological Studies* 43 (1992): 377-98.

_____. "The Missionary Message of Second Isaiah." *Scottish Journal of Theology* 18 (1965): 308-18.

Glover, Robert H. *The Bible Basis of Missions.* Chicago: Moody Press, 1946.

Hahn, F. *Mission in the New Testament.* Trans. by F. Clarke, London: SCM, 1965.

Hamilton, Victor P. *The Book of Genesis: Chapters 1-17.* Grand Rapids: Eerdmans, 1990.

Hanson, Paul D. *Isaiah 40-66.* Louisville: John Knox Press, 1989.

Hedlund, Roger E. *The Mission of the Church in the World: A Biblical Theology.* Grand Rapids: Baker Book, 1991.

Hillers, D. R. "Berit 'am: Emancipation of the People." *Journal of Biblical Literature* 97 (1978): 175-82.

Kaiser, Walter C. "Israel's Missionary Call," In *Perspectives on the World Christian Movement: A Reader,* ed., R. D. Winter and S. C.

Hawthorn (Pasadena, CA: William Carey Library, 1981): 25-34.

Kane, J. H. *Christian Missions in Biblical Perspective*. Grand Rapids: Baker Books, 1976.

_____. *The Christian World Mission: Today and Tomorrow*. Grand Rapids: Baker Book, 1981.

Kim, Eunsoo. *Time, Eternity, and the Trinity: A Trinitarian Analogical Understanding of Time and Eternity*, Eugene, OR: Pickwick Publications, 2010.

Knight, George A. F. *Deutero-Isaiah: A Theological Commentary on Isaiah 40-55*. New York: Abingdon Press, 1965.

_____. *Servant Theology: A Commentary on the Book of Isaiah 40:55*. Grand Rapids: Eerdmans, 1984.

Kruse, C. G. "The Servant Songs: Interpretative Trends since C. R. North." *Studia Biblica et Theologica* 8 (1978): 3-27.

Leupold, H. C. *Exposition of Isaiah. Vol. II, Chapters 40-66*. Grand Rapids: Baker Book, 1971.

Lindsay, F. Duane. "The Call of the Servant in Isaiah 42:1-9." *Bibliotheca Sacra* 139 (1982): 12-31.

MacRae, A. A. "The Servant of the Lord in Isaiah." *Bibliotheca Sacra* 121 (1964): 125-32, 218-27.

Martin-Achard, R. *A Light to the Nations: A Study of the Old Testament Conception of Israel's Mission to the World*. Trans. by John P. Smith. Edinburgh: Oliver and Boyd, 1962.

May, H. G. "The Righteous Servant in Second Isaiah's Songs." *Zeitschrift* für die alttestamentliche Wissenschaft 66 (1955): 236-44.

McKenzie, John L. *Second Isaiah*. Garden City, N.Y.: Doubleday, 1968.

McNeile, A. H. *The Book of Exodus. Westminster Commentaries*. London: Methuen, 1931.

North, C. R. *The Suffering Servant in Deutero-Isaiah: An Historical and Critical Study*, 2nd ed. New York: Oxford University Press, 1963.

_____. "The 'Former Things' and the 'New Things' in Deutero-Isaiah." In *Studies in Old Testament Prophecy*, ed. H. H. Rowley (Edinburgh: T. & T. Clark, 1957): 111-26.

Ogden, Graham S. "The Cyrus Song [Isaiah 44:24-45:13] and Moses: Some Implications for Mission." *Southeast Asia Journal of Theology* 18 (1977): 41-45.

Orlinsky, H. " 'A Light of Nations' and 'A Covenant of People' ." In *A Studies in the Second Part of the Book of Isaiah*, VT Sup. 14 (Leiden: Brill, 1967): 97-117.

_____. "The Identity of the 'Servant' in Second Isaiah." In *A Studies in the Second Part of the Book of Isaiah*, VT Sup. 14 (Leiden: Brill, 1967): 75-96.

Oswalt, John N. *The Book of Isaiah: Chapters 40-66*. Grand Rapids: Eerdmans, 1998.

_____. "The Mission of Israel to the Nations." In *Through No Fault of Their Own?* eds. W. V. Crockett and J. G. Sigountos (Grand Rapids: Baker Book, 1991): 85-95.

Payne, D. F. "Recent Trends in the Study of Isaiah 53." *Irish Biblical*

Studies 1 (1979): 3-18.

Peters, G. W. *A Biblical Theology of Missions*. Chicago: Moody Press, 1972.

Piper, J. *Let the Nations Be Glad!: The Supermacy of God in Missions*. Grand Rapids: Baker Books, 1993.

Rowley, H. H. "Servant Mission." *Interpretation* 8 (1954): 259-72.

_____. *The Servant of the Lord and other Essays on the Old Testament*. 2nd ed. Oxford: Basil Blackwell, 1965.

Schultz, R. "The King in the Book of Isaiah." In *The Lord's Anointed: Interpretation of Old Testament Messianic Texts*, ed. P. E. Satterthwaite, et al. (Grand Rapids: Baker Books, 1995): 141-65.

Scobie, Charles H. H. "Israel and the Nations: An Essay in Biblical Theology." *Tyndale Bulletin* 43 (1992): 283-305.

Smart, James D. *History and Theology in Second Isaiah*. Philadelphia: Westminster Press, 1965.

Smith, M. S. "Berit 'am / Berit 'olam: A New Proposal for the Crux of Isa 42:6." *Journal of Biblical Literature* 100 (1981): 241-43.

Snaith, N. H. "The Servant of the Lord in Deutero-Isaiah." In *Studies in Old Testament Prophecy*, ed. H. H. Rowley (Edinburgh: T. & T. Clark, 1957): 187-200.

_____, "Isaiah 40-66: A Study of the Teaching of the Second Isaiah and Its Consequences." In *Studies on the Second Part of the Book of Isaiah*, Supplements to Vetus Testamentum, Vol. 14 (Leiden: E. J. Brill, 1967): 137-263.

Strickland, Wayne G. "Isaiah, Jonah, and Religious Pluralism." *Bibliotheca*

Sacra 153 (1996): 24-33.

Thall, Margaret E. "The Suffering Servant and The Mission of Jesus." *Church Quarterly Review* 164 (1963): 281-88.

Verkuyl, J. *Contemporary Missiology: An Introduction*. Trans. and ed. by D. Cooper, Grand Rapids: Eerdmans, 1978.

Von Rad, G. *Old Testament Theology*, Vol. II. Trans. by D. M. G. Stalker, New York: Harper & Row, 1965.

Wenham, Gordon J. *Genesis 1-15*. WBCSeries Vol. I. Waco, TX: Word Book Publisher, 1987.

Westermann, C. *Isaiah 40-66*. Philadelphia: Westminster Press, 1969.

Whybray, R. N. *Isaiah 40-66*. London: Oliphants, 1975.

Wilson, A. *The Nations in Deutero-Isaiah: A Study on Composition and Structure*. Lewiston: Edwin Mellen Press, 1986.

Young, Edward J. *The Book of Isaiah*,Vol. 3. Grand Rapids: Eerdmans, 1972.

Young, Franklin W. "A Study of the Relation of Isaiah to the Fourth Gospel." *Zeitschrift für die Neutestamentliche Wissenschaft* 46 (1955): 215-33.

Youngblood, Ronald F. *Exodus*. Chicago: Moody Press, 1983.

Zimmerli, W. and J. Jeremias. *The Servant of God*. Naperville, IL: Alec R. Allenson, 1957.

_____. *I am Yahweh*. Trans. by D. W. Stott. Atlanta: John Knox Press, 1982.

칼빈과 개혁신앙

김은수 지음

초판1쇄 2011년 3월 24일

발행처　SFC 출판부
총　판　하늘유통(031-947-7777)
인　쇄　(주)독일인쇄

137-803 서울특별시 서초구 반포4동 58-5 2층 SFC출판부
TEL (02)596-8493　FAX (02)596-5437
ISBN 978-89-93325-41-6　03230

값 13,500원
독자의 의견을 기다립니다.
www.sfcbooks.com

▫잘못 만들어진 책은 언제든지 교환해 드립니다.